JN444404

한국의 미디어, 사회갈등, 사회변화

한국의 미디어, 사회갈등, 사회변화

지 은 이 | 정태철

초 판 1 쇄 발행 | 2020년 2월 29일
개정판 1쇄 발행 | 2023년 2월 28일

펴 낸 이 | 이종근
펴 낸 곳 | 경성대학교 출판부
출판등록 | 1985년 1월 28일 제331-1985-000001호
주 소 | 부산광역시 남구 수영로 309(대연동)
전 화 | (051) 663-4195
팩 스 | (051) 663-4199
홈페이지 | press.ks.ac.kr

* 잘못된 책은 구입하신 서점에서 바꾸어 드립니다.

ISBN 978-89-7314-332-0 (03300)

값 15,000원

한국의 미디어 사회갈등 사회변화

개정판

정태철 지음

경성대학교출판부

개정판 저자 서문

<한국의 미디어, 사회갈등, 사회변화> 초판이 나온 게 2020년 2월 29일이었고, 나는 그해 3월 1학기와 2021년 역시 1학기 두 학기의 '커뮤니케이션 역사' 과목 교재로 이 책을 사용했다. 그리고 2021년 8월 정년으로 학교를 떠났다.

그 후, 학교도 잊고 제자도 잊고 은퇴의 여유를 즐기던 2022년 1월에 학교 출판부로부터 초판 1쇄가 다 소진됐다는 연락을 받았다. 그리고 개정판을 내도 좋다는 출판부 의견을 듣고, 초판본에서 발견된 오류와 수업 중 학생들의 비판적 지적이 떠올라 개정판 작업을 하겠다고 엉겁결에 응답했다. 그 덕에, 1년 내내 열공 모드로 복귀해서 개정판 작업에 매달렸다.

초판본을 읽어준 한 교수가 복잡한 한국 정치를 다룬 부분에서 중립적으로 쓰려고 노력한 흔적을 엿볼 수 있었다고 평가해 주었다. 이번 개정판에서는 중립적이기보다는 '객관적'으로 쓰려고 노력했다. 중립은 자칫 진실을 놓치게 하고 객관은 그 반대이기 때문이다. 강의 중 좌파적 입장에서 리포트를 낸 학생이, 진실에 벗어나서 이념을 주장하지 말라는 평소 내 소신을 잘 아는 터라 좋은 점수를 기대하지 않았는데 뜻밖에 A를 받았다고 친구들에게 자랑했다는 얘기를 다른 학생으로부터 전해 들었다. 누구인지는 모르지만, 이념의 방향보다 사실과 논리에 부합했기에 그런 점수를 주었으리라 나는 믿는다.

이 세상에는 아직도 '지구가 평평하다'고 믿는 사람들이 있다고 한다. NASA의 우주 사진에 지구가 둥글게 나와도, 그들은 NASA가 음모를 꾸민 거라고 대답한다고 한다. 이들을 케이크에서 맛있는 체리만 쏙쏙 골라 빼 먹는 사람들이란 뜻으로 '체리 피커(cherry picker)'라고 부른다.

사람이 이성적으로 생각하고 행동하면 아무리 말 많은 세상이라도 합리적인 결론을 찾을 길이 있다. 세상의 모든 사람이 '그들'과 '우리'로 편을 나누고, 자기 편에 맞는 정보만 체리처럼 뽑아 먹는다면, 그 사회는 정상이 아니다. 뭐가 잘못이냐고 아무리 우겨도, 결국 그런 사회는 외통수 골목에 막히게 되어 있다. 중국과 러시아와 이란과 북한에서 우리는 그런 역사적 통찰에 따른 결말을 어렵지 않게 예측할 수 있다.

그래서 이번 개정판에서는 한국 사회가 소셜 미디어와 얽혀 비이성적이고 비인간적인 '신대중사회'를 닮아간다는 결론을 추가했다. 한국 사회가 소셜 미디어를 수단으로 편 가르기, 이미지 주도 사회, 고도 관리 사회의 위험한 방향으로 표류할 것 같은 걱정이 얼어붙은 겨울 날씨처럼 을씨년스럽게 우리 사회를 맴돌고 있기 때문이다.

경성대 미디어 커뮤니케이션 학과 '커뮤니케이션 역사' 과목을 수강한 제자들의 의견을 최대한 개정판에 반영했다. 그래서 개정판은 나와 제자들의 합작품이다. 세종 출판사 김미화 선생님, 경성대 출판부 김유미 선생님께 많은 신세를 졌다. 개정판에서도 표지와 각종 그림과 도표를 손봐 준 AIXLAB 디자이너 정원용 님께 각별한 감사와 오붓한 정감을 전한다.

정년 후, 충북 청주시 흥덕구 강내면 월곡리에 작은 연구실을 마련하고, 세상의 티끌을 조금이나마 가라앉히고 싶다는 뜻으로 '읍진재(浥塵齋)'라 명명한 후, 이 개정판을 그곳에서 탄생시켰다.

2022년 2월, 달빛이 아름다운 월곡리 읍진재에서 정태철 씀

초판 저자 서문

'뉴스란 무엇인가?'

한국에서 신문방송학 석사를 마치고 1985년 미국 미주리 대학교 저널리즘 스쿨로 유학길에 올랐을 때, 내 가슴에 품은 연구 주제가 바로 '뉴스란 무엇인가'였다. 뉴스는 상품일까, 아니면 이데올로기일까? 왜 누구는 뉴스를 피하려고 도망 다니고, 왜 누구는 뉴스에 나오려고 발버둥 칠까? '뉴스 사회학'에 속하는 이런 연구 문제를 화두처럼 되뇌며 약 5년 동안 석사와 박사 과목을 수강했다. 그리고 눈에 뜨이는 대로 문헌을 찾았고, 메모했고, term paper를 써냈고, 선배와 교수들에게 지혜를 구했다. 그 결과로 탄생한 것이 박사학위 논문, <The Media, Social Conflict and Change in South Korea: A Critical Analysis>였다.

특히, 미주리 대학 지도교수인 장원호 박사님의 권유로, 한국의 뉴스란 무엇이냐는 단순한 질문을 발전시켜, 왜 한국 독재 정부들은 뉴스를 왜곡하고 통제했으며, 그 결과가 한국 사회에 어떤 영향을 미쳤는지를 탐구하게 됐다. 또, 뉴스라는 사회현상은 사회변화 속에서 연구해야 문제의 본질에 접근할 수 있다는 미주리 대학 사회학과 테드 반(Ted Vaughan) 박사님의 조언을 받아들여, 최종 박사 논문은 한국의 뉴스 통제와 사회갈등, 그리고 사회변화와의 관계라는 거시적 관점의 연구가 됐다.

귀국 후, 1990년부터 나는 경성대 신문방송학과에서 교수로 둥지를 틀었다. 원래는 귀국 즉시 부족한 부분을 추가해서 박사 논문을 단행본으로 출간하려고 했으나, 주위 여건이 이를 허락지 않았다. 대신, 박사 논문은 '한국언론사', '세계언론사', '언론 역사와 철학' 등 학부와 대학원 과목 강의록의 바탕이 됐다.

그렇게 30년이 흘렀다. 박사 논문을 단행본 저술로 열매 맺으려던 꿈은 어디론지 사라지고, 한국의 미디어 환경과 사회 상황이 급변하면서 자료는 쌓여 갔으며, 강의록도 덕택에 풍성해졌다. 은퇴 시점이 다가오자, 개조식으로 되어 있는 미디어 역사 강의록을 정년이 되면 그냥 버릴까, 아니면 정년 후 단행본으로 낼까를 언제부터인지 고민하게 됐다.

그러다가 불현듯 학생들에게 매주 한 챕터씩 강의내용을 교재로 만들어 강의 전 읽을거리로 제공하고, 학생들은 각자 읽을거리에 대한 리포트를 작성해서 제출한 다음, 이를 바탕으로 수업 중에는 강의 없이 토론으로 수업을 진행해보자는 욕심이 생겼다. 강의 위주에서 일종의 '플립 러닝(flip learning, 거꾸로 수업)' 방식으로 교수법을 바꿔 보자는 생각 때문이었다.

2018년 1학기에 매주 한 챕터씩 12개의 수필 식 읽을거리를 만들어서 학생들에게 제공하고 리포트를 쓰게 했다. 한 주에 A4 용지 20쪽 내외의 읽을거리를 만드는 것이 고통스러운 작업이었지만, 30년 축적된 개조식 원본이 있어서 참고 버틸 만했다. 그 과정에서 학생들의 리포트는 미디어 역사를 보는 신세대의 시각을 나에게 제공했으며, 30여 명 수강생의 리포트를 매주 일일이 읽고 코멘트해 주면서, 읽을거리의 오류, 수업 중 보충 설명할 대상, 그리고 토론 주제를 추출할 수 있었다.

그리고 2019년 1학기에도 같은 방법으로 미디어 역사 수업을 진행했다. 그렇게 2년간 나와 학생들의 '콜라보'로 제법 두툼해진 미디어 역사책 한 권이 자연스럽게 완성됐으며, 그 결과물을 이제 세상 밖으로 내보낼 수 있게 됐다.

책 제목은 원래 박사 논문 제목과 동일하게 <한국의 미디어, 사회갈등, 사회변화>로 정했다. 이 책은 한국 정치 연구서도 아니고, 한국언론사 연구서도 아니며, 미디어와 사회와의 관계, 뉴스와 사회변화와의 관계를 사회과학 이론으로 설명한 '뉴스 사회학' 연구서에 가깝기 때문이다. 그래서 정치학적 사실과 해석의 깊이가 얕고 오류 가능성이 있으며, 동시에 언론 역사적 사실과 안목 역시 얄팍하고 오류 가능성이 있다. 지적과 질타는 언제나 환영한다.

한 학생이 일제 강점기 언론을 논한 챕터 리포트에서 조선일보와 동아일보가 4회씩이나 일제에 의해 정간당했다는 부분을 읽고 놀랐다고 적었다. 그 학생은 고등학교 때까지 조선과 동아의 친일 행각만을 배웠기 때문이라고 그 이유를 적었다. 나는 그 반대로 고등학교 때까지 조선 동아의 항일 활동만 배웠다가 대학에 와서 두 신문의 친일 기사 자료를 보고 놀랐던 기억이 있다. 역사는 감출 수 없다. 사실은 있는 그대로 모두 가르쳐야 하고, 역사적 평가는 학생 각자의 몫이어야 한다. 그러나 복잡한 한국 근현대사의 서술은 사회에서 이미 첨예한 논쟁 대상이 되고 있듯이 어느 시각에서 보든 시빗거리가 생기고 만족하기 힘들다. 그래서 이 책에서 명백한 오류가 발견되면, 언제든지 수정하고 보완할 작정이다.

대학 은사 이광재 경희대 명예교수님과 후배 이인희 교수가 번역한 미첼 스티븐스의 <뉴스의 역사>는 2장과 3장 '세계 미디어 역사(I), (II)'의 기본 틀이 됐으며, 존경하는 동아대 김민남 명예교수님의 박사학위 논문 <한국 농촌사회의 전통적 커뮤니케이션 마당에 관한 연구>는 4장 '한국의 전통적 커뮤니케이션 역사'의 기본 자료가 됐다. 다시 한번 이분들께 감사함을 표한다. 사회과학적 관점에서 한국 역사를 보는 데 익숙한 나에게 한국사에 대한 의미 있는 통찰력을 가르쳐 준 나의 사표(師表) 서울대학교 중문과 허성도 명예교수님과 50년 지기(知己) 서울대 국사학과 송기호 교수께도 잊지 못할 은혜를 입었다.

이 책은 고등학교 때 일반사회나 정치경제를 단편적으로(또는 편파적으로) 배운 대학생들이 한국 정치와 미디어가 사회갈등과 사회변화 속에서 어떻게 얽혀 있는지를 사회과학적으로 이해하고 각자의 의견을 갖게 하는 데 그 목적이 있다. 그래서 전반적인 책의 문체는 읽기 쉬운 수필에 가깝다. 일부 사회과학 이론을 설명하는 부분에서 다소 학문적 논의가 있지만, 전체적으로는 사회 흐름과 역사적 에피소드를 이야기 형식으로 들려주고 싶은 의도가 많이 반영됐다. 학생들에게 역사를 암기시키는 우를 범하기는 싫었기 때문이다.

이 책 출간을 도와준 경성대 출판부 박상룡 팀장님, 박지민 선생님, 세종문화사 김미화 선생님께 특별한 고마움을 전한다. 바쁜 와중에도 책에 삽입된 그림과 표지를 디자인해준 아들 원용으로부터 세상에서 가장 포근한 가족애를 느낀다.

무엇보다도, 매주 읽을거리를 정독하고, 각자의 참신한 시각을 리포트로 적어 제출하고 토론에 참여하면서, 강의록이 책으로 발돋움하도록 도와준, 2018년과 2019년 '커뮤니케이션 역사' 과목을 수강한 학생 제자들에게 뜨겁고 영원한 사랑을 전한다.

2020년 1월 27일 대연동 자택에서 정태철 씀

차례

Chapter 12 김영삼, 김대중, 노무현 정부의 후기 권위주의 언론 • 329

Chapter 13 한국의 미디어, 사회갈등, 사회변화의 결론: 신대중사회의 출현과 사회의 미디어화 • 363

Chapter 1 | 사회역사적(socio-historical) 관점과 미디어

1. 역사란 무엇인가?

다음 지도는 현생 인류의 이동 경로를 보여준다.

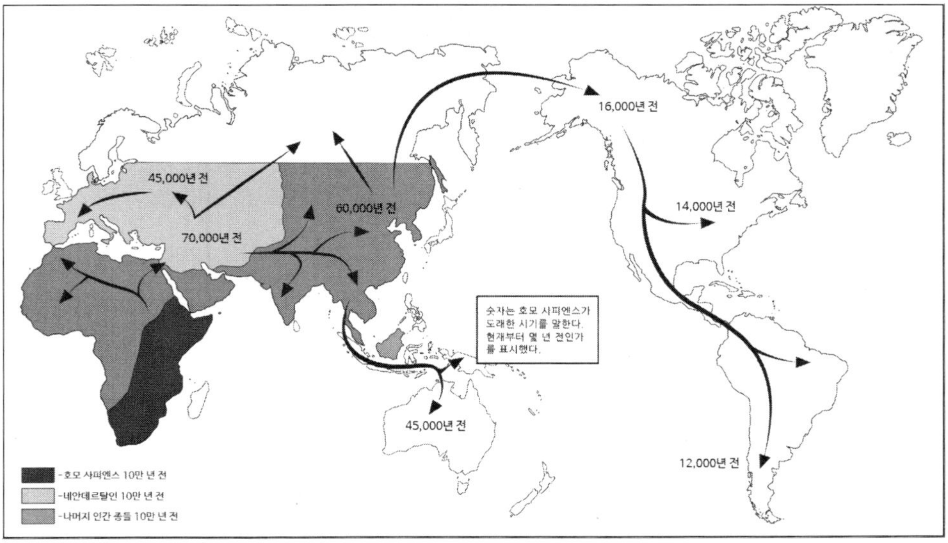

[그림1-1] 인류의 이동 경로(유발 하라리의 〈사피엔스〉를 참조해서 새로 제작).

오랜 세월 동안, 전 세계 역사 교과서는 현생 인류의 기원이 유럽 지역에 살았던 네안데르탈인이라고 적었다. 네안데르탈인은 바로 백인의 조상이었으며, 그 백인이 지구상에서 가장 먼저 유인원(침팬지, 고릴라, 오랑우탄, 원숭이 등)으로부터 인간으로 진화했고, 그래서 백인이 가장 똑똑하고 우월한 문명을 만들게 됐다는 '백인우월주의' 기반 이론이 생겼다. 그러나 1980년대에 네안데르탈인

보다 더 진화된 현생 인류 인골이 아프리카에서 발견됐다. 그리고 이 사실이 맞는 것으로 학계가 공인했다. '호모 사피엔스'의 출현이었다. 전 세계 자연사 박물관들이 이 때문에 인류 역사 전시관을 수정하는 소동을 벌이기도 했다. 특히 백인들은 아프리카가 현생 인류의 조상이 생긴 곳이라는 사실을 자존심 때문에 인정하기 어려웠을 것이다. 그러나 이는 증거를 가진 역사적 팩트(fact)였다. 이 팩트를 기반으로 백인 우월주의를 비판한 책이 바로 다이아몬드(Diamond) 교수의 <총, 균, 쇠>[1]다.

스웨덴의 스반테 페보 박사는 네안데르탈인의 유전체를 분석한 결과, 아프리카인을 제외한 모든 인류의 DNA에 네안데르탈인 유전자가 1~4% 섞여 있다는 연구 결과로 2022년 노벨 생리의학상을 수상했다. 아프리카에서 태어난 호모 사피엔스가 유럽과 중동으로 이주하면서 이들 중 일부가 이주 지역 원주민인 네안데르탈인과 자식을 낳았다는 증거가 발견된 것이다. 결과적으로 호모 사피엔스는 이주 과정에서 네안데르탈인을 일부 흡수했고, 이 사실은 이미 <사피엔스>에서 언급된 적이 있다. 이번의 노벨 생리의학상 성과는 그 과학적 증거인 셈이다. 백인 포함 인류의 직계 조상이 아프리카에서 발생한 호모 사피엔스란 팩트는 여전히 변함이 없다.

인류 조상은 10만 년 전 아프리카 중부와 남부에서 유인원으로부터 진화해서 [그림1-1] 지도처럼 전 세계로 퍼져나갔다. 이동이 시작된 계기는 더 많은 식량, 적합한 기후, 안전한 지역을 찾기 위해서였다. 이렇게 현생 인류는 10만 년 동안 아프리카로부터 전 세계로 퍼져나갔다. 그래서 인류 역사는 한마디로 표현하면 곧 '여행의 역사'였다. 지금도 인류는 끊임없이 이동하면서 역사를 쓰고 있다. 학업, 전쟁, 비즈니스, 재해, 취업, 결혼, 호기심, 관광, 문화 교류 등으로 전 세계 국제공항은 코로나 시기를 제외하고는 여전히 많은 사람으로 붐비고 있다. 인류 역사에 비추어 보면, 여행은 즐거운 관광보다는 역사적 모험에 더 가깝다. 지금도 여행은 우리에게 지식과 경험을 주며, 이것이 문화 창조와 문화 교류의 기반이 되고 있다. 인류 역사가 곧 여행 역사이며, 여행(travel)의 어원은 고통이나 모험을 뜻한다는 사실을 지적한 책이 다니엘 부어스틴(Daniel Boorstin)의 <이미지와 환상>[2]이다.

'역사(歷史)'는 과거에 일어났던 사실(fact)이다. 우리가 지금 역사를 공부할 수 있는 이유는 과거의 누군가가 과거 사실을 적은 역사책이나 역사적 기록물(명문, 銘文)을 남겼기 때문이다.

과거 기록자는 그들 눈으로 보고 귀로 들은 대로 적으려고 노력했겠지만, 역사 기록물이 정확하지 않을 가능성은 언제나 있다. 오늘날도 기록물 변조, 누락, 삭제의 문제가 발생하듯이, 과거에도 기록자가 정치적인 이유로 허위 사실을 적거나, 왜곡하거나, 자신의 가치관을 역사 기록물에 반영하려고 시도했을 수 있다. 그래서 역사 기록은 다수의 기록물을 서로 비교해야 한다.

오늘날 역사학자들은 남아 있는 역사 기록물에서 기록자의 사적(私的)인 철학이나 권력자의 영향력이 반영된 사례를 다수 발견해 내고 있다. 그래서 역사 기록물 자체도 편견을 가질 수 있고 부정확할 수도 있다.

한편, 과거 역사 기록자들이나 현대 역사학자, 그리고 사회과학자들은 역사에 자신의 사회과학적, 내지는 역사학적 통찰력을 반영하고 싶어 한다. 이것이 역사학과 사회과학의 만남이며, 학문적 융합이고, 이를 사회역사적(socio-historical) 관점이라 부른다. 사회역사적 관점이란 역사적 사실이나 역사적 흐름을 사회과학적 연구 방법으로 설명하고 해석하는 연구 활동이다. 헤겔(Hegel), 마르크스(Marx), 슈펭글러(Spengler), 토인비(Toynbee) 등과 그 후의 무수한 사회과학자들이 각자의 독특한 사회과학적 관점을 가지고 역사와 사회구조와 사회변화를 설명하고 있다.

2. 사회역사적 관점이란 무엇인가?

헤겔, 마르크스, 슈펭글러, 토인비 등은 어떻게 역사를 재해석했다는 것일까? 영국의 역사학자 피터 벌크(Peter Burke)가 편집한 <사회학과 역사학(Sociology and History)>에 따르면, 역사학은 팩트를 모아서 사회변화를 '이해'하려는 것이고, 사회과학은 사회변화가 일어나는 사회구조를 분석해서 왜 사회변화가 일어나는지 '설명'하려는 것이라고 했다. 그런데 사회구조 설명에는 사회변화에 대한 이해가 부족하고, 사회변화에 대한 이해는 사회구조에 대한 설명이 보완되어야 한다고 벌크가 말했다. 그래야 사회과학과 역사학은 서로 부족한 학문적 지엽성(枝葉性)을 극복할 수 있다는 것이다.[3)]

예를 들면, 역사학에서 말하는 중세의 성직자, 기사, 영노, 영주의 계급 구분을 마르크스는 지주, 자본가, 무산가라는 사회 계급으로 해석했으며, 이들의 계급별 이익에 따른 계급 갈등을 계급 혁명이라는 사회 변혁 이론, 즉 '마르크스주의'로 설명했다.[4)] 중국이나 한국의 과거제도라는 역사적 팩트는 사회과학에서 보면 사회 엘리트 계급이 자기들끼리 계층 상승을 독점하는 폐쇄적 계층 이동이며, 이는 평민들의 출세 기회를 막아서 사회 긴장을 초래한다는 '사회 이동(social mobility) 이론'으로 발전했다.[5)] 또한 역사학에서 잘 정리된 유교나 불교와 같은 종교 역사는 특정 종교적 사회질서가 사회 내에서 옳고 그름을 규정하는 지배 이데올로기가 된다는 레이몬드 윌리엄스(Raymond Williams)의 '문화 헤게모니(cultural hegemony) 이론'(지배 집단의 문화를 피지배 집단이 수용하도록 통제하는 것)으로 확대됐다.[6)]

이런 방식으로 역사적 디테일을 모아서 패턴을 찾거나 의미 있는 사회구조적 설명 내지는 해석을 제시하는 것이 역사학과 사회과학의 협업인 '사회역사적 관점', '역사 재해석'인 것이다. 즉, 사회역사적 관점은 역사적 흐름 속에 나타나는 여러 가지 역사적 사실을 사회변화로 보고, 사회변화의 방향, 원인, 변화 과정의 작동원리를 설명하려는 것이다. 언어, 문자, 인쇄, 저널리즘, 미디어 역사도 정치, 경제, 사회, 문화의 사회변화 속에서 전개된다. 그래서 사회역사적 관점에서 미디어 역사를 파악하려면, 사회역사적 관점의 기본 개념에 대한 이해가 선행돼야 한다. 다음에 이어지는 '객관적 역사'와 '주관적 역사', '보편적 역사'와 '특수한 역사', '주의론'과 '결정론' 등의 개념이 역사학에서는 역사철학이라 부르며, 사회과학에서는 사회역사적 관점이라고 한다.

한편, 미디어 역사의 사회역사적 관점은 '국제적 맥락(international context)'을 포함한다. 세계 역사는 호모 사피엔스의 출현부터 지금까지 독자적인 지역에 국한되지 않았다. 서로 접촉하고, 서로 문화를 교류했으며, 서로 영향을 주고받았다. 구한말과 일제 강점기에는 제국주의와 공산주의라는 세계사적 물결이 한반도에서 출렁거렸다. 그 후, 세계대전, 한국 해방, 대한민국 건국, 한국전쟁, 한미동맹, 경제개발, 민주화, 산업화, 정보화, 선진화, IMF 사태, 북핵 문제, 코로나 사태, 우크라이나 전쟁에 이르기까지 우리나라의 사회갈등과 사회변화는 국제적 맥락의 고려 없이는 이해 불가능하다. 그래서 한국의 미디어 역사는 세계의 미디어 역사와 같이 공부해야 한다. 그런 이유로 이 책의 첫 두 챕터(chapter)는 세계 미디어 역사부터 다루게 됐다.

3. 객관적 역사와 주관적 역사[7)]

(1) 객관적 역사(objective history)

객관적 역사는 역사적 사실을 증명하고 역사학자의 주관적인 해석을 배제하는 사회역사적 관점이다. 이는 역사책, 명문, 유적 등 실체적 근거로 역사를 연구한다. 이들은 과거 역사 기록물이 부족한 경우에는 문화인류학의 도움을 받기도 한다. 문화인류학은 언어, 풍습, 지명 등 인류의 문화적 잔재가 민족이나 지역마다 화석처럼 남아 있는 것을 연구하는 학문이다. 이들의 연구 결과는 사실이 부족한 객관적 역사학자들에게 귀중한 도움을 준다. 마빈 해리스(Marvin Harris)라는 문화인류학자의 저서 <문화의 수수께끼>[8)], <작은 인간>[9)] 등은 수십 년 동안 스테디셀러이며 다양한 인류 풍습의 근원을 재미있게 해석해 준다.

그러나 객관적 역사 관점의 문제는 과거 기록들이 탄생 시기부터, 혹은 탄생 이후 왜곡된 것들이 많다는 것이다. 우리나라의 <조선왕조실록>도 다른 기록과 비교해서 재해석할 부분이 많다. <화랑세기>나 <환단고기>처럼 내용도 거창하고 외형도 그럴듯하게 보이는 역사 기록물이 있지만, 학자들은 이 책이 출간됐다는 연대와 그 책에서 사용한 지명이나 용어의 연대가 맞지 않다는 점을 발견했고, 그래서 이 책의 역사적 가치를 신뢰하지 못하고 있다.

(2) 주관적 역사(subjective history)

역사적 사실은 변하지 않는다. 그러나 역사학자나 사회과학자들은 그 역사적 사실에 대하여 자신만의 해석을 시도하려고 한다. 그래야 역사 속의 의미를 찾고 미래를 위한 교훈을 얻을 수 있기 때문이다.

역사적 사실은 하나지만, 사람들은 하나의 동일한 역사적 사실을 두고 다른 의미를 부여할 수 있다. 소설가 김훈의 원작 소설을 영화화한 <남한산성>은 청나라와 싸우자는 주전(主戰)론자와 항복하자는 주화(主和)론자, 또는 화친(和親)론자들의 다툼을 다뤘다. 양자의 간절한 논리가 영화 전편에 흐른다. 결국은 화친론자들의 주장대로 왕은 청 황제에게 무릎을 꿇고 삼배구고두례(三拜九叩

頭禮)를 실행했다. 이게 역사적 사실이다. 그런데 누가 옳았을까? 해석은 각자 생각에 따라 달리 할 수 있다. 영화 속에는 "죽어서 살 것인가, 살아서 죽을 것인가"라는 대사가 나온다. 이 대사는 관객들에게 어떤 것이 옳은지 각자 선택의 여지를 주고 있다. 이처럼 역사는 주관적 해석의 여지를 남긴다.

이 밖에도 '사대 외교', '친일파', '박정희' 등의 평가는 역사학계는 물론 정치학 등 사회과학계에서도 다양한 주관적 해석이 대립하고 있다. 일본은 아직도 한국과 중국 등 아시아 국가들을 침략하고 고통을 준 사실을 인정하지 않으려고 한다. 이는 해석의 문제가 아니라 사실의 문제다. 그런데 사실이 부족하면 다른 해석의 여지가 많아진다. 독도가 그런 문제 중 하나다. 한국은 정서적으로 독도가 우리 땅이라고 생각하지만, 우리 땅이었다는 역사적 자료가 부족하다. 일본 사료에 독도가 일본 땅이 아니라는 역사적 자료가 발견되기도 했지만, 그렇다고 독도가 원래 한국 땅이었다고 주장하기도 쉽지 않다. 그래서 서로 자기 땅이라고 주장하는 상황이 전개되고 있으며, 한국인의 정서처럼 독도가 막무가내로 우리 땅이라고 주장할 수는 없는 게 현실이다.[10] 우리나라나 일본이나 암초에 불과해서 관심이 없던 독도를 영해로 복속하려는 시도는 1900년대 초반에 비로소 시작됐다. 그 후 역사, 국제법, 국내 정치적 상황에 따라 독도는 항상 다툼의 대상이 되고 있다.

중국은 조공(朝: 조는 알현하는 것, 貢: 공은 선물을 바치는 것)과 책봉(册: 책은 벼슬을 내리는 것, 封: 봉은 토지를 주는 것) 관계였다는 이유로 고구려가 자기들의 지방정권이었다고 주장한다. 그러나 조공과 책봉은 과거 전 세계 강국과 약소국의 보편적 관계였다. 과거 서양의 속국(로마와 로마 지배 국가)은 '명분상은 독립국이었지만 실제로는 로마의 지배를 받는 나라'를 뜻하며, 조선 같이 중국의 속국(우리와 중국의 관계)은 이와는 반대로 '실제로는 독립국이면서 명분상은 중국의 지배를 받는 나라'를 가리킨다.[11] 이런 것들이 다 사회역사적 관점의 해석 차이에서 생기는 일들이다.

4. 보편적 역사와 특수한 역사

(1) 보편적 역사(universal history)

보편적 역사는 전 세계 여러 국가 역사가 비슷한 패턴을 보인다는 사회역사적 관점이다. 이는 미국, 한국, 영국, 인도 등 나라를 불문하고 모든 나라들은 동일하지는 않지만 유사한 역사 흐름, 즉 '패턴'을 보인다는 의미다. 여기서 패턴이 바로 사회과학적 역사이론화의 산물이다.

예를 들어, 칼 마르크스는 '역사는 곧 생산 양식의 변화'라고 했다. 이를 '유물사관'이라고 부른다. 다시 말하면, 유물사관은 전 세계가 국가와 지역을 불문하고 먹고사는 방식(생산 양식)이 원시 공동 사회 → 고대 노예 사회 → 중세 봉건 경제 사회 → 자본주의 사회 → 공산사회로 변화하는 '패턴'을 보편적으로 보인다는 것이다.

토인비는 모든 문명은 외부 도전(challenge)과 이에 대한 내부 응전(response)에 의해 망하고 흥했다고 말했다. 토인비의 유명한 이 역사관은 한마디로 '도전과 응전'이다. 이 말은 모든 문명과 국가가 외부 환경에 접했을 때 나타나는 공통적 패턴이라는 의미다. 외부 도전이 내부 응전보다 더 강하면 그 문명은 망했고, 응전이 도전보다 강하면 그 문명은 살아남았다는 것이다. 토인비는 도전이 왔을 때 내부를 지키는 '창조적 소수'의 역할이 중요하다는 말도 했다. 창조적 소수는 국가를 위기로부터 구하는 영웅을 말한다. 토인비는 소수 엘리트의 역할이 중요하다는 점도 여러 국가 역사에서 보편적으로 나타났다고 지적했다.

헤겔은 "역사를 지배하는 것은 이성이며 역사의 흐름은 자유의 발전 과정"이라고 했다.[12)] 이는 인류 역사에 나타난 인간의 행동과 생각은 자유와 이성의 실현이라는 의미다. 헤겔에 따르면, 인류는 종교개혁, 계몽사상, 프랑스 혁명 등을 통해서 억압, 노예, 계급 등이 존재했던 시대에서 점차 자유가 신장하고 인권이 보장되는 사회로 변화, 발전해 나아갔다는 것이다. 이는 인류 역사를 자유와 이성의 실현이라는 하나의 목적을 지향하는 역사 패턴을 이론화한 것이다. 따라서 헤겔의 역사관은 미국 역사든 한국 역사든 자유와 이성이 실현되는 방향으로 발전하는 패턴을 따른다는 사회역사적 관점이니, 이것도 곧 보편적 역사관이다. 헤겔의 사회역사적 관점에 따라서, 인류는 끊임없이 자유가 보장되는 방향으로 발전해서 억압적 권위주의 국가들이 축소되고 이성적인 민주주의 국가가 증가하고 있다는 낙관적 미래를 전망한 사람이 프랜시스 후쿠야마(Francis Fukuyama)이며, 그의 생각은 <역사의 종말>에 잘 나타나 있다.[13)]

(2) 특수한 역사(unique history)

반면에, 역사는 시간과 공간에 따라서 각자 독특하고 특별한 형태로 발전했다고 보는 사회역사적 관점이 있다. 이게 '특수한 역사'다. 각 국가나 지역마다 독특한 역사가 전개되고 사회가 변하므로 이를 패턴으로 묶을 수 없다는 게 특수한 역사의 핵심이다.

특수한 사회역사적 관점은 국가별로 역사의 특수성을 설명할 수도 있고, 대륙별 차이를 이론화할 수도 있다. 이를테면, 한국 내에서도 영호남의 차이를 논할 수 있고, 한국과 일본의 차이를 이론화할 수도 있으며, 경우에 따라서는 동양과 서양의 차이나 기독교 문명권과 이슬람 문명권의 차이를 설명할 수도 있다.

예를 들어서, 유럽이나 미국의 서양과, 아시아 중심의 동양은 그 역사적 차이가 자주 비교 대상이 된다. 서양은 개인주의가 발달했고(자유 중시), 유목과 목축 전통이 있어서 이동성이 강했으며(도전성, 모험심), 그런 배경 때문에 중세의 종교 중심 암흑기를 이성의 혁명으로 탈피해서 과학을 발달시켰다. 또 서양은 좁은 유럽에서 다양한 민족이 통일 국가 없이 개별적 창의력이 치열하게 경쟁한 결과, 산업혁명을 일으켜 국가 파워를 전 세계로 확대한 제국주의를 발전시켰으며, 그 과정에서 자본주의를 심화시켰다.

반면에, 동양은 농업 중심의 정착적(定着的)이고 정주적(定住的) 생활이 보편적이었고(현실 안주, 수동적), 동양 사람들은 '내면적인 약점(built-in weakness)'이 있는데, 그것은 권위에 복종하고 개인보다는 집단을 우선시하는 전통이 강하다는 것이다. 이를 독일 사학자 비트포겔(Wittvogel)은 '동양적 전제주의(oriental despotism)'라고 불렀다.

비트포겔은 아시아 지역은 벼농사가 생활 기반이었다는 사실에 주목했다. 벼농사는 물을 수시로 조절할 수 있는 대규모 관개(灌漑)시설이 있어야 수확량을 늘릴 수 있다. 예를 들면, 봄에 벼를 심을 때는 물이 다량으로 필요하고, 여름에 한창 벼가 성장할 때는 중간 정도의 물이 필요하며, 가을에 벼가 익을 때는 소량의 물만 필요하다. 언제 닥칠지 모르는 홍수나 가뭄을 극복하고 수량을 수시로 필요에 따라 조절하기 위해서는 대규모 저수지 건설이 필수적이고, 그래서 동양의 농경사회는 자연스럽게 대규모 저수지 건설과 관리를 위한 집단사회가 발달하게 됐으며, 권위에 복종하는 전통이 성립됐다는 것이다. 서양에 비해 동양 사람들이 집단주의적인 것은 사실이다. 농경사회였던 한국도 예외 없이 오래된 저수지가 있다. 백제 때 축조된 전북 김제의 벽골제, 삼한 시대에 축조된 충북 제천의 의림지와 경남 밀양의 수산제가 바로 그것들이다. 비트포겔의 동양적 전제주의는 그 근원을 농경사회에서 찾았다는 점에서 설득력이 있다.

현대사회에서 유럽과 미국이 자본주의 강국이다. 이에 도전장을 내민 나라가 일본이었다. 일본은 1970년대와 1980년대에 급부상해서 당시에는 미국 다음으로 GDP가 많은 나라가 됐다. 소니 TV와 도요타 자동차는 전 세계 시장을 싹쓸이했다. 원래 미국의 경영학은 능력 중심, 계약 중심, 성과급 중심으로 경쟁을 유발하는 게 최상이라고 가르쳤다. 그런데 일본이 부흥하자, 일본의 회사 경영 방식이 세계적으로 주목받게 됐다. 미국 학생들이 경영학을 배우러 일본으로 유학가는 일도 벌어졌다. 일본의 경영학은 사람 중심이고, 한 번 고용하면 은퇴할 때까지 해고하지 않으며, 그래서 집단적이고 연고주의에 근간을 두고 있었다. 도요타는 회사 옆에 유치원부터 양로원과 공동묘지까지 운영해서 사원들의 평생을 책임진다는 정신으로 회사를 경영했다. 그 결과, 사원들은 회사 매출에 전력투구하고 충성했다. 일본의 이런 경영철학을 학자들이 능력과 성과 중심의 서양 경영철학과는 다른 '아시아적 가치(Asian value)'라고 불렀다. 아시아적 가치는 개인별 성과보다 가족적 분위기의 협동 정신을 중시하는 경영철학을 뜻했다.

1997년 IMF 사태 때, 일본, 한국, 동남아시아 등 아시아 경제가 크게 흔들렸다. 이때 아시아적 가치가 한계에 다다른 것이 아니냐는 의견이 많았다. 역시 경영학에서는 정보다 능력 중심이 우선한다는 견해였다. 그러다 2018년 기준, 수출과 수입을 합친 세계 5대 교역국은 미국, 중국, 독일, 일본, 한국 순위가 됐다. 프랑스, 영국, 캐나다, 호주가 모두 한국 뒤로 밀렸다. 다시 아시아적 가치가 서양 가치를 누른 것인가? 아니면 한/중/일 기업들이 기업 운영을 아시아적 가치 방식에서 서양 가치 방식으로 바꾸었기 때문인가?

동서양의 심리와 행동 차이를 체계적으로 연구한 책이 리처드 니스벳(Richard Nisbett)의 <생각의 지도>[14)]다. EBS 다큐 프라임 <동과서>[15)]는 바로 <생각의 지도>를 기반으로 제작된 다큐멘터리다.

미국의 역사학자 메리 위스너 행크스(Merry E. Weisner Hanks)는 <젠더의 역사>라는 책에서 이제까지 우리가 익숙한 세계사는 절반의 역사, 즉 남성 위주의 역사였고, 여성의 역사가 배제되어 있으므로, 기존의 세계사는 일종의 남성에 국한된 '특수한 역사'라고 지적했다. 저자는 세계사가 여성의 역할을 포함해야 인류의 보편적 역사가 될 것이라고 강조했다.[16)] 원래 사회역사적 관점에서 보편적 역사와 특수한 역사라는 개념은 역사에서 지역별 차이가 있느냐 없느냐는 시각에서 사용됐지만, 행크스는 젠더의 관점에서 보편적 역사를 남녀 '전체의 역사', 특수한 역사를 남성이란 '일부분의 역사'란 개념으로 다르게 정의했다.

5. 주의론과 결정론

(1) 주의론(主意論, voluntarism)

주의론은 인간이 역사와 환경을 지배한다는 사회과학 관점이다. 정확하게 말하면, 주의론은 인간 의지가 역사 흐름을 좌우하며, 역사는 인간 의지대로 움직이고 흐르는 것이라는 생각이다. 예를 들어, 부모가 이혼해서 아이가 방치됐거나, 지독하게 가난해서 아이를 정상적으로 돌 볼 수 없는 문제 가정이 있다고 하자. 이 문제 가정은 하나의 '환경'이다. 그런 환경에서 자란 아이들은 다 문제아가 된다고 보아야 할까? 만약에 한 아이가 문제 가정이란 열악한 환경에서 자랐어도 그 아이의 의지로 열악한 환경을 극복하고 정상적으로 성장해서 사회의 훌륭한 일원이 됐다면, 아이의 의지가 환경을 지배한 결과가 된다. 이게 바로 주의론을 교육학에 응용했을 때 나타나는 사례다.

만약에 위 사례와는 정반대로 문제의 가정환경에서 자란 아이들 대부분이 문제아가 된다면, 환경이 아이의 미래를 결정한 결과가 된다. 이게 바로 주의론과 반대되는 사회역사적 관점인 결정론이다.

그람시(Gramsci)는 이탈리아의 공산주의자였다. 그는 사상 때문에 감옥에 투옥됐고, 평생을 감옥에서 지내다 풀려났으나 곧 죽었다. 그가 감옥에 있을 때인 1917년 러시아에서 공산주의 혁명이 일어나고 레닌이 공산국가를 세웠다. 그런데 유럽에서 산업 자본주의가 가장 덜 발달한 러시아에서(지주 위주의 자본주의는 있었다) 자본주의 모순에서 벗어나자는 공산주의 혁명이 일어난 것이 그람시에게는 이해가 되지 않았다. 또한, 레닌이 공산정권을 수립한 이후, 자본가들의 재산을 강제로 몰수하고, 공산주의를 반대하는 사람들을 비밀경찰을 시켜 시베리아로 숙청하는 것을 보고, 그람시는 레닌의 공산화 과정에 회의를 느꼈다. 그는 자본주의보다 더 인간적인 삶을 모색하자는 공산주의 운동이, 억지로 공산주의 제도를 받아들이라고 일부 인민들을 비인간적으로 탄압하는 러시아 상황을 보고, 공산주의는 억지와 강요가 아니고 자발적으로 국민이 동의해서 받아들이는 방식으로 진행돼야 한다고 생각했다. 그람시는 인간 사회는 정치사회와 시민

사회의 두 가지가 있다고 생각했다. 강제로 공산화하는 사회가 '정치사회'고 사람들을 설득해서 사람들이 자발적으로 동의해서 공산화되는 사회를 '시민사회'라고 했다.[17] 그람시는 사람들의 자발적인 동의를 얻어 내는 것이 곧 진정한 헤게모니라고 했다. 그래서 그람시의 이런 이론을 '헤게모니 이론' 혹은 '시민사회 이론'이라고 부른다. 그람시의 이론은 인간의 의지가 역사를 지배한다는 주의론의 전형적인 사회역사적 관점에 따른 것이다.

그람시의 헤게모니 이론이 공산주의 운동뿐만 아니라 환경보호 운동이나 지구 온난화 방지 운동 등 서구 사회의 각종 사회변화 운동의 인간적 방식이란 인식이 공유되면서, 1990년대 한국의 시민사회 운동(NGO 운동)이 사회 개선을 위해서 시민들의 자발적 참여를 유도해야 한다는 시민운동 방향의 이론적 배경으로 유행했다. 또한 노태우 시대 이후 최근까지 각종 정치 세력들이 시민들의 자발적 지지를 끌어내기 위해 미디어를 장악하려고 다투는 정치 세계를 설명하는 이론이 되기도 한다. 그람시의 헤게모니 이론은 노태우 정부 미디어를 다룰 때 다시 자세하게 배우게 된다.

(2) 결정론(determinism)

결정론은 인간 이외의 요소가 역사를 지배하는 현상을 지칭하는 사회역사적 관점이다. 여기서 사람들은 인간의 의지가 역사를 지배하는 것은 '인간 결정론'이 아니냐고 반문할 수 있다. 그러나 학문적 정의상, 인간이 역사를 결정하면 주의론, 인간 이외의 요소가 역사를 결정하면 그게 결정론이다. 위에서 예를 든 것처럼, 환경이 아이의 교육을 결정하는 것은 환경결정론이다. 백인우월주의를 비판한 다이아몬드 교수의 <총, 균, 쇠>도 일종의 환경결정론이다. 다이아몬드 교수는 백인이 잘 나서 세계를 지배하고 있는 게 아니라 백인이 살고 있는 유럽의 지정학적 환경이 좋아서 강대국이 됐다고 지적했다. 즉, 대다수 유럽 지역은 생산력과 군사력에 결정적인 재배 가능 곡물(쌀, 보리, 밀)과 사육 가능 가축(소, 돼지, 말)이 풍부했기 때문에 강대해졌다는 것이다. 유럽과 비슷하게 곡물과 가축이 풍부했던 중국, 한국, 일본도 역시 강대국이 됐으며, 그 이유도 환경의 영향이라는 게 다이아몬드 교수의 설명이다. (물론, 이들 나라들이 모두 온대 기후 지대에 있다는 것도 중요한 환경 요인 중 하나다.) 아프리카에는 쌀과 밀이 잘 자라지 않는다. 소나 말처럼 가축으로 키울 수 있는 동물도 드물다(톰슨가젤이나 사자는 가축이 되지 않는다). <총, 균, 쇠>는 환경결정론을 중심으로 백인우월주의를 신랄하게 비판하고 있다.

마르크스는 생산 양식이 인간의 역사를 결정한다고 했다. 이를 경제결정론이라고 한다. 사회가 자본주의 생산 양식을 따르면, 그 사회는 자본주의 속성인 부익부 빈익빈 같은 양극화, 착취 현상이 일어나고, 노동자는 점점 더 가난하게 될 수밖에 없다고 마르크스는 주장했다. 이는 곧 경제방식이 인간의 삶과 역사를 결정한다는 것이다. 그래서 인류가 사회주의로 생산 양식을 바꾸면 사회주의라는 경제방식의 속성(평등한 사회)에 따라서 인간이 행복하게 된다는 게 마르크스의 처방이었다.

생물학적 결정론은 인간의 DNA가 그 사람의 성향이나 행동을 결정한다는 관점이다. 대개 자녀들은 부모의 유전형질을 닮는다. 질병도 상당 부분 유전적 요인에 따른다. 그러나 아버지 범죄 경력이 자식에게 대물림될까? 전과자 부모가 자식을 낳으면, 그 자식도 전과자가 될 확률이 높다고 보고 전과자들을 거세해서 자식을 못 낳게 하자는 움직임이 20세기 초에 있었다. 그러나 과학적 근거가 없는 것으로 증명돼서, 지금 이를 실행하는 곳은 없다.

기계 결정론은 문명비평가 맥루한(McLuhan)의 이론이다. 미디어 결정론이라고도 한다. 인간이 어떤 미디어를 주로 사용하는가에 따라서 인류 역사 형태가 결정된다는 사회역사적 관점이다. 말(언어)이 주 미디어인 원시시대, 글(문자)이 주 미디어인 로마 시대, 인쇄와 책이 핵심 미디어인 중세 이후, 그리고 신문이 미디어로 등장한 근대, TV가 지배 미디어인 20세기는 각각 당시에 주로 사용하던 미디어의 특징에 따라서 사람들의 생각과 행동이 달라졌다고 맥루한은 주장했다.[18] 21세기는 인터넷 미디어 시대를 거쳐 소셜 미디어(SNS) 시대로 접어들고 있다. 페이스북, 트위터, 인스타그램, 유튜브, 스마트폰에 빠져 사는 사람들이 늘고 있는 현대사회에서, 소셜 미디어의 '알 수 없는 어떤 특성'에 의해 인간의 행동과 사고방식이 바뀌고 있다면, 그것이 바로 미디어 결정론의 예시가 될 것이다.

영국의 미디어 역사학자 아사 브리그스(Asa Briggs)와 피터 벌크에 따르면, 인류학자 레비 스트라우스(Levi-Strauss)는 원시인들의 물건 교환을 커뮤니케이션이라 했고, 독일 사회학자 루만(Luhman)은 권력, 돈, 사랑의 교환을 역시 커뮤니케이션이라 불렀다면서, 이 세상에 커뮤니케이션 영역이 아닌 것이 없다고 했다.[19] 이처럼 광범위한 커뮤니케이션의 역사를 이 책에서는 말, 글, 필사, 인쇄, 라디오, 신문, TV, 인터넷, 소셜 미디어 등 미디어(매체) 중심으로 파악하려고 한다. 실제로, 브리그스와 벌크는 인류 역사에서 올드 미디어와 뉴 미디어가 항상 공존하면서 사회변화를 일으켰기 때문에 미디어 역사는 곧 "영속적인 사회변화 시스템"이라고 말했다.[20]

최근, 미디어가 사회를 지배한다는 말이 회자되고 있다. 이를 사회의 '미디어화(mediatization)'라고 한다. 요즘 네이버로 모르는 단어를 검색하면 '20-30대 M세대', 유튜브로 모르는 단어를 검색하면 '10대 Z세대'라고 한다. 세대마다 주로 의존하는 미디어가 다르다. 인간이 미디어를 지배하고 있는 것일까, 아니면 미디어가 인간을 지배하고 있는 것일까? 다른 어느 시대보다도 미디어가 인간을 지배하는 미디어 결정론이 피부에 와닿는다. 이 문제는 이 책의 결론 부분에서 다시 자세하게 논의할 예정이다.

이제까지 미디어 역사의 사회역사적 관점을 도표로 정리하면, 다음과 같이 두 개의 그룹으로 구분된다.

객관적 사회역사적 관점	주관적 사회역사적 관점
객관적(objective)	주관적(subjective)
보편적(universal,general)	특수한(unique, specific)
결정론적(deterministic)	주의론적(voluntaristic)

[그림1-2] 두 개 영역으로 구분된 '사회역사적 관점.'

6. 미디어 역사의 사회역사적 관점 연구 주제

한국은 근대화, 민주화, 산업화 과정에서 사회 내부에 깊숙하게 자리 잡은 모순적 세력 간 치열한 사회갈등을 겪었다. 구한말의 제국주의 침략, 일제 강점기의 식민 지배와 해방, 조국 분단, 이데올로기 대립과 한국전쟁, 동서냉전, 고속성장, 민주화, 산업화 과정이란 역사적 허들을 한국은 숨 가쁘게 넘었다. 어느 것 하나 순조롭게 스쳐 간 역사가 없었다. 한국의 사회갈등은 그만큼 한국 사회의 정치, 경제, 사회, 문화의 복잡한 구조 속에서 파생됐기 때문이다.

이 책은 한국의 사회갈등과 사회변화가 가지고 있는 '사회역사적 특수성(socio-historical particularity)' 속에서 미디어가 어떤 역할을 했는지를 이해하려는 목적으로 서술됐다. 이를 위해서, 이 책은 미디어 역사의 국제적 맥락 이해를 위해 세계 미디어 역사를 먼저 개괄할 것이며, 이어서 한국의 전통적 미디어 역사를 소개할 것이다. 그다음, 이 책은 구한말부터, 일제 강점기, 미군정 시대, 이승만, 박정희, 전두환, 노태우, 김영삼, 김대중, 노무현, 이명박, 박근혜, 문재인, 그리고 윤석열 정부에 이르는 사회갈등과 사회변화를 살펴볼 것이며, 그 과정에서 미디어의 역할과 위상을 규명할 것이다.

과연 한국 사회변화의 동력은 무엇일까? 무엇이 한국 사회를 역동적으로 변화시켰을까? 미디어가 한국 사회변화의 원인이었을까? 아니면 미디어는 한국 사회변화와 무슨 관계였을까? 최근 미디어는 전통적 신문, 라디오, TV부터 인터넷과 소셜 미디어 플랫폼에 이르기까지 현대인의 일상생활에 심오하게 자리 잡고 사람들의 사고, 행동, 문화에 관여하고 있다. 그러면 장차 한국 사회에서 미디어와 사회변화의 관계는 또 어떻게 변할 것인가? 이 책은 이런 도전적이고 미래지향적인 질문에 답하려고 노력했다.

주석

1) Jeremy Diamond, *Guns, Germs, and Steel,* 김진준 역, 『총, 균, 쇠』, 문학사상사, 2013.
2) Daniel Boorstin, *The Image: A Guide to Pseudo-Events in America,* 정태철 역, 『이미지와 환상』, 사계절, 2004.
3) Peter Burke, *Sociology and History,* London: George Allen and Unwin, 1980, p. 13.
4) *Ibid.*, pp. 61-62.
5) *Ibid.*, pp. 68-69.
6) *Ibid.*, pp. 76-78.
7) 여기서부터 제시된 '주관적 역사'와 '객관적 역사', '보편적 역사'와 '특수한 역사', '주의론'과 '결정론'이라는 역사를 보는 관점은 미국 미주리 대학 정치과 교수였던 고(故) 조승순 박사의 정치학과 과목 'Modernization in Asia' 강의록을 발전시킨 것이다.
8) Marvin Harris, *Cows, Pigs, Wars, and Witches,* 박종렬 역, 『문화의 수수께끼』, 한길사, 2017.
9) Marvin Harris, *Our Kind,* 김찬호 역, 『작은 인간』, 민음사, 1998.
10) 독도에 관한 부분은 충남대학교 사학과 김응종 명예교수의 강연 내용을 참고로 했다.
11) 송기호, 『강 넘고 바다 건너』, 송기호 교수의 우리 역사 읽기 7, 서울대학교출판문화원, 2016, 245-264쪽.
정태철, "'죽어서 살 것인가, 살아서 죽을 것인가?'...영화 '남한산성'을 보고", 『시빅뉴스』, 2017. 10. 9.
12) Georg Wilhelm Friedrich Hegel, 권기철 역, 『역사철학강의』, 동서문화사, 2016, 50-51쪽.
13) Francis Fukuyama, *The End of History,* 이상훈 역, 『역사의 종말』, 한마음사, 1992.
14) Richard Nisbett, *The Geography of Thought,* 최인철 역, 『생각의 지도』, 김영사, 2004.
15) EBS, "다큐 프라임 동과서", 2018, https://c11.kr/cdq2
16) Merry Weisner-Hanks, *Gender in History,* 노영순 역, 『젠더의 역사』, 역사비평사, 2006.
17) Antonio Gramsci, *Prison Notebooks,* New York: International Publishers, 1971.
18) Marshall McLuhan, *Understanding Media: The Extensions of Man,* New York: McGrow-Hill, 1964.
19) Asa Briggs & Peter Burke, *A Social History of the Media,* Cambridge, UK: Polity Press, 2009, pp. 1-2.
20) *Ibid.*, pp. 5-6.

Chapter 2 세계 미디어 역사(I)[1]

1. 인간 커뮤니케이션의 기원

인간 커뮤니케이션은 동물 커뮤니케이션과 엄격히 구분된다. 동물과 인간의 커뮤니케이션은 구체적으로 어떻게 다를까?

동물도 서로 소통한다. 대형을 이루며 하늘을 여행하는 철새 무리가 울음소리나 날갯짓으로 메시지를 서로 주고받지 않으면 그렇게 질서 있게 움직일 수 없다. 꿀벌도 서로 의사를 주고받는다. 꿀을 찾아 정찰을 나갔다 돌아온 일벌이 일정한 방향으로 뱅뱅 회전하면서 다른 일벌들에게 꿀이 있는 곳의 위치와 양을 알려준다. 침팬지 학자 제인 구달이 침팬지의 소통 방법을 꽤 많이 찾아냈다는 것은 잘 알려진 사실이다.

다만, 이들 동물의 커뮤니케이션은 날갯짓이나 손짓 등 동작(제스처), 표정, 음성(자음과 모음이 구분되지 않는 소리 지름이나 울음소리) 등의 비언어적 수단에 국한된다. 이들 동물의 비언어적 커뮤니케이션 수단이 언어와 문자로 진화한 시점이 바로 동물 커뮤니케이션과 인간 커뮤니케이션의 분기점이다.

인간도 여전히 표정, 제스처, 동작, 소리 등 비언어적 커뮤니케이션을 사용하고 있지만, 말과 문자라는 언어적 커뮤니케이션을 가졌다는 점에서 동물과는 비교할 수 없는 테크놀로지와 문명을 이룩했다. 인간은 비언어적 소통 수단으로부터 말의 발명, 문자의 발명, 인쇄의 발명, 라디오, 신문, TV, 인터넷, 소셜 미디어, 5G 등 고급 소통 수단의 발명으로 지식을 확장해 왔다.

비언어적 커뮤니케이션이나 언어적 커뮤니케이션(말과 문자)은 그 안에 상징(symbol)적 측면과 기호(sign)적 측면이 있어서 인간 의사소통을 가능하게 한다.

고고학자 데니스 슈만트 베세랏(Denise Schmandt-Besserat)은 언어의 상징적 측면은 사람들끼리 추상적이고 관념적인 의미를 공유하는 것이라고 정의했다. 예를 들면, 태극기라는 단어는 대한민국의 상징이고 십자가는 기독교의 상징이다. 슈만트 베세랏은 언어의 기호적 측면은 상징적 측면보다 구체적이고 정밀한 의미를 전달하는 역할을 한다고 했다. 예를 들면, 수학 '기호'인 '1'이나 교통 표지판인 멈춤 '사인(기호)'처럼 언어의 기호적 측면은 정확하게 하나의 의미를 지칭해야 한다.[2] 교통 표지판 멈춤 사인이 사람마다 다른 의미로 전달된다면 교통이 마비된다. 반면에, 태극기의 상징은 대한민국이지만, 누구는 올림픽 스타디움에 휘날리는 태극기를 보고 눈물을 흘릴 수 있고, 누구는 보수 집회에 참석한 사람이 지닌 태극기를 보고 혐오감을 느낄 수 있다. 결국, 인간은 언어의 상징적 측면과 기호적 측면 모두를 정교하게 표현할 수 있는 언어를 발명해서 효과적인 의사소통에 성공했다.

2. 왜 인간은 뉴스를 갈망하는가?

인류가 고급 의사소통에 사용한 것은 말과 문자다. 말은 자연 소리 흉내 기원설, 감탄사 기원설, 노동 소리 기원설 등이 있는데, 정설은 없다. 문자의 경우, 동굴 벽화에 나타난 낙서, 동물 그림, 선 긋기 등이 진화해서 설형문자(쐐기문자), 결승문자(매듭 문자), 상형문자, 표음문자 등으로 발전했다.

인간은 말을 발명하고 다듬으면서 많은 일을 했을 것이다. 그중에서 인간은 말로써 주변 사람들과 대화했을 것이다. 사냥하고, 먹고, 자고, 노는 일상적 생활은 당연한 대화 소재였을 것이다. 그 외에, 인류가 같은 사회 구성원들과 나눈 대화 주제는 과연 무엇이었을까?

수천 년 전, 아프리카 줄루족은 날마다 둥그렇게 모여 그날 본 새롭고 신기한 것들을 서로 얘기하며 하루를 보냈다고 한다. 문헌에 의하면, 1700년대 영국에서는 "남자들 대부분이 커피숍에 모여 정치 얘기로 온종일 소일하면서 그들 가족을 돌보지 않아서 가족들은 방치되곤 했다"고 한다.[3] 오늘날 밤마다 한국 도시의 어느 음식점, 술집, 카페에 가도, 삼삼오오 친구, 직장 동료들이 모여 웃고, 떠들고, 심지어 싸우는 모습을 보는 일은 어렵지 않다. 인간은 수천 년 동안 모이면 대화했고, 그 대화의 가장 흔한 소재는 수천 년 동안 자기가 속한 사회, 이웃 사회에 대한 새 소식, 즉 뉴스였다.

[그림2-1] 혜원 신윤복의 풍속도(위키백과, 무료 이미지).

[그림2-2] 교실에서 대화하는 모습. 대화는 남녀노소, 동서고금을 가리지 않고 일어나는 인류 공통의 일이다(pxhere, 무료 이미지).

(1) 뉴스를 알고 싶어 하는 인간 본능

인간은 자기 주변 변화에 대해 본능적으로 알고 싶어 한다. 그래서 어린 아기는 무엇이든지 만지고 싶고 입으로 가져가고 싶어 한다. 아기들은 세상의 모든 사물에 호기심을 가지기 때문이다. 인간이 새로운 소식을 듣고 싶어 하는 이유도 태어날 때부터 사물에 대한 '호기심'을 만족시키려는 본능을 가지고 있기 때문이다.

미국 대통령 후보였던 맥케인(McCain)은 베트남 전쟁에 전투기 조종사로 참전했다가 자신의 전투기가 작전 중 격추되는 바람에 포로로 잡혔다. 그의 아버지가 해군 제독임을 안 베트콩은 미국과의 협상을 위해 맥케인을 오래도록 잡아두는 바람에, 그는 5년 반 동안 베트콩 감옥에서 지내야 했다. 그는 자서전에서 "포로 시절 가장 그리웠던 것은 음식이나 가족보다도 검열하거나 왜곡되지 않은 정보(뉴스)였다"고 적었다.[4]

뉴스는 우리 주변에서 무슨 일이 일어나고 있는지를 우리에게 알려줘서 인간의 호기심을 충족시키고, 자기가 속한 사회가 어떻게 돌아가고 있는지에 대한 '불확실성'을 감소시켜준다. 인간은 뉴스를 알아야 자기 주변에 대한 불안감을 없앨 수 있다. 인간은 그래서 본능적으로 미디어의 시청자나 구독자가 될 준비가 되어 있다.

(2) 뉴스를 알리고 싶은 인간 본능

인간은 자기가 알고 있는 얘기를 남에게 말하고 싶어 한다. 특히, 남은 모르고 자기만 안다고 생각되는 얘깃거리가 있으면 더욱 남에게 말하고 싶어 안달이 난다. 그걸 교훈적인 이야기로 만든 것이 바로 '임금님 귀는 당나귀 귀'라는 설화다.

뉴스를 말하는 사람은 남들이 자기 얘기를 듣고 신기해하면 할수록 더 좋아한다. 만약 뉴스를 들은 사람들이 어떻게 그런 뉴스를 다 아냐고 뉴스를 말해준 사람을 칭찬하면, 그는 기분이 더욱 좋아진다. 우리 주변엔 남에게 새로운 얘기나 소식을 전하기를 좋아하는 사람이 있게 마련이다. 그런 사람은 남들이 자기가 전한 새 소식을 듣고 기뻐하면 어깨가 으쓱해진다. 그러면 그는 소식을 더욱 열성적으로 전하게 되고, 사람들은 세상의 궁금증이 생기면 그에게 묻게 된다. 그런 사람은 친구들로부터 '소식통'으로 통한다.

남에게 새 소식을 전하고 싶은 것도 인간 본능이다. 결국, 기자는 남이 모르는 얘기, 남이 알면 깜짝 놀랄만한 얘기를 남에게 전하고 싶은 본능이 남보다 뛰어난 사람이다. 다만, 말로든, 소셜 미디어든, 악의적 소문이나 거짓말, 또는 자기 자랑을 남발하면, 친구들은 소식통으로서 그를 외면하게 된다. 이는 과거나 지금이나 마찬가지다.

3. 구두(口頭) 뉴스의 등장

(1) 외치는 사람(crier), 전달자(messenger)

원시시대든, 중세든, 근대든, 시장, 우물가, 빨래터, 주막, 나무 그늘, 정자, 목욕탕 등 사람들이 모이는 곳은 곧 말로 새 소식이 전파되는 장소였다. 이렇게 말로 오가는 새 소식을 '구두 뉴스(oral news)'라고 한다. 구두 뉴스는 신문방송은 물론, 카톡, 페이스북, 유튜브 등 소셜 미디어가 발달한 현대에도 여전히 가장 흔한 뉴스 형태다. 수천 년 전이든, 지금이든, 사람들은 모이면 떠든다. 친구들끼리 모여 수다를 떠는 것처럼 재미있는 것도 없다. 이때 가장 흔한 수다 주제가 바로 전국 뉴스든, 주변 사람 뉴스든, 새롭고 그래서 호기심을 유발하는 새 소식, 즉 뉴스다. 따라서 구두 뉴스는 가장 역사가 길고 앞으로도 인류와 함께 할 영원한 뉴스 장르다.

프랑스 학자 자코 아탈리(Jacques Attali)는 철기시대와 로마 시대(기원전 5세기에서 서기 5세기경)에 서유럽과 동유럽에 살았던 갈리아인(켈트족)은 어떤 중요한 사건이 벌어지면, 그것을 먼저 알게 된 사람이 들판에서 크게 고함을 질러 다른 마을로 소식을 전하고, 이를 들은 다른 마을 사람은 이를 또 고함으로 다른 마을로 전달하는 통신 시스템을 가졌다고 밝혔다.[5)]

집단 간은 물론, 집단 내에도 소식을 전하는 사람이 있었다. 아프리카, 아시아, 남아메리카, 오세아니아 등 전 세계 문명 초기의 원시 집단에서는 사람들이 많이 모이는 장소에서 큰 소리로 뉴스를 전하는 '직업인'이 있었다. 이들은 족장(추장) 등 집단의 우두머리로부터 사람들에게 새 소식을 전하라는 명령을 수행하는 일종의 공무원이었다. 미디어 역사학자 미첼 스티븐스(Mitchell Stephens)는 이들을 '외치는 사람(crier)', 혹은 '전달자(messenger)'라고 불렀다.[6)]

이들은 멀리 가서 소식을 듣고 자기 땅에 와서 그 소식을 전하기도 했으므로 보통 달리기를 잘해야 했다. 조선시대에도 걸어서 소식을 전하는 심부름꾼이 있었다. 이들을 보발(步撥)이라고 했다. 원시 부족의 전달자는 공공장소에서 소식을 전해야 했으므로 목소리가 큰 사람들이었다. 이들은 다른 부족 소식을 전하기도 했으며, 때로는 족장 명령을 하달하기도 했다. 글이 없던 시대에 족장 명령을 전달하는 수단이 곧 구두 뉴스였다. 이들은 사람들이 많이 모인 곳에 나가서, 먼저 북을 치거나 큰 소리를 질러서 사람들의 이목을 집중시킨 다음, 준비된 소식을 전하거나 명령을 하달했다. 어떤 지역에서는 이들 외치는 사람들, 혹은 전달자들은 사람들에게 흥미롭게 소식을 전하도록 훈련받았다는 사례가 수집되기도 했다. 흥미롭게 전달했다는 것은 뉴스를 멜로디에 맞춰 노래 부르듯이 전달했을 것으로 학자들은 추정하고 있다.[7] 구두 시대의 전달자들은 일종의 기자였다. 이들은 노랫가락에 맞춰 소식을 전달하려고 부단히 연습했을 것이므로 좋은 기자가 되려고 노력하는 현대 기자와 직업 세계가 유사하다.

그리스가 마라톤이란 평야에서 페르시아 군대와 전투를 벌였는데(BC490년, 마라톤 전투), 한 병사가 승리 소식을 전하기 위해 전쟁터에서 아테네까지 달려가 "기뻐하라, 우리가 정복했다"고 외치고 기진맥진한 나머지 숨을 거뒀다. 그 병사도 전달자였으며, 그가 달린 마라톤 평야와 아테네까지의 거리가 42.195km였고, 이게 오늘날 '마라톤' 경기의 거리가 됐다. 마라톤 평야 인근에는 전달자 병사 '페이디피데스(Pheidippides)'의 동상이 세워져 있다. 그는 전달자, 즉 기자로서 최선을 다하고 순직했다.

[그림2-3] 그리스 마라톤 도로변에 세워진 페이디피데스(Pheidippides) 동상 (Hammer of the Gods27 촬영, wikipedia, 무료 이미지).

(2) 음유시인, 집시, 보헤미안

중세 유럽에는 여러 도시를 돌아다니면서 전에 방문했던 도시에서 보고 들은 뉴스를 다른 도시 사람들에게 노래와 춤으로 들려주고 수고비를 받아 생계를 잇는 사람들이 있었다. 당시 이들은 가족 단위로 움직였으며, 하나의 예능인 역할을 했으므로, 영화 <왕의 남자>에 나온 조선시대 예능인 집단인 사당패와 그 기능이 유사했다. 현대의 '버스커'와도 유사한 면이 있다. 이들을 집시(gypsy), 혹은 보헤미안(bohemian), 또는 음유시인(wandering minstrel)이라고 한다. 이들이 부른 노래는 당시에 그들이 다녀온 다른 도시에서 벌어진 갖은 사건들, 즉 뉴스였다. 이게 발전해서 당시의 시대상을 담은 각 민족별, 나라별 민속 노래(folk song, 민요)가 됐다. 지금도 튀르키예 등 유럽 술집에 가면 집시들이 나타나서 노래를 부르고 팁을 달라는 경우를 접할 수 있다. 우리나라 민요도 과거 시대상이나 사건을 담은 곡들이 많다.

미국의 1960년대 포크송, 한국의 1970년대 포크송, 현대의 랩은 각각 당시 사람들의 시대상 내지는 삶의 기록이다. 그들 가사에는 그 시대의 아픔, 희망, 사랑이 고스란히 들어 있다. 따라서 이들이 부른 노래는 당시의 뉴스였다.

1962년 미국의 포크송 가수 존 바에즈(Joan Baez)와 밥 딜런(Bob Dylan, 2016년 노벨 문학상 수상자)은 <Blowing in the Wind>라는 반전(反戰) 노래를 불렀다. 이 노래는 전쟁 없는 평화와 자유를 원하는 소망을 담고 있다. 당시 월남전의 비극을 막고 싶은 젊은 세대의 바람이 들어 있다. 다음은 그 가사다.

[그림2-4] 존 바에즈와 밥 딜런이 1963년 8월 28일 워싱턴 DC에서 열린 소위 '워싱턴 인권 행진'에 참석해서 같이 노래 부르고 있다(wikipedia, 무료 이미지).

〈Blowin' in the Wind〉

How many roads must a man walk down Before you call him a man?
사람은 얼마나 많은 길을 걸어 봐야 진정한 인생을 깨닫게 될까요?
How many seas must a white dove sail Before she sleeps in the sand?
흰 비둘기는 얼마나 많은 바다 위를 날아 봐야 백사장에 편안히 잠들 수 있을까요?

How many times must the cannonballs fly Before they're forever banned?
전쟁의 포화가 얼마나 많이 휩쓸고 나서야 세상에 영원한 평화가 찾아올까요?
The answer, my friend, is blowing in the wind The answer is blowing in the wind
친구여, 그건 바람만이 알고 있어요. 그건 바람만이 대답할 수 있답니다.

How many years can a mountain exist Before it is washed to the sea?
얼마나 많은 세월이 흘러야 높은 산이 씻겨 내려 바다로 흘러갈까요?
How many years can some people exist Before they're allowed to be free?
얼마나 많은 세월이 흘러야 사람들은 진정한 자유를 얻을 수 있을까요?

How many times can a man turn his head And pretend that he just doesn't see?
언제까지 고개를 돌려 모르는 척할 수 있을까요?
The answer, my friend, is blowing in the wind The answer is blowing in the wind
친구여, 그건 바람만이 알고 있어요. 그건 바람만이 대답할 수 있답니다.

How many times must a man look up Before he can see the sky?
얼마나 많이 올려다보아야 진짜 하늘을 볼 수 있을까요?
How many years must one man have Before he can hear people cry?
얼마나 오랜 세월을 살아야 다른 사람의 울음소리를 들을 수 있을까요?

How many deaths will it take till he knows That too many people have died?
얼마나 많은 사람이 희생되어야 무고한 사람들이 너무 많이 죽었음을 깨달을까요?
The answer, my friend, is blowing in the wind The answer is blowing in the wind
친구여, 그건 바람만이 알고 있어요. 그건 바람만이 대답할 수 있답니다.

1968년부터 1972년 사이에 활동한 'CCR'이란 미국 그룹이 부른 <Who'll Stop the Rain?>은 가난, 실직에 따른 사회와 정부에 대한 반감이 담겨 있다. 여기서 비는 사회적 혼돈을 의미한다.

[그림2-5] 1968년의 유명 보컬 그룹 CCR의 모습(wikipedia, 무료 이미지).

〈Who'll Stop the Rain(누가 이 비를 멈출 수 있을 것인지)?〉

Long as I remember The rain been coming down.
내 기억으론, 비가 내린 지 오래되었어요.
Clouds of mystery pouring Confusion on the ground.
신비한 구름은 땅위에 혼돈을 퍼붓고 있죠.
Good men through the ages, Trying to find the sun.
나이를 막론하고, 좋은 사람들은 태양을 찾으러 들어요.
And I wonder, Still I wonder, Who'll stop the rain.
궁금해요, 궁금해, 누가 이 비를 멈출 수 있을 것인지.

I went down Virginia, Seeking shelter from the storm.
폭풍우를 피하기 위해 버지니아로 갔어요.
Caught up in the fable, I watched the tower grow.
우화에 사로잡혀서는, 탑이 자라나는 걸 보았어요.
Five year plans and new deals, Wrapped in golden chains.
5개년 계획과 뉴딜 정책은 금줄 사슬로 포장되어 있네요.
And I wonder, Still I wonder Who'll stop the rain.
궁금해요, 궁금해, 누가 이 비를 멈출 수 있을 것인지.

Heard the singers playing, How we cheered for more.
가수가 노래하는 걸 듣고, 우린 박수갈채를 보냈죠.
The crowd had rushed together, Trying to keep warm.
군중들은 함께 모여 따뜻함을 유지했어요.
Still the rain kept pouring, Falling on my ears.
하지만 (혼돈의) 비는 계속 퍼붓고, 내 귓가를 때리고 있네요.
And I wonder, Still I wonder Who'll stop the rain.
궁금해요, 궁금해. 누가 이 비를 멈출 수 있을 것인지.

1970년대 한국에는 '한대수'라는 가수가 있었다. 그는 미국에서 청년기를 보내고 1970년대에 한국에 와서 당시 자유 없던 독재 시대의 답답함을 포크송으로 불렀다. 그가 1974년에 부른 노래가 <물 좀 주소>였다. 자유의 목마름을 해소하기 위해 희망의 물을 달라고 외쳤던 이 곡은 박정희 정권을 경악시켰고, 발표 직후 금지곡이 됐다가, 노태우 정부 때에야 해금됐다.

〈물 좀 주소〉

물 좀 주소
물 좀 주소
목 마르요
물 좀 주소
물은 사랑이요
나의 목을 간질며
놀리면서 밖에 보내네

아, 가겠소
난 가겠소
저 언덕 위로
넘어가겠소
여행 도중에 처녀 만나 본다면
난 살겠소
같이 살겠소

아~ ~

물 좀 주소 물 좀 주소

목 마르요 물 좀 주소
그 비만 온다면 나는 다시 일어나리
아, 그러나 비는 안 오네
아~

[그림2-6] 2012년에 촬영된 가수 송창식의 공연 장면(여니수니 촬영, 위키백과, 무료 이미지).

1970년대 서울 명동에는 소위 '세시봉'이란 음악 카페가 있었다. 여기서 노래를 부른 송창식, 윤형주, 이장희, 김세환, 조영남 등은 기성 가수들과는 다르게 독재 시대 청춘들의 자유 갈망을 노랫말에 담았다. 송창식의 노래 <고래사냥>에 나오는 고래는 청년들이 답답한 현실에서 꿈꾸는 희망 같은 것을 상징한다.

〈고래사냥〉

술 마시고 노래하고 춤을 춰 봐도 가슴에는 하나 가득 슬픔뿐이네
무엇을 할 것인가 둘러보아도 보이는 건 모두가 돌아 앉았네
자~ 떠나자, 동해바다로, 삼등삼등 완행열차 기차를 타고
간밤에 꾸었던 꿈의 생애는 아침에 일어나면 잊혀지지만
그래도 생각나는 내 꿈 하나는 조그만 예쁜 고래 한 마리
자~ 떠나자, 동해바다로, 신화처럼 숨을 쉬는 고래 잡으러
우리의 사랑이 깨진다 해도, 모든 것을 한꺼번에 잃는다 해도
모두들 가슴속에 한 마리 예쁜 고래 하나가
자~ 떠나자, 동해바다로, 신화처럼 숨을 쉬는 고래 잡으러
자~ 떠나자, 동해바다로, 신화처럼 숨을 쉬는 고래 잡으러
자~ 떠나자, 동해바다로, 신화처럼 숨을 쉬는 고래 잡으러
자~ 우리 떠나자, 동해바다로, 신화처럼 숨을 쉬는 고래 잡으러
자~ 떠나자, 동해바다로~

영국 그룹 퀸(Queen)이 1975년에 부른 <Bohemian Rhapsody>는 살인했다는 사실을 엄마에게 털어놓으며 죽음에 대한 두려움, 삶의 허망함을 노래한 곡이다. '나무위키'는, 가사 속에 나오는 "쉽게 왔다가 쉽게 떠나는 놈", "바람이 어디로 불든지"에서 젊은이들의 "자유롭고, 때로는 방종적이면서 공상적이나 현실적인 암울한 심정"이 노래 속에 들어 있다고 해석했다.[8)] 퀸을 그린 영화 <보헤미안 랩소디>를 보면서 이 노래를 들으면, 비장하고 음울한 분위기가 느껴지면서 1980년대 동성애, 에이즈 등 반사회적 일탈 현상이 만연한 세상 속에서 슬픔, 광기, 열정, 해방감이 배어 있는 노래로도 들린다. BTS의 <뱁새>, 로꼬의 <오랜만이야>, 디 템포의 <새타령(닭전)>들도 모두 현시대 한국 젊은이들의 사회에 대한 불만을 노래로 표현한 곡들이다.

(3) 구두 뉴스의 가치

구두 뉴스는 수천 년 동안 인류 역사와 함께하고 있다. 구두 뉴스의 소재나 그 가치는 현대와 크게 달라진 것이 없다. 인간이 살고 죽는 것에 관한 모든 것이 여전히 구두 뉴스에 포함되어 있다. 구두 뉴스를 서로 말하고 듣는 범위가 곧 자신이 속한 공동체다. 구두 뉴스는 공동체 구성원이 누구인지를 알게 하고, 공동체 분위기를 공유하게 하며, 결과적으로 공동체의 유대감, 소속감을 높인다.[9)] 카톡, 밴드, 페이스북, 인스타그램은 자기가 속한 공동체 공간을 지역적으로 넓히는 역할을 했다. 중요한 것은 카톡에서 오가는 대화도 기본적으로는 구두 뉴스라는 사실이다. 공유한 대화 내용, 또는 새 소식이 한 집단 내 개별 구성원들에게 집단 소속감을 높여 준다. 집단 내에서 다 아는 소식을 혼자만 모르는 사람은 집단의 아웃사이더가 될 것이다. 그래서 공동체 유대감과 소속감을 느끼게 하는 카톡의 대화 내용도 역시 구두 뉴스의 범주에 속한다.

4. 유럽의 구두 뉴스

(1) 유럽의 구두 커뮤니케이션 전통

유럽의 구두 커뮤니케이션은 교회의 설교가 그 중심에 있었다. 중세의 구교는 물론 종교 개혁 이후 신교도 성직자의 설교가 중요한 신앙적 삶의 일부였다. 그 밖에 중세 대학의 강의와 토론도 역시 중요한 구두 커뮤니케이션 활동이었다. 그래서 교회 설교와 대학 강의를 통해서 사람 설득 기술인 '수사학'이 발전했다.10)

(2) 영국의 커피하우스, 프랑스의 카페

[그림2-7] 1870년 9월 17일 자 'The Illustrated London News'에 실린 삽화. 이 삽화는 파리의 한 카페에서 전쟁에 관해 열띠게 토론하는 사람들을 묘사하고 있다(wikipedia, 무료 이미지).

아프리카 식민지로부터 커피가 수입되면서 영국에 커피하우스가 생겼고, 여기에 사람들이 모여들었다. 그 시기는 대략 17세기다. 당시 여성들의 커피하우스 출입은 처음에는 엄격히 금지됐다가 나중에는 여성 전용 커피하우스가 생겼다. 남성들이 허구한 날 모여서 잡담하는 장소로 커피하우스가 각광을 받게 되자, 부인들의 불만이 높았다. 심지어 "옥스퍼드와 케임브리지 대학 교수들이 커피하우스에서 보내는 시간이 많으니, 커피하우스는 영국 학문 연구에 대단히 위험한 존재다"라고 말하는 사람들도 있었다.11) 나중에 커피하우스는 모이는 고객들의 특성에 따라서 전문화됐다. 상인들이 주로 모이는 커피하우스, 정치인들이 모이는 커피하우스, 학자들의 커피하우스, 예술가들의 커피하우스 등으로 특화된 커피하우스가 생겼다.12) 뉴튼도 커피하우스의 단골손님이었다.13)

프랑스는 커피하우스를 카페(cafe) 또는 살롱(salon)이라고 불렀다. 영국의 커피하우스처럼 프랑스 사람들도 카페에서 사랑을 속삭이고, 상업적 거래를 했으며, 혁명을 모의했다. 영국이나 프랑스나 점차 커피 음료가 식민지에서 수입된 다양한 차로 확대됐으며, 나중에는 술이 서비스되는 바(bar)나 펍(pub)으로 바뀌게 됐다.[14)]

영국과 프랑스 이외에도 16세기 말 이스탄불에 600개의 커피하우스가 있었다. 유럽의 일부 커피하우스에서는 연극을 공연했다는 기록도 있다. 그래서 학자들은 유럽의 커피하우스가 다양한 공동체 형성, 애국심 고취, 문화생활에 이바지했다고 평가하고 있다.[15)]

커피하우스는 현대에 와서 스타벅스 등 글로벌 카페로 진화했고, 한국도 조선시대의 주막과 사랑방을 거쳐 각종 프랜차이즈 카페와 셀 수 없는 주점들이 여전히 성시를 이루고 있다. 수백 년 전이나 지금이나 커피하우스, 술집, 음식점, 카페는 사람들이 모여 새 소식을 전하고 관심사를 교환하는 구두 뉴스의 중심지가 되고 있다.

(3) 프랑스의 누벨리스트(nouvelliste)

프랑스 귀족들은 궁정의 왕에 관한 소식을 듣기 위해서 궁에 근무하는 사람을 고용했다. 이들은 귀족들에게 왕의 소식을 전해주고 일정한 수고비를 받았다. 이들을 '누벨리스트'라 불렀다.[16)] 누벨리스트는 일종의 기자 역할을 했다. 프랑스에서는 기자를 여전히 저널리스트 또는 누벨리스트라 부른다.

오늘날 언론의 뉴스가 처음에는 사람들의 입소문으로 퍼지는 구두 뉴스로부터 비롯되는 경우가 많다. 그래서 구두 뉴스는 현대에서 여전히 중요한 뉴스원(취재원)이다. 만약 시중에 공식 뉴스가 공급되지 않으면, 구두 뉴스는 더 기승을 부린다. 그게 바로 소문(rumor), 즉 유언비어(流言蜚語)다. 말로 번지는 소문은 생각보다 빠르게 세상에 전파된다. 여기에 소셜 미디어가 뒤섞인 현대의 소문은 가히 발 없는 말(언어)이 천 리를 가는 속도로 전파된다. 게다가, 오늘날 각종 소셜 미디어에서 날뛰는 가짜뉴스(fake news)도 결국은 바람직하지 않은 구두 뉴스의 일종이다. 대개 소문은 누군가가 정치적 의도를 가지고 고의로 퍼트

리곤 했다고 한다. 예를 들면, 1789년 프랑스 혁명 당시에는 혼란을 틈타 확인할 수 없는 소문들이 많이 돌아서 사람들을 공포에 몰아넣기도 했다.[17]

심리학자 올포트와 포스트만(Allport & Postman)은 다음과 같은 실험을 했다. 기차 안에서 '백인 노동자'가 더러운 작업복을 입고 손에 칼을 들고 '점잖게 양복을 차려입은 흑인'을 위협하는 사진을 한 사람에게 보여주고, 이 사진 내용을 다음 사람에게 말로 설명하라고 실험자가 실험 참가자들(피실험자)에게 주문했다. 그리고 사진 설명을 말로 들은 피실험자는 또 다른 피실험자에게 다시 말로 설명하는 식으로 여러 피실험자를 거치도록 실험이 진행됐다. 그랬더니 최종 피실험자는 사진과는 정반대로 '흑인 노동자'가 '백인 신사'를 칼로 위협한다고 사진 내용을 설명하더라는 게 실험 결과였다. 즉, 말을 듣는 사람은 소위 '확증편향'이 있어서 자신이 믿고 싶은 대로 듣는다는 게 이들의 실험 결과였다. 말로 전달된 메시지는 언제나 왜곡되기 쉽다.[18] 그러므로 오늘날의 정직한 기자가 할 일은 직접 현장에 뛰어들고, 관련자를 면대면으로 만나서, 구두 뉴스의 부정확한 정보를 바로잡는 것이다.

5. 필사(筆寫, written) 뉴스 시대

(1) 문자의 발명

문명은 인간의 지식이 다음 세대로 무사히 전승될 때 발전의 기회를 잡게 된다. 그러나 언어는 인간의 기억력에 의존해야 세대 전승이 가능하므로 근본적인 한계가 있다. 캐나다의 언어 커뮤니케이션 학자 왈터 옹(Walter Ong) 교수는 인간은 말로 된 문장을 쉽게 기억하기 위해서 운율이 있게 말하는 전통을 오래전부터 간직했다고 말했다.[19] <오딧세이>와 같은 영웅 이야기가 운율을 맞춘 서사시 형태(노래)로 구전된 것도 언어 기억력의 한계를 넘으려고 인간이 노력한 증거라고 한다. 우리가 부르는 <아리랑>이나 <날 좀 보소> 같은 한국 민요도 누가 어떻게 가사나 곡을 만들었는지 모르지만, 지금도 우리는 거의 과거 원형대로 가사를 유지하고 있다. 우리 속담은 '가는 말이 고와야 오는 말이 곱다'나 '낮말은 새가 듣고 밤말은 쥐가 듣는다'처럼 운율이 척척 들어맞는다. <오딧세이>나 속담 등은 이렇게 널리, 그리고 오래 기억되기 위해서 운율을 지니도록 표현됐다.

그러나 언어는 인간 기억의 한계 앞에서 항상 성공할 수는 없었다. 그런 언어 한계가 문자 발명을 촉진했고, 그래서 인간은 지식을 세대를 초월해서 획기적으로 축적했다. 기억에 의존하던 언어에서 문자로 기록된 지식은 인간의 세계관을 바꿔 놓았으며, 인간 사고력을 증폭시켰다. 문자에 의해서, 인간은 고차원적이고, 추상적이며, 분석적인 생각을 하게 됐다. 결과적으로, 문자는 인간의 이성을 눈뜨게 했으며, 동시에 과학 문명의 초석이 됐다.

전 세계적으로 구석기 시대에 해당하는 기원전 3만 년 이상 된 동굴 벽화가 많이 남아 있는데, 사슴 그림, 고래 그림 등은 원시인들이 기억하고 싶은 생활 장면을 유희처럼 그린 것으로 유추되며, 선이 같은 방향으로 그어져 있는 낙서는 포획한 짐승 마릿수, 농업 생산량, 또는 시간 흐름을 기록한 것으로 인류학자들은 추측하고 있다. 이런 원시인의 그림이나 선 긋기를 좀 더 구체적인 의미를 전달할 수 있게 발전시킨 것이 바로 문자다.

문자 탄생은 지역마다 차이는 있으나, BC 5000년에서 BC 4000년에는 이집트의 상형문자(사물의 모양을 본떠 의미를 표현한 문자로, 중국의 한자도 상형문자인데, 중국 상형문자 기원은 BC 1900년대로 추정된다), 바빌로니아의 설형문자(쐐기[►]의 개수나 배열을 달리해서 진흙 판에 그 쐐기를 찍어서 뜻을 표현하는 문자), 잉카제국의 결승(結繩)문자(끈의 매듭을 이용해서 의미를 전달하는 문자인데, 매듭 방향, 매듭 수, 매듭 색 등으로 의미를 달리했다), BC 1500년경에는 페니키아인의 알파벳(표음문자로서 한글과 같이 자음과 모음으로 소리를 적어서 의미를 나타내는 문자) 등이 등장했다.

캐나다 커뮤니케이션 학자 해롤드 이니스(Harold Innis)는 인간은 문자를 발명해서 문장을 적게 되면서 인간의 능력이 증폭되기 시작했다고 주장했다. 이니스의 이론처럼, 수메르인들이 사용한 점토판이나, BC 2680년경부터 이집트인들이 사용한 파피루스(나일강 유역에서 자라는 갈대 종류의 식물)가 문장 적는 수단이 되면서 인간 지식이 폭증했다.[20] 이집트인들이 파피루스에 글을 쓰게 되자, 곡선형 흘림체의 상형문자가 등장하는 등 문자 쓰기가 편리해졌고, 그 결과 문자 전달 속도와 지식 생산량이 증가했다고 이니스는 부연 설명했다.

미국의 중국학자 토마스 카터(Thomas Carter)에 의하면, 필사 용지와 필기구 등은 중국이 관련 기술을 선점했는데, BC 3세기에 몽염 장군이 필기구인 붓을 발명했고, AD 105년에는 필사 용지로 사용되던 대나무로 엮은 판이나 비단이 비싸서 환관인 채륜이 값이 저렴한 종이를 발명했다.[21]

(2) 로마의 필사 뉴스

이처럼, 문자, 필기구, 필기 용지는 인간 사회의 변화를 촉진했다. 그중에서도, 문자 발명은 '계급'을 출현시켰다. 문자를 해독하는 지배계급과 해독하지 못하는 피지배계급이 분리된 것이다. 문자를 해독하는 지배계급은 중국과 한국처럼 글을 알아야 참여할 수 있었던 폐쇄적 과거제도를 통해서 권력을 독점했으며 정치 체제를 고도로 조직화했다.

특히, 왕의 명령과 행정 체계가 글로써 기록돼 통치가 강화될 수 있었던 것은 문자로 보존된 법전(法典)이 있기 때문이었다. 로마제국과 같은 거대 국가 조직도 명문화된 법전으로 관리되고 통제될 수 있었다. 영국 학자 앤드류 로빈슨(Andrew Robinson)은 왕의 명령을 변경이 불가능한 글로 기록하는 게 가능해졌기 때문에 권력의 힘이 더 강해졌고, 행정이 정교해졌으며, 재산 소유와 매매 관계를 기록으로 보관해서 지배계급의 경제적 부를 안전하게 축적하게 했다고 지적했다.[22)]

로마 시대에는 정부 기관들이 공식적인 소식을 종이에 적어서 공공장소에 게시하거나 귀족들에게 배포했다. 같은 내용을 여러 장의 양가죽에 일일이 써서 베꼈을 것이다. 여기서 베끼는 행위가 곧 필사다. 일종의 관보(官報), 즉 관에서 발행하는 소식지였다. 로마는 관보를 'Acta(악타)'라 불렀으며, 원로원의 관보를 'Acta Senatus(세나투스)', 평민원의 관보를 'Acta Diurna(디우르나)', 로마시청의 관보를 'Acta Urbana(우르바나)'라 불렀다. 악타는 로마 시민들을 하나로 묶는 기능을 수행했으며, 국가를 효과적으로 통치하는 데 큰 역할을 했다.[23)] 악타는 관청이 과거에 말로 명령을 하달했던 것보다 힘이 더 강력했다. 필사 뉴스는 공공장소에 게시되면서 평민들이 귀족들과 뉴스를 공유하게 돼서 국가에 대한 충성심이 높아지기도 했다. 이게 바로 로마였다.

거대한 로마제국의 귀족들은 멀리 떨어진 친구나 동료들과 사적인 편지를 활발하게 교환했다. 그 편지 속에는 각자의 영토에서 발생한 뉴스들로 가득 찼다. 손 편지가 희귀해진 현대에도 사람들은 카톡으로 부지런히 자기 주변 소식을 다른 지역 친구들에게 전한다. 한국에서 지진이 났을 때, 각자의 지진 경험을 전하느라 순식간에 전국의 카톡 교신량이 급증한 사례가 그 증거다.[24)]

이렇게 로마법전과 활발한 문자 소통은 거대한 로마제국 통치를 가능하게 했다. 로마제국 전성기 영토는 유럽 전 지역은 물론, 위로는 영국, 아래로는 아프리카 북부까지에 이르렀다. 이 큰 영토는 문자, 법, 필사 편지가 없었으면 통치가 거의 불가능했을 것이다.

손글씨로 일일이 문서를 필사하는 일은 인쇄술이 발달하기 전 중세 유럽에서 성행했는데, 수도원에서는 수도사들이 수도의 일종으로 성경을 필사했다는 기록이 있으며. 대학에서는 학술 서적을 필경사들을 고용해서 필사본으로 만들어 보급했다.

우리나라에서도 고려시대부터 지방 수령은 서울에 부하를 파견해서 서울 소식을 필사해서 지방으로 가져오도록 했다. 고려시대에는 지방 소식 전달자들이 기거하는 곳을 '기별청(奇別廳)'이라 했고, 지방에서 파견된 사람들을 '기별군사(奇別軍士)'라 불렀으며, 조선시대에는 이들을 '경저리(京邸吏)'라 불렀다. 우리말에 "간에 '기별'도 안 간다"는 말이 있다. 이는 "간에 아무 소식도 안 간다"는 뜻이다. 현대에도 기별은 소식이란 뜻으로 쓰이고 있다.

(3) 중국과 한국의 필사 뉴스

한/중/일, 그리고 베트남은 한자 문명권이다. 이들은 고대부터 중국이 발명한 한자를 사용했다. 한자라는 문자를 상당히 오랜 기간 사용해온 이들 문명권은 고도의 지식을 발전시켰으며, 적어도 중세까지는 동양의 과학 문명이 서양을 앞질렀다. 그 예가 종이, 화약의 발명이었다. 105년에 중국에서 발명된 종이는 문자를 기록하는 필사 용지가 되어 중국이 책으로 지식을 축적하는 데 절대적인 효력을 발휘했다. 종이가 서양에 전달된 것은 중국이 종이를 발명한 지 1000년이 지난 후였다. 그전까지 서양은 이미 설명된 것처럼 파피루스를 사용하다가 나중에는 양가죽을 필사 용지로 사용했다.

중국의 지방 정부 관리들이 머무는 중앙의 연락사무소를 '저(邸)'라 했고, 중국 정부가 발행하는 관보인 '저보(邸報)'를 지방으로 전달했다. 조선시대의 승정원에서 왕의 동정과 명령을 적어서 발행한 관보를 '조보(朝報)'라 했다. 로마의 필사 신문은 귀족과 평민 모두가 볼 수 있었지만, 중국의 저보와 조선의 조보는 오직 귀족(양반)만 볼 수 있었다. 로마는 공화정의 전통이 있어서 일반 평민에게 개방적이었고, 조선과 중국은 계급적 폐쇄성이 강했다. 로마의 개방성은 서양의 강점으로 전승되어 근대에 와서 동양을 식민 지배하는 결과를 낳기도 했다.

(4) 유럽의 필사 뉴스, 필사 신문의 발달

르네상스가 일어나기 전, 유럽 귀족 사회나 교회에서는 주로 라틴어를 사용했다. 일반인들은 라틴어를 읽을 수 없었다. 그러다, 르네상스 시대부터는 일반인도 읽을 수 있는 영어 알파벳 등 자국어가 널리 쓰여 영어 성경, 독일어 성경, 체코어 성경 등이 등장했다. 일반인들도 자국어로 성경을 읽기 시작하자, 라틴어 성경 해독을 독점했던 교회와 사제 권력이 약해지고, 국가 간 무역이 활성화됐으며, 지식 교류도 촉진됐다. 단테는 이탈리아어로, 영국 작가 초서는 영어로 글을 썼으며, 프랑스의 프란시스 1세 국왕은 종전에 라틴어로 작성하던 국가 문서를 프랑스어로 작성하라고 명령했다. 18세기에는 유럽의 많은 대학이 종전의 라틴어에서 자국어로 강의했다.[25] 그 결과, 라틴어는 점차 소멸했으며, 라틴어라는 문자의 폐쇄성이 무너지면서 종교 개혁, 르네상스, 산업혁명 같은 사회 변혁이 이뤄졌다.

종교 개혁 이후, 남자, 도시민, 개신교 신자를 중심으로 문해력이 많이 향상됐지만, 여전히 글을 쓰지 못하는 인구가 많아서 편지, 서류, 청원서 등을 대필해주는 오늘날의 대서소(代書所) 같은 곳이 생겼다. 그 밖에도 글을 쓰는 직업인 회계사, 서기, 공증인, 우체부, 비서 등이 생겨났다.[26]

한편, 원시적인 형태의 신문인 '뉴스레터(newsletter)'가 등장한 시기는 국제무역이 활발하던 10세기경부터였다. 뉴스레터는 기본적으로는 손 편지이며, 단지 그 내용이 사적인 안부는 물론, 그 지역 소식, 정부 동정, 무역 정보 등을 포함하고 있었다는 면에서 편지 그 이상의 역할을 했다. 일종의 새 소식을 담은 편지였다. 그래서 이것이 편지 형태의 신문, 즉 뉴스레터라고 불린 것이다.[27] 상인이나 귀족들의 필사 편지인 뉴스레터가 유럽 각지에서 나라별로 소식, 뉴스, 통지 등을 뜻하는 '아비조(aviso)', 팜플릿, 리벨(libelle), 플루크슈리프트(flugschrift) 등으로 다양하게 불렸다.[28]

이러한 뉴스레터가 르네상스와 종교 개혁이 일어나면서 활성화됐다. 15세기 유럽에는 왕의 명령에 따라서 정부 동정이나 각 지역 소식을 담은 뉴스레터가 필사되어 여러 지역으로 전달됐다. 16세기 유럽에는 상인들이 무역에 필요한 정보를 적어서 서로 주고받았으며, 당시 유럽 최대 무역항인 베네치아에서 뉴스레터가 가장 성행했다.

독일의 거대 상인인 푸거(Fugger) 가문은 좀 더 체계적인 뉴스레터를 발행했다. 그들은 거대한 무역상으로서 각 지역 지점으로부터 수집한 무역 정보를 한 장의 종이에 적었으며, 이를 다량으로 필사해서 다시 유럽 각지에 퍼져 있는 그들 수하의 무역상들에게 보냈다. 여기에는 무역 정보는 기본이고, 각 지역 자연재해, 전쟁, 중요 인사 사망/결혼 소식 등이 망라되어 있었다. 그래서 푸거 가문이 발행한 뉴스레터를 '푸거 자이퉁(Fugger Zeitung, 푸거 신문)'이라고 부르기도 한다.[29)]

푸거 자이퉁이 최초의 신문으로 생각될 수도 있지만, 역사적으로 푸거 자이퉁은 신문으로서의 요건을 갖추지 못했다. 푸거 자이퉁은 정기적이지 않았으며 특별한 신문 이름도 없었다. 그러나 종교 개혁가 마틴 루터는 푸거 자이퉁을 "독일의 눈과 귀"라고 불렀다.[30)] 이 말은 푸거 신문이 근대적 의미의 신문은 아니었지만 종교 개혁 시대에 언론으로서 역할을 충분히 수행했다는 의미였다.

6. 인쇄(printed) 뉴스 시대

(1) 한국은 활자인쇄의 나라, 기록의 나라

인쇄 역사는 ①필사, ②목판 인쇄, ③활자 인쇄(목활자 → 도자기활자 → 금속활자), ④기계 인쇄의 순으로 이어졌다.

여기서 목판 인쇄는 한 페이지의 원고 내용을 한 개의 나무판에 글씨 하나하나를 새겨서 한 페이지의 목판을 만든 다음, 그 위에 잉크를 바르고, 종이를 얹어 한 장 한 장 찍어서 인쇄하는 것이다. 우리나라 팔만대장경이 바로 목판 인쇄 방식으로 인쇄된 것이다. 한 페이지 원고 내용을 하나의 나무판에 글씨 하나하나를 일일이 도장 새기듯 조각해야 하므로 엄청난 시간과 노력이 소요되는 인쇄 방식이다.

목활자 인쇄 방식은 목판 인쇄보다 진일보한 기술이다. 이는 한 개의 글씨를 한 개씩의 나무 도장으로 여러 개씩 세트로 만들어 놓고 원고에 따라서 글자를 하나씩 빼서 한 판 페이지를 만드는 방식이다. 예를 들면, 日(일) 자를 수십 개, 月(월) 자 역시 수십 개를 미리 만들어 놓는 방식으로 수천 개의 개별 글자마다 각각 수십 개의 개별 글자 도장을 미리 만들어 놓는 것이다. 이들 개별 글자 도장을 목활자(木活字)라 부른다. 목활자는 나무(木)로 만들어서 이리저리 이동할 수 있는(움직일 活) 글자(글자 字)라는 의미다. 한 페이지 내용을 인쇄하려면, 이미 만들어 놓은 목활자 중에서 원고에 적힌 글자대로 목활자를 하나씩 뽑아서 한 페이지 틀에 끼워 넣은 다음, 여기에 잉크를 바르고 종이를 얹어 인쇄하면 된다. 목활자 인쇄는 글자를 하나하나 새겨야 하는 목판 인쇄보다 인쇄 속도가 엄청나게 단축된다. 여기서 활자를 나무로 만들면 목활자고, 도자기처럼 흙을 구워서 만들면 도자기 활자, 또는 도활자(陶活字)나 교니활자(膠泥活字)이며, 쇠를 부어 주조하면 금속활자가 된다.

목활자나 도활자는 목판 인쇄보다 인쇄 속도가 빨랐지만 내구성이 없어서 오래 사용되지 못했다. 글자 모양도 보기가 좋지 않았다. 그러나 금속활자는 내구성이 반영구적이었으며 가장 깨끗한 글씨체를 가진 양질의 책을 만들 수 있게 했다.

한편, 커뮤니케이션 역사학자 루이스 멈포드(Lewis Mumford) 교수는, 필사된 책들은 글씨체가 제각각이어서 읽는 데 어려움이 있었으나, 활자인쇄가 보편화되면서 활자체가 표준화되어 지식인들이 오독 없이 책을 읽을 수 있게 됐다고 지적했다.[31] 현대 인쇄에서 사용되는 글꼴(typography)은 대부분 인쇄술이 활성화되던 르네상스 시대에 개발됐다.

미국 워싱턴 DC에는 뉴스 박물관인 '뉴지엄(Newseum)'이 있다. 여기에는 세계의 인쇄 역사가 전시되어 있는데, 한국이 세계에서 최초로 14세기경에 금속활자를 만들었다고 명시되어 있다. 구텐베르크는 한국보다 늦게 금속활자를 만들어서 이를 기계로 인쇄할 수 있는 인쇄용 압착기를 1450년 세계 최초로 만든 사람이다.

<동국이상국집>에 의하면, 고려시대 1234년에 <상정고금예문>이란 책이 금속활자로 인쇄됐다. 그러나 <상정고금예문>은 현재 발견되지 않았다. 대신 1377년 청주 흥덕사에서 금속활자로 인쇄된 불교 서적 <직지심체요절>을 프랑스 골동품 수집가가 1911년에 사들여 프랑스 국립도서관에 기증했다. 한국교포로서 프랑스 국립도서관에서 사서로 일했던 박병선 박사가 <직지>가 프랑스박물관에 소장되어 있음을 발견하고 그 존재를 세상에 알렸다. <직지>는 그렇게 해서 세계 기록문화유산이 됐다. 박 박사는 2011년 작고했으며, 우리 문화유산에 끼친 공적으로 현재 국립현충원에 안장되어 있다.[32]

토마스 카터 교수에 의하면, 목판 인쇄가 중국이나 한국에서 발달해서 유럽으로 퍼진 이유는 이백과 두보 등 시인들의 시들이 널리 읽혔고, 특히 불교문화를 전승하기 위해서 불경을 인쇄할 필요성이 높았기 때문이라고 밝혔다.[33] 그의 말처럼, <직지>는 불교 서적이며, 인쇄한 곳은 청주 흥덕사란 절이었다. <직지>를 인쇄했던 흥덕사 절터가 위치한 곳은 지금의 청주시 흥덕구가 됐으며, 흥덕구에는 '청주 고인쇄 박물관'이 있다. 유네스코는 2004년 4월 세계 최고(最古) 금속활자 인쇄본인 <직지>를 기념해서 2년에 한 번씩 세계 기록 유산 보존에 기여한 개인이나 단체를 선정해서 시상하는 '유네스코 직지상(賞, Unesco Memory of the World Prize)을 제정했다.

한국은 활자의 나라였다. 국립중앙박물관에는 금속활자 50만 점, 목활자 32만 점, 도자기 활자 200여 점이 남아 있다. 최근에는 <직지>가 인쇄된 연도보다 138년 앞서서 사용됐다고 주장하는 '증도가자(證道歌字)'라는 활자가 발견됐다고 언론에 보도돼서 화제가 됐다. 이 활자가 정말로 <직지>가 인쇄되기 138년 전에 만들어진 것이라면 우리나라 금속활자 제작 연도는 그만큼 앞당겨질 수 있다. 그러나 그 진위는 아직도 학계에서 논란 중이다.

1377년에 인쇄된 <직지>라는 책은 남아 있지만 그 책을 인쇄한 금속활자 자체는 남아 있지 않다. 그리고 1450년에 구텐베르크가 만든 금속활자는 현재 실물이 남아 있는데, 이보다 16년이 빠른 1434년에 조선에서 제작된 금속활자 실물 53점이 최근 발굴되어 2021년 11월에 일반에 공개됐다. 이 금속활자 실물은 세종 16년 1434년 갑인년에 제작된 '갑인자(甲寅字)'로 우리나라는 이로써 세계 최고의 금속활자 인쇄본과 세계 최고의 금속활자 실물을 모두 보유해서 명실상부한 기록의 나라가 됐다.

[그림2-8] 미국 워싱턴 DC에 있는 뉴지움(Newseum) 전경(Methew G. Bisanz 촬영, wikimedia, 무료 이미지).

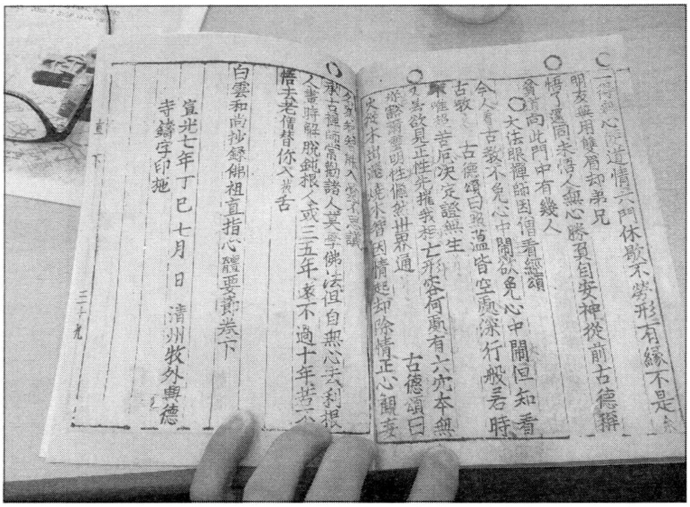

[그림2-9] 직지심체요절(pixabay, 무료 이미지).

(2) 구텐베르크의 인쇄기 발명

구텐베르크(Gutenberg)는 1450년에 금속활자 주형, 금속활자용 합금, 잉크, 그리고 인쇄용 압착기(인쇄기)를 발명했다. 구텐베르크는 원래 금속공예 전문가였다. 그는 교회 추기경과 한 은행가의 도움을 받아 치즈와 와인을 만드는 기계를 이용해서 비밀리에 인쇄기를 제작했다. 중국의 목판 인쇄술을 알고 있던 추기경의 도움을 받은 그는 각고의 노력 끝에 금속활자 자동 인쇄기 발명에 성공했다. 그러나 이미 빌린 돈은 바닥이 났고, 채권자들은 그가 발명한 인쇄기를 빌린 돈 대신 가져가고 말았다. 빈털터리가 된 구텐베르크는 가까스로 교회의 도움을 받아 여생을 교회에서 쓸쓸히 보내다 죽었다. 그는 결혼도 하지 않았고, 의지할 가족도 없었다. 인쇄 기계를 가져간 채권자는 이를 이용해서 다수의 책을 인쇄해 엄청난 부를 거머쥐었다. 인류에게 지식의 눈을 뜨게 해준 구텐베르크는 쓸쓸하게 말년을 보내다 고독하게 숨을 거뒀다.[34)]

[그림2-10] 구텐베르크가 만든 인쇄기의 복제품 (wikimedia, 무료 이미지).

[그림2-11] 구텐베르크 초상화 (wikimedia, 무료 이미지).

구텐베르크의 인쇄기가 널리 보급되자, 1500년대 유럽에는 17개국 260개 도시에 1120개의 인쇄소가 있었다. 그리고 다양한 주제의 책 1000만 권이 인쇄되어 팔렸다. 당시 유럽 인구는 1억 명 정도였다고 하니, 책은 유럽인들이 읽고 지식 쌓기에 넉넉한 자산이 됐다. 구텐베르크가 발전시킨 인쇄술은 책의 대량생산, 지식의 대량 복제와 확산을 가능케 했고, 과학, 교육, 철학, 경제 발달을 촉진했으며, 종교 개혁, 르네상스, 신문의 출현 등으로 이어져 마침내 중세의 종말을 이끌었다.

미디어 역사학자 아사 브리그스(Asa Briggs)와 피터 벌크(Peter Burke)는 특히 "종교 개혁은 인쇄출판물이 중요한 역할을 한 최초의 이데올로기 충돌사건"이라고 표현했다. 이들에 따르면, 마틴 루터는 모든 신자가 직접 자국어 성경을 읽고 자국어 예배를 드리자고 주장했다. 그때 외친 루터의 구호가 "모든 신자가 성직자 없이 신에 직접 다가가자"는 것이었으며, 그의 주장은 모두 인쇄물로 널리 퍼졌다.[35)]

유럽과는 달리, 러시아와 이슬람 지역에서는 인쇄술 발달이 지체됐다. 특히 이슬람 사람들은 경전을 책으로 인쇄하는 것을 죄악시하는 풍조가 있었고, 16세기가 돼서야 비종교 서적만 인쇄 출판이 허용되었다. 러시아는 계몽 군주 피터 대제가 즉위한 17세기 이후에야 인쇄기가 도입되고 책 출판이 활성화됐다. 오토

만 제국은 18세기에 인쇄소를 설립했으며, 인쇄술은 그 후 평민의 자유와 권리를 찾는 데 이바지했다.36)

역사학자 엘리자베스 아이젠슈타인(Elizabeth Eisenstein)에 따르면, 인쇄 문화가 발달해서 책이 나오고 신문이 나돌자, 교회에 모여서 설교(구두 뉴스)를 같이 듣거나 마을 광장에 모여서 연설을 듣는 일이 줄어들면서 인쇄 문화가 전통적인 공동체를 해체하고 개인주의를 부추겼다고 주장했다.37) 원래 맥루한도 문자 미디어가 개인주의를 발달시켰다는 주장을 한 바 있다. 또한 아이젠슈타인은 인쇄 혁명은 15세기 구텐베르크의 인쇄기 발명으로부터 19세기 산업혁명까지 진행되었으므로 장기간에 걸쳐 진행된 사회변화였다고 지적했다.38)

(3) 뉴스북(newsbook)의 등장

[그림2-12] 마녀 이야기를 담은 16세기의 뉴스북 (wikipedia, 무료 이미지).

1470년경, 이탈리아에서는 각지의 뉴스를 수집해서 하나의 이야기책으로 만들어 파는 '뉴스북'이 등장했다. 이는 신기하고 흥미로운 뉴스를 담은 책이긴 하지만 신문이라기보다는 이야기책에 가까웠다. 뉴스 이야기를 상품으로 만들어 팔았다는 점에서, 뉴스북은 뉴스 자체가 상품이 될 수 있다는 상업신문의 원조였다. 푸거 자이퉁도 역시 돈을 벌기 위한 정보 수집과 전파가 그 목적이었으니, 신문의 상업성은 역사가 깊다.

뉴스북은 인쇄된 책이었다. 일일이 손으로 적어서 다수의 복사본을 만들었던 뉴스레터보다 제작비용이 ⅓에 불과했으며, 제작업자는 한 번 인쇄해서 수천 부를 배포하면 수천 명의 독자에게 판매할 수 있었다.39)

그 내용은 각종 쇼킹한 범죄 사건, 섹스 스캔들, 폭력 사건, 신비스러운 사건, 기사(騎士)들의 사랑 이야기 등의 흥미로운 뉴스를 담고 있었다. 그러나 뉴스북이 정치적인 내용이나 궁정 소식 등을 담아 배포되는 것을 꺼린 왕들이 뉴스북 내용을 검열했다. 1500년경, 영국은 인쇄소를 통제했으며, 뉴스북 업자들은 왕의 허가를 받아 뉴스북을 발행해야 했고, 그 내용은 일일이 사전에 검열받아야 했다. 뉴스북 발행인들이 왕의 명령을 어기면 체포되기도 했다.[40]

(4) 뉴스발라드(ballad)

'뉴스발라드'도 역시 뉴스북의 일종이다. 다만, 글의 형식이 노래처럼 운율을 담고 있어서 이를 읽는 사람은 뉴스북 속의 뉴스를 마치 노래 부르듯이 읊조릴 수 있었다. 그래서 노래 같은 뉴스라는 뜻으로 당시 사람들은 이런 뉴스북을 뉴스발라드라 불렀다. 뉴스발라드는 내용을 한 사람이 소리 내서 노래 부르듯이 읽으면 주위 사람들이 흥미롭게 듣는 형태로 이용되었을 것으로 추측된다.[41] 17세기 영국에서는 뉴스발라드가 여관 벽에 적혀 있어서 오가는 여행객들이 읽었다는 기록이 있다.

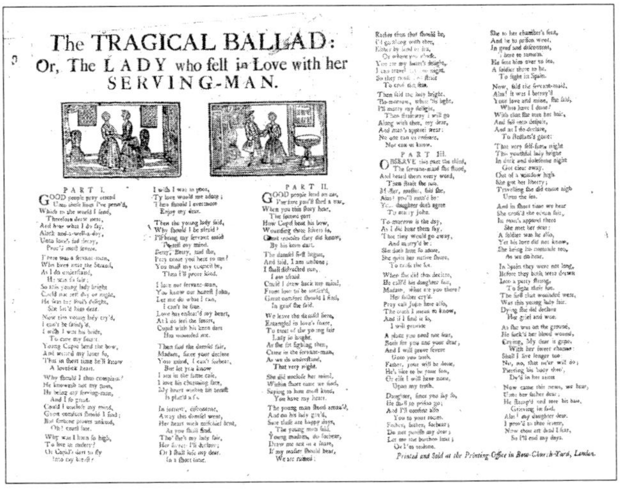
The TRAGICAL BALLAD:
Or, The LADY who fell in Love with her SERVING-MAN.

Printed and Sold at the Printing-Office in Bow-Church-Yard, London.

[그림2-13] 운율이 있는 노래 같은 뉴스 전달 형식인 '뉴스발라드.' 이 사진 속 뉴스발라드에는 귀족 여인이 하인과 사랑에 빠졌다는 내용을 담고 있다고 한다(wikimedia, 무료 이미지).

뉴스발라드는 3/3조나 3/4조의 운율을 가진 우리나라 가사 문학이나 민요, 또는 잡가와 흡사하다. 잡가의 하나인 <진주 난봉가>는 경상도 민요인데, 어떤 부인의 한 맺힌 사연을 노래화한 것이다. 뉴스발라드도 결국은 이와 유사하게 당시의 화제가 된 사건을 노래화했을 것으로 생각된다.

〈진주 난봉가〉

울도 담도 없는 집에서 시집살이 삼 년 만에
시어머니 하시는 말씀, 얘야 아가 며늘아가
진주낭군 오실 터이니 진주남강 빨래 가라
진주남강 빨래가니 산도 좋고 물도 좋아
우당탕탕 빨래하는데 난데없는 말굽소리
옆눈으로 힐끗보니 하늘같은 갓을 쓰고
구름같은 말을 타고서 못 본 듯이 지나간다
흰 빨래는 희게 빨고 검은 빨래 검게 빨아
집이라고 돌아와 보니 사랑방이 소요하다
시어머니 하시는 말씀 얘야 아가 며늘아가
진주낭군 오시었으니 사랑방에 나가봐라
사랑방에 나가보니 온갖가지 안주에다
기생첩을 옆에 끼고서 권주가를 부르더라
이것을 본 며늘아가 아랫방에 물러나와
아홉 가지 약을 먹고서 목 매달아 죽었더라
이 말 들은 진주낭군 버선 발로 뛰어나와
내 이런 줄 왜 몰랐던가 사랑사랑 내 사랑아
하룻정은 삼년이요 본댁 정은 백년인데
내 이럴 줄 왜 몰랐던가 사랑사랑 내 사랑아
어화둥둥 내 사랑아

주석

1) '세계 미디어 역사(I)'는 구두 뉴스, 필사 뉴스, 인쇄 뉴스 등으로 구성되어 있다. 이 골격은 근본적으로 미첼 스티븐스의 〈뉴스의 역사〉[Mitchell Stephens, *A History of News*, News York: Harcourt & Company, 이광재/이인희 공역, 『뉴스의 역사』, 황금가지, 1999.]에 바탕을 둔 것이다. 여기에 저자의 다른 연구 결과, 다른 참고 문헌, 그리고 관련 자료를 추가하는 형태로 작성됐음을 밝혀둔다.
2) Denis Schmandt-Besserat, "최초의 글쓰기", Crowley, D. and Heyer, P. eds., *Communication in*

History, 김영기 역, 『인간 커뮤니케이션의 역사』, 커뮤니케이션 북스, 2018, 13–14쪽.
3) Stephens, *op. cit.*, 27–28쪽.
4) Bill Kovach & Tom Rosenstiel, *The Elements of Journalism,* 이종욱 역, 『저널리즘의 기본 요소』, 한국언론재단, 2004, 10쪽.
5) Jacques Attali, *Histoires des Medias,* 전경훈 역, 『미디어의 역사』, 책과함께, 2022, 21–22쪽.
6) Stephens, *op. cit.*, 50–68쪽.
7) *Ibid.*
8) 나무위키, "Bohemian Rhapsody", 2019. 12. 29., https://c11.kr/cdsy
9) Stephens, *op. cit.*, 57–65쪽.
10) Asa Briggs & Peter Burke, *A Social History of the Media,* Cambridge, UK: Polity Press, 2009, p. 28.
11) Stephens, *op. cit.*, 73–79쪽.
12) *Ibid.*
13) Briggs, et al., *op. cit.*, p. 29.
14) Stephens, *op. cit.*, 73–79쪽.
15) Briggs, et al., *op. cit.*, pp. 30–31.
16) Stephens, *op. cit.*, 73–79쪽.
17) Briggs, et al., *op. cit.*, p. 29.
18) Gorden Allport & Leo Postman, "The Basic Psychology of Rumor", *Transactions of the New York Academy Science,* 8, 1945, pp. 61–81.
19) Walter Ong, "구두언어, 문자해독, 그리고 현대 매체", Crowley, D. et al., *op. cit.,* 161–162쪽.
20) Harold Innis, "고대 제국의 매체", *Ibid.*, 43–60쪽.
21) Thomas Carter, "종이와 목판 인쇄: 중국에서 유럽으로", *Ibid.*, 213–216쪽.
22) Andrew Robinson, "글쓰기의 기원", *Ibid.*, 87–91쪽.
23) Stephens, *op. cit.*, 104–114쪽.
24) 김시연, "지진 직후 카톡 불통 원인은 트래픽 폭주 탓", 『오마이 뉴스』, 2016. 9. 13.
25) Briggs, et al., *op. cit.*, p. 35.
26) *Ibid.*, pp. 31–33.
27) Stephens, *op. cit.*, 118–123쪽.
28) Attali, *op. cit.*, 62쪽.
29) Stephens, *op. cit.*, 124–131쪽.
30) *Ibid.*
31) Lewis Mumford, "인쇄술의 발명", Crowley, et al., *op. cit.,* 238–240쪽.
32) 한국민족문화대백과사전, "박병선", 2019. 12. 29., https://c11.kr/cdtp
33) Carter, *op. cit.*, 224–227쪽.
34) 구텐베르크에 관한 설명은 네이버의 '인물세계사'를 참조했다. https://c11.kr/chgk
35) Briggs, et al., *op. cit.*, pp. 75–76.
36) *Ibid.*, p. 16.
37) Elizabeth Eisenstein, "인쇄혁명", Crowley, D. et al., *op. cit.,* 269–270쪽.
38) Briggs, et al., *op. cit.*, p. 22.
39) Stephens, *op. cit.*, 144–157쪽.
40) *Ibid.*
41) *Ibid.*, 158–167쪽.

Chapter 3 세계 미디어 역사(II)[1]

1. 신문(newspaper)의 등장

(1) 근대 신문의 조건

로마 시대의 악타, 뉴스레터, 푸거 자이퉁 등의 필사신문과, 뉴스북, 뉴스발라드 등의 인쇄신문은 신문과 유사하지만, 정식 신문은 아니다. 스티븐스는 근대적 신문은 다음의 세 가지 조건을 갖춰야 한다고 정의하고 있다.[2]

근대 신문의 첫째 요건은 '발행의 정기성'이다. 신문은 적어도 1주일에 1회 이상 정해진 기간에 정기적으로 발행돼야 한다. 주간 신문, 격일간 신문, 일간 신문은 있어도, 월간 신문이나 연간 신문이란 말은 없다. 월간이 넘으면, 그것은 잡지로 분류된다. 그런데 주간 잡지는 있다. 주간 잡지와 주간 신문의 차이는 '바인딩(binding)' 여부다. 철(綴)해서 한 권의 책이 되면 주간 잡지, 그냥 종이 다발이 접혀 있으면 주간 신문으로 분류된다.

근대 신문의 둘째 요건은 '질적 다양성'과 '양적 충분성'이다. 신문 내용이 정치, 경제, 사회, 문화, 외국 등 질적으로 다양해야 한다. 뉴스 건수도 절대적 기준이 있는 것은 아니지만 어느 정도 많아야 한다. 매일, 혹은 매주 발행되지만, 기사 수가 한두 건에 불과하다면, 이는 신문의 양적 충분성이란 근대 신문 조건에 미달한다. 기사가 어느 정도 많으면, 신문에서 '편집(editing)'이 가능해진다. 여기서 편집이란 기사 배열, 제목 달기 등을 말한다. 다시 말하면, 기사가 다양하고 많으면 당연히 기사 배열, 제목 달기 등의 편집 과정이 뒤따른다. 즉, 근대 신문이 되려면 수집된 뉴스가 편집되는 과정을 거쳐야 한다. 현대 신문 중에는 '전문(專門) 신문'이란 것이 있다. 이는 스포츠신문, 경제신문, 전자신문, 교육신문, 농민신문처럼 특정 분야만 취급하는 신문을 말한다. 전문 신문은 한 분야만 다루므로 질적 내용의 다양성은 부족해 보이지만, 전문 분야 안에서 세부적 다양성을 확보하기 때문에 신문으로서 그 기능을 다하고 있다.

근대 신문의 세 번째 요건은 신문의 '고정된 이름(제호, 題號)'이 있어야 한다는 것이다. 뉴스북은 고정된 제호가 없었다. 그냥 스토리 제목만이 첫 페이지에 있을 뿐이었다. 근대 신문은 독립적인 발행인이 특정 제호를 신문에 붙이고 그 제호로 신문을 정기적으로 발행하는 것이다. 이 전통은 오늘까지 이어져 제호 없는 신문은 없다. 만약에 무언가 새 소식을 적은 글이 정기적으로 배포된다 해도 제호가 없다면, 이는 유인물, '찌라시' 등으로 불릴지언정 신문은 아니다.

'인터넷신문'이란 용어도 최근에 문제가 되고 있다. 영어로 'Internet newspaper'라고 하지만, 인터넷신문이 종이가 아니고, 또 텍스트 기사만 있는 것도 아니니 '인터넷 미디어'라고 해야 맞는 것 아니냐는 주장이 있다. 그러나 관습적으로 두 용어는 같이 쓰인다. 비슷한 예가 '프레스(press)'다. 프레스는 언론, 신문, 혹은 기자 등을 뜻한다. 원래 언론이나 신문을 press라 부른 유래는 근대 신문 초기부터 인쇄기(press)로 신문을 찍어 냈기 때문이다. 그 후, press conference(기자회견), press room(기자실), press release(보도자료) 등 press가 들어간 단어들이 많이 생겨났다. 그런데 신문, 방송, 인터넷, 소셜 미디어가 모두 뉴스 미디어인 요즘 시대에도 press는 여전히 언론을 가리키는 용어로 사용되고 있다.

(2) 16, 17세기 유럽의 최초 신문들

15세기부터 프랑스와 영국 등에서는 왕실이나 귀족들만 사용하던 말(馬) 중심의 우편제도가 설립되어 있었고, 뉴스북이나 개인 서신 등이 활발하게 교류되고 있었다. 그리고 16세기와 17세기 영국의 런던, 이탈리아의 베네치아, 네덜란드의 암스테르담은 세계 3대 무역과 정치 중심지였다. 따라서 각종 뉴스가 성행했다. 이들 지역에서 '가제트(Gazett)'라는 신문이 발행됐다. 가제트는 '가제타(gazetta)'라는 베네치아 화폐 단위에서 온 용어인데, 당시 가제트라는 신문은 1가제타로 살 수 있었다. 신문을 살 수 있는 돈 단위가 그냥 신문을 지칭하는 보통

명사가 된 것이다. 가제트라는 인쇄물은 정기성을 갖춘 근대 신문일 것으로 추정되지만, 실물이 남아 있지 않다. 가제트란 용어는 영국, 러시아, 프랑스, 독일, 스페인 등 유럽에서 보편적으로 신문, 또는 관보란 의미로 현재까지 통용되고 있다.3)

1609년, 독일에서는 인쇄업자 요한 카롤루스에 의해서 '아비조 릴라찌온 오도르 자이퉁(Aviso Relation oder Zeitung)', 줄여서 '릴라찌온'이라 불리는 주간 신문이 발행됐다. 릴라찌온은 세계 최초의 주간 신문이었다.4) '아비조'는 정보란 뜻이며 릴라찌온은 '직접적인 목격자의 보고'란 의미다.5)

Aviſa I.
Relation oder Zeitung.
Was ſich begeben vnd zugetragen hat / in Deutſch: vnd Welſchland / Spannien / Niederlandt / Engellandt / Franckreich / Vngern / Oſterreich / Schweden / Polen / vnnd in allen Provintzen / in Oſt: vnnd Weſt Indien etc.
So alhie den 15. Januarij angelangt.
Gedruckt im Jahr / 1609.

[그림3-1] '아비소 릴라찌온 오도르 자이퉁(Aviso Relation oder Zeitung)'의 1609년 1월 15일자 창간호(wikimedia, 무료 이미지).

암스테르담에서는 1618년에 '쿠란트(Coranto)'란 정기신문이 발행됐다. 주간 신문이었을 것으로 추정된다.6) 암스테르담은 당시 세계에서 가장 큰 도시였으며 세계 무역 중심지였다. 암스테르담은 종교적으로 관대해서 각국 정부나 가톨릭의 박해를 받던 개신교 목사들이 몰려들 정도로 사상적으로 개방적인 장점과, 활발한 국제 무역 장소라는 이점이 한데 섞여서 근대 신문 발행이 성행했다.7)

원래 네덜란드 사람들은 'Dutch pay(각자 내기)'란 말의 어원이 된 것처럼 돈에 대해서는 깍쟁이 기질이 있었다. 영국 사람들이 네덜란드 사람을 깎아 내리기 위해 이 말을 고의로 만들었다는 설도 있다. 아무튼, 상인 기질이 강했던 네덜란드인들은 15세기부터 무역에 천재적인 소질을 발휘해서 세계 자본을 끌어모았다. 이들은 이미 15세기부터 동인도회사라는 투자회사는 물론, 주식거래소, 은행도 가지고 있었다. 동인도회사는 주주들 돈을 모아 인도와 중국 등으로 커다란 배를 띄웠다. 그 배들은 동양으로 가서 향신료, 비단, 도자기, 차 등을 다량으로 수입해서 유럽에 팔았다. 그리고 남는 수익을 주주들에게 배당했다. 콜럼

버스의 대서양 항해도 결국 왕을 비롯한 주주들의 투자 모험이었다. 1653년 제주도에 표류한 하멜은 동양으로 물건을 구매하러 온 동인도회사 직원이었다.

무역이 성행했던 곳에서는 돈이 돌았고, 동시에 투자할 곳을 찾기 위한 정보도 돌았다. 그 정보를 체계적으로 제공하기 시작한 것이 바로 신문이었다. 근대적 신문이 발행된 곳은 정보의 수요가 충분했던 런던, 베네치아, 암스테르담 같은 대도시, 국제적 무역도시였다.

영국에서는 1621년 'Coranto or Weekly News From Italy, Germany and Other Countries(줄여서 Weekly News)'라는 이름의 신문이 발행됐다. 이 신문은 발행부수도 많았고, 정기 구독자도 있었다. 원래 최초의 근대 신문은 기사가 도착한 순서대로 신문에 실었는데, 이 신문은 기사가 많고 다양하다 보니 전담 편집자를 고용해서 기사를 주제별로 분류, 배열하는 일을 맡겼다고 한다. 신문 편집의 시초였다.[8)]

원래 영국에서는 1586년부터 출판물의 인허가와 검열을 담당했던 왕실의 검열기관인 성실청(星室廳, Star Chamber, 궁전 천정에 별 장식을 가진 방이어서 그렇게 불렸다)을 폐지하자는 요구가 강해졌다.

1641년 영국에서 청교도 혁명이 일어났다. 그 영향으로 귀족의 힘이 강해지고 왕권이 약해지자, 성실청도 폐지됐으며, 1645년에는 런던에서만 14개의 신문이 발행됐다. 이들 주간 신문들은 주당 10만 부 정도가 발행되었을 것으로 추정되고 있으며, 커피하우스 등에 비치되어 여러 명이 돌려 가면서 주간 신문을 읽었다.[9)] <실낙원> 작가 겸 대시인인 존 밀턴(John Milton)은 청교도 혁명 직후에 왕과 맞선 의회파에 가담했고, 왕으로부터의 표현의 자유를 주장한 <아레오파지티카(Areopagitica)>라는 소책자를 1644년 출간했다. 이 책은 표현의 자유를 요구하는 인류 최초의 문헌이다. 밀턴은 "자유롭게 사상의 시장에서 각종 의견이 토론되면, 마치 수요와 공급에 따라서 물건 파는 시장에서 물건값이 자동으로 결정되듯이, 사상의 시장에서도 자동으로 거짓 의견은 사라지고 진실만이 살아남는다"고 주장했다. 이를 밀턴은 '사상의 자유 시장의 자동 조절 과정(self-righting process of the free market of ideas)'이라고 불렀다.[10)]

영국은 1236년 '마그나카르타(대헌장으로 불리며, 왕은 법적 근거 없이 사람을 체포할 수 없다는 등 왕권을 제한하는 문서)'에 근거해서 귀족이 통치하고 왕은 상징적 권한만 갖는 입헌군주제를 시작했다. 그 후 왕과 귀족(의회)이 권력을 놓고 다툼을 지속하다가, 1641년 청교도 혁명, 1688년 명예혁명을 거쳐 입헌군주제를 확립했다. 명예혁명 과정에서 영국 국왕이 '런던 가제트(London Gazette)'란 정부 기관지를 전면에 내세워 다른 신문을 검열하고 억압하자, 다른 신문들이 저항했다.[11] 런던 교외에는 왕이 무릎을 꿇고 귀족들에게 권력을 이양한 '러니미드 평원'이 있다.

이런 영국 표현의 자유 전통에 따라서, 18세기 런던에서는 주간 신문, 월간잡지, 계간 잡지 등의 정기간행물이 성행했다. 1792년에는 연간 총 1500만 부의 정기간행물이 발행됐다.[12]

17세기 프랑스에는 '라 가제트(La Gazette)'[13]와 '주르날(Journal)'[14]이라는 정기신문이 있었다. 원래 주르(jour)는 프랑스어로 하루, 낮(day)이란 뜻이다. 빵집 '뚜레쥬르(tous les jours)'는 날마다, 매일매일(daily, everyday)이란 뜻이다. journal은 저널리즘(journalism), 즉 언론이란 단어의 어원이기도 하다. 저널리즘은 '그날의 최신 뉴스(current news of the day)'라는 의미다.

1650년, '아인코멘데 자이퉁겐(Einkommende Zeitungen)' 또는 '라이프찌거 자이퉁(Leipziger Zeitung)'이라 불리는 세계 최초의 일간 신문이 독일에서 인쇄업자 티모테우스 리츠에 의해 발행됐다.[15] 세계 최초 주간 신문과 일간 신문이 모두 독일에서 발행된 것은 독일인 구텐베르크의 인쇄기 발명과 그에 따른 인쇄문화 발달과 관련이 있을 것으로 보인다. 물론, 정기적으로 신문을 사서 읽는 구독자 수요가 충분할 만큼 독일 지역 무역이 활발했다는 지리적 조건도 세계 최초 주간 및 일간 신문 발행에 기여했을 것으로 보인다.

(3) 17, 18세기에 신문이 성행한 이유

17세기 근대 신문의 등장에는 상업적 이유가 있었다. 런던, 베네치아, 암스테르담 등 무역이 성행한 지역에서 무역에 필수적인 정치, 경제, 사회 정보가 필요했기 때문에 신문이 등장했던 것이다. 따라서 근대 신문의 뉴스와 상업은 신문 등장 초기부터 '공생관계'를 형성했다. 그런 이유로 1640년대부터 신문에는 이미 상업 광고가 존재했으며, 신문 독자 대부분이 상인이었다.

한편, 근대 신문은 정치적 자유의 신장과 더불어 발전했다. 정치적 자유에 필수적인 여론이라는 말이 프랑스에서는 1750년에, 영국에서는 1781년에, 그리고 독일에서는 1793년에 각각 처음 사용됐다. 이는 일반인들이 토론할 수 있는 공간, 즉 공론장(독일 철학자 Habermas는 이를 public sphere라 했음)이 18세기부터 확대됐다는 사실을 보여주고 있다. 즉, 검열제도의 완화와 이에 따른 여론 활성화는 영국이 1695년 이후, 미국이 1734년 이후, 프랑스에서는 1789년 프랑스혁명 직후부터 나폴레옹 등장 직전인 1792년 사이에 일어났다.[16] 이 시기에 사람들은 신문은 물론, 커피하우스, 살롱, 클럽 등을 수단으로 구두 뉴스를 활발히 교환하고 토론을 벌였다. 다시 말하면, 유럽에서 근대 신문이 활발했던 또 다른 이유는 나라마다 약간의 차이는 있었으나 대체로 17세기말에서 18세기부터 왕권이 쇠퇴하고 각종 인쇄물에 대한 검열이 느슨해지면서 일반인들이 토론에 참여할 수 있는 공간인 공론장으로서 신문이 기능했기 때문이었다. 근대 신문의 등장에는 그래서 정치적 측면에서 자유가 신장됐다는 이유도 있었다.[17] 이처럼, 신문의 상업적 측면과 정치적 측면은 신문 역사 초기부터 병존했다.

2. 정치적 신문의 성장

(1) 미국의 최초 신문

1690년, 미국에는 '퍼블릭 오커런시스(Publick Occurances)'란 최초 신문이 해리스(Harris)란 사람에 의해 발행됐다. 그런데 해리스는 영국에서 왕을 비판하다 미국 신대륙으로 추방된 영국 사람으로, 미국에 와서 신문을 발행했으나, 그의 신문은 발행 하루 만에 미국을 통치하던 영국 총독에 의해 폐간되고 말았다. 그의 신문이 영국 왕을 비방했기 때문이다.[18)]

반면, 1704년에는 전직 우체국장 캠프벨(Campbell)이란 사람이 '보스턴 뉴스레터(Boston Newsletter)'란 신문을 발행했는데, 일상적인 사건 사고 뉴스를 취급하며 많은 구독자를 확보해서 72년간 신문 발행을 성공적으로 유지했다.[19)]

미국의 퍼블릭 오커런시스는 미국 정치적 신문의 전통을 상징하고, 보스턴 뉴스레터는 상업적 신문의 전통을 상징한다. 정치성과 상업성이라는 두 개의 전 세계 근대 신문 전통은 17세기부터 현대에 이르기까지 정치적 목적과 상업적 목적 사이를 오가며 때론 갈등하고 때론 타협하고 있다.

(2) 미국 독립혁명과 미국 신문의 정치적 활동

미국 정치인들은 미국 독립이라는 자신들의 정치적 주장을 펴기 위해 신문을 스스로 창간해서 발행하는 일이 잦았다. 이는 미국 신문들과 영국 식민지 총독부와 잦은 충돌을 일으켰다. 존 피터 젱거(John Peter Zenger)라는 언론인이 1733년 식민지 총독을 모독하는 기사를 싣자, 식민지 총독부는 젱거를 치안방해 및 명예훼손 혐의로 구속했다. 후에 대통령이 되는 해밀턴(Hamilton)은 당시 젱거의 변호사로서 그의 무죄를 주장했다. 해밀턴의 논리는 "언론이 보도한 사실이 진실(truth)이면, 그 어떤 명예훼손죄 혐의가 있어도 벗어날 수 있다(truth as defence)"는 것이었다. 이는 '진실은 명예훼손 유죄 주장에 대한 최고의 방어 논리'라는 의미로, 한국에서는 '사실적시 명예훼손은 무죄'라는 원칙으로 불린다. 'truth as defence'는 지금도 기자들이 공직자를 비판한 기사로 소송에 휘말릴

때나 기소당했을 때 기자 자신을 방어할 수 있는 가장 강력한 법적 근거다. 기자가 제기한 공직자 비리가 진실이면 그 어떤 범죄 혐의에서도 벗어날 여지가 많아진다.[20]

1765년, 영국은 미국 식민지의 책, 신문 등 모든 인쇄물에 대해 세금을 부과하는 인지조례를 실시했으며, 이에 따라서 신문은 발행 부수가 많으면 세금을 더 물게 됐다. 이 조치는 미국 신문이 세금이 무서워서 신문 발행 부수를 늘리지 못하게 하려는 의도였다. 미국 신문은 이 세금을 '지식에 대한 과세(taxes on knowledge)'라 부르며 저항했다. 이 과세제도의 논리는 신문 뉴스가 곧 지식(정보)이라는 의미였다. 이를 계기로, 미국 신문은 미국 독립과 민주주의를 위해 거세게 투쟁했다.

브리그스와 벌크는 미국 독립혁명도 프랑스 혁명처럼 신문의 역할이 컸다고 지적했다. 1775년 미국 독립 직전 미국에는 42개의 신문이 있었다. 이들 신문은 미국이 영국과의 식민지 관계를 청산하고 독립적인 공화국 건설을 주장했으며, 영국군의 잔인한 행위를 보도하고 독립전쟁 관련 뉴스를 독자들에게 공급함으로써, 애국심을 결집하고 독립 공감대를 형성하는 데 이바지했다. 토마스 페인(Thomas Paine)은 이런 상황을 "신문이 없었으면 미국 독립혁명은 성공하지 못했을 것"이라고 표현했다.[21] 이렇듯, 미국 신문은 미국 독립혁명 과정에서 정치적 주장을 펴는 데 유용하고 강력한 수단임을 보여줬다.[22]

미국 신문은 미국 독립 과정에서 국가 형태 논의 등 각종 정치적 주장에 가담하게 됐다. 정치인이 자기주장을 펴기 위해 직접 신문을 발행하기도 했는데, 이런 신문을 '정파 신문', 또는 '정당 신문(partisan press)'이라고 한다. 정파 신문은 독립 전후 미국에도 있었고, 프랑스에도 있었으며, 해방 후 좌우익 혼란기에 한국에도 있었다. 미국은 특히 독립 후 국가 형태를 논의하는 과정에서, 각 주의 독립성을 축소하고 중앙의 연방정부를 형성하자는 연방파(워싱턴, 해밀턴 등)가 있었고, 주마다 독립된 헌법과 정부 조직을 가진 상태에서 각 주가 하나의 연합공화국을 형성하자는 공화파(매디슨, 제퍼슨 등)가 대립했다. 연방파와 공화파의 대립은 격렬했다. 그들의 주장을 대변하는 신문들이 생겼으니, 그게 미국의 정파 신문들이었다. 결국 미국은 공화파의 주장대로 현행 각 주의 독립성을 인정하되, 연방파의 의견도 일부 반영해서 국방과 외교 등은 연방정부가 각 주를 대표해서 담당하는 것으로 결론이 났다. 양쪽 주장에 대한 일종의 타협이었다.

그 싸움의 타협 흔적이 미국 정치 제도에 남아 있다. 하원의원은 주별 인구비례대로 뽑고(연방제 특성 반영), 상원의원은 개별 주를 독립된 나라처럼 취급해서 모든 주가 똑같이 2명씩을 선출한다(주의 독립성 반영). 대통령 선거에서는 개별 주를 나라처럼 취급해서 한 주에서 승리하면 그 주의 인구비례에 따른 선거인단은 이긴 후보가 모조리 가져가는 소위 '승자독식제도'를 유지하고 있다(주의 독립성 반영). 그래서 인구가 적은 주에서 승리하는 것보다 인구가 많은 주에서 승리하는 후보가 대통령이 될 확률이 높다. 또한 전국 득표수에서는 이겨도 주별로 승자 독식하는 제도 때문에 최종적으로 대통령에 당선되지 못하는 경우가 생길 수 있다. 그 피해자가 전국 득표수에서는 이겼어도 주별 선거인단 확보에서는 져서 결국 트럼프에 패배한 힐러리 클린턴이었다.

(3) 프랑스 혁명과 프랑스 신문의 정치적 활동

프랑스 국왕을 평민들이 왕좌에서 끌어내린 프랑스 대혁명은 1789년에 일어났다. 그즈음 프랑스 철학자 볼테르는 구체제의 불평등과 부조리를 반대하고 자유와 관용을 강조하는 계몽사상을 내세워 프랑스 민중들을 혁명으로 이끌었다. 볼테르는 국왕의 신문 탄압에 반대했다.[23)]

루이 14세 시절, 프랑스에서는 왕의 탄압을 피해 지하에서 유통되는 뉴스북과 뉴스발라드가 성행했다. 지하 뉴스북은 루이 14세의 성적인 문란행위를 비난했으며, 혁명이 시작되기 전에 프랑스 국민은 이런 지하 신문들을 통해서 이미 왕의 부도덕성을 잘 알고 있었고, 혁명에 합류할 준비가 되어 있었다. 루이 14세에 이어서 등장한 루이 16세는 베르사이유 궁전에서 호화스러운 생활을 영위하기 위해 국민에게 가혹한 세금을 징수했고, 이에 국민이 프랑스 혁명을 일으키고 왕을 단두대에서 처형했다.[24)]

프랑스 혁명이 성공하고, 자유, 평등, 박애 정신에 따라서 표현의 자유를 보장하는 프랑스 인권선언이 발표되자, 1790년 프랑스에서는 335개의 신문이 발행됐으며, 이들 대부분은 정치인들이 자신들의 정치적 주장을 펴는 수단으로 이용했다. 1792년 나폴레옹이 정권을 잡자, 그는 4개 신문만 남기고 모든 신문을 폐간시켰다. 나폴레옹은 "내가 만약 신문을 통제하지 못했다면, 나는 3개월 안에 쫓겨났을 것"이라고 말했다.[25]

프랑스 언론은 나폴레옹이 실각한 1815년 이후에도 각종 보증금제도를 지켜야 했고, 왕실 모독, 공공연한 선동, 공중도덕 저해, 정치적 비방에 대한 제재를 받았으며, 영국이나 미국보다 훨씬 늦은 1881년에 언론의 자유를 제약하는 모든 법률이 폐지되고서야 완전한 자유를 얻을 수 있었다.[26]

(4) 미디어를 활용한 정치적 선전선동술의 위험

1870년, 비스마르크 프로이센 수상은 프랑스를 침략자로 규정해서 한판 전쟁을 벌임으로써 민족감정을 부추겨 독일의 통일을 이루고 싶어 했다. 비스마르크는 프로이센 언론을 통해서 프랑스를 자극하는 보도를 내보내도록 유도했고, 프랑스 언론들은 이에 흥분해서 "비스마르크를 쓰러뜨려라!" "(독일의) 라인강으로 진격하라"는 등의 보도로 응수했다. 그 결과, 프로이센과 프랑스는 전쟁에 돌입했고, 프로이센이 승리하면서 통일된 독일 공화국이 수립됐다.[27]

1차세계대전이 한창이던 1918년, 미국, 영국, 프랑스에서는 스페인 독감이 유행했지만, 이들 국가 신문들은 자국민의 동요를 우려해서 이 사실을 보도하지 않았다. 이와 비슷한 시기에, 유대인이 사람을 타락시키기 위해 주식시장을 만들었다는 등 반유대주의를 선동한 신문도 미국에 있었다.[28]

나치의 괴벨스는 독일 시민들의 심리를 자극해서 히틀러를 지지하도록 만든 선전선동술의 귀재였다. 레닌을 도와서 많은 지식인을 공산주의 이데올로기에 동조하게 만든 빌리 뮌첸베르크(Willi Münzenberg)도 프로파간다에 천재적 능력을 발휘했다. 그는 코민테른(소련 공산당의 국제 공산주의 운동 조직)을 이용해서 다수의 위장 조직을 만들어 소련이 평화, 정의, 약자의 수호자라는 인도주의적 이미지를 세계에 알렸다.[29] 괴벨스나 뮌첸베르크는 각종 미디어를 최대한 활용해서 정치적 이데올로기를 사람들에게 전파했다.

2차세계대전 중 일본 언론은 군국주의에, 이탈리아 언론은 파시즘에, 그리고 구소련의 언론도 공산주의 전체주의에 각각 봉사했으니, 언론의 정치적 기능 중 선전 선동은 비정상적인 역기능의 전형이다.

(5) 언론자유의 중요성

중세는 말할 것도 없고 인쇄술이 발달하기 시작한 르네상스와 종교개혁 시대에도 정부와 교회는 책, 연극, 그림, 각종 정치적인 유인물에 대해 검열했으며, 17세기 근대적 신문이 출현했어도 검열은 계속됐다. 유럽 각국 정부는 왕에 대한 비난을 중점적으로 검열했으며, 교회는 우상숭배적인 이단물, 음란 그림/소설 등 비도덕적 내용을 주로 검열했다. 미켈란젤로의 <마지막 심판> 그림 중 인체 주요 부위가 무화과 나뭇잎으로 가려진 채 전시되기도 했으며, 영국에서는 런던, 케임브리지, 옥스퍼드 등 3개 지역에서만 인쇄소 설립이 허가됐다. 검열된 책은 다른 지역이나 다른 나라로 밀수되어 유통되기도 했다.[30)]

앞장에서 소개된 것처럼, 1586년 설립된 영국 왕실의 성실청이 출판물의 인허가와 검열을 담당했고, 1712년 영국은 인지세법을 실행해서 신문 1부당 1페니, 광고 하나당 1실링의 세금을 부과해서 신문이 광고로 수익을 올리고 발행 부수를 늘리는 것을 억제했다. 독일, 이탈리아, 네덜란드 등도 모두 검열제도를 실행했으며, 각국 정부가 국내 기사 검열을 강화하자, 유럽 언론은 국외 뉴스를 주로 보도해서 검열을 회피하기도 했다.[31)]

17세기의 언론 통제 시대를 거쳐, 18세기부터는 언론자유가 급성장하기 시작했다. 1776년 영국으로부터 독립한 미국은 1789년에 미국 헌법을 제정했다. 그런데 미국 최초 헌법에는 언론자유(the freedom of the press)를 보장하는 조항이 빠져 있었다. 여기서도 프레스가 당시 신문의 별칭으로 쓰였다. 당시에 언론은 신문밖에 없었기 때문이다. 그런데 헌법에 언론자유 조항이 빠진 이유는 사기업인 신문에 언론자유(취재의 자유, 보도의 자유, 표현의 자유, 비판의 자유 등)를 헌법에 명시해서 헌법적 특권을 줄 수 있느냐는 점에 의견이 분분했기 때문이다.[32)]

헌법을 개정할 때, 미국은 원문 전체를 다 고치는 것이 아니라 수정하거나 첨가할 조항을 원문 밑에 하나씩 추가하는 형태를 취한다. 그리고 헌법 원문에 새로 추가된 조항은 그 순서에 따라서 원문 밑에 수정1조(amendment1), 수정2조(amendment2) 이런 식으로 표기된다. 1791년, 미국 헌법이 제정되고 2년이 흐른 뒤, 미국 의회는 처음으로 헌법을 수정했다. 이때 처음으로 추가된 수정 조항이 바로 언론자유에 관한 조항이었다.[33] 이게 그 유명한 '미국 헌법 수정1조(The First Amendment)'이며, 그 원문은 다음과 같다.

> "Congress shall make no law respecting an establishment of religion, or prohibiting the free exercise of thereof, or abridging the freedom of speech, or of the press, or the right of people peaceably to assemble, and to petition the government for a redress of grievances."

이를 요약 번역하면, "의회는 종교의 자유, 표현의 자유, 언론의 자유, 집회의 자유, 국민청원의 자유를 제한하는 법을 만들 수 없다"가 된다. 의회는 언론자유 등을 제한하는 법을 아예 만들 수조차 없다는 이 조항은 언론자유를 가장 확실하게 보장하는 세계 최고 법 조항으로 유명하다. 미국의 헌법 전체보다 이 조항 하나가 더 유명하다는 말이 있을 정도다.

미국 건국 초기 상황에서 국민의 알권리를 위해 정부, 의회, 법원을 감시하고 견제할 실질적인 수단은 신문밖에 없었다. 그런데도, 신문은 작고 힘없는 사기업에 불과했다. 여기서 사기업인 신문사에 언론자유라는 막강한 헌법적 특권을 주는 것이 옳은지 여부에 대한 논란이 계속됐다. 그게 헌법제정 당시 언론자유가 헌법에 포함되지 못한 이유였다. 헌법제정 2년 뒤 계속된 논의 끝에, 거대하고 권력이 막강한 정부나 의회 조직을 보도하고 감시하기 위해서는 작은 규모의 신문에 헌법적 특권이라는 힘을 실어줘야 한다는 방향으로 결론이 났다. 그 후 신문사는 사기업이면서도 취재와 보도라는 그들의 기업 활동이 언론자유라는 헌법적 특권으로 보장받게 됐다.[34]

21세기 언론사는 기업 규모도 대기업 수준이며 엄청난 사회적 영향력을 행사하고 있다. 수정헌법 1조가 추가될 당시의 소규모 신문들이 오늘처럼 재벌 규모로 커질 것으로 예측됐다면, 당시 의회는 아마도 수정1조와 같은 헌법적 특권을 사기업 신문사에 주지 않았을 거라고 학자들은 말하기도 한다.35)

1803년, 미국 대통령 토마스 제퍼슨은 "나는 신문 없는 정부보다 정부 없는 신문을 더 선호한다(I prefer newspapers without government to government without newspapers)"고 말한 바 있다. 언론자유를 표현한 유명한 격언 중 하나다. 이런 사상들이 쌓인 결과, 현대 민주 국가에서 언론의 가장 중요한 존재 이유는 국민의 알권리에 봉사하고 정부를 감시하는 일이 됐다. 언론이 정부를 감시해서 얻은 정보를 국민에게 제공하지 않으면, 여론도 없고, 여론이 없으면 민주주의도 없다. 언론이 정부 감시 기능과 정보 제공 기능을 수행해야 민주주의가 비로소 작동한다. 이것을 '정보 기반 민주주의(informed democracy)'라고 한다. 그리고 행정부, 입법부, 사법부를 국가의 3부(府)라고 하는데, 언론이 추가돼야 비로소 민주주의 체제가 완성된다는 의미에서 언론을 상징적으로 '국가의 제4부(the forth estate)'라 부르기도 한다.36)

3. 상업적 신문의 성장

(1) 페니 프레스(penny press, 염가신문, 廉價新聞)

미국 독립이 쟁취되자, 미국 신문의 발행 목적이 정치적 주장 전달에서 상업적 이익 추구로 바뀌었다. 미국 경제도 남북전쟁(1861~1865) 이후로 급속히 팽창해서 유럽 경제를 추월했다. 이런 경제 발전을 견인한 기업들은 신문을 광고 수단으로 인식하기에 이르렀다. 신문 이름이 아예 '000 광고 전달자(advertiser)', '000 상업지(commercial)' 등인 신문도 등장했다.

1833년, 벤자민 데이(Benjamin Day)는 '더 선(The Sun)'이란 신문을 발행했다. 이 신문은 이전 신문들과 몇 가지 다른 비즈니스 전략을 가졌다. 그는 한 부에 6센트 하던 신문을 단돈 1센트에 판매했다. 무려 ⅙이 저렴해졌다. 1센트의 다른 말이 페니(penny)다. 페니에 팔리는 신문이란 뜻의 '페니 프레스'가 나중에는 싼 신문을 부르는 보통명사가 됐다. 당시 세계 최대 신문이었던 '런던타임스' 발행 부수가 1만 부였는데, 더 선의 발행 부수는 1만 5000부였다. 일종의 박리다매 같은 벤자민 데이의 새로운 신문 판매 전략은 지금의 인터넷신문이나 소셜미디어의 등장에 비유될 정도로 획기적인 상업신문 비즈니스 모델의 출현을 의미했다. 페니 프레스는 1부당 구독료는 쌌지만, 부족한 수입은 광고로 채우고도 남았다. 현대 신문과 같은 광고 수익 기반 신문의 원조가 바로 페니 프레스였다. 인쇄기 발전도 다량의 신문 인쇄를 가능케 했다. 구식 인쇄기는 시간당 100여 부를 인쇄하는 데 그쳤으나, 당시 신형 인쇄기는 시간당 2만 부를 인쇄했다.[37)]

페니 프레스는 문맹률 감소와 싼 구독료에 힘입어 일부 식자층이나 정치인만이 신문을 읽던 시대에서 누구나 신문을 읽는 대중신문 시대를 열었다. 이는 누구나 정보를 얻을 수 있고 여론을 가질 수 있다는 의미로, 민주주의의 급속한 발전을 의미했다. 또한 페니 프레스는 노예제도에 반대했고 여성의 권리를 옹호했다. 그 이유는 북부의 중산층 중에 노예 폐지론자와 여권 지지 성향 독자들이 많았기 때문이다. 미국 남부 지역에는 미국 전체 인쇄소의 10% 정도만 있었다. 남북전쟁이 시작되자, 북부의 신문 발행 부수가 폭발적으로 늘어났다.[38)] 페니 프레스는 독자가 많은 방향의 여론에 부응하는 논조를 유지했다.

이제까지 신문 발행인(소유주)은 정치가가 주류를 이뤘다. 그래서 신문은 대부분 정파 신문이 될 수밖에 없었다. 그러나 광고 수입이 많아지자, 신문이 정치인을 물주로 삼을 필요가 없어지면서 정치로부터 독립적일 수 있었다. 동시에 뉴스는 곧 상품이란 인식이 보편화됐으며, 신문은 뉴스 전달과 동시에 광고도 전달하는 매체가 됐다.

미국의 페니 프레스 성장에는 기차와 전보의 발명도 한몫했다. 빠르게 건설된 미국의 철도망에 힘입어, 기차는 1838년부터 신문을 우편으로 전국에 신속하게 배달할 수 있게 했으며, 전보는 뉴스 취재의 혁명을 가져왔다. 기차와 전보는 신문의 구독자를 급속도로 늘리는 데 결정적으로 공헌했다.[39)]

그 결과, 그린리(Greenly)란 사람은 2000달러를 투자해서 페니 프레스를 발행했다가 나중에 25만 달러를 받고 자기 신문을 남에게 팔았다. 그린리의 신문사 경제 가치가 125배 상승한 것이었다. 신문이 이처럼 장사가 되는 기업으로 부상하자, 은행과 부자들이 신문에 투자하기 시작했다. 이런 식으로 신문이 대기업화해서, 오늘날 미국은 물론 전 세계에는 다수의 언론재벌이 등장했다.[40)]

페니 프레스는 신문의 주 수입원을 구독료에서 광고료로 이전한 새로운 비즈니스 모델이었다. 현대 신문도 주 수입원은 구독료와 광고료다. 2000년대 초반에 광고료 수입만으로 지하철에서 구독료 없이 배포되어 인기를 끌었던 '포커스'나 '메트로' 같은 무료 신문이 새로운 비즈니스 모델로 주목받았으나, 지금은 일부만 명맥을 유지하고 있다. 미래 경제는 공유경제이면서 동시에 구독경제라고 한다. 현재 국내 신문들은 인터넷신문 포함해서 모두 광고료 위주의 수익원에 의존하고 있다. 신문은 구독료 수입이 탄탄해야 경영이 안정되고, 클릭 수와 연동되는 광고료 수입이 위주가 되면, 경영이 어려워지고 신문 내용이 조잡해진다. 독자들의 기사 클릭을 유인해야 하기 때문이다. 국내 신문도 온라인 클릭 수 높이기와 광고료 수입 위주에서, 미국의 '뉴욕타임스'처럼, 온라인 구독자 확보와 구독료 수입 위주로 탈바꿈하지 않으면, 신문의 존립 자체가 어려워질 수 있다.

(2) 황색언론(yellow journalism) 시대

조지프 퓰리처(Joseph Pulitzer)라는 독일 이민자가 있었다. 그는 어린 시절 갖은 고생을 거쳐 미국 미주리주 세인트루이스에서 1883년에 '포스트 앤 디스패치(Post and Dispatch)'와 나중에 '뉴욕 월드'라는 신문을 인수했다. 그리고 신문 사업으로 재벌 반열에 올랐다. 포스트 앤 디스패치는 지금도 건재하다. 그의 성공 비결은 두 가지였다. 하나는 선정적 보도, 두 번째는 진보적 논조였다.

퓰리처의 선정주의는 자극적인 사진과 삽화를 남용하는 형태로 나타났다. 미국 신문은 사진과 그림이란 이미지를 흑백은 물론 컬러 인쇄까지 가능해진 기술을 활용하기 시작했다. 살인사건의 피투성이 피살자 사진을 크게 게재하기도 했고, 존재하지 않은 장면을 거짓 삽화로 보여주기도 했다(스페인 관리의 미국 여성 여행객 알몸 수색 그림 등). 나중에 황색언론의 기원이 되는 옐로우 키드 만화 연재도 모두 이미지 기술의 창조물이었다.

또한, 퓰리처의 진보적 논조는 여성 참정권, 부유세, 상속세, 기업의 반독점법 지지로 이어졌다. 부자를 공격하고 여성에게 투표권을 주자는 퓰리처 신문을 노동자들과 여성들이 환영했다. 수적으로 많은 노동자와 여성이 퓰리처 신문을 열독하자, 그의 신문은 엄청난 이윤을 축적해서 석유 재벌, 자동차 재벌에 못지않은 언론재벌로 성장했다. 이게 바로 퓰리처의 '진보 마케팅'이었다.[41)]

자본주의를 타도하고 공산주의 국가를 건설하자는 칼 마르크스가 1852년과 1862년 사이에 자본주의의 심장 미국의 한 신문인 '트리뷴'에 무려 362개의 칼럼을 기고했다. 당시 마르크스의 직책은 트리뷴 유럽 특파원이었다. 이것도 역시 트리뷴의 진보 마케팅 전략이었다.[42)]

퓰리처와 쌍벽을 이룬 신문 재벌로 윌리엄 란돌프 허스트(William Randolph Hearst)가 있었다. 그는 현존하는 '샌프란시스코 이그재미너'와 지금은 사라진 '뉴욕 저널' 두 신문을 운영했다. 1898년 뉴욕 저널 발행 부수는 100만 부였다. 2013년 미국 신문 발행 부수를 살펴보면, '월스트리트 저널'이 인터넷 구독자 포함 230만 부(종이신문만은 140만 부), 뉴욕타임스가 180만 부(종이신문 73만 부), 'USA Today'가 160만 부(종이신문 140만 부) 정도다. 120년 전 퓰리처와 허스트 신문의 발행 부수가 현대 신문 발행 부수와 거의 맞먹는 수준이었으니, 당시 신문 기업의 위상은 정말로 대단한 것이었다.

허스트와 퓰리처는 치열한 판매 경쟁을 벌였다. 미디어 역사가들은 둘의 싸움을 'circulation war(발행 부수 전쟁)'라고 불렀다. 이들은 국가 간 실제 전쟁이 나면 신문 발행 부수가 급증한다는 것을 알고 미국과 스페인 전쟁을 부추기는 사설과 기사를 쏟아냈다. 스페인 식민지인 쿠바에서 스페인 입국 업무 관리들이 미국 여성 여행객을 상대로 알몸 수색을 했다는 횡포를 두 신문이 보도하자, 미국 여론은 스페인을 전쟁으로 응징하자는 분위기로 돌아섰다. 실제 두 나라는 전쟁에 돌입했으며(미서전쟁, 1898년), 수개월 만에 미국의 승리로 끝났다. 전쟁 와중에 두 신문은 뉴스 소비가 늘어나서 막대한 이익을 챙겼다. 두 신문이 스페인 관리가 미국 여성 여행객을 알몸 수색했다고 삽화까지 곁들여 보도했으나, 실제 그런 사건은 일어나지는 않았다. 가짜뉴스였다. 그러나 이 신문 보도는 미국 사람들의 스페인에 대한 분노를 촉발하는 데 즉효가 있었다.

[그림3-2] 1894년 당시 옐로우 저널리즘의 가짜뉴스를 풍자한 삽화(Frederick Burr Opper 제작, wikimedia, 무료 이미지).

두 사람이 경쟁하던 19세기 말, '옐로우 키드'라는 만화가 퓰리처 신문에서 연

[그림3-3] 옐로우 저널리즘의 어원이 된 만화 주인공 옐로우 키드(wikimedia, 무료 이미지).

재되고 있었다. 옐로우 키드 만화는 거리의 악동이 펼치는 모험 이야기인데, 선정적이지는 않았으나, 내용이 흥미 위주였고, 사회 풍자적이었다. 다른 신문들이 퓰리처의 신문 흥행을 시기해서 경멸하는 의미로 '옐로우 저널리즘'이라 불렀는데,43) 나중에 그게 선정적인 언론을 뜻하는 옐로우 저널리즘의 어원으로 확대됐다. 그때부터 지금까지 선정적인 언론을 옐로우 저널리즘, 또는 황색언론이라 부른다. [그림3-3]이 당시 퓰리처 신문에 연재됐던 만화 주인공 '옐로우 키드'다.

퓰리처는 보통 신문 크기의 반에 해당하는 타블로이드(tabloid)판으로 포스트 앤 디스패치를 발행했다. 그래서 지금도 황색언론, 또는 선정적인 내용을 다루는 신문들은 대부분 타블로이드판으로 발행되고 있다. 'tabloid'는 삼키기 쉬운 알약을 뜻하는 'tab'이 어원이다. 최근에는 타블로이드보다 더 작은 A4, B4 크기의 종이신문들이 나오고 있다. 이를 '컴팩트(compact) 신문'이라고 한다. 중앙일보는 타블로이드보다 크고 일반 신문보다는 작은 크기의 신문을 발행하는데, 이를 '베클리너판'이라고 한다. 일반 신문은 '대판'이라고 한다. 종이신문을 크기순으로 나열하면, 대판 → 베클리너판 → 타블로이드판 → 컴팩트 신문이 된다.

옐로우 저널리즘을 주도했던 퓰리처와 허스트의 오락 중심 신문과는 달리, 아돌프 오크스(Adolph Ochs)는 다른 사람에 의해 1851년 창간된 뉴욕타임스를 1896년에 인수해서 사실 중심, 정보 중심 신문으로 편집 노선을 변경했다. 이전 선정적 신문들과 다른 뉴욕타임스는 "우리는 황색 신문들과는 달리 아침 식탁보를 더럽히지 않는다"고 선언하면서 진실한 저널리즘을 위한 '도덕 전쟁'을 전개했다. 그 결과, 뉴욕타임스는 당시에 "세계의 진실한 모습을 제공하는 데 가장 가까이 다가가 있는 신문"이라든가, "뉴욕타임스는 퓰리처 등 경쟁자들에

게 신문의 품위가 곧 수입 증가를 의미한다는 것을 가르쳐 주었다"는 평가를 받았다.[44)]

(3) 신문의 대기업화

1914년 미국의 스크립트 신문 그룹은 33개 신문을 소유했다. 허스트 그룹은 20개 신문, 2개 통신사, 1개 영화사를 거느렸다. 1995년 가네트 그룹은 92개 신문, 톰슨 그룹은 62개 신문을 소유했다. 신문이 다른 신문을 소유할 수 있는 미국에서는 뉴욕타임스도 신문 재벌이며 29개 신문을 소유했다. 현재 세계 최대 언론재벌인 루퍼트 머독(Rupert Murdoch)은 미국, 영국, 호주에 150여 개 신문을 소유하고 있으며, 그의 신문은 영국 신문 발행 부수의 ⅓을 차지하고, 호주 발행 부수의 60%를 장악하고 있다. 영국 최고 권위의 신문 '더 타임스'도 머독 소유다. 그 밖에도 로이터 통신, 20세기 폭스 영화사, 폭스 TV 등이 그의 소유다. 그래서 그는 '지구촌의 황제(the lord of global village)'로 불린다.[45)] 원래 머독의 폭스 TV 뉴스는 극우적 성향을 지니고 있어서 진보적인 CNN이나 뉴욕타임스와는 반대로 트럼프 지지 논조를 유지했다. 그런데 머독(2022년 91세)의 아들인 48세 라클런 머독이 아버지 대를 이어 회장에 취임하면서 온건 보수 성향을 가져서 반(反)트럼프로 변화하는 조짐을 보인다는 외신 보도가 있었다.[46)]

언론의 재벌화 현상은 미국에만 있는 일이 아니다. 프랑스에는 '에르상'이라는 언론재벌이, 독일에는 '슈프링거'라는 언론재벌이 언론계를 장악하고 있다. 우리나라는 언론사 소유를 제한해서 대기업급 신문은 있어도 재벌급 신문은 없다. KBS, MBC, SBS, 조중동 등이 대기업급 언론에 속한다. CJ 등 재벌회사들이 케이블 TV, 영화, 드라마 제작에 뛰어든 것은 최근의 일이다.

언론이 커지면, 몇 가지 문제가 생긴다. 언론자유가 민주주의를 위해 사용되는 게 아니고 언론사의 상업적 이윤을 취하는 데 오남용된다는 비판이 제기될 수 있다. 또한, 한 사람이 여러 언론사를 소유하면, 계열사 언론들은 같은 목소리를 낼 개연성이 높다. 결국 의견 다양성이 그만큼 감소할 수 있다.

한편, 정부가 언론사에 기사 철회 압력을 가하거나 특정 기업이 특정 언론사에 광고를 주지 않는 등의 압력을 행사할 경우, 대형 언론사는 재정적 안정성을 배경으로 정부나 특정 기업에 대항할 수 있는 장점도 있다. 작은 언론사는 대기업이 광고 철회 등으로 위협하면 대항할 재정적 여력이 없다. 더 큰 언론일수록 다양하고 고급스러운 볼거리와 읽을거리를 제공한다는 이점도 있다. 거대 언론일수록 최신 테크놀로지(3D, 홀로그램, AI 로봇 기자 등)를 수용해서 첨단 미디어 콘텐츠를 제공할 수도 있다.[47] 이렇듯, 언론 재벌화는 장단점 양면을 가지고 있다.

4. 잡지의 역사[48)]

잡지는 다양한 내용을 한 권의 책으로 묶어서 발행하는 정기간행물을 가리킨다. 이 정의에 나타난 잡지의 특성은 정기간행물(periodical)이라는 것, 한 권의 책으로 묶였다는 것(제본, binding), 다양한 내용(다양성)이라는 것 등이다.

여기서 정기간행물이란 근대적 의미의 잡지도 신문처럼 정기성을 가져야 근대적 의미의 잡지 출판물이 된다는 뜻이다. 대개 잡지는 월간(monthly), 아니면 계간(quarterly, 계절에 한 번씩이란 의미로 1년에 4회)이란 발행 정기성을 가진다. 앞 장의 근대 신문의 특징에서 설명된 것처럼, 주간 잡지와 주간 신문의 차이는 주간이라는 발행주기는 같지만 제본, 즉 책으로 철해서 제본했으면 주간 잡지고, 철하지 않고 그냥 접어서 배달되면 주간 신문이 된다.

또한 잡지의 다양성이란 특징은 잡지의 영어 이름인 매거진(magazine)의 어원과 직결돼 있다. 잡지는 중세 프랑스의 '매가장(magasin)'이나 이탈리아의 '매가지노(magazzino)'에서 유래했는데, 이들의 의미가 창고(warehouse)나 잡화상이다. 그래서 잡지는 창고나 잡화 가게에 쌓아 놓거나 진열된 풍부한 물건처럼 다양한 내용을 담았다는 특징을 갖는다. 잡지의 한자인 '雜誌'에서 '雜'도 여러 가지가 섞였다는 의미다.

잡지는 특정 독자 대상이 없이 일반 대중이 고르게 읽을 수 있는 '종합잡지'가 있고, 독자를 세분화한 '전문잡지', 혹은 '특수잡지'가 있다. 여기에는 시사 전문, 스포츠 전문, 여성 전문, 패션 전문, 영화 전문잡지 등이 있다. 잡지는 계속 독자를 세분화해서 스포츠 잡지 안에는 축구 잡지, 농구 잡지 등이 있고, 여성 잡지 안에는 주부 잡지, 패션 잡지, 육아 잡지, 홈가드닝 잡지 등이 있을 정도로 세분화 갈래가 많다.

잡지는 신문보다는 내용을 길게 작성할 수 있는 특징 때문에 신문의 뉴스 보도 기능보다는 평론, 해설 기능에 치중한다. 그래서 잡지는 보다 깊은 토론과 의미를 파악하고 교류하는 방향으로 발전해 왔다.

세계 최초의 잡지는 1663년 독일에서 발행된 문학과 철학 잡지, '에르바울리히 모나스 운테레둥겐(Erbauliche Monaths Unterredungen)'이며, 뒤이어 런던의

'젠틀맨스 매거진(Gentleman's Magazine)'이 1731년에 발행됐다. 런던에서 1739년 발행된 '더 스코츠 매거진(The Scots Magazine)'과 1734년에 발행된 '로이즈 리스트(Lloyd's List)'는 인터넷판(웹진)으로나마 현존하는 잡지로 남아 있다.

프랑스에서는 정부의 인쇄물 통제가 심했던 1665년에 과학 잡지인 '머큐어 드 프랑스(Mercure de France)'가 발행됐고, 비슷한 시기에 시사 잡지인 '가제트 드 프랑스(Gazette de France)'가 발행됐다.

미국에서는 식민지 시절인 1741년 벤자민 프랭클린이 영국 식민지 정부의 혹독한 검열과 종이 등 인쇄물에 대한 과도한 세금부과의 난관을 뚫고 '제너럴 매거진 앤 어메리칸 크로니클(General Magazine and American Chronicle)'을 처음으로 발행했다.

미국의 잡지는 19세기부터 경제의 폭발적 발전과 이에 따른 광고산업의 활성화로 활발하게 발행됐다. 그중 1850년 발행된 문화 종합잡지 '하퍼스(Harper's)'와 1857년 발행된 시사 전문잡지 '아틀랜틱(The Atlantic)'은 아직도 현존하고 있다.

20세기에 접어들면서, 미국에서는 민주주의 의식 고취, 노동자 권리와 여권 신장 등을 주장하는 진보 시대(progressive era)를 맞아 기업, 정부 등의 부패를 폭로하는 저널리즘(추문폭로 저널리즘, muckraking journalism, 또는 investigative reporting)이 성행함에 따라서, 심층 토론과 해설 미디어로서 신문과 더불어 잡지가 성행했다. 여기에는 1893년부터 1929년 사이에 발행된 '맥클루어스(McClure's)'가 유명하다. 미국 최초의 뉴스 전문잡지인 '타임(Time)'은 1923년, 경제 전문잡지 '포춘(Fortune)'은 1930년, 보도사진 전문잡지 '라이프(Life)'는 1936년 헨리 루스(Henry Luce)에 의해 각각 창간됐다. 타임은 나중에 이들을 모두 아우르는 거대 언론 그룹으로 성장했다.[49)]

잡지는 21세기에 접어들면서 문을 닫는 업체가 속출하고 있다. 미국에서는 매년 90여 개 잡지가 새롭게 창간되고 30여 개가 문을 닫는다. 일부 잡지들은 인터넷으로만 서비스되는가 하면, 2013년 한 통계에 의하면, 미국 내 구독자 상위 25개 잡지 중에서 타임, '글래머(Glamour)', '이에스피엔 매거진(ESPN the Magazine)'을 제외한 나머지 22개 잡지 모두가 구독자 감소세를 보였다.

5. 보도 테크닉의 발달

(1) 뉴스 전달 속도

1481년, 터키 왕이 죽었다는 뉴스가 영국까지 전달되는 데는 2년이 걸렸다. 1644년, 중국이 만주족 청나라에 멸망했다는 뉴스가 네덜란드에 전달되는 데는 6개월이 걸렸다. 1775년, 미국이 영국과 독립전쟁을 벌였다는 사실이 미국 전체에 퍼진 시간은 약 1개월 정도였다. 1880년, 워싱턴 대통령이 서거했다는 뉴스는 미국 전역에 3주 만에 전파됐다. 1963년, 케네디 대통령 암살 소식이 미국 전체에 퍼진 시간은 고작 30분밖에 걸리지 않았다.[50] 오늘날, 뉴스는 발생과 동시에 전 세계로 퍼진다. 소셜 미디어와 5G 같은 초연결 테크놀로지 때문이다. 뉴스 전파 속도는 더 이상 문제가 안된다. 그 대신, 어떤 뉴스를 전달할 것인가(뉴스 아이템 선정), 어떻게 뉴스를 전달할 것인가(의견 중심, 해설 중심, 인물 중심, 팩트 중심 등 뉴스의 형식) 등의 문제가 언론사의 고민거리다.

(2) 뉴스 보도 테크놀로지

신문 출현 초기에는 구두, 필사, 인쇄 등의 표현(보도)과 전달 방법(배포)이 문제였으나, 시대가 변할수록 어떻게 뉴스를 구하느냐(취재)의 문제로 옮겨졌으며, 여기서 기자라는 직업이 탄생했다. 그다음 문제는 누가 더 빨리 뉴스를 전파하느냐는 것이었으며, 이는 뉴스 전달 기술 발달로 이어졌다.

편지를 정기적으로 배달해주는 우편제도는 앞장에서 설명된 것처럼 무역이 성행한 16세기 유럽에서 시행됐다. 배달되는 편지는 처음에서 필사 편지가 주를 이뤘으며 인쇄술이 발달한 이후에는 인쇄물도 우편물에 포함됐다.

우편을 전달하는 수단은 중국, 한국은 물론, 이집트, 그리스, 로마, 중세에도 주로 말이었다. 기원전 15세기에서 13세기 사이에 이집트의 파라오들이 나일강 강변에 말이 다닐 수 있는 길을 내고 말을 이용한 우편제도를 실시해서 지방 관리를 통제했다는 기록이 있다.[51] 로마도 말을 이용한 우편제도를 실시했는데, 지친 말을 새 말로 교대하는 일종의 말 정거장(역참, 驛站) 역할을 했던 곳을 '포스타(posta, 장소)'라고 불렀고, 오늘날 우편을 뜻하는 '포스트(post, 우체국은 post office)'의 어원이 됐다.[52)]

말 외에도 기계가 발명되기 전에 소식을 전달하는 방법들은 봉화, 비둘기, 깃발, 북소리, 햇빛 반사판(거울로 빛을 반사해서 의사를 전달함), 연날리기(이순신 장군이 특정 모양의 연을 날리면, 사전에 고지받은 대로 그 연 모양이 의미하는 명령에 따라서, 군사들이 움직였다고 함) 등이 있었는데, 가장 빠르고 전달 정확도가 높은 것은 말(馬)이나 마차였다. 마차는 바퀴의 발명으로 가능해진 운송수단이며, 다량의 우편물 운송도 가능케 했다. 말은 하루에 200km를 달릴 수 있었다. 그래서 1572년 파리의 신교도 대학살 뉴스가 스페인 마드리드에 3일 만에 말을 타고 전달됐고, 로마에서 비엔나까지는 말로 2주 정도가 소요됐다.[53)] 미국에서도 철도가 건설되기 전에는 '포니 익스프레스(pony express, 조랑말 특급이란 뜻)'가 있어서 사람이 말을 타고 소식과 물건을 전했다.[54)]

몽골제국도 지역 간 통신으로 말을 이용했고, 조선에도 '파발'이라 해서 말을 타고 전하는 통신 시스템이 있었다. 몽골제국은 베이징에서 모스크바까지 말로 단 1주일이 걸렸다. 조선의 부산포부터 한양까지 말을 타고 걸리는 시간은 하루에 불과했다. 몽골이나 조선이나 중간중간에 지친 말을 갈아탈 수 있는 역참이 있었기 때문에 빠른 주파가 가능했다. 과거의 말에 의한 통신 속도는 현대인의 예상보다는 빨랐다. [그림3-4]는 미국 건국 초기의 포니 익스프레스 루트다.

[그림3-4] 미국 포니 익스프레스 루트(Nathan Hughes Hamilton 제작, flicker, 무료 이미지).

말을 이용한 우편제도가 국제적 우편물 배달로 확대되어, 18세기부터 유럽과 미국 사이에는 우편물 수송용 배편이 운행됐다. 한 척에 8500통의 편지와 다수의 책이 실려 배달됐으며, 대륙간 우편제도가 유럽에 이어 미국에서도 '보스턴 뉴스레터'와 같은 신문이 창간되는 자극제가 됐다.[55]

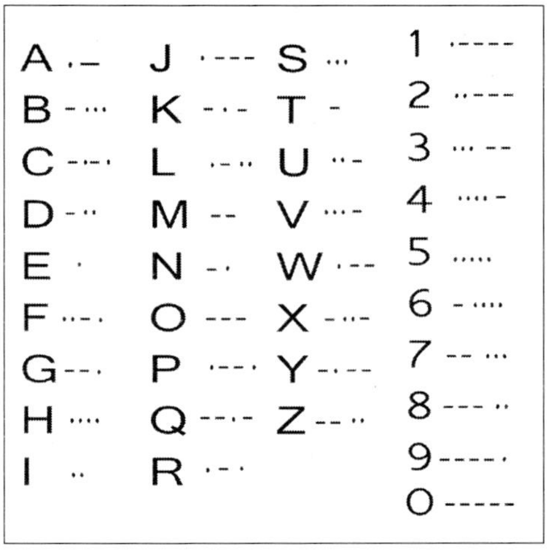

[그림3-5] 알파벳과 숫자 모르스 부호 일람표 (publicdomianpicture.net, 무료 이미지).

1844년, 모르스(Morse)라는 사람이 볼티모어에서 워싱턴 DC까지 64km의 전선을 깔고 미국 민주당 전당대회가 열린 워싱턴 DC에서 민주당 대통령 후보로 당선된 사람의 이름을 볼티모어로 전송하는 데 성공했다. 전보의 최초 이용자는 신문이었다.[56] 전보의 원리는 이렇다. 전기 신호를 짧게(· , 돈) 누르거나 길게(-, 쓰) 누르면, 먼 곳의 수신기 프린트에 "돈 쓰 쓰 돈 쓰(· -- · -)" 등으로 점과 줄이 인쇄된다. 이때 줄과 점의 조합으로 해당 알파벳을 사전에 정해 놓고, 줄과 점의 알파벳을 풀면, 문장이 돼서 소식을 전할 수 있게 된다. 위의 그림에서 A는 돈쓰(· -)이며, B는 쓰돈돈돈(- · · ·)으로 되어 있다. 전보 원리처럼 집 마당 전등 불빛을 길고 짧게 스위치를 껐다 켰다 하는 방식으로 집 밖으로 메시지를 보내는 장면이 영화 <기생충> 끝부분에 나온다.

미국은 유럽과는 달리 애초부터 전신 산업을 민간에 맡겨서 민영화를 이뤘는데, 1850년 미국에는 20개의 전신 회사가 있었으며, 워싱턴 DC와 볼티모어 간 첫 64km의 전신선이 1852년에는 1만 9000km로 6000배 늘었다. 1861년에는 미국의 동서 연결 전신선이 완공됐다. 전신선은 대개 안전을 위해 철도망을 따라서 건설되어 철도와 전신 회사는 호혜적 관계를 유지하면서 미국 전역의 커뮤니케이션 활동을 활발하게 만들었다. 미주리에서 미국 서해안까지 포니 익스프레스로 10일 걸리던 것이 전신으로 즉시 전송이 가능해지면서 포니 익스프레스는 그 수명을 마치게 됐다.[57]

1866년에는 미국과 유럽이 해저 케이블로 연결됐고, 1872년에는 미국과 호주는 물론 인도네시아까지 해저 전신 케이블로 연결됐다. 해저 케이블 연결에는 당시에 개발된 잠수함이 한몫을 단단히 했다. 전신기가 설치된 우체국에 큰 사건 소식이 도착하면, 즉시 전보로 타 대륙으로 그 소식을 '타전(打電)'할 수 있게 됐다. 타전이란 단어도 원래는 전신기를 두드려(打, 타) 전보를 보낸다는 의미인데, 지금도 뉴스를 보낸다는 뜻으로 "뉴스를 타전한다"고 표현하기도 한다.

전신과 더불어 기사 전송을 쉽게 해준 것이 전화였다. 전화는 1876년 그레이엄 벨(Graham Bell)이 '쌍방향 실시간 의사소통'이 안되는 전신의 불편한 점을 개선하기 위해 발명했다. 전화는 처음에는 특정 장소(집이나 사무실)끼리만이 연결되는 형태였으나, 1878년 전화 교환대가 발명되면서 전화 시스템에 가입한 모든 가입자끼리 교환수를 거쳐 전화로 직접 통화할 수 있게 됐다. 1880년 미국의 6만 가정집이 전화를 설치했으며, 1893년에는 26만 가정이 전화를 이용했다고 하니, 이는 당시 기준으로 250가구 중 전화 한 대꼴이었다.[58)]

전신과 전화가 활성화될 즈음인 1870년부터 미국은 유럽에 '특파원'을 파견하기 시작했다. 뉴스가 많이 생산되는 장소에 자사 기자를 고정 배치한 것이다. 이게 특파원의 시작이며, 출입처 기자와 같은 개념이다.[59)] 한국은 외국 파견 기자를 특파원, 국내 관공서 등 담당 기자를 출입처 기자로 부르지만, 미국은 국내외를 불문하고 담당 장소가 있는 기자를 다 특파원(correspondent)이라 부른다. 블룸버그 통신사 한국 특파원도 특파원이고, 블룸버그 통신사 백악관 특파원도 특파원이다.

영국에서는 기자들의 의회 출입을 1770년에야 허용했다. 그러나 필기구 지참을 금지했다. 그래서 신문사들은 여러 명의 기자를 의회에 보내 의원 발언을 기자별로 나누어 기억하게 하고 나중에 신문사에 와서 각자 기억을 모아 기사화했다. 후에 기자들의 필기구 지참이 허용되자, 문장과 단어 등을 약속된 부호로 빠르게 적는 기술인 '속기'가 발전하기 시작했다. 영국은 1789년에, 미국은 1820년에 의회, 정부, 법원 모두를 기자들에게 개방했다. 이렇듯, 이들 국가 중요 부처의 취재 자체가 처음부터 가능했던 것이 아니다. 언론의 꾸준한 투쟁이 있었기에 지금과 같은 자유로운 언론 취재가 가능해진 것이다.[60)]

(3) 탐사보도(investigative reporting)

과거나 지금이나 전 세계의 모든 정부는 기자들 몰래 일하고 싶어 하고 일한 결과를 기자들에게 알리기를 꺼린다. 비밀주의가 정부의 속성이다. 많은 법이 정부가 비밀을 공개하도록 요구하고 있지만, 비밀을 캐려는 언론과 감추려는 정부의 숨바꼭질은 여전히 계속되고 있다.[61)]

1867년 미국의 뉴욕 헤럴드란 페니 프레스가 매춘부 살인사건을 보도했는데, 이는 종전의 살인사건 보도와는 전혀 다른 내용을 담고 있었다. 이 신문은 살인 현장, 시체, 희생자 집, 가족, 살인자 추정까지 경찰 수사를 방불케 하는 내용을 취재해서 담고 있었다. 특히 취재기자는 매춘업소 소유주를 만나 여러 가지 궁금증을 묻고 이를 기사에 실었다. 이게 신문 역사상 최초의 '인터뷰'였다. 세계에서 그 어떤 신문도 이전에는 누구를 인터뷰해서 기사에 실을 생각을 하지 못했다. 2년 후인 1869년, '옥스퍼드' 사전은 '인터뷰(interview)'란 단어를 표제어로 올리고 인터뷰가 미국에서 처음 시도된 발명품이라고 적었다.[62)] 인터뷰는 이때부터 신문이 뉴스에 현장감, 생동감, 사실성을 높이는 수단으로 지금까지 사용되고 있다. 이런 기사 보도 방식은 독자들의 흥미를 끌었고 독자들을 살인사건에 몰입시켜서 인기를 높였다. 이게 탐사보도(investigative reporting)의 효시였다.[63)]

탐사보도는 경찰이 사건을 수사하듯 기자가 뉴스 현장과 관련자를 파고들어 사건 비밀을 추적하고 폭로하는 취재기법을 말한다. 우리나라에서는 시사 잡지(신동아, 월간조선 등), TV의 'PD수첩', '추적 60분', '그것이 알고 싶다', '탐사보도 세븐', '탐사기획 스트레이트', '김어준의 블랙리스트', '똑똑한 소비자 리포트', '먹거리 X파일', '취재파일 K' 등이 탐사보도를 시행하고 있다. 미국의 큰 신문사는 탐사보도 팀을 따로 운영한다. 탐사 기자는 날마다 기사를 쓰지 않는다. 한 달에 한 건도 좋고 몇 달에 한 건도 좋다. 다만 공익적 차원에서 독자들이 꼭 알아야 할 기업, 정부, 단체 등의 비리를 찾아서 근거를 두고 폭로해야 한다. 그래서 탐사보도 팀은 도청 장치, 몰래카메라, 음성녹음 장치 등을 예사로 사용한다. 이들이 사용하는 '불법적' 취재 수단에 대한 도덕성 논란도 있다. 미국 보스턴 지역 가톨릭 사제들의 성 추문을 폭로한 영화 <스포트라이트>는 바로 '보스턴 글로브' 지 탐사보도 팀의 활약을 보여준다. 영화 <그녀가 말했다>는 미투 사건의 뿌리였던 할리우드 남성 권력자들의 추악한 성추문을 폭로하는 뉴욕타임스 탐사보도 팀의 취재기를 그렸다.

미국에는 프리랜서 탐사 기자들이 많다. 파파라치도 일종의 탐사 기자다. 이들의 모임인 IRE(Investigative Reporters and Editors)라는 조직도 있고, 미국 대학 저널리즘 스쿨에는 탐사보도를 배우는 학생들의 전국적 동아리도 있다. 전 세계적으로 탐사보도만을 전문으로 하는 프리랜서들은 연예인, 정치인, 기업인들의 비리를 몰래 취재해서 언론에 파는 일을 한다. 국내외의 스타 프리랜서들은 보조 기자를 여럿 둘 정도로 활동적이다.

(4) 진실 보도의 중요성

1835년 페니 프레스 시대에 '뉴욕 선'은 남아프리카 공화국의 희망봉에 천체 망원경을 설치하고 달을 관찰했더니 달에는 등에 날개가 달린 사람들이 날아다니며 서로 대화를 나누고 있었다는 기사를 삽화와 함께 공개했다. 이 기사에 실린 삽화는 [그림3-6]과 같다.

[그림3-6] 1835년 뉴욕 선이 실었던 달의 생명체를 그린 삽화(wikimedia, 무료 이미지).

그러나 이 기사와 그림은 100% 조작된 가짜뉴스였다. 나중에 이 사실이 들통났지만, 이 신문은 단 한마디 사과도 하지 않았다. 도대체 신문의 양심이나 보도 윤리란 것이 당시에는 존재하지 않았다.[64)]

지금은 사실 보도가 가장 중요한 보도 원칙이 됐으며, 사실 보도는 다시 의견과 사실을 분리하는 원칙으로 발전했다. 의견과 사실 분리 원칙이란, 일반적인 보통 뉴스(스트레이트 뉴스)는 사실 보도에 충실하고, 특정인이나 신문사의 의견은 별도의 지면에서 사설, 칼럼이라고 명시하고 보도하는 것을 말한다. 미국 언론에서 의견과 사실이 어떻게 다뤄졌는지 언론 객관성의 역사적 변천 과정을 탐구한 사람은 사회학자 마이클 슈드슨(Michael Schudson)이다.[65)]

(5) 통신사의 탄생

19세기 신문사들은 인력난과 재정난으로 특정 사건이 먼 곳에서 발생할 때마다 따로따로 특파원을 현장으로 보내서 취재하기가 어려웠다. 이때, 모든 신문사를 대표해서 한두 명의 기자가 멀리 있는 사건 현장에 가서 취재하고 모든 신문사에 같은 뉴스를 전달하자는 취지로 생긴 것이 통신사였다. 물론 통신사의 탄생은 전보가 발명되지 않았으면 불가능했다. 그런데 통신사는 고객 신문사들의 입맛이나 이념(보수 진보 등)에 맞게 맞춤형으로 골고루 뉴스를 개별적으로 작성해서 전송할 수 없었다. 그래서 통신사 뉴스는 이념에 상관없이 모든 언론사에 전달되도록 객관적이고 공정하게 작성돼야 했다. 통신사 발달이 뉴스의 편파성(당파성)을 줄이고 공정성(fairness)을 높이는 계기가 됐다.

선정적인 보도로 돈을 번 퓰리처는 나중에는 보도의 진실성과 정확성이 중요하다는 점을 깨달았다. 그리고 사실 전달에 가장 충실한 것은 '역피라미드형' 기사 쓰기라고 말하기도 했다. 역피라미드형 기사 쓰기는 남북전쟁 때 여러 신문사를 대표해서 파견된 소수의 특파원이 전쟁 현장에 가서 아무 의견도 없이 5W 1H에 충실하게 팩트 만을 중요한 순서대로 빠르게 작성해서 전송한 기사 쓰기 형식이었다.

1832년 프랑스의 작은 외국 신문 번역 서비스 회사가 1835년에는 정식으로 뉴스를 취재해서 다른 신문사에 제공하는 아바스(Havas) 통신사로 발전했는데, 이것이 세계 최초의 통신사다. 이는 나중에 AFP가 되어 지금도 현존하고 있다. 1848년에는 미국에 AP 통신사가 생겼으며, 1855년에는 독일의 볼프(Wolffs) 통신사, 1858년에는 영국의 로이터(Reuter) 통신사가 각각 탄생했다.[66] 미국에서는 1907년에 AP와 경쟁하기 위해서 UPI 통신사가 생겼으나 소유주가 여러 번 바뀐 끝에 통일교가 소유하게 되면서 현재에도 서비스를 유지하고 있다.

(6) 허친스 위원회(Hutchins Commission)

초기 유럽이나 미국 기자들은 인쇄공으로 일하다 기자가 되는 경우가 대부분이어서 대학 교육을 받은 기자가 드물었다. 퓰리처와 허스트가 옐로우 저널리즘을 펼칠 때 활약했던 기자들도 전문적인 기자 훈련을 받은 적이 없는 사람들이었다.

19세기가 지나고 20세기가 되자, 미국 신문은 정치적으로 대통령과 맞먹는 권력을 가졌고, 상업적으로 거대한 기업이 됐다. 미국 기자는 정치인, 기업인, 연예인의 인기와 명성을 좌지우지했다. 기자의 안하무인 격 행동(arrogance)이 사회 문제가 됐으나, 기자 중 대학을 졸업한 사람은 여전히 단 한 명도 없었다. 신문에는 언론자유 남용, 선정적 보도, 편파적 보도, 가짜뉴스, 의견과 사실의 혼합이 판을 치고 있었다. 그래서 사회에서는 “기자는 양심 있는 사람이 할 직업이 아니다”란 말이 나돌 정도였다.[67]

그 후 1908년 미주리주립대학이 세계 최초의 저널리즘 스쿨을 설립하면서 20세기 초부터 대학의 저널리즘 스쿨에서 교육받은 기자들이 언론계에 진출했고, 이들은 훈련받은 대로 뉴스를 좀 더 공정하고 진실하게 보도하려고 노력했다. 또한 신문들은 정당으로부터 보조금을 받지 않았고, 따라서 정치적으로 정당이나 정치인으로부터 독립적인 기사를 쓰게 되면서, 언론이 제자리를 잡아가게 됐다.

그러나 이렇게 언론이 정비된 것은 20세기 중반이 지나서였다. 미국 언론이 파행적으로 활동했던 20세기 초에 선정적인 다른 신문들과는 달리, 정보 위주의 신중한 보도를 하던 타임의 발행인 헨리 루스가 언론 활동을 바로 잡는 데 공헌이 컸다. 루스는 언론의 미래를 우려한 나머지, 당시 미국 지성을 대표하는 시카고 대학 총장 허친스를 위원장으로 하는 '허친스 위원회'를 구성했다. 루스는 이 위원회에 언론의 바람직한 미래 방향을 연구해서 제시해달라고 요청했다. 그 결과로서 1947년에 나온 보고서가 <허친스 보고서>, 혹은 <자유롭고 책임 있는 언론(A Free and Responsible Press)>이라는 책이다.[68)]

이 보고서는 ①언론은 윤리강령을 만들고 자기 검열하라, ②직업적 소명 의식을 갖도록 대학에서 미래 기자를 교육하라, ③언론은 진실하고, 완전하며, 지적인 설명을 제공하라, ④언론은 토론의 장이 되어야 한다, ④언론은 사회 각 계층의 실상을 고루 반영하라, ⑤언론은 사회 가치를 명확하게 전달하라는 내용을 제안했다. 이를 '미디어의 사회적 책임 이론'이라고 한다.[69)]

6. 미디어 테크놀로지의 발달

(1) 미디어 테크놀로지와 사회변화

미디어 테크놀로지로 자주 언급되지 않았던 첨단 발명품 중에는 타자기가 있었다. 1714년 특허권이 설정된 타자기는 19세기 사무실과 출판사의 업무 환경을 크게 변화시켰다. 신문 기사 원고를 기자가 펜으로 써서 작성하면 주로 여성이었던 타자수가 이를 타자기로 쳐서 정리했다. 타자기로 작성된 최초의 소설 원고가 1872년에 출간된 마크 트웨인의 <톰 소여의 모험>이었고, 타자기가 대량 생산되어서 팔리기 시작한 것은 1873년이었다고 하니, 그즈음부터 기자들도 직접 타자기를 두드리기 시작했을 것이다.[70)]

1876년 미국인 벨이 전화기 특허권을 받았고, 1884년에는 장거리 전화선이 개통됐다. 1901년 뉴욕 이브닝 포스트란 신문의 기자들은 멀리서 취재해서 전화로 기사를 편집국으로 불러 주는 최초의 신문사가 됐다.[71)]

기차, 전기, 전신, 전화의 발명에 이어, 1851년 런던의 수정궁 박람회, 1900년의 파리 박람회 개최는 인간의 물질문명과 소비 시장을 폭발적으로 성장시켰음을 전 세계에 과시했다. 백화점도 20세기 초에 등장했는데, 당시로서는 유행의 첨단을 걷는 물건들이 다 팔리는 백화점을 "꿈 같은 세상"이라고 표현했다. 백화점은 연이어 놀이공원, 쇼핑몰 등으로 확산해 사람들의 생활을 바꿨다.[72)]

아울러, 전신과 전화는 무선 통신을 거쳐 소리로 의미를 전달하는 미디어 테크놀로지인 라디오로 발전했고, 사진, 영화 등 이미지로 의미를 전달하는 미디어 테크놀로지는 나중에 음성 통신 기술과 융합하여 TV로 발전했다.[73)]

또한, 미디어 테크놀로지의 발달은 '여가 생활'의 확대로 이어졌다. 짐 포울리스(Jim Fowles)는 미국의 경제 발전에 따른 도시화, 노동자 생활 수준 향상, 주당 노동 시간 감소가 개인주의와 레저 인구를 증가시켜 여가 생활이 매우 중요한 삶의 질을 규정하게 됐다고 설명했다. 라디오와 TV는 물론, 영화, 서커스, 경마, 놀이공원, 프로 스포츠 등이 그래서 20세기에 만발하게 됐다는 것이다.[74)] 특히, 프로 스포츠 이벤트인 월드 시리즈, 슈퍼볼을 비롯해서, 월드컵, 올림픽 등은 스포츠와 TV가 어떻게 먹이사슬 관계를 형성해서 서로 이윤을 공유하고 있는지를 보여 준다.

또한 포울리스는 사람들의 여가와 레저 위주 생활이 영화나 스포츠 스타에 열광하는 엔터테인먼트 산업, 스타 시스템, 팬클럽을 탄생시켰고, 사람들은 '대중문화' 소비를 통한 대리만족 풍조에 빠지게 됐다고 주장했다.[75)]

이 모든 미디어 테크놀로지의 발달은 사회변화를 촉진했다. 그것이 '대중사회'의 출현이다. 대중사회는 20세기의 대량생산, 대량소비, 대량전달을 지칭한다. 대중사회는 부자나 가난한 사람이나 사는 집과 자동차의 크기는 달라도 모두가 같은 햄버거를 먹고, 같은 영화를 감상하고, 같은 스포츠를 즐기는 등 생활의 평등화를 가져왔다는 점에서 유토피아라는 찬사를 받기도 했다. 그러나 독일의 프랑크푸르트학파는 '비판이론'을 통해서 대중사회는 유행의 탄생, 인간 사회의 물질화, 인간의 개성 상실과 획일화, 쾌락적 삶과 정치 무관심 등의 비이성적인 특징을 보인다고 지적했다.

(2) 라디오

라디오 발명의 전 단계 기술은 무선 전신기, 무선 전화기 등 무선 통신인데, 이들은 모두 1897년 마르코니의 무선 송수신 장치 발명으로부터 비롯됐다. 이를 이용해서, 1903년에 영국 국왕과 루스벨트 미국 대통령이 무선으로 시험 통화를 했다.[76)]

1912년 영국을 떠난 대형 선박 타이태닉호가 빙산에 충돌해서 좌초했을 때, 뉴욕 해안 전신소에서 근무 중이던 데이비드 사노프(David Sarnoff)는 타이태닉호에서 받은 SOS 전파를 주변 여러 어선이나 선박에 알려 현장으로 달려가 많은 사람을 구조하게 했다. 여기서 사노프는 만약 전파를 보내는 사람의 주파수에 맞추면 누구든지 여러 명이 이를 동시에 수신할 수 있다고 생각하게 됐고, 이것이 상업적 라디오 방송의 아이디어가 됐다.[77)]

원래 전화나 전보는 1 대 1 통신이었다. 그러나 사노프가 구상한 전파 송수신은 '1 대 다수'를 의미했다. 전파 송출자의 주파수만 맞추면, 누구나 그 전파를

[그림3-7] 메릴랜드 대학에 보관 중인 KDKA 방송국이 사용한 마이크(Djembayz 촬영, wikimedia, 무료 이미지).

들을 수 있다는 것은 전파 송수신의 개방성을 의미하며, 방송, 즉 'broadcasting(직역하면 널리 보낸다는 뜻)'의 어원이 됐다. 또한 누구나 들을 수 있으므로 전파를 송출하는 사람은 아무 말이나 함부로 할 수 없다는 점에서 방송은 공공성을 가지며 공공의 이익에 쓰여야 한다는 생각에서 방송을 규제하는 통신법이 미국에서 1934년에 제정됐다.[78)]

사노프의 1 대 다수 전파 수신 아이디어를 현실화한 것은 1920년 미국의 가전제품 회사 웨스팅하우스였다. 웨스팅하우스는 세계 최초의 라디오 방송국인 'KDKA 방송국'을 피츠버그에 설립했는데, 이는 그들이 만든 라디오 수신기를 팔기 위해서였다. 1922년, 웨스팅하우스는 전국에 576개 라디오 방송국을 설립했으며, 라디오 수신기를 판매해서 엄청난 이익을 얻었다.[79)] 요즘 가전회사들도 제품을 팔기 위해 당시의 라디오처럼 LED TV나 스마트폰과 같은 새로운 기술과 기기를 속속 만들어 내고 있다.

1923년 프랑스에 라디오 방송국이 설립됐으며, 1927년에는 일제 강점기 조선에도 라디오 방송국이 생겼다(호출부호 JODK). 초기 라디오 방송의 주요 내용은 음악과 뉴스였으며, 모든 방송은 생방송이었다.

기업, 정치가, 연예 기획사가 모두 광고, 드라마, 정치 평론, 시사 토크 등으로 라디오를 활용하기 시작했다. 특히, 라디오는 1930년대에 정치 도구로 떠오르기 시작했다. 프랭클린 루스벨트 대통령은 '노변정담(Fireside Chats)'이란 라디오 담화를 1933년부터 1944년까지 총 30회에 걸쳐 방송했고, 정당의 전당대회는 라디오의 단골 메뉴였으며, 당시 국민은 라디오를 선거의 중요 정보원으로 활용했다.[80)]

1939년에 미국에는 이미 575개의 라디오 방송국이 있었으며, 프랭크 시나트라나 밥 호프 등은 그때부터 최고의 라디오 스타였다. 특히 라디오는 드라마가 인기가 있었는데, 1938년 10월 30일 저녁, 화성의 지구 침범을 다룬 라디오 드라마 '워 오프 더 월드(War of the World)'가 방송되자, 이를 중간부터 들어서 전후 맥락을 모르는 수천 명의 청취자가 드라마 내용을 실제로 착각해서 길거리로 뛰어나와 도망치거나 종말을 앞둔 기도를 하는 소동이 벌어졌다.[81] 라디오의 사회적 영향력은 이처럼 컸다.

원래 1877년 에디슨은 소리를 녹음했다가 재생하는 축음기를 발명했는데, 이 신기한 기계를 들고 소리를 재생하는 모습을 보여주는 순회공연을 했다. 축음기는 노래나 연주를 재생하는 음악 산업의 계기가 됐다.[82] 그런 축음기가 진일보해서 1945년 독일이 녹음기를 발명한 것을 계기로 방송사들은 방송 내용을 사전 녹음 제작해 놓았다가 정해진 시각에 틀어 주는 서비스를 시작했다. 이게 라디오 발전에 획기적인 전기를 이뤄냈다.

라디오는 당대 최고의 오락 및 정보 제공 미디어로 부상했으며, 신문이 곧 망할 것이라는 말이 나왔다.[83] 반면에, TV가 등장하자 이번에는 라디오가 곧 망할 것이라는 예견이 등장했다. 그러나 라디오는 전 세계적으로 아직도 건재하다. 방송인 피터 포너테일(Peter Fornatail)과 방송학자 조슈아 밀스(Joshua Mills)는, DJ의 등장(DJ가 노래와 정보를 제공하는 방송 포맷이 지금도 주류를 이루고 있다), 방송 내용의 지역화(라디오는 TV보다 훨씬 지역적으로 세분화했다), 전문화(라디오 청취 집단의 소집단화를 의미하며, 여기에는 청소년, 농민, 소수민족, 특정 교파, 인종별 방송 등이 있다), 수신의 편리성(TV가 없는 곳을 라디오가 파고들었는데, 예를 들면 자동차 안) 등이 라디오 생존의 원인으로 꼽고 있다.[84]

(3) TV

1884년, 독일 과학자가 비디오를 전기 신호로 바꾸는 데 성공했다. 음성을 전파로 보내듯이 화상을 전파로 보낼 수 있게 된 것이다. 1920년대에 미국과 영국에서 이 비디오를 실제 무선으로 먼 곳으로 송수신하는 실험에 성공했다. 그리고 1941년 세계 최초의 TV 방송국인 CBS가 미국에서 탄생했다.[85]

방송학자 린 스피겔(Lynn Spigel)은 TV의 등장이 가정생활의 변화를 가져왔다고 언급했다. 스피겔은 미국 가정의 경우 TV가 거실에서 피아노를 밀어내고 벽난로와 같은 위치에 자리 잡으면서 현대문화의 상징이 됐다고 말했다. 심지어 사람들은 TV가 있는 곳을 '가족실(family room)'이라고 새롭게 부르고 있으며, 가족이 모여서 TV를 시청하는 것이 화목한 가정의 상징이 됐다는 것이다.[86)]

[그림3-8] 앵커란 타이틀을 처음 들은 월터 크롱카이트 (flicker, 무료 이미지).

1949년에는 미국에 100개의 TV 방송국이 생겼다. 1950년대 초반, 미국에는 2000만 대의 TV가 보급됐으며, 이는 미국 인구의 ⅓에 해당한다. 영국에는 1951년에 약 100만 대의 TV가 있었다. TV 초창기에는 TV가 부유층의 전유물이 될 거라는 예측이 있었지만, 미국이나 영국이나 대량생산 덕에 저소득층도 TV 보유에 가세했다.[87)]

1960년대와 70년대는 그야말로 TV 폭발 현상이 나타났다. 전 세계 90개국에서 7억 명 이상이 TV를 시청했으며, 미국 TV 네트워크들은 해외 지사를 설립했다. 그 결과, 벨라루스의 민스크에서 마닐라까지, 런던에서 리마까지, 그리고 나이지리아의 낙타 몰이꾼까지 미국의 인기 TV 드라마 <보난자(Bonanza)>를 본다는 말까지 나돌았다.[88)] 그야말로 TV로 지구촌이 형성된 것이다.

그러자, TV에 대한 비판적 시각도 만만치 않았다. 지구촌은 미국의 타국에 대한 문화적 제국주의란 비판에서부터, "TV는 눈의 씹는 껌이다", "TV는 거대한 황무지다", "TV를 보는 것은 의식 있는 행위가 아니라 그냥 습관일 뿐이다" 등의 비판까지 제기되자, TV를 규제하자는 논의가 활발히 전개됐으며, 선진국 기준으로 대개는 TV 규제가 나이 등급제 등으로 나타났다.[89)]

초창기 TV 뉴스 앵커는 손으로는 시각 장애인이 사용하는 '점자' 원고를 짚으면서 눈으로는 TV 카메라를 보는 방식으로 뉴스를 방송했다. 당시 뉴스를 진행하던 왈터 크롱카이트(Walter Cronkite)라는 미국의 유명 기자가 사회의 중심을 잡아준다고 해서 사람들이 그를 배 중심을 잡는 앵커(anchor, 닻)와 같다고 한 것으로부터 '뉴스 앵커'라는 말이 유래했다.[90)]

1960년, 닉슨과 케네디와의 미국 대통령 후보 토론이 세계 최초로 TV로 생중계됐다. 핸섬하고, 능변가이며, 재치가 넘쳤던 케네디가 대통령으로 당선된 것은 TV 때문이라고 학자들이 분석했다. 케네디보다 나이가 많고, 얼굴에 수염이 텁수룩했으며, 땀을 뻘뻘 흘리던 상대방 닉슨은 화면에서 초췌하게 보였다. 그 이후 현대사회에서 미국 대통령은 물론 전 세계 지도자들은 멋진 외모, 화려한 연설, 순발력 있는 토론 능력으로 대표되는 TV형이 다수를 이루고 있다.[91)]

1965년 베트남 전쟁의 참혹한 장면이 그대로 TV에 방영되자, 미국 젊은이들의 반전운동을 TV가 자극했다는 말이 나왔다. 1971년, 미국이 베트남전에 참전하는 과정을 상세히 기록한 '미 국방성 문서(일명 pentagon paper)'가 유출되어 뉴욕타임스가 이를 보도하는 사건이 발생했다. 정부가 즉시 요청해서 법원이 미 국방성 문서 보도 가처분 신청을 받아들여 뉴욕타임스의 시리즈 보도가 1회에 그치자, 이를 워싱턴 포스트가 이어받아서 보도했다. 정부가 두 신문의 보도를 국가 안보에 심각한 영향을 미치는 보도이므로 보도를 금지해달라고 법원에 고발하자, 대법원은 두 신문의 보도 금지는 사전 검열과 같은 것으로 언론자유를 침해한다고 판결했다.[92)]

이처럼, 뉴스에 관한 한 TV보다는 신문 영향력이 컸고, 언론자유의 수호자는 신문이었다. 그러나 1980년 24시간 뉴스를 방송하는 CNN의 출현은 TV가 뉴스 전달의 주요 매체임을 선언하는 사건이었다. 각 방송국은 스타 앵커를 스카웃하기 시작했다. 유능한 기자를 거액의 연봉을 주고 스타 앵커로 부상시켰다. 왈터 크롱카이트, 피터 제닝스, 댄 래더(영화 <더 트루스>의 실존 인물), 톰 브로커, 테드 카폴, 바바라 월터스 등은 1980~90년대를 주름잡던 앵커들이었고, 이들 사이의 시청률 싸움이 치열했다. 학자들은 유명인을 내세워 시청률을 견인하는 뉴스 보도 풍조를 '셀레브리티 저널리즘(celebrity journalism, 유명 인사 언론)'이라고 혹평했다.

1961년, 캐나다의 영문학자 마셜 맥루한은 당시의 3대 주요 매체인 신문, 라디오, TV를 통칭해서 '미디어(media)'라고 불러서 나중에 미디어라는 단어를 널리

쓰이게 했다. 미디어가 지칭하는 신문, 라디오, TV는 적어도 인터넷이 활성화될 무렵인 2000년까지 뉴스나 광고를 전달하는 핵심 수단으로서 존재했으며, 서로의 존재를 방해하지 않고 병존했다.[93)]

원래 TV는 오락매체였고, 신문은 정보와 뉴스 매체였다. 그러나 현장을 그림으로 생생하게 보여주는 TV 뉴스의 영상 파워로 인해, 현대는 TV 뉴스가 신문 뉴스 자리를 빼앗았다. 한국에서도 각종 조사에서 TV가 신문보다 공신력 있는 매체로 선택되고 있다. 화려한 컬러의 사진과 제목을 자랑하는 미국 신문인 USA Today는 바로 TV 친화적 독자를 되돌리기 위한 이 신문의 마케팅 전략이었으며, 심지어 이 신문 가판대는 TV 수상기 모양을 닮았다.

라디오, 신문, TV라는 3개 미디어는 현재 퇴락의 기로로 접어들었다. 미국의 신문 발행 부수는 1945년 5900만 부에서 2000년에는 5600만 부로 감소했고, 1930년에 1942개 신문이 발행됐으나 2000년에는 1509개의 신문만 발행됐다. TV도 장래가 밝은 것이 아니다. 20년 전 미국 CBS, NBC, ABC 등 3대 네트워크 방송의 뉴스 프로그램 시청자는 4500만 명에서 2000년에는 3040만 명으로 줄었다. 따라서 신문은 물론 공중파 TV에 몰리던 광고도 떠나가고 있다.[94)] 그 이유는 TV가 유튜브와 OTT 플랫폼의 도전을 받고 있기 때문이다. 새로운 미디어 테크놀로지가 수시로 등장하는 현실에서 인터넷이 종이신문과 인터넷신문의 경계를 없앴듯이, TV와 유튜브의 경계도 없어질 것이라는 말도 나오고 있다.

요즘 신문은 인터넷과 모바일 시장을 공략하면서 '길고 깊은 심층보도와 해설(longform journalism and deep background journalism)'로 살길을 찾고 있다. 그러나 새로운 세대는 근본적으로 읽기보다는 영상에 익숙하다. 종이신문 구독률은 점점 떨어지고 있으며, 언젠가는 소멸할 것이라는 전망도 나오고 있다.

TV 영상 시대가 확대되면서 보여주기식 이미지 정치가 만연하는 문제가 대두되고 있다. 배우 출신 레이건 대통령이 당선되고, 정치인들은 PR 전문가를 고용해서 옷과 넥타이를 코디네이터의 조언을 받고 착용하고 있으며, 언론플레이를 일상적으로 벌이고 있다. 국내 정치도 미디어에 보도되려고 일부러 벌이는 의사사건(疑似사건, pseudo-event, 진짜와 흡사한 사건), 즉 이미지 정치 일색이다.[95)] 이 문제는 결론 부분에서 자세히 다룰 예정이다.

(4) 뉴 미디어

20세기 후반과 21세기에 들어서면서, 미디어가 비약적으로 발전하기 시작했다. 인터넷이 등장했고, 인터넷신문과 케이블 TV가 도입됐다. PC, 노트북, 태블릿, 스마트폰 등 미디어가 개별화되면서, 미디어 테크놀로지는 제4의 산업혁명을 이끌고 있다.

수십 년의 개발 과정을 거친 끝에 1990년 월드 와이드 웹(World Wide Web, WWW)이란 인터넷이 등장했다. 인터넷이 개인 이메일 전송, 정보 전시용 인터넷 사이트가 되면서 사적이거나 공적인 정보 전달의 수단인 미디어로 등극했다. 이어서 1993년에는 '산호세 머큐리'라는 신문이 자신들의 기사를 인터넷 사이트에서 무료로 제공하기 시작했다. 1994년 빌 게이츠가 윈도우 운영체계를 개발하고, 인터넷 사이트 검색엔진이 등장하자, 인터넷은 '인터넷신문'이라는 새로운 미디어 천국으로 발전했다.[96)]

인터넷과 초고속 통신을 이용한 위성 방송, IPTV, HDTV, super HDTV, 디지털 방송 등이 속속 등장했다. 종이신문은 점점 더 설 자리를 잃었고, 산소 호흡기를 찾아야 할 상황이 임박하고 있다. 특히 OTT 서비스인 '넷플릭스'는 1997년 인터넷을 이용한 새로운 비디오 대여 시스템(구독 시스템)으로 등장했으며, 인터넷신문은 온라인 광고를 유치해서 광고 수익으로 무료 인터넷 서비스의 수익 구조를 개선하려고 노력하고 있다. 결국, OTT 서비스로 알려진 넷플릭스, 디즈니 플러스, 한국의 WAVVE 등은 공중파 TV의 미래까지 위협하고 있다.

인터넷 시대에 가장 성공적으로 적응한 사례로 꼽히는 뉴욕타임스는 2021년 기준 온라인 유료 구독자 669만 명(전체 구독자의 89%), 종이신문 구독자 83만 명을 달성했다. 뉴욕타임스는 디지털 저널리즘 시대에 클릭 수에 의존하는 광고보다는 구독자의 구독료 수입을 중심으로 한 안정적인 고정 수입 구조를 구축했다.[97)] 종이신문 독자는 줄어들고 온라인판은 무료 구독에 클릭 수 의존 광고비로 운영되는 한국 신문의 미래는 위험할 수밖에 없다.

인터넷 시대의 문제점은 사람들이 책을 덜 읽는다는 것이라고 프랑스 학자 아탈리가 지적했다. 그리고 인터넷이 전 세계 누구라도 통신만 가능하다면 접근할 수 있으므로 테러 단체들도 인터넷을 이용해서 나쁜 목적으로 많은 사람에게 다가가는 문제가 발생하기도 한다.[98)]

아탈리는 인터넷에 스마트폰이 결합된 2000년부터 2020년까지는 또 다른 뉴미디어가 등장하는 시기라고 진단했다. 신문, 라디오, TV, 그리고 인터넷에 이어 등장한 뉴 미디어가 바로 '소셜 미디어'다. 여기에는 2002년 선보인 아마존의 '클라우드 서비스'가 있고, 2004년에는 '페이스북(지금은 메타로 이름을 바꿨다)'이 등장했다. 페이스북은 2020년 기준 하루 이용자가 22억 명이 이른다. 2005년에는 누구나 동영상을 올릴 수 있는 '유튜브'가 등장했고, 2006년에는 '트위터'가 서비스를 개시했다.

유튜브, 페이스북, 트위터가 미디어가 되면서 누구나 저널리스트가 되는 시대가 활짝 열렸다. 기성 언론사들도 모두 이들 소셜 미디어의 고객이 됐다. 유튜브, 페이스북에 더 많은 수용자들이 몰려 있기 때문이다. 2007년에 첫 아이폰이 등장하면서 인터넷 이용 방법이 PC에서 '스마트폰'으로 옮겨졌다. 2010년에는 이미지로 서로 소통하는 '인스타그램'이 등장했고, 나중에 페이스북에 팔렸다. 인스타그램 하루 사용자는 2021년 기준 5억 명이다. 2017년에는 중국이 개발한 동영상 소셜 미디어 '틱톡'이 등장했다.[99)]

소셜 미디어 전성시대의 가장 큰 피해자는 종이신문이다. 뉴욕타임스와 같이 일부 소셜 미디어 시대에 잘 적응하고 있는 종이신문도 있지만, 전 세계적으로 종이신문은 고전하고 있다. 미국 최대 발행 부수를 자랑하던 USA Today는 2016년 기준 400만 부가 2020년에는 140만 부로 쪼그라들었다.[100)] 워싱턴 포스트는 아마존의 베이조스 소유로 넘어갔고, 2000년에서 2020년 사이에 미국 종이신문의 ¼이 사라졌다.[101)] 한국도 심각하기는 마찬가지다. 한국의 종이신문 구매율은 2010년에서 2018년 사이에 50% 감소했고, 다시 여기서 2019년에서 2020년 사이에는 30% 이상이 빠졌다.[102)]

아탈리는 소셜 미디어가 중독성이 강하고, 타인의 인정 속에서 위안과 충족을 느끼는 정신적 문제(좋아요/댓글에 집착하는 증상)를 만든다고 우려하고 있다.[103)] 또한 소셜 미디어는 가짜뉴스에 허약하고, 이성적 토론이 잘 이뤄지지 않으며, 메시지 신뢰성을 전혀 담보할 수 없는 위험성이 있다고 아탈리는 경고하고 있다.[104] 이런 소셜 미디어의 특성 때문에 남의 비방 댓글에 극단적 선택을 하는 경우도 나타나고, 비이성적 편 가르기가 성행해서 민주주의의 합리적 절차를 위협하기도 한다고 아탈리는 지적했다.[105]

소셜 미디어에 이어서 미디어 테크놀로지의 발전은 지속되고 있다. 로봇이 기사를 쓴다는 'AI 로봇 저널리즘', 언론에 게재된 방대한 자료를 AI로 정리해서 미래 일어날 사건(일기예보, 재난 예보, 스포츠 승패, 선거 후보자의 당선 여부, 거대 사건 사고가 일어날 가능성 등)을 예측한다는 '빅데이터 저널리즘', 차원이 다른 현장 화면을 생생하게 보여주는 'VR 저널리즘', 음성으로 뉴스를 로봇이 대신 읽어주는 '보이스(voice) 저널리즘', 위성 방송 장비를 백팩에 매고 전 세계 어디서든지 생방송 송출이 가능하게 하는 '백팩 저널리즘', 페이스북 생방송, 유튜브 등의 '개인 저널리즘'에 이르기까지, 미래 미디어는 무섭게 세상을 바꾸고 있다. 이들이 만들어 놓은 재미있는 세상을 죽도록 즐기다가 인간이 파멸을 맞는 것은 아닌지 우려하는 목소리도 있다.[106] 어떤 미디어가 어디에서 나타나서 인간이 사는 방식과 생각하는 형태를 어떻게 바꿀지 아무도 모르는 세상이 다가오고 있다.

그러나 영국의 언론인 앤소니 스미스(Anthony Smith)는 결국 저널리즘의 운명은 테크놀로지에 좌우되지 않을 것이라고 예상했다.[107] 이는 언론이 소셜 미디어 시대에 제대로 된 언론의 기능을 수행하면 살길이 있다는 의미로 해석된다.

한편, 브리그스와 벌크는 철도 시대, 라디오 시대, TV 시대, 우주 시대, 인터넷 시대가 지나오면서, 뉴 미디어는 올드 미디어를 제거하지 않고 신구 미디어가 공존하고 있다고 봤다. 자동차 시대에도 기차가 달리고 있고, TV 시대에도 라디오가 건재하고 있다는 것이다.[108] 이는 일종의 미디어 융합(media convergence)을 뜻한다. 텍스트와 영상이 인터넷신문에서 공존하고, 우리는 스마트폰으로 전화도 하고 영화를 볼 수 있다. 이미 우리 주변에는 전자책(책+스마트폰)도 있고, 온라인 수업(학습+스마트폰)도 있다. 그래서 미디어 융합이란 "모든 게 모든 게 되는 세상"을 가리킨다.[109] 실제로 미래 세상은 그런 세상으로 가고 있다.

주석

1) '세계 미디어 역사(Ⅱ)' 중 근대적 신문의 조건, 16세기 유럽의 최초 신문들, 프랑스 신문들, 페니 프레스, 황색언론, 보도의 테크닉 부분은 미첼 스티븐스의 〈뉴스의 역사〉[Mitchell Stephens, *A History of News*, News York: Harcourt & Company, 이광재/이인희 공역, 『뉴스의 역사』, 황금가지, 1999.]에서 아이디어와 주요 내용을 참고한 것이다. 여기에 저자의 다른 연구 결과, 다른 참고 문헌, 그리고 관련 자료를 추가하는 형태로 작성됐음을 밝힌다.
2) Stephens, *op. cit.*, 245–247쪽.
3) *Ibid.*, 249–250쪽.
4) *Ibid.*, 258쪽.
5) Jacques Attali, *Histoires des Medias*, 전경훈 역, 『미디어의 역사』, 책과함께, 2022, 84쪽.
6) Stephens, *op. cit.*, 259쪽.
7) Briggs, et al., *A Social History of the Media*, Cambridge, UK: Polity Press, 2009, pp. 58–59.
8) Stephens, *op. cit.*, 266–272쪽.
9) John Thomson, "근대 신문의 탄생", Crowley, D. et al., eds., *Communication in History*, 김영기 역, 『인간 커뮤니케이션의 역사』, 커뮤니케이션 북스, 2018, 317–318쪽.
10) J. Herbert Altschull, *From Milton to McLuhan: The Ideas Behind American Journalism*, New York: Longman, 1990, pp. 36–42.
11) Briggs, et al., *op. cit.*, pp. 76.
12) *Ibid.*, pp. 70–71.
13) Attali, *op. cit.*, 90–92쪽.
14) Stephens, *op. cit.*, 290쪽.
15) Attali, *op. cit.*, 85쪽.
16) *Ibid.*, 123쪽.
17) Briggs, et al., *op. cit.*, pp. 72–73.
18) William David Sloan & James Startt, *The Media in America: A History*, New Port, AL: Vision Press, 1996, pp. 49–50.
19) *Ibid.*, p. 51.
20) Peter Sandman, et al., *Media: An Introductory Analysis of American Mass Communication*, Englewood, NJ: Prentice-Hall, 1982, pp. 36–37.
21) Briggs, et al., *op. cit.*, p. 85.
22) Stephens, *op. cit.*, 310쪽.
23) *Ibid.*, 321쪽.
24) *Ibid.*, 320–328쪽.
25) *Ibid.*
26) Attali, *op. cit.*, 145–147쪽.
27) *Ibid.*, 177–180쪽.
28) *Ibid.*, 217–220쪽.
29) 주경철, "미디어로 정치 선동...좌파 지식인들이 권력에 순종하게 만들다", 『조선일보』, 2022. 5. 10.
30) Briggs, et al., *op. cit.*, pp. 49–51.
31) Thomson, *op. cit.*, 319–320쪽.
32) Altschull, *op. cit.*, pp. 216–219.

33) 정태철, 『미국신문연구』, 커뮤니케이션 북스, 1998, 30쪽.
34) Altschull, *op. cit.*, p. 241.
35) *Ibid.*, pp. 216–219.
36) 정태철, *op. cit.*, 33쪽.
37) Stephens, *op. cit.*, 340–342쪽.
38) Attali, *op. cit.*, 166–168쪽.
39) *Ibid.*, 157쪽.
40) Stephens, *op. cit.*, 346–347쪽.
41) *Ibid.*, 361–363쪽.
42) J. Herbert Altschull, *Agents of Power: The Role of the Media in Human Affairs*, New York: Logman, 1984, pp. 37–56.
43) Attali, *op. cit.*, 194–195쪽.
44) Michael Schudson, "뉴스의 발전: 오락성과 사실성", Crowley, D. et al., *op. cit.*, 374–378쪽.
45) 정태철, *op. cit.*, 120–124쪽.
46) KBS 뉴스, "[글로벌 돋보기]'유일한 우군' 폭스뉴스야! 너마저?…트럼프의 '애착'과 '집착' 사이", 2019. 9. 5.
47) 정태철, *op. cit.*, 235–250쪽.
48) 잡지의 역사 부분은 다음을 참조해서 작성했다. http://en.wikipedia.org/wiki/Magazine.
49) Attali, *op. cit.*, 222–224쪽.
50) Stephens, *op. cit.*, 375쪽.
51) Attali, *op. cit.*, 27–28쪽.
52) *Ibid.*, 37쪽.
53) Briggs, et al., *op. cit.*, p. 25.
54) 최윤필, "포니 익스프레스", 2019. 12. 30. https://c11.kr/cegw
55) Briggs, et al., *op. cit.*, pp. 26–27.
56) Stephens, *op. cit.*, 387쪽.
57) Tom Standage, "전신, 빅토리아 시대의 인터넷", Crowley, D. et al., *op. cit.*, 340–341쪽.
58) Claude Fisher, "전화가 지배하는 세상", *Ibid.*, 387–402쪽.
59) Stephens, *op. cit.*, 390쪽.
60) *Ibid.*, 401–402쪽.
61) 정태철, *op. cit.*, 48–50쪽.
62) Attali, *op. cit.*, 169쪽.
63) 정태철, *op. cit.*, 38쪽.
64) Stephens, *op. cit.*, 430–431쪽.
65) Michael Schudson, *Discovering the News: A Social History of American Newspapers*, New York: Basic Books, 1978.
66) Stephens, *op. cit.*, 441쪽.
67) Linda Steiner, "Do You Belong in Journalism?: Definitions for the Ideal Journalists in Career Guidance Books", *American Journalism*, 11(4), 1994, p. 325에서 재인용.
68) Ibid., p. 372.
69) The Commission of Freedom of the Press, *A Free and Responsible Press*, Chicago, Illinois: The University of Chicago Press, 1947.

70) Attali, *op. cit.,* 184–185쪽.
71) *Ibid.*
72) Crowley, D. et al., *op. cit.*, 430–437쪽.
73) *Ibid.*
74) Jib Fowles, "대중 매체와 스타 시스템", Crowley, D. et al., *op. cit.*, 607쪽.
75) *Ibid.*
76) Stephen Kern, "무선 통신의 세계", Crowley, D. et al., *op. cit.*, 601–611쪽.
77) 홍익희, "'타이태닉 침몰' 전한 21세 전보 기사...라디오 TV 시대 열었다", 『조선일보』, 2021. 8. 17.
78) John Durham Peters, "라디오와 공공성", Crowley, D. et al., *op. cit.*, 628쪽.
79) Stephens, *op. cit.*, 474–475쪽.
80) Christopher Sterling & John Kittross, "라디오 프로그램의 황금시대", Crowley, D. et al., *op. cit.*, 671–674쪽.
81) *Ibid.*, 660–667쪽.
82) Lisa Gitelman, "소리 새기기", Crowley, D. et al., *op. cit.*, 487–495쪽.
83) Stephens, *op. cit.*, 474–483쪽.
84) Peter Fornatale & Joshua Mills, "텔레비전 시대의 라디오", Crowley, D. et al., *op. cit.*, 701–715쪽.
85) Stephens, *op. cit.*, 485쪽.
86) Lynn Spigel, "TV 수상기를 위한 공간 배치", Crowley, D. et al., *op. cit.*, 790–799쪽.
87) Briggs, et al., *op. cit.*, pp. 212–213.
88) *Ibid.*, p. 217.
89) *Ibid.*, pp. 220–221.
90) Stephens, *op. cit.*, 488쪽.
91) Daniel Boorstin, *The Image: A Guide to Pseudo–Events In America,* 정태철 역, 『이미지와 환상』, 사계절, 2004, 68–72쪽.
92) Attali, *op. cit.,* 270쪽.
93) *Ibid.*, 263–264쪽.
94) *Ibid.*, 274쪽.
95) Boorstin, *op. cit.*
96) Attali, *op. cit.,* 298–305쪽.
97) 송의달, "14억 달러 빚더미에서 부활한 뉴욕타임스, 3가지 비결 있었다", 『조선일보』, 2021. 4. 22.
98) Attali, *op. cit.,* 308쪽.
99) *Ibid.*, 309–316쪽.
100) *Ibid.*, 316–318쪽.
101) *Ibid.*, 320쪽.
102) *Ibid.*, 319쪽.
103) *Ibid.*, 346쪽.
104) *Ibid.*, 345–348쪽.
105) *Ibid.*, 354–355쪽.
106) 김규나, "바보상자 TV와 똑똑이 스마트폰", 『조선일보』, 2022. 6. 22.
107) Briggs, et al., *op. cit.*, p. 182.
108) *Ibid.*, pp. 234–235.
109) *Ibid.*, p. 237.

Chapter 4 한국의 전통적 커뮤니케이션 역사

1. 한국 역사의 문제[1)]

한국은 '인쇄의 나라' '활자의 나라'답게 유네스코 세계기록유산(Memory of the World)을 다량 보유한 '기록의 나라'다. 세계기록유산은 2018년 기준으로 독일 23건, 영국 22건, 폴란드 17건, 대한민국과 네덜란드 16건으로 나타나, 한국이 세계 4위로 많다. 한자 종주국 중국은 의외로 한국보다 적어서 13건, 기록이 습관화되어 있다는 일본은 7건이 등재돼 있다. 한국의 16개 기록유산은 <훈민정음해례본>, <조선왕조실록>, <승정원일기>, <직지심체요절>, <해인사대장경판>, <조선왕조의궤>, <동의보감>, <일성록>, <5.18광주민주화 기록물>, <난중일기>, <새마을운동기록물>, <유교책판>, <KBS생방송 '이산가족을 찾습니다' 기록물>, <조선왕실 어보와 어책>, <국채보상운동 기록물>, <조선통신사 기록물>이다. 이 밖에도 <위안부 기록물>은 한국, 중국, 대만 등 9개국이 공동으로 신청 중이나 일본의 반대로 난항을 겪고 있으며, <4월혁명 기록물>, <동학농민운동 기록물>, <일제강제동원 기록물> 등이 등재 신청 준비 중이다.

독일 기록유산 중에는 몇 장짜리 <베토벤 교향곡 악보>, 괴테의 육필 원고 같은 것이 있고, 프랑스 기록유산에는 단 한 장짜리 <프랑스 인권선언문>도 있다. 그러나 한국의 <조선왕조실록>은 조선 1대부터 25대 철종까지 472년간의 기록이며, 888책, 1894권('권'은 chapter에 해당), 4964만 6667자로 구성된 방대한 분량의 기록물이다. <승정원일기>는 3243책으로 오늘날 대통령 비서실에 해당하는 조선시대 승정원이 왕의 일거수일투족을 모조리 기록한 책이다. 우리 기록물의 분량, 기록 기간, 그리고 기록 정신은 세계에서 유래를 찾기 드물 정도로 방대하고 정교하다.

<조선왕조실록>은 왕의 사후에 선왕(先王)의 실록을 단지 4권만을 만들고 화

재 소실에 대비해서 이들을 네 군데 사고(춘추관, 충주 사고, 전주 사고, 성주 사고)에 한 권씩 분산 보관했다. 실록은 원본을 손으로 필사해서 단 네 권을 만들면 됐지만, 권당 겨우 네 권만을 위해 활자로 인쇄했다. 그 이유는 네 군데 분산 보관되는 4개 실록이 모두 정확하게 같아야 한다는 단 하나의 목적 때문이었다.

2022년 10월, 국민 대부분이 사용하는 카카오톡 데이터센터에서 불이나 전국적으로 카카오톡이 먹통이 되는 일이 발생했다. 한 칼럼리스트는 컴퓨터 서버나 네트워크에서 오류가 발생했을 때 다른 예비 저장 시스템으로 자동 전환하는 것을 '페일오버(failover, 고장전이, 故障轉移)'라고 하는데, <조선왕조실록>을 네 군데 사고에 분산 보관했던 것이 바로 페일오버였다며, 카카오톡의 데이터센터 화재로 인한 먹통 사태는 <조선왕조실록>의 페일오버 시스템만도 못한 대비 태세의 미흡이었다고 지적했다.[2)]

그런데 한국 역사에 근본적인 문제가 있다. 그 많은 역사책이 모두 한문으로 적혀 있어서 번역되지 않는 한 전문가가 아니면 일반 국민은 읽을 수가 없다. 간단히 말하면, 일반인과 우리 역사는 한문이라는 벽으로 단절된 것이다. 더욱이, 그 많은 역사 문헌들이 아직도 완전히 번역돼 데이터베이스(DB)화되지 않았다. 최근 <조선왕조실록>은 888책 전체가 번역, DB화돼서, 한자 모르는 방송작가들이 사극을 쓰는 데 전혀 문제가 없다. <승정원일기>는 왕과 신하와의 일상적인 대화가 희곡처럼 대화체로 기록돼 있다. 이를 읽고 있으면, 마치 읽는 사람이 왕과 신하가 대화하는 현장에 있는 듯한 착각을 느낄 정도라고 한다. <승정원일기>는 그 분량이 방대해서 아직도 번역 중이다. 이게 완성되면, 우리나라 TV 사극은 그 흥미성에서 획기적인 전기를 맞을 거라고 전문가들은 말하고 있다.

한국 역사의 단절 현상을 실감하는 사례는 부지기수다. 이런 질문을 던져 보자. 과연 삼국시대 사람들은 방정식을 알았을까? 방정식(方程式)이란 한자는 무슨 뜻이며, 언제 생긴 것일까? 이 의문의 답을 찾게 되면, 우리는 우리 역사서들이 한글로 번역되지 못해서 발생하는 역사의 단절을 실감하게 된다. 다음은 삼국시대 수학에 대한 글이다. 여기서 우리는 삼국시대부터 방정식이 서양이 아니라 동양에서 자체 전승돼왔다는 사실을 알게 되고, 원주율도 이미 삼국시대부터 계산하고 있었음을 알게 된다.

주대 이전부터 중국의 기수법은 10진법이었으며, 그 후도 주로 10진법이 사용되었다. 그러나 숫자를 나타내는 한문을 그대로 계산에 사용할 수 없어서 중국에서는 대나무로 만든 산목(算木)을 이용하였다.

이 시대의 대표적인 수학책은 한나라(BC202-AD220)에서 쓰인 〈구장산술〉이며, 〈구장산술〉보다 더 오래된 것으로 추정되는 책으로 〈주비산경〉이 있다. 〈주비산경〉은 천문학에 관계된 책으로 일부만 수학적 내용을 담고 있는데 가장 흥미로운 것은 피타고라스의 정리를 논한 것이었으나 증명은 없다.

〈구장산술〉은 고대 중국의 수학책 중 가장 중요한 것으로, 이 책은 제목 그대로 9장에 걸쳐서 246개의 문제와 그 해법을 싣고 있으나 그리스식의 증명은 없다고 한다. 각 장의 제목은 제1장 방전(方田, 38문항), 제2장 속미(速米, 46문항), 제3장 쇠분(衰分, 20문항), 제4장 소광(少廣, 24문항), 제5장 상공(商功, 28문항), 제6장 균수(均輸, 28문항), 제7장 영부족(盈不足, 20문항), 제8장 방정(方程, 18문항), 제9장 구고(句股, 24문항) 등으로 그 내용을 간단히 살펴보면 다음과 같다. ……(중략)……

「제8장 방정」에서는 일차연립방정식으로 해를 구하는 문제를 다루고 있는데, 현대적으로

$$3x + 2y + z = 39$$
$$2x + 3y + z = 34$$
$$x + 2y + 3z = 26$$

과 같은 문제를 아래와 같은 과정으로 풀고 있다.

3 2 1 39 　　　3 2 1 39 　　　3 2 1 39
2 3 1 34 → 0 5 1 24 → 0 5 1 24 → z = 99/36 = 2 * 3/4
1 2 3 26 　　　0 4 8 39 　　　0 0 36 99[3)]

옛날 삼국시대 때 이야기입니다. 한 농부에게 콩과 팥이 한 꾸러미씩 있었는데 콩 꾸러미가 팥 꾸러미보다 조금 더 컸어요. 그래서 농부는 자기가 가지고 있는 두 개의 밭 중에 더 큰 밭에 콩을 심기로 마음먹고 밭으로 갔어요.

그런데 농부에게 한 가지 고민이 생겼어요. 밭이 모두 같은 모양이라면 어느 밭이 더 큰지 쉽게 찾을 수 있을 텐데, 글쎄 농부가 가진 밭 중 한 밭은 네모 모양이고 다른 밭은 둥근 모양이었어요. 그래서 농부는 두 밭의 크기를 비교해 볼 생각으로 밭의 가로와 세로를 걸음으로 재어보았더니 네모난 밭은 가로 세로 모두 9걸음이었고 둥근 밭은 지름이 10걸음이었어요. 도대체 어느 밭이 큰지 농부는 결정할 수 없었어요. 그때 마침 농부의 아들이 다가와서 농부의 고민을 듣더니 "아버지, 네모난 밭이 더 커요"라고 말하는 것이었어요.

그럼 농부의 아들은 어떻게 두 밭의 크기를 비교할 수 있었을까요? 농부의 아들은 네모난 밭이 9걸음이니 넓이가 9×9=81(걸음^2)이 되고, 둥근 밭이 10걸음이니 넓이가 5×5×3=75(걸음^2)이 됨으로 네모난 밭이 더 크다는 사실을 알았어요. 여러분들도 이런 상황이 되면 원의 넓이 구하는 공식을 사용하여 쉽게 고민을 해결할 수 있겠죠? 하지만 농부의 아들과 여러분들과의 차이점이 무엇인지 찾을 수 있겠나요?

위의 이야기를 보면 삼국시대에도 원주율(π)의 값이 있었다는 사실을 알 수 있어요.

하지만 지금 우리가 사용하고 있는 3.14라는 값 대신 3이라는 값을 사용했답니다. 지금은 컴퓨터의 보급으로 원주율의 값이 무한히 계속된다는 것을 우리는 알고 있지만 과거에는 원주율의 정확한 값을 구하기 위해 많은 수학자가 노력했습니다. 그리하여 삼국시대 수학책 〈철술〉에서는 π 값을 $3.1415926 < \pi < 3.1415927$로 셈했습니다. 하지만 수학자들은 여기에서 그만두지 않고 조선시대에는 수학자 남병길이 원의 넓이를 셈하면서 $\pi = 3.1415926535$로 계산했습니다.[4)]

이 밖에도 조선시대 문헌에는 죽은 자의 사인(死因)을 파악하기 위해 부검했다는 기록도 있으며, 죄에 따라서 곤장 크기와 나무 재질까지 모두 법전에 규정해 놓고 있다. 이처럼 조선은 우리가 상상했던 것 이상으로 국가로서 합리성과 체계성을 가지고 있었다. 또한 조선은 과학적 지식을 바탕으로 고도의 건축술을 자랑했으며, 천문을 관측했고, 일식과 월식을 예측했으며, 달력을 만들었다. 자국의 고유 달력을 만든 나라는 세계적으로 마야, 중국, 아라비아, 그리고 조선뿐이었다. 그러나 우리는 대개 조선 후기 국가 기강이 무너지기 시작한 무렵, 판소리 <춘향전>의 변학도 만행이나 동학혁명의 계기가 된 고부 지역 군수의 착취, 연산군의 폭정, 임진왜란과 병자호란의 처참함, 각종 당쟁과 사화의 무모함 등으로부터 우리 역사를 정쟁과 폭정으로만 인식하는 경향이 있다.

우리나라 기록의 문제, 우리나라 역사를 다시 봐야 할 이유 등에 관심이 많은 사람은 인터넷에서 쉽게 검색되는 서울대 중문과 허성도 명예교수의 강연 초록이나 동영상을 볼 것을 권한다.

2. 한국의 전통적 커뮤니케이션 역사 개관[5)]

커뮤니케이션은 사람들의 일상적인 삶의 방식을 가리킨다. 사람들이 생활하고, 행동하고, 생각하고, 대화하는 것 모두가 일상적인 삶이며 커뮤니케이션이다. 따라서 커뮤니케이션 역사는 우리 선조 문화의 역사와 같다.

과거 우리나라에서 나타난 전통적 커뮤니케이션 현상은 크게 두 개로 나뉜다. 하나는 '공적 커뮤니케이션'이며, 다른 하나는 '비공식적 커뮤니케이션'이다.

공적 커뮤니케이션은 '제도화된 커뮤니케이션'을 말하며, 왕과 지배계급인 귀족 관리(양반) 사이의 커뮤니케이션 시스템으로서, 정부 정책을 백성들에게 알리고 정부 내부에서 정책을 토론하고 결정하는 공적인 제도를 가리킨다.

반면에, '비공식적 커뮤니케이션'은 '민중 커뮤니케이션'이라고도 하며, 일반 백성들의 문화인 노래, 의식, 속담, 관습, 글, 그림, 공동체 생활, 풍습 등을 말한다.[6)] 양반들이 공식적인 정부 정책과는 상관없이 자신들의 여가와 심정을 담은 시조나 가사 같은 것도 일종의 비공식적 커뮤니케이션에 포함된다.

3. 공적 커뮤니케이션

(1) 언관(言官)과 사관(史官)

과거 중국과 조선 조정은 반드시 '언관(言官)'[7]과 '사관(史官)'[8]을 두었다. 언관은 왕과 신하를 비판하고 감시하는 역할을 담당하는 관리를 말한다. 언관이 왕과 신하를 비판하고 감시하는 제도를 조선은 '대간(臺諫) 제도'라고 했다. 반면, 사관은 왕에 관한 사실을 기록하는 관리다. 사극을 보면, 왕이 있는 곳에는 작은 책상을 두고 무언가 기록하는 사람이 반드시 자리 잡고 있다. 그가 바로 사관이다. 법적으로, 왕은 사관 없이 신하와 대화를 나눌 수 없었다. 그래서 왕은 사관 없는 곳에서 신하와 비밀스러운 대화를 나누려고 자리를 옮기는 경우가 생겼고, 그때마다 사관은 지필묵(紙筆墨)을 들고 왕을 찾아 나서는 일이 벌어지기도 했다.

중국에서는 '궁정어사(宮庭御使)'라 불리는 언관이 있었다. 중국과 조선에 언관과 사관이 존재했던 이유는 왕은 백성과 대화해야 하고 백성들의 정서를 살피면서 정치를 펴야 한다는 가르침을 공자와 맹자가 주었기 때문이다. '간쟁(諫諍)하다', 혹은 '간(諫)하다'는 말의 의미는 나이 어린 사람이 웃어른의 잘못을 깨우치도록 알려주는 행위였다. 언관은 곧 간쟁하는 사람이었으며, 신하가 왕에게 간할 수 있는(잘못을 깨우치는) 제도가 대간 제도였다.

우리 역사 문헌에는 '언론(言論)'이란 말이 자주 나온다. 언론이란 현대에는 보도와 논평, 즉 저널리즘을 말한다. 그러나 과거 우리 문헌에 나오는 언론이란 신문이나 방송의 기능인 저널리즘을 뜻하는 것이 아니었다. 역사 문헌의 언론은 일상적인 토론, 대화를 의미했다. 중국 사전에 의하면, 언론은 '언어의론(言語議論)'의 준말인데, 이는 저널리즘보다는 대화와 토론 의미에 가깝다. 또한 '언로(言路)'라는 말은 현재와 같이 대화 통로(채널)를 가리키고, '공론(公論)'이란 말은 여론과 같은 뜻으로 <조선왕조실록>에 모두 254번 나온다. 여론이나 공론은 공의(公議), 민심(民心), 민정(民情), 여정(輿情), 중론(衆論) 등으로 쓰이기도 한다.[9]

(2) 공적 커뮤니케이션 제도

동서양을 막론하고 역사상 공적 발표가 부족하면, 소문(유언비어)이 무성했다. 이런 소문은 남을 모함하거나 헐뜯는 내용이 많아서 당쟁과 연결되는 경우가 비일비재했다. 공적인 발표는 대개 벽에 붙이거나 거는 형태가 흔했다. 그래서 '괘서(掛書)'는 벽에 거는 것, '방(榜)'은 벽에 붙이는 형태의 발표문을 말하며, 격문(檄文)은 발표문 중에서 전쟁이나 국가 재난 시 인력을 모으는 캠페인을 담은 것을 말한다. 공적 의사소통 수단은 아니지만, 조선시대에는 '벽서(壁書)'가 있었다. 이는 남을 음해하는 불순한 내용을 누군가 나쁜 의도를 가진 사람이 벽에 직접 낙서한 비방 글을 가리킨다.[10]

공식적이든 비공식적이든, 벽에 알림 사항을 내거는 '대자보' 형태의 커뮤니케이션은 아직도 대학 곳곳에 남아 있다. 길거리의 '플래카드'도 일종의 괘서 커뮤니케이션이다. 이처럼 역사 전통은 효용성이 있으면 오래 지속된다. 유럽 등지에는 벽에 낙서로 무언가 표현의 자유를 구가하는 대중 예술가들이 있다. 이들의 낙서를 '그라피티(graffiti)'라고 한다.

미국이나 유럽 국가들도 선거 포스터가 있다. 그러나 우리나라처럼 현수막을 이용하지는 않는다. 보드를 세우거나 벽에 붙이는 형태가 보편적이다. 일본도

[그림4-1] 유럽 도시에서 흔히 보이는 그라피티(pixabay, 무료 이미지).

선거 시 우리와 유사하게 현수막을 많이 이용한다. 현수막은 일종의 동양적 특징으로 보인다.

공적인 발표를 편지 형태로 전하는 경우도 많았다. 지방 수령은 중앙에 관리를 파견해서 중앙 정부와 지방 간 연락 업무를 담당하도록 했다. 앞장에서 언급된 것처럼, 이때 중앙과 지방을 오간 소식을 '기별(奇別, 소식)'이라 했다. 파견된 관리를 고려시대에는 '기별군사', 조선시대에는 '경주인(京主人)' 혹은 '경저리(京邸吏)'라 했다. 로마 시대 귀족처럼, 조선시대 지배층은 서로 한문 편지로 소식을 전하고 안부를 물었다. 그러나 남자 간, 혹은 부녀자 간에 오간 한글 편지도 다수 발견됐다.[11] 2022년 12월, 문화재청은 1490년대 함경도에서 근무하던 군관이 아내에게 보낸 한글 편지를 보물로 지정하기도 했다.

조선은 승정원에서 왕의 동정, 인사, 명령 등을 적은 관보인 '조보(朝報)'를 발행했다. 조보는 관리들에게만 배포됐으며, 지방 관리에게는 경주인을 통해 배달됐다. 언제부터 조보가 시작됐는지는 확실하지 않다. 조보에 대한 첫 기록은 중종(1520년) 때 나타난다. 그러나 이것이 조보가 중종 때 처음 발행됐다는 것을 의미하지는 않는다.[12]

조보 내용은 ①국왕의 명령, 지시, 전교, ②정책에 대한 유생과 관료들의 건의인 소장(疏狀)과 국왕의 답변, ③국왕이 관민들에게 보내는 회유문, ④관리 인사, ⑤중앙 및 지방의 각 관서에서 국왕에게 올리는 보고서, ⑥ 세상에서 일어난 특이한 현상들인 기문기사(奇聞奇事) 등으로 구성돼 있다. 2017년에 경북 영천 용화사에서는 조보로 추정되는 인쇄물이 발견됐다. 이것이 세계 최초의 인쇄신문이라는 주장이 나왔다.[13] 발견된 조보는 1577년 발행된 것이며, 세계 최초의 주간 신문은 1609년의 릴라찌온이고, 세계 최초의 일간신문은 1660년의 라이프찌거 자이퉁이므로, 1577년에 인쇄된 조보는 현존하는 세계 최초 인쇄신문일 가능성이 있다. 릴라찌온 이전의 뉴스를 담은 인쇄물은 뉴스북과 뉴스발라드 등인데, 이들은 정기성도 없고 특별한 제호가 있었던 것도 아니므로, 이번에 발견된 조선의 조보는 인쇄된 신문 형식을 갖춘(비록 관보라 해도) 현존하는 최고(最古)의 '인쇄신문'일 수 있다.

'신문고(申聞鼓)'는 백성들이 신문고라 명칭이 붙은 북을 두드려 왕에게 민원을 제기하는 방법이었다. 억울한 사정이 있어서 신문고를 두드리려는 사람은 신문고 관리자에게 신고하고, 관리자는 사헌부의 승인이 나야 신문고를 민원인이 두드리게 했으며, 북소리를 왕이 듣고 민원을 처리했다. 신문고는 평민보다는 양반들이 더 많이 이용했으며, 연산군 이후에는 유명무실해졌다.[14] 현대에도 국민이 민원을 제기하는 제도나 창구를 신문고라는 이름으로 부르는 경우가 많다. 문재인 정부의 청와대 국민청원 게시판도 일종의 현대판 신문고다.

'격쟁(擊錚) 제도'도 있었다. 격쟁이란 꽹과리와 징을 두드리는 것을 말한다. 왕이 궁 밖으로 행차할 때(또는 고위 관리가 지나갈 때), 민원이 있는 백성들이 징과 꽹과리를 두드리며 소리를 내면, 왕이 행차를 멈추고 사연을 들은 후 해결해주는 제도였다. 나중에 격쟁 제도가 과도하게 남용되자 엄격하게 제한됐다.[15]

'봉수제(烽燧制)'는 지방과 중앙을 가장 신속하게 연결해주는 통신수단이었다. '봉'은 횃불이란 뜻으로, 화염 때문에 멀리서도 관찰할 수 있어서 밤에 사용됐고, '수'는 연기를 뜻하며, 회색 연기는 낮에 눈에 잘 뜨이기 때문에 낮에 사용됐다. 조선시대에는 5개의 봉수로가 있었다. 각각의 봉수로는 신의주, 회령, 강계, 부산, 목포에서 출발해서 서울로 모이게 되어 있었다. 부산의 황령산 봉수대는 다대포와 동래에서 시작하는 봉수로의 초기 지점이었다. 연기 1개는 평화, 2개는 적이 나타남, 3개는 적이 국경에 접근함, 4개는 적이 국경을 침범함, 5개는

[그림4-2] 5개의 굴뚝으로 구성된 서울 남산의 봉수대 (Andrew Currie 촬영, flicker, 무료 이미지).

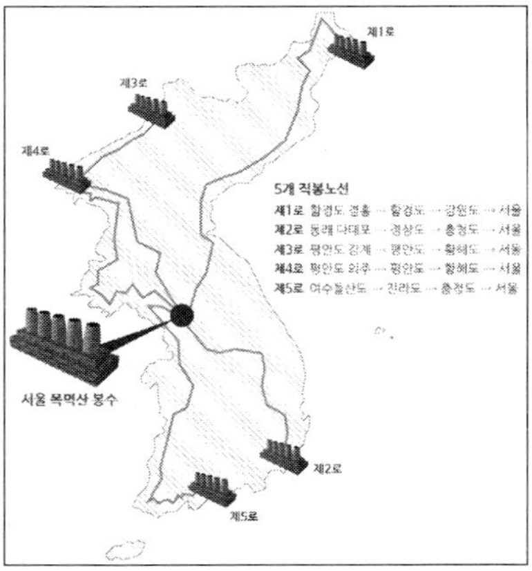

[그림4-3] 조선시대의 5개 봉수로 (역사 자료를 참고해서 새로 제작).

적군과 접전 중임을 의미했다.16) 프랑스 학자 자크 아탈리(Jacques Attali)는 연기는 가장 오래된 인류의 원거리 소통 방법이었으며, 인류가 살던 여러 곳에서 발견된 것은 물론이고, 그 기원은 60만 년 전으로 올라간다고 밝혔다.17)

[그림4-4] 포니 익스프레스 마부를 모집하는 포스터. 포스터에는 18세 미만이어야 하고, 날마다 죽음을 각오해야 하며, 고아를 선호한다는 섬뜩한 문구가 있다. 주급 25불은 당시에 대단한 고액이었다고 한다(wikimedia, 무료 이미지).

원거리 의사소통의 방법으로 연날리기도 사용됐다는 기록이 있다. 2장에서 소개된 것처럼 이순신 장군이 특정 모양의 연을 띄우면 병사들은 사전에 약속된 대로 행동했다고 한다.

'파발(擺撥)'은 말에 의한 통신제도이며, '보발(步撥)'은 사람의 발에 의한 통신제도다. 조선시대에 빠르게 걷기로 소문난 '보발이(보발 담당자)'는 여기저기서 지방에 갈 편지를 전하려는 사람들이 수고비를 많이 주고 고용해서 고소득 인기 직업이었다고 한다. 실없이 웃고 다니는 사람을 "보발이 사위를 봤나, 웃기는 왜 웃어?"라고 핀잔을 줬다는 얘기도 있다. 돈벌이가 좋은 보발이 사위를 본 사람은 복덩이가 들어 왔다고 해서 누구나 원하고 좋아했다.18)

징기스칸의 몽골은 유라시아를 100년 넘게 통치했는데, 몽골제국의 거대 지역 통치가 가능했던 이유는 파발제도 때문이었다. 2장에서 언급된 것처럼, 몽골인은 베이징에서 모스크바까지 말로 단 6일 안에 주파했다고 한다. 현재 블라디보스토크에서 모스크바까지 시베리아 횡단 열차가 대개 1주일 정도 걸리니, 당시 파발 속도는 경이로울 정도로 빨랐다. 말의 광속도 비결은 연락로 중간중간에 역을 두고, 그 역에서 언제나 건강한 말을 다수 보유하고 있다가, 역에 도착한 파발꾼들에게 새 말로 바꿔 달리게 하는 것이었다. 우리나라도 현재 지명에 역(驛)이나 원(院)이 들어간 곳이 과거에 말 정거장이었다는 증거다. 사리원, 조치원, 이태원, 퇴계원, 역촌동, 역삼동 등이 그 예다.

말은 시속 70km로 달릴 수 있다. 역원을 이용해서 계속 건강한 말로 이어 달리면, 한반도 전 지역을 단 하루에 어디든지 갈 수 있었다. 관청은 파발꾼에게 말이 그려있는 마패를 지급했다. 그들이 역에 도착하면 마패를 보이게 되는데, 마패에 그려진 말 숫자만큼 새 말을 공급받을 수 있었다. 물론 임무가 중하거나 계급이 높으면 마패에 그려진 말의 수도 많았을 것이다. 말을 이용한 우편제도는 미국과 유럽에서도 일찍부터 운영됐다. 미국의 포니 익스프레스가 그중 하나였음은 이미 학습한 바 있다.

(3) 대간 제도

[그림4-5] 대간제도 일람표(역사 자료를 바탕으로 새로 제작).

조선시대를 기준으로 정부 조직 중에는 '대(臺)'라 칭하는 '사헌부(司憲府)', '간(諫)'이라 칭하는 '사간원(司諫院)'이 있었는데, 이 둘을 '양사(兩司)'라 했고, 여기에 '홍문관(弘文館, 초기에는 집현전)'을 합쳐서 '삼사(三司)'라 했다. 사헌부는 관리의 비행과 잘못을 교정하는 기관으로 지금의 감사원과 검찰의 기능과 유사하며, 사간원은 왕의 잘못을 지적하는 부서로 오늘날 정부 부서와는 매칭이 되지 않는 독특한 조선시대 관제였다. 홍문관은 나라의 경전을 관리하고, 왕을 교육하며, 왕에게 조언하는 기구다. 왕은 대간 제도에 정서적 부담이 상당했을 것으로 추측된다. 특히 대간 제도는 조선시대 선비 정신을 상징한다. 목에 칼이 들어와도 왕에게 직언해야 하는 사간원 관리들은 실제로 목숨을 많이 잃었다.[19)]

고려시대에도 대간 제도가 있었다. 조선시대 사간원의 역할을 담당한 고려의 부서는 '낭사'였으며, 사헌부 역할은 '어사대'가 담당했다.

3사 관리들은 물론 성균관이나 지방 유생들이 국왕에 올리는 문서를 상소(上疏), 또는 상소문이라고 했다. 상소 내용은 보고와 건의는 물론, 민원에 해당하는 진정과 청원 등을 담고 있었다. 상소는 승정원이 받아서 왕에게 전달했으며, 왕은 상소를 읽고 답변을 적어 돌려주었다.[20)]

한편, 확실하지는 않지만 나쁜 소문이 퍼지면 그것만으로도 공직에서 물러나게 하는 '풍문탄핵(風聞彈劾)'이란 제도가 있었다. 일단 풍문이 돌면 해당 관리는 조사받게 되고, 풍문 내용이 사실이면 당사자가 처벌받게 되며, 사실이 아니면 반대로 풍문을 유발한 자가 사헌부의 처벌을 받는 형태로 진행됐다. 기록에 의하면, 풍문탄핵 제도는 조선 후기로 갈수록 반대 당파를 공격하기 위한 당쟁의 수단으로 이용되는 문제가 발생했다.[21)]

이런 대간 제도와 상소 제도를 운용한 조선은 조선 건국 설계자 정도전의 구상대로 특히 신하의 위상이 높았다. 왕은 신하들 의견을 항상 경청해야 했다. 중국 문헌에 "조선은 신하가 강하고 왕이 약하다"는 말이 나올 정도였다.[22)] 연산군은 신하의 권고를 무시하고 왕권을 강화하려다가 자리에서 쫓겨나는 신세가 됐다.

4. 민중 커뮤니케이션

(1) 한국어의 기원

옛 우리 일반 백성들의 삶은 비공식 커뮤니케이션, 즉 민중 커뮤니케이션의 여러 형태에 고스란히 배어 있다. 특히 민중 커뮤니케이션에는 양반이라는 지배 계급에 대한 서민들의 '비판적'이고 '풍자적'인 형태가 많고, 피지배자로서의 '한'과 설움이 담겨 있다. 또한 민중 커뮤니케이션은 배타적이 아니라 모든 사람을 포용하는 '공동체적'이었고 은밀하기보다는 '공개적'이었다. 여기에는 말, 노래, 글과 같은 언어적 커뮤니케이션 형태가 기본이었고, 공동 제사, 공동 노동, 시장과 같은 공간적 커뮤니케이션 형태도 있었다. 그리고 서양의 교회 그림처럼 이미지 형태의 조선 민화도 커뮤니케이션의 하나였다.

한국 전통적 민중 커뮤니케이션의 기본인 한국어 기원이 2021년 밝혀져 화제가 됐다.[23] 언어학적으로 한국어가 속한 알타이 어족(최근에는 트랜스유라시아 어족으로 불림)은 '보글보글'과 '부글부글'처럼 모음조화 현상이 나타나고, '나는 책을 읽는다'처럼 주어, 목적어, 동사의 순으로 말하며, 단어에 조사를 붙임으로써 주격, 목적격 등의 문법 요소를 표시하는 언어다. 알타이 어족으로는 동아시아의 한국어, 일본어, 중앙아시아의 몽골어, 시베리아의 퉁구스어, 서아시아의 튀르크어 등이 있다. 튀르키예 사람들과 중앙아시아의 카자흐스탄 사람은 서로 말이 통하며, 중앙아시아 많은 나라들이 알타이 어족의 인류학적 뿌리를 공유하고 있다.

종전에는 3000~4000년 전 중앙아시아 몽골 지방에서 발원한 유목민족이 알타이어를 동쪽의 한국과 일본, 북쪽의 시베리아, 서쪽의 카자흐스탄, 튀르키예 등으로 전파했다는 게 정설이었다. 그런데 독일, 러시아, 한국, 일본, 중국 등 10개국 언어학자, 고고학자, 유전생물학자가 참여한 연구에서 알타이 어족은 중국 북쪽(만주)과 한반도 사이인 랴오허강(요하)에서 9000년 전 발원한 농경민족이 기원이며, 이들이 바로 옆 동쪽인 한국과 일본, 북쪽인 몽골과 퉁구스, 서쪽인 중앙아시아 국가들과 튀르키예 방향으로 알타이어를 전파했다는 사실을 밝혀냈다.

알타이어의 특징을 고스란히 품은 한국어가 만든 민중 커뮤니케이션 형태를 알아보자.

(2) 속담

속담은 대부분 역사적 배경이 있고 교훈과 삶의 지혜가 담겨 있다. 그리고 대부분 속담은 말조심하라는 의미가 들어 있다. 이는 세월 속에서 말로 탈이 나는 경우가 많았다는 역사적 배경을 보여준다. 이어령 교수는 <토정비결>의 1년 신수 중 가장 많은 것이 구설수(口舌數)나 설화(舌禍), 즉 말로써 입은 피해라고 지적했다.[24] 실제로, 우리나라는 전통적으로 말 한마디로 패가망신하는 수가 많았다.

속담 문장은 '가는 말이 고와야 오는 말이 곱다'는 식으로 대부분 운율과 대구가 맞아떨어진다. 이는 말로 전파되는 속담의 한계인 기억력을 높이기 위한 고대인들의 노력이었음은 2장에서 이미 설명된 바 있다.

- 가는 말이 고아야 오는 말이 곱다: 자기가 먼저 남에게 잘 대해 주어야 남도 자기에게 잘 대해 준다는 말.
- 가루는 칠수록 고와지고 말은 할수록 거칠어진다: 말이 많음을 경계하는 말.
- 고자질쟁이가 먼저 죽는다: 남에게 해를 입히려고 고자질하는 사람이 남보다 먼저 해를 입게 된다는 말.
- 글 속에 글 있고 말 속에 말 있다: 말과 글은 그 속뜻을 잘 음미해 보아야 한다는 말.
- 금도 모르고 싸다 한다: 내용도 모르고 아는 체하다.
- 나무에 오르라 하고 흔드는 격: 솔깃한 말로 남을 꾀어 난처한 처지에 빠뜨리는 경우를 이르는 말.
- 낮말은 새가 듣고 밤말은 쥐가 듣는다: 아무리 비밀히 한 말도 누군가가 듣는다는 뜻으로, 항상 말조심하라는 말. (A wall has an ear).
- 내가 할 말을 사돈이 한다: 내가 해야 할 말을 남이 가로채 한다. 내가 원망해야 할 일인데 남이 도리어 나를 원망한다. 내가 하고 싶었던 말을 남이 대신 해주어 잘 되었다.
- 담벼락하고 말하는 셈이다: 미욱하고 고집스러워 도무지 알아듣지 못하는 사람과는 더불어 말해 봐야 소용없다는 말.
- 말로 온 동네를 다 겪는다: (온 동네 사람을 말로만 때운다는 뜻으로) 실천은 하지 않고 모든 것을 말만으로 해결하려 듦을 이르는 말.
- 말 많은 집은 장맛도 쓰다: 가정에 말이 많으면 살림이 잘 안된다는 말.
- 말 한마디에 천 냥 빚도 갚는다: 말만 잘하면 어떤 어려움도 해결할 수 있다는 말.

- 모난 돌이 정 맞는다: 성격이나 언행이 까탈스러우면 남의 공격을 받게 된다는 말.
- 모화관 동냥아치 떼쓰듯: 경우에 닿지 않는 말로 성가시게 군다는 뜻.
- 못 먹는 씨아가 소리만 난다: 되지 못한 자가 큰소리만 친다. 이루지도 못할 일을 시작하면서 소문만 굉장히 퍼뜨린다는 말.
- 문비를 거꾸로 붙이고 환쟁이만 나무란다: 자기가 잘못하여 놓고 도리어 남을 나무란다는 말.
- 물이 깊을수록 소리가 없다: 사람이 잘날수록 잘 난 체하거나 떠벌리거나 하지 않는다는 말.
- 미꾸라짓국 먹고 용트림한다: 사소한 일을 하고선 무슨 큰일이나 한 듯이 으스대거나, 못난 사람이 잘난 체함을 이르는 말.
- 미친 중놈 집 헐기: 당치도 않은 일에 어수선하고 분주하게 떠들거나 날뛴다는 뜻.
- 받는 소는 소리치지 않는다: 일을 능히 처리할 수 있는 역량이 있는 사람은 공연한 큰소리를 치지 않는다는 말.
- 발 없는 말이 천 리 간다: 말을 삼가야 함을 경계하는 뜻의 말.
- 번갯불에 솜 구워 먹겠다: 거짓말을 쉽게 잘함을 비유하여 이르는 말.
- 자랑 끝에 불붙는다: 자랑이 지나치면 그 끝에 무슨 말썽이 생기기 쉽다는 말.
- 범도 제 말 하면 온다: 남의 말을 하자 마침 그 사람이 온다. 당사자가 없다고 함부로 흉을 보지 말라는 말.
- 사돈 남(의) 말한다: 제 일은 놔두고 남의 일에만 참견함을 이르는 말.
- 상주보고 제삿날 다툰다: 정확히 아는 사람 앞에서 자기의 틀린 것을 고집한다는 뜻.
- 소더러 한 말은 안 나도 처(妻)더러 한 말은 난다: 아무리 가까운 사이라도 말을 조심하라는 뜻.
- 아 해 다르고 어 해 다르다: 같은 내용의 말이라도 말하기 나름으로 사뭇 달라진다는 말.
- 음식은 갈수록 줄고 말은 갈수록 는다: 먹을 것은 먹을수록 주나 말은 할수록 보태져, 걷잡을 수 없게 되는 것이니 말을 삼가라는 말.
- 익은 밥 먹고 선소리한다: 사리에 맞지 않는 말을 싱겁게 하는 사람을 핀잔하여 이르는 말.
- 입은 비뚤어져도 말은 바로 해라: 언제든지 말을 정직하게 해야 한다는 말.
- 입술에 침이나 바르지: 거짓말을 천연스럽게 꾸며대는 것을 욕하는 말.
- 입찬소리는 무덤 앞에 가서 하라: 입찬말은 죽어서나 하라는 뜻으로, 함부로 장담하지 말라는 말.
- 혀 아래 도끼 들었다: 제가 한 말 때문에 죽을 수도 있으니, 말을 항상 조심하라는 뜻.
- 황소 제 이불 뜯어 먹기: 우선 둘러대서 일을 해냈지만, 알고 보면 자기 손해였다는 것[25]

(3) 참요(讖謠)

'참요'는 정치적 상황에 대한 풍자적 노래로 대개는 어린이들이 부르고 다닌다. 누군가가 자신의 정치적 의도를 노래로 만들어 길가 어린이들에게 가르치고 이를 여기저기 부르고 다니도록 사주한 게 참요다. 이때 약간의 군것질거리 등이 아이들을 유혹하는 데 이용됐을 것이다. 철없는 아이들은 배운 노래를 크게 부르고 다닌다. 관원들이 그 노래를 듣고 경악해도 아이들인 관계로 못 부르게 하는 게 전부이며, 아이들을 잡아 가두거나 벌할 수 없다. 아이들은 관원이 가버리면 또 그 노래를 부르며 노래 내용을 어른들에게 전파한다. 백제 무왕이 신라의 선화공주와 노래를 이용해서 결혼에 성공했다는 <서동요> 설화는 참요의 전형적인 사례다. <서동요> 내용은 역사적으로는 사실로 보기 어렵다. 2019년 검찰총장을 조롱하는 노래를 어린아이들이 유튜브에서 부른 일이 일어났다. 그게 곧 참요다. 어린아이에게는 죄를 묻기 힘들다. 다만, 그 뒤에 정치적 의도를 가진 어른이 숨어 있을 뿐이다.

〈서동요〉

위덕에게는 아좌가 있고
아좌에게는 무강이 있고
무강에게는 장수가 있고
장수에게는 누가 있을까?
내가 있다네 네(니)가 있다네
우리가 있다네 우리가 있다네

〈녹두장군 전봉준 노래〉

새야새야 파랑새(일군, 청군)야 녹두밭에 앉지마라
녹두꽃(전봉준)이 떨어지면 청포장수 울고 간다
(일본놈들아 녹두장군 잡아가지 마라
녹두장군 죽으면 우리 민중들이 울고 간다)

새야새야 파랑새야 녹두밭에 앉은 새야

녹두꽃이 떨어지면 부지깽이 매 맞는다
(녹두장군 잡아간 일본놈들아
녹두장군 죽이면 우리가 혼내줄거다)

새야새야 파랑새야 녹두밭에 앉은새야
아버지의 넋새보오 엄마죽은 넋이외다
(녹두장군 잡아간 일본놈들아
녹두장군의 죽음은 부모의 죽음과 같이 안타깝다)

새야새야 파랑새야 너는 어이 널라왔니
솔잎댓잎 푸릇푸릇 봄철인가 널라왔지
(여기서 파랑새는 팔왕 전봉준을 뜻하고
청송 · 녹죽을 보고 봄인 줄 알고 왔다는 뜻)

〈해방직후 유행한 참요〉

미국놈 믿지 말고,
소련놈에 속지 말고,
일본놈 일어나고,
되놈은 되나오니
조선사람은 조심하라

(4) 판소리

'판소리'는 한국판 1인 오페라다. 판소리는 전라도 지역에서 발생했기 때문에 노래 가사는 모두 전라도 사투리로 전해 오고 있다. 판소리를 서울말로 부르면 제맛이 날 수 없다. 랩은 미국 흑인 억양이 기본이다. 백인 랩 가수가 적은 이유가 랩 자체가 흑인 억양으로 불리기 때문이다. 우리말로 랩은 가능하지만, 이는 판소리를 영어로 부르는 것처럼 문화적으로는 제맛과 거리감이 있다.

판소리는 당시 사회상과 당시 사람들의 염원이 담겨 있다. <흥부가>는 선한 사람은 재물로 보상받고 악한 사람은 천벌을 받는다는 전형적인 권선징악적 내용을 담고 있다. 최근에는 흥부를 무능한 사람으로, 놀부를 능력 있는 현실적인 사람으로 해석하기도 한다. <수궁가>는 피지배계층이 지배층을 농락하면서 일종의 쾌락을 느끼고 복수하려는 염원을 그리고 있다. <심청가>는 절망적인 서민의 삶이 극복되었으면 하는 간절한 희망을 담고 있다. <춘향가>는 신분 세습 제도의 모순을 비판적으로 그렸다. 판소리는 옛 우리 선조들의 한과 슬픔을 간직한 노래 형태의 커뮤니케이션이었다.[26)]

판소리는 유네스코가 제정한 인류무형문화유산으로 등재됐다.

'이날치'라는 판소리와 재즈를 융합한 퓨전 록 밴드가 <수궁가>에 삽입된 판소리인 <범 내려온다>를 재즈풍으로 불러 유튜브에 올렸다. 이게 전 세계적으로 6억 뷰를 기록할 만큼 선풍적으로 인기를 끌었으며, BBC 라디오는 이를 보고 "희한하게 익숙하고 아름답게 낯설다"고 극찬했다.[27)]

(5) 시조(時調), 가사(歌辭), 잡가, 민요, 무가(巫歌)

양반들도 공적 업무용이 아닌 비공식적 커뮤니케이션 활동을 했는데, 그중 하나가 시조다. 시조는 고려 중기에 발생해서 고려 말기나 조선 초기에 형식이 완성됐으며, 우리나라 고유의 3행 정형시로서 우리말로 우리 민족의 정서를 읊었다는 의미가 있다. 주로 양반들이 시조를 짓고 즐겼지만, 황진이 등 평민이 지은 시조도 있다.[28)]

또 다른 양반의 비공식적 커뮤니케이션에는 가사 문학이 있다. 가사는 고려 말에 발생해서 조선 초기에 사대부 계층이 즐기는 문학 양식이 됐다. 시조처럼 운율이 있지만 행의 제한이 없는 게 특징이다. 가사 작사에는 사대부가 주류를 이루지만, 양반가 부녀자(이들이 쓴 가사를 '내방가사'라 하며, 이는 한글로 쓰인 여성 문학의 정수이고, 영남지방에 7000여 수가 남아 있어서 세계기록유산 신청을 준비 중이라고 한다), 승려, 서민도 가사 문학을 짓고 즐긴 사례가 많다. 정철의 <사미인곡> 등은 가사 문학의 백미로 꼽힌다.[29)]

그 밖의 잡가, 민요, 무가(무당들의 무속 노래) 등은 당시 서민들의 기쁨, 슬픔, 노동의 고달픔이 노래로 구현된 것들이다.

우리나라 민요 <아리랑>은 유네스코의 인류무형문화유산이다.

(6) 탈춤

탈춤은 얼굴에 가면(탈)을 쓰고 추는 춤을 말하며, 농경시대 초기부터 풍년을 기원하는 제사로 시작되어 삼국시대에도 성행했고, 조선시대에도 궁궐에서 탈춤이 공연됐다. 얼굴에 익살스럽거나 이상한 모양의 탈을 쓰고 추는 탈춤은 대개 큰 행사의 흥을 돋우는 용도였다.

이런 탈춤이 궁궐에서 민간으로 이어지면서 양반사회의 계급적 모순이나 비도덕성을 풍자하는 내용들이 등장하기 시작했다. 양반들은 명절 등 특별한 날에는 상민들이 자신들을 은근히 비판, 풍자하는 놀이를 허용하고 묵인했다. 그러나 단 하나의 조건이 있었다. 양반 풍자 놀이를 하되 얼굴은 탈로 가리라는 것이었다. 탈춤은 양반들의 묵인하에 피지배계층 사람들이 속에 쌓인 양반에 대한 반감을 표출하는 카타르시스(대리만족) 기능을 가졌다. 지역마다 조금씩 스토리와 탈 모양에서 차이가 나지만, 양반 사회 풍자라는 주제를 담은 내용과 등장인물은 유사하다.30)

삼국시대에 기원한 탈춤의 하나인 처용무가 유네스코의 인류무형문화유산에 이미 등재되어 있다. 그리고 2022년에는 18개 종목으로 구성된 '한국의 탈춤'이 우리나라 22번째 유네스코 인류무형문화유산으로 등재가 결정됐다. 18개 탈춤 목록에는 양주별산대놀이, 통영오광대, 고성오광대, 강릉단오제 중 관노가면극, 북청사자놀음, 봉산탈춤, 동래야류, 수영야류, 송파산대놀이 등이 포함됐다.

[그림4-6] 탈춤 공연 모습(Ralph Honsbeek 촬영, flicker, 무료 이미지).

(7) 수필, 잡록, 일기, 전기, 전설, 전기수(傳奇叟)

한글의 힘은 실로 대단했다. 상민들이나 양반 여자들도 한글을 쉽게 배울 수 있었다. 한글을 읽고 쓸 수 있는 인구가 단지 남성 지배층뿐만 아니라 상민과 부녀자들까지 포함되면서, 옛날 우리나라에는 창작 소설책, 전설을 적은 이야기책, 개인적인 수필, 일기 등이 수를 셀 수 없이 많이 남아 있다. 이들 중에는 한자로 적힌 것도 있지만 한글로 쓰인 것도 많다. 이처럼 우리나라 일부 민중은 문맹을 벗어나 글로 남과 소통하는 고차원적 문화를 누렸다.

민중 커뮤니케이션 중 민간의 각종 이야기나 소설을 여러 사람을 모아놓고 신나게 낭독해주는 직업이 있었다. 조선 후기에 각종 소설이 민간에 널리 유통되자, 인기 소설을 읽어주고 일정한 보수를 받는 '전기수'가 등장한 것이다. 전기수는 부유한 집을 찾아다니거나 사람이 많이 다니는 곳에 자리를 잡고 사람들에게 돈을 받고 소설을 읽어주었다. 그런데 읽어주는 방식이 청중의 감정이 몰입되도록 감동적으로 목소리 연기를 했을 것으로 짐작된다.[31]

전기수는 책 출판이 활발해지고 영화가 등장하면서 일제 강점기에 사라졌고, 대신 무성영화 해설가인 '변사(辯士)'가 전기수 역할을 대신했으며, 현대의 유튜버는 곧 전기수에서 변사로 이어지는 민중 커뮤니케이션 전통을 계승했다는 주장도 있다.[32]

(8) 민화(民畵)

원래 그림이나 조각과 같은 이미지는 서양에서 문맹이 많았던 시대에 정보 전달의 중요한 수단이었다. 그래서 중세의 교회에서는 모자이크, 스테인드글라스, 나무나 돌에 새긴 조각 등으로 강력한 종교적 메시지를 전달했다.[33] 각종 미술품이 종교적 상징과 교훈을 전달하는 커뮤니케이션 수단이었다는 것이다.

중세 이후 르네상스 시대에도 보티첼리나 미켈란젤로의 성스러운 종교 그림은 신자들에게 감동을 주었으며, 17세기 이후 인쇄술이 발달하면서는 종교적 그림이 인쇄되어 판매되기도 했다. 심지어 콜럼버스의 신대륙 발견 장면을 인디언과 함께 묘사한 그림이 널리 퍼지기도 했다. 프랑스혁명 전후에는 프랑스 귀족

의 사치한 생활을 풍자하는 카툰의 원조 격인 그림이 성행하기도 했다.[34)]

울산 암벽화의 고래 그림이나 고구려 벽화도 고대 한국 민족의 생활을 표현한 이미지였다. 그리고 조선시대 후기에 등장한 민화도 민중 사이에서 그림으로 정보, 정서, 생활 풍습을 전달하려는 노력을 잘 보여주고 있다. 심지어, 민화는 풍자적 의미도 지녔다. 민화는 조선 후기에 정통 화가가 아닌 민중 화가들이 그린 그림들로서 예술적 격조는 떨어지지만, 우스꽝스러운 호랑이, 책이 서가에서 둥둥 떠다니는 책가도(冊架圖) 등에서 한국 서민의 세상에 대한 풍자적 정서를 잘 보여주고 있다.[35)]

(9) 5일장, 보부상(褓負商)

조선시대 5일장은 단순한 상품 거래 시장이 아니었다. 5일장 장터는 다른 마을이나 나라의 뉴스를 듣고, 간간이 듣는 소문을 확인하는 곳이기도 했으며, 볼거리 등 오락을 즐기고, 맞선을 주선하는 등 정보를 교환하는 커뮤니케이션, 즉 소통 공간이었다. 씨름대회가 열리거나 남사당패가 공연하는 공간도 장터였다. 관헌에서 방이나 괘서를 통해서 공식적 소식을 전하거나 명령을 하달하는 곳도 장터였다. 3.1만세운동이 일어난 곳도 바로 충남 천안시 병천면의 아우내 장터였다.[36)] 병천 순대의 원산지가 바로 아우내 장터다. 지금도 아우내 장터에 가면 병천 순대집이 즐비하다.

장터의 주연은 장사꾼이었다. 이들은 5일장이 서는 마을의 위치와 거리를 잘 계산하여 장이 서는 곳으로 날마다 이동했다. 이들의 이름인 '보부상'은 봇짐장수라는 의미의 '보상(褓商)'과 등짐장수라는 '부상(負商)'을 합친 말로 고대부터 한국 사회에 전국적으로 상품을 유통하는 장사꾼으로 존재했다. 이들은 조선시대에 들어와서 일종의 상인회에 속하는 강력한 조직을 형성하고 나름대로 내부 소통과 외부 이권을 보호하는 커뮤니케이션 공동체가 됐다. 그리고 이들이 정치적 활동에 나서기도 했는데, 그 대표적 사례가 동학농민운동 때의 보부상 군(軍)이었다.[37)]

장터에서 펼쳐졌던 사당패 공연 중 '줄타기', 그리고 '씨름'도 유네스코 인류 무형문화유산에 등재됐다.

현대에도 경기도 성남의 모란 민속 5일장, 파주의 문산 자유시장, 일산 민속 5일장 등이 성업 중이고, 대단지 아파트에서 매주 펼쳐지는 장터나, 대학가나 젊은이 거리에서 펼쳐지는 플리마켓이 일종의 시장 기능과 더불어 커뮤니케이션 공간의 역할을 하고 있다. '당근마켓'은 온라인상에서 물건 구매와 판매자를 연결해주고 기타 생활 정보를 교환하는 소셜 미디어 커뮤니케이션 기능을 수행하고 있다.

(10) 계(契)

결혼, 장례 등 목돈이 필요한 집안 대소사에 대비하기 위해, 계원들이 정기적으로 돈을 모으고 순번을 정해서 돌아가면서 계원 하나씩 목돈을 타게 하는 것이 '계'다. 따라서 계는 하나의 경제적 공동체였으며, 동시에 모여서 친목을 나누고 소통하는 커뮤니케이션 조직이기도 했다. 원래 계의 모태는 추석의 기원이 된 신라시대 '가배'다.[38] 현대에도 계가 존재한다. 친목계, 가족계, 동창회계, 여행계, 명품계 등이 그 예인데, 각종 계는 일종의 인적 네트워크이기도 하다. 각종 선거철이 다가오면, 계모임이 활발해진다. 지역 곳곳의 계 조직을 파악하고 그들에게 잘 보이지 못하면 국회의원이나 지자체장 선거에서 승리하기 힘들다는 사실은 현대에도 계의 정치적, 문화적 위력이 여전함을 증명한다.

최근 각양각색의 카카오톡 단체방, 밴드 등은 소셜 미디어가 새로운 모임의 소통 공간으로 자리 잡았음을 보여 준다.

(11) 두레

과거 농경사회가 주류였던 우리나라는 마을 단위로 노동했다. 모심기, 잡초 제거, 수확 등의 노동일을 마을이 하나의 노동 공동체로 움직였다. 예를 들면, 마을 사람들 전체가 모여서, 하루는 김 서방네 일을, 다음 날에는 박 서방네 일을 했다. 이런 식으로 전체 마을 일을 돌아가면서 공동으로 진행했으며, 이런 노동 공동체를 '두레'라 했다. 마을 전체가 모심기 등 한 차례 농사일을 공동으로 마무리하면 모여서 파티를 즐겼다. 이를 호미씻이, 백중놀이, 두레놀이 등으로 마을마다, 또는 농사 이벤트마다 특색 있게 불렀다.[39] 농사를 짓는 두레가 마을 단위의 의사소통 기능도 같이 수행했다.

두레 마을 간 대항 경기였던 '줄다리기', 농경문화와 직결되어 그 이름에서 농민의 음악이란 뜻을 가진 '농악(農樂)'은 모두 유네스코의 인류무형문화유산으로 등재됐다.

이어령 교수는 한국인의 당파심에 대한 반론으로 한국인은 협동 정신이 없는 게 아니라 협동 방식이 미묘했다고 설명했다. 이 교수는 한국인의 협동은 모든 사람이 한 방향으로 가는 협동농장 식이 아니라 개개인의 이해관계 중심으로 움직이는 협동이라고 했다. 그가 개인의 이해관계 중심의 한국인 식 협동의 사례로 지적한 것이 계와 두레다. 이들은 모두 협동을 전제로 하지만 그 안에서 개인의 이익도 구할 수 있었다는 것이다.[40]

(12) 동제(洞祭)

마을은 노동 공동체이면서 동시에 종교의식 공동체이기도 했다. '동제'는 마을 단위 제사다. 과거 도시에서는 상인들이 모여 한 해의 이익을 기원했고, 농촌에서는 그해의 풍년을, 어촌에서는 풍어와 어로 작업의 안전을 빌었다. 동제는 어촌 > 농촌 > 도시 순으로 성행했다. 동제는 생업과 일상의 두려움, 불안 해소 기능이 있었고, 마을의 결속을 다지는 역할도 지니고 있었다.

특히 두레와 동제는 ①일제 강점기에 우리 민족혼을 말살하려는 식민정책 때문에 와해하기 시작했고, ②해방 후에는 좌우익 이데올로기 대결(친탁/반탁, 제주4.3사건, 여순사건, 한국전쟁 등)로 소멸했으며, 결정적으로 ③산업화와 도시화에 따른 사회변화로 인해 사라지게 됐다.[41]

최근에는 여러 지자체에서 페스티벌 형태로 지역 주민들이 참여하는 행사를 열고 있는데, 이들은 두레나 동제와 같은 마을 공동체 정신의 재생 현상으로 보인다. 일부 아파트 단지는 카카오톡이나 밴드를 이용한 아파트 주민 공동체를 운영하기도 한다.

강릉 지방의 전통적 동제 행사였던 '강릉단오제'는 유네스코 인류무형문화유산이 됐다.

(13) 우물가, 모정(茅亭)

'우물가'는 평민 아녀자들이 날마다 모여 빨래하고 물을 기르면서 대화를 통해서 스트레스를 해소하고 정보를 교환하는 커뮤니케이션 장소였다. 우물가는 마을 소문의 진원지이기도 했고, 우물가 대화를 통해서, 마을 사람들은 개별 집들의 대소사는 물론, 숟가락이 몇 개인지 등 소소한 일상 정보를 서로 알게 됐다.

'모정'은 동네 입구 느티나무 아래 지어진 정자를 뜻하며, 주로 여름철에 마을 남자들이 모여서 장기를 두거나, 낮잠을 자기도 했으며, 대화를 나누는 사교 장소였다.[42]

(14) 사랑방, 행랑, 안방

양반집의 전형적인 구조는 세 가지 구역으로 나뉘어 있었다. '사랑방(사랑채)'은 집안의 어른인 영감마님이 거주하는 공간이며, 그 동네의 양반 어르신들이 모이는 장소였다. '안방(안채)'은 사랑채와 대개는 담으로 구분되어 있었으며, 안방마님이 거주했고, 부엌과 곳간 등의 음식 작업 장소들이 모여 있으면서, 동네 양반집 안방마님들의 모임터였다. 행랑(행랑채)은 사랑방과 가까운 곳에 있었으며, 하인들이 모여 사는 공간으로, 일과 후 동네 하인들이나 평민들이 모여서 새끼를 꼬거나 휴식을 즐겼다.

[그림4-7] 한국의 전통 한옥은 사랑채, 안채, 행랑채로 구분되어 있으며, 한 집 안에서 남녀의 거주 영역이 달랐다(자료를 바탕으로 새로 그림).

미국의 한 사회학자는 한국 사회변화를 다음과 같이 설명했다. 사랑방은 전통적으로 한 마을 최고 지도자, 원로들이 모이는 장소였으며, 이곳에서 마을을 지배하는 최고 규범(행동의 가이드라인)이 생산되는 곳이었다고 했다. 안방은 마을 여성 어르신들이 모이는 곳으로 여기서는 마을 부녀자들의 행실을 지배하는 규범이 생산되는 곳이었다고 했다. 행랑은 마을 평민들이 모이는 곳으로 마을의 제일 하층 규범을 생산하는 곳이었다고 지적했다. 미국 사회학자는 이런 규범 시스템으로 한국은 수백 년 동안 마을이 움직이고 질서를 유지해 왔다고 진단했다.

1960년대 경제개발계획이 실행되면서 새마을 운동이 일어났다. 새마을 운동은 급속도로 농촌사회의 규범 시스템을 흔들기 시작했다. 사랑방에 모여 있던 마을 원로 어르신들은 경로당으로 옮겨 앉아 마을 일에서 손을 놓고 뒤로 물러났다. 그 자리에 행랑에서 나온 마을 청년회 회원들이 새마을 모자를 쓰고 나타났으며, 이들이 마을 길을 넓히고 초가집을 고치는 마을 개조의 주역이 됐다. 안방에 있던 아녀자들도 부녀회를 구성하고 마을 발전과 영농사업에 뛰어들었다. 한국은 1960년대와 1970년대 근대화 과정에서 이렇게 전통 규범 시스템이 무너지고, 어른이 사라졌으며, 젊은이 중심의 세상으로 변해갔다는 게 미국 사회학자의 이론이었다.[43)]

미국의 다른 사회학자 오그번(Ogburn)은 급속한 기술과 이에 따른 문화 격차를 '문화 지체(cultural lag) 현상'이라고 했다.[44)] 이는 자동차가 도입됐지만 성숙한 운전문화가 따라주지 못하는 사회에서 발생하는 현상, 즉 물질적 변화와 정신적 문화의 부조화를 일컫는 말이다. 역사가 흐르면서, 세상이 변하고, 대한민국 사람들의 삶과 문화, 그리고 커뮤니케이션 양상이 변했다. 그 와중에서 우리는 옛 규범은 해체됐지만 새 규범은 아직 정착하지 못해서 일어나는 과도기적 규범 혼란에 빠져있다. '욜로', '워라벨', '혼밥', '비혼(非婚)' 등 새로운 문화가 새로운 규범을 만들고 있다.

주석

1) 한국이 기록의 나라임에도 불구하고 한국 역사의 문제는 기록의 단절이라는 내용의 이 부분은 서울대 중문과 허성도 명예교수의 교양 강연 강의록에 의존해서 작성된 것이다. 허 교수의 강연 내용을 파악하려면, 유튜브나 블로그(https://c11.kr/cehn), (https://c11.kr/ceho) 등을 참조하면 된다.
2) 정진홍, "카카오 사태와 조선왕조실록", 『조선일보』, 2022. 10. 19.
3) 블로그, "중국의 수학", 2019. 12. 15., https://c11.kr/cehq
4) 블로그, "원주율 이야기", 2019. 12. 15., https://c11.kr/cehr
5) 한국의 전통적 커뮤니케이션 역사에서는 우리의 커뮤니케이션 유형을 크게 공식적 커뮤니케이션과 비공식적(민중) 커뮤니케이션으로 구분했으며, 특히 민중 커뮤니케이션에는 속담, 참요, 판소리, 탈춤, 두레, 시장, 계, 동제, 우물가, 사랑방 등이 포함되어 있다고 서술했다. 이 부분의 아이디어는 [김민남, "한국 농촌사회의 전통적 커뮤니케이션 마당에 관한 연구: 두레와 동제를 중심으로", 성균관대학교 대학원 박사학위 논문, 1989]에 주로 의존했음을 밝힌다.
6) 김민남, op. cit., 27–31쪽.
7) 송기호, 『임금되고 신하되고』, 송기호 교수의 우리역사읽기 6, 서울대학교출판문화원, 2014, 281–298쪽.
8) *Ibid.*, 301–320쪽.
9) 김영주, "조선시대 공론 연구: 여론 유사 용어와 관점, 유형과 형성주체, 그 용례를 중심으로", 『언론학연구』, 14권 1호, 2010, 41–73쪽.
10) 국사편찬위원회 우리역사넷, "괘서", 2019. 12. 18., https://c11.kr/cehi
11) 한국민족문화백과사전, "경주인", 2019. 12. 18., https://c11.kr/cehj
12) 한국언론인연합회, 『한국언론 100년사』 1권, 한국언론문화사, 2006, 83–84쪽.
13) 도영진, "조선시대 조보가 세계 첫 인쇄신문", 『경남신문』, 2017. 6. 1.
14) 한상권, 『조선후기 사회와 소원제도』, 일조각, 1996, 386쪽.
15) *Ibid.*, 61쪽.
16) 서울특별시사편찬위원회, 『향토 서울』, 79–81호, 2011, 27–29쪽.
17) Jacques Attali, *Histoires des Medias,* 전경훈 역, 『미디어의 역사』, 책과함께, 2022, 23쪽.
18) 이규태, "이규태 코너 파발제", 『조선일보』, 1997. 10. 2.
19) 국사편찬위원회, "3사", 2019. 12. 16., https://c11.kr/cehu
20) Ibid., "상소", https://c11.kr/cehx
21) 선샤인 지식노트, "풍문탄핵", 2022. 10. 18., https://url.kr/rlgxuk
22) 송기호, *op. cit.*, 25쪽.
23) 서동준, "'한국어 기원, 9000년 전 中요하 농경지'··· 중앙亞 유목민설 뒤집히나", 『동아일보』, 2021.11. 12.
24) 이어령, 『흙 속에 저 바람 속에』, 문학사상, 2008, 203–206쪽.
25) 블로그, "입조심 말조심을 이르는 속담 격언", 2019. 12. 16., https://c11.kr/cehy
26) 판소리 학회, "판소리사", 2019. 12. 16., https://c11.kr/ceip
27) 폴인, "'범 내려온다' 장영규 사장 '시장에 존재하겠다, 살아남겠다'", 『중앙일보』, 2021. 6. 12.
28) 한국민족문화대백과, "시조", 2022. 10. 19., https://vo.la/HHdVoj
29) 한국민족문화대백과, "가사", 2022. 10. 19., https://url.kr/ycfvi6
30) 김민남, op. cit., 92–95쪽.
31) 한국민족문학대백과, "전기수", 2022. 10. 19., https://vo.la/l87qHX
32) 이한, "조선시대 유튜버를 아십니까?", 『조선일보』, 2022. 10. 11.

33) Asa Briggs & Peter Burke, *A Social History of the Media*, Cambridge, UK: Polity Press, 2009, pp. 8–10.
34) *Ibid.*, pp. 37–38.
35) 위대한 문화유산, “민화”, 2022. 10. 19., https://vo.la/zYqH74
36) 김민남, op. cit., 73–80쪽.
37) 한국민족대백과, “보부상”, 2022. 10. 19., https://vo.la/DfhZms
38) 김민남, op. cit., 80–86쪽.
39) Ibid., 61–65쪽.
40) 이어령, *op. cit.*, 277–282쪽.
41) 김민남, op. cit., 89–91쪽.
42) Ibid., 106–109쪽.
43) 이 부분은 이경자 경희대 명예교수의 대학원 과목 강의록에 근거한 것이다. 시간이 많이 흘러서 원전에 해당하는 미국 사회학자의 문헌을 찾을 수 없어서 ‘한 미국의 사회학자’로 표기했음을 밝힌다.
44) William Ogburn, *Social Change With Respect to Culture and Original Nature*, New York: B. W. Huebsch, Inc., 1922.

Chapter 5 구한말 계몽언론

1. 구한말의 사회갈등과 사회변화

(1) 경제 변화

고려시대부터 조선시대 중기까지는 '직파법(直播法)'이라고 해서 볍씨를 직접 논에 뿌려 벼를 키우는 쌀 재배법이 널리 사용됐다. 그런데 작은 묘판에 볍씨를 먼저 뿌려 어린 묘를 어느 정도 키웠다가 논 전체에 다시 옮겨 심는 '모내기' 방법이 도입됐는데, 이를 '이앙법(移秧法)'이라고 한다. 이앙법은 고려시대 때 도입됐다고 하나, 물이 충분해야 한다는 조건 때문에 일부에서만 시행되다가, 임진왜란 이후부터 점차 퍼지기 시작했고, 조선 후기에 이르러서야 본격적으로 전국에 보급됐다. 이앙법은 시비법(施肥법: 퇴비 등 비료를 활용해서 농사짓는 법)과 함께 쌀 생산량을 대폭 증가시켜 조선 후기에 부유한 농민이 출현하는 원인이 됐다.[1)]

오늘날도 농부들은 묘판에 볍씨를 심어 키우다가 대개는 곡우(음력 3월 5일) 전후에 정식으로 논에 모내기한다. 결국 이앙법은 오늘날에도 이어지고 있는 농법이다. 모든 식물은 한 번 옮겨 심으면 한 곳에서 자란 식물보다 뿌리가 더 튼튼해지고 잘 자란다고 한다. 최근에는 드론을 활용하기 위해서 철분으로 코팅한 볍씨를 드론으로 직파하는 농법이 시도되고 있다.[2)] 아무튼 이앙법과 시비법 덕택에 농사짓는 평민 중에서 부자가 생기기 시작했다는 사실은 조선 경제사에서 처음 있는 일이었다.

그러나 소유한 논이 없어서 논농사로 소득을 올리지 못하고 여전히 가난하게 살던 조선 후기 소작농들은 5일장을 떠돌면서 장돌뱅이나 도시빈민으로 변해갔다. 또한, 조선 경제는 서서히 물물교환 기반에서 '화폐경제'로 변해갔다. 파는 농산물이 많아지면서 시장이 커지고, 상업이 활성화됐다. 시장에 내다 팔 물건을 만드는 대장간 같은 소규모 '수공업'도 발달하기 시작해서 월급 받는 '임금 노동자'들이 생기고, 국가 간 무역이 활발해지면서 장돌뱅이들은 '보부상'으로 조직화하기 시작했다. 이들을 모아 중간 도매상에 해당하는 '객주'들이 성장했으며, 오늘날 재벌급에 해당하는 거상(巨商)들이 나타났다. 송상(松商, 개성상인), 경강(京江, 서울 한강)상인, 만상(灣商, 의주 상인), 내상(來商, 동래 상인) 등은 당시의 거대 상인 집단이었다.[3] 김주영의 소설 <객주>나 최인호의 소설 <상도(商道)>는 이러한 조선시대 후기의 자본주의 성장 과정을 잘 보여준다.

(2) 신분제도의 혼란과 농민 반란

평민, 혹은 중인 신분이면서 농업과 상업으로 부자가 된 사람들은 남의 문중 '족보' 관리자에게 돈을 주고 자신의 이름을 끼워 올리는 방식, 즉 기존 양반 아들 중 한 명으로 삽입하는 식으로 양반으로 신분을 상승시켰다. 이렇게 양반으로 신분을 세탁한 사람들은 돈을 주고 관직을 사서 벼슬길에 오르기도 했다('매관매직', 賣官賣職).[4]

사실, 조선 초기까지 이름에 성(姓)을 가진 사람이 전 국민의 15%에 불과했으며, 매관매직이나 족보 세탁으로 평민이 양반이 되는 등 신분제가 혼란스러워진 조선 후기가 되어도 30%에 불과했다. 결국 19세기에 접어들면서 인구의 70%가 양반 신분을 가지게 됐으며, 나머지 평민 30%가 일하지 않는 70%의 양반을 먹여 살리는 경제 구조가 됐다.

이런 모순된 구조는 가혹한 세금 착취로 이어졌다. 먹고 살기 힘든 농민들이 드디어 궐기했다. 평안도의 홍경래가 평안도 농민 전쟁을 일으켰으며, 이어서 진주, 함흥, 전라도 광주, 경기도 광주 등에서도 농민 반란이 줄을 이었다. 이는 세금 착취, 폭정에 따른 농민들의 분노였으며, 점차 조직화, 집단화했다. 동학은 그중 가장 규모가 컸고, 착취에 대한 분노를 넘어 반(反) 사회질서, 사회변혁 운동으로 발전했다. 사회변혁 운동이란 착취에 대한 단순 반란이 아니라 아예 사회의 신분제도 등을 바꾸자는 혁명을 의미했다.[5] 이 당시를 무대로 한 임꺽정,

홍길동, 장길산, 일지매 등의 의적 이야기는 서양의 로빈후드처럼 실화와 구전(口傳)이 혼합되어 당시의 사회적, 구조적 모순을 반영하고 있다.

(3) 실학의 전래와 구한말의 시대정신

외세가 침범하기 시작한 조선말 혼란 속의 시대 정신에 대해, 신용하 교수는 위정척사(衛正斥邪)사상, 동학의 혁명적 정치사회 사상, 개화사상이 있었다고 했다.[6] 언론인 남시욱은 개화파 내부에는 다시 온건형 실학파와 급진형 개화파로 나뉜다고 했다.[7] 또한, 함재봉 교수의 이론에 따르면, 구한말 조선의 지배층은 친중 위정척사파, 친일 개화파, 친미 기독교파 등이 있었다.[8]

이를 정리하면, 지배계층에는 ①수구파(위정척사파)와 개화파(②온건형 실학파+③급진형 개화파) 정치인들이 있었다. 또한 지배계층의 교류 국가에 따라서는 ①친중 위정척사파, ②친일 개화파, ③친미 기독교파로 나뉜다. 동학은 이들 지배계층 시대정신과는 달리 피지배계급에서 분출한 사상이었다.

위정척사파는 유림의 유교적 전통 질서에 따른 정치적 명분을 내세워 서양 학문과 기독교를 배척했고, 외국과의 수교를 반대하는 상소(영남만인소 등)를 올렸다. 대원군을 중심으로 1866년 프랑스 함대를 물리친 병인양요와 1877년 미국 제너널 셔먼호를 물리친 신미양요를 거치면서 이들 유림은 위세를 떨쳤다. 이들은 세계의 흐름을 읽지 못한 반시대적 성향이 있었으나, 나중에 유림의 최익현 등은 항일 의병을 일으키기도 했다.[9]

개화파는 통신사, 조사시찰단, 유학생의 신분으로 일본 지식인, 서양 선교사, 그리고 선구자적 실학자인 <열하일기>의 박지원, 박규수 등과 접촉하면서 실학을 받아들인 사람들이다. 이들 중에는 갑신정변을 일으킨 급진형 개화파인 김옥균, 서재필, 박영효 등이 있다. 같은 급진형 개화파인 김홍집, 박정양, 유길준 등은 나중에 정권을 잡고 갑오개혁(갑오경장)을 통해서 청국과의 조약 폐기, 신분 계급 타파, 노비 폐지, 부녀 재가 허용 등 208건의 개혁 조치를 실행했다. 갑오개혁은 조선 사람과 한국 사람, 군주국과 민주공화국의 분기점을 이뤘다는 평가를 받고 있다.[10]

개혁파 중에는 현실 정치보다는 서양 학문을 익히고 저술로 전파하는 데 치중한 온건형 실학자들이 있었다. 실학(實學)은 물리학, 지리학, 생물학, 천문학, 의학, 정치학 등 서구의 실용적 학문을 통칭하는 것으로 사실주의(손으로 만질 수 있는 것만이 존재한다는 철학)와 실증주의(과학적 인과 관계 증명으로 지식을 얻는 것)를 숭상하고, 유교적 관념주의(생각이 물질을 지배한다는 주의, 물리학, 공학 등 실용 과학을 등한시하는 경향을 보임)의 대안으로 퍼지기 시작했다. 서양 학문(실학)은 중국, 일본을 통해 조선에 도입됐으며, 외세의 범람으로 결국 조선도 서구 열강은 물론 일본에 문호를 개방하게 됐다.11) 온건형 실학자에는 김정희, 오경석, 이수광, 이익, 유형원, 박제가, 정약용 등이 있었다.12)

구한말 사회 구도는 다음과 같은 큰 틀에서 전개됐다.

[그림5-1] 구한말 사회구조 변화와 근대 신문의 탄생.

구한말 지배계급(양반)은 권력을 잡고 있는 정치인들(지배세력)과 권력 내부 혹은 권력 밖의 양반 중 진보적인 신흥 실학자들로 구분됐으며, 기성 지배 세력은 수구파로 남았다가 일제 강점기 때 일부는 친일 세력으로, 일부는 항일 의병을 일으키거나 독립운동가로 변신하게 된다.

반면, 개혁파(특히 급진형 개화파)는 나라 대개혁을 꿈꾸며 쿠데타를 일으키거나 실권을 잡고 갑오개혁을 실시했으나, 나라는 점점 일본의 손아귀에 넘어가고, 그 과정에서 항일 의병 활동을 벌이거나, 독립협회를 조직하고 만민공동회를 개최하거나, 또는 애국계몽 운동의 일환으로 학교를 세워 교육사업을 벌이고, 신문을 발행해서 나라 구하기에 나섰다. 신문은 구한말 외세 침략과 사회 혼란을 바로 잡기 위해 '애국계몽'의 도구로 우리나라에 도입됐던 것이다. 이상우 교수는 학교 설립과 신문 창간으로 구체화한 개화파의 계몽운동은 군주제에서 벗어나 주권재민의 공화제를 향한 토대가 됐다고 평가했다.[13)]

일부 개화파는 한일합방 이후 친일파란 비난을 받는 행동에 관여하기도 했다.

피지배세력(농민, 상인 등 중인, 평민)도 두 개의 분파로 나누어졌다. 하나는 부를 축적해서 족보 매입으로 신분을 양반으로 바꾼 다음, 매관매직으로 수구파, 친일파로 변신한 그룹이 있었으며, 다른 한 그룹은 관리의 폭정으로 동학 등 농민 전쟁에 참가하거나, 의병에 가담해서 외세에 저항했으며, 일부는 먹고 살길을 찾아 만주나 북간도 등으로 이주했다. 연변 등지의 조선족 교포의 뿌리가 북한 지역 이주민도 있지만, 삼남(전라, 경상, 충청) 지역 사람들도 많았다. 남쪽 지역에서도 살기가 어려워 구한말과 일제 강점기 때 만주 등지로 이주한 사람들이 많이 생겼다.[14)]

2. 한성순보(漢城旬報)와 한성주보(漢城周報)

(1) 역사적 배경

구한말, 실학으로 눈을 뜬 양반가의 젊고 전도유망한 박영효, 유길준, 김옥균 등의 열혈 청년들은 1880년과 1881년 영선사, 조사시찰단의 일원으로 청국과 일본 문물을 구경하고 견문을 넓혔다. 귀국 후, 이들 개화파 젊은이들은 조정에 선진 제도 도입을 건의했다. 그게 학교 건립, 신식 군대 신설, 그리고 '신문 창간' 이었다.[15)]

[그림5-2] 박영효
(위키백과, 무료 이미지).

[그림5-3] 김옥균
(위키백과, 무료 이미지).

1883년, 개화파 청년의 한 사람이었던 박영효가 한성 판윤(서울시장)이 되자, 박영효는 세상 소식을 전하는 신문 발행의 필요성을 고종에 건의하고 허가를 받아 구체적인 신문 창간 작업에 돌입했다. 그는 조사시찰단의 일원으로 일본 방문 때 만난 이노우에 가쿠고로를 포함한 3명의 일본 기자들을 초청해서 그들의 도움으로 1883년 10월 31일 한성순보를 창간했다.[16)] 유길준은 1881년부터 일본 유학 중이었으나 한성순보 창간 소식을 듣고 1883년 귀국해서 한성순보의 편집을 담당했다.[17)] 유길준은 나중에 최초의 한인 미국 유학생이 되어 미국 유학길에 올랐다가 1895년에 귀국해서 미국 체류기인 <서유견문(西遊見聞)>을 발간했다.

한성순보는 당시 조정의 인쇄소에 해당하는 박문국에서 인쇄됐으며, 매달 1일, 11일, 21일 등 열흘에 한 번씩 발행됐다. 한성순보의 '순(旬)'자는 '열흘 순' 자다. 당시 우리나라는 주 단위보다는 열흘 단위로 생활했다. 한성순보는 순 한문으로 기사를 적었다.

한성순보와는 별도로 조정의 공식 기관지(관보)인 '조보(朝報)'는 계속 별도로 발행되고 있었다. 비록, 정부가 주도해서 한성순보를 발행했지만, 별도로 발행된 관보가 있었으므로, 순보는 관보가 아니고 우리나라 최초의 근대 신문이었다. 그런데 정부 기구인 통리아문 박문국에서 한성순보를 발행한 이유는 당시 근대적 신문을 발행할 수 있는 자금, 인쇄시설, 기사 작성 등의 노하우를 가진 조직이 조정밖에 없었기 때문이다.

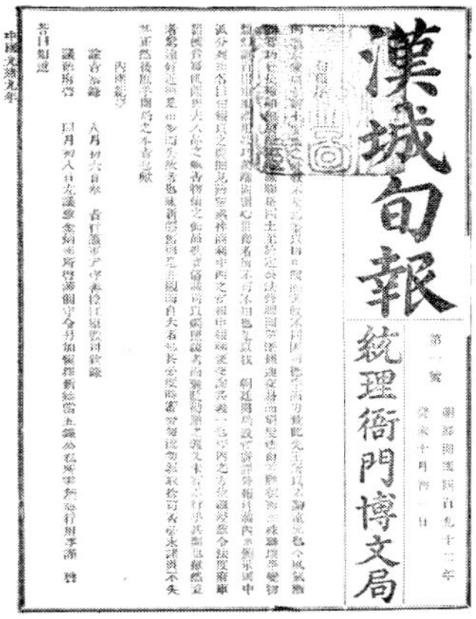
漢城旬報
統理衙門博文局

[그림5-4] 한성순보
(위키미디어, 무료 이미지).

한성순보 발행 1년이 지난 1884년 12월 4일, 김옥균, 서재필 등이 갑신정변을 일으키는 과정에서 박문국이 불타자, 한성순보는 더 이상 인쇄할 곳을 잃고 발행이 중단되고 말았다. 정변이 수습된 후, 조정 대신들이 개화 도구로서 신문의 필요성을 다시 제기하자, 결국 조정은 1886년 1월 25일에 한성순보를 계승한 '한성주보(漢城周報)'를 발행했다. 한성주보는 박문국이 운영 경비 부족으로 문을 닫게 되는 바람에 박문국 폐쇄와 더불어 1888년 7월 7일 폐간되고 말았다.[18]

(2) 한성순보와 한성주보의 모든 것

한성순보는 '순보서(旬報序: 발행 취지를 설명한 글)'에서 "우리 조정에서 (신문 발행하는) 관청을 만들어 외국 신문을 널리 번역하고, 아울러 국내 사건도 실어서 나라 안에 배포할 것이며, 시세(時世)를 살펴 흐르지도 말고 빠지지도 말며, 좋고 나쁜 것을 취사선택하여 도리에 맞게 구해서 바른 것(正)을 잃지 않는다면, 박문국을 개설하고 신문을 발간하는 취지를 거의 달성하게 되는 것"

이라고 밝혔다.[19]

한성주보는 창간사에서 ①조선과 외국과의 생각을 교환하고, ②외국의 지식을 습득하며, ③백성을 교육하고, ④세계를 이해해서 나라를 구하며, ⑤나라를 개혁하자는 취지의 글을 남겼다.[20] 이런 창간사는 실제 한성순보 지면에서부터 잘 반영되었다. 한성순보 2호에서는 유럽 시민 권리와 자유권이, 7호에는 피고인 무죄추정의 원칙이, 10호에는 삼권분립, 입헌정치가, 그리고 11호에는 주권재민설 등 민주주의 정치가, 12호에는 미국의 대통령제와 양당제가 각각 소개되어 있다.[21] 또한 순보 3호에는 여럿이 투자해서 회사를 설립하고 상공업을 진흥시켜야 한다는 주장도 실렸으며, 주식의 개념, 철도회사와 선박회사가 필요하다는 주장도 제기되어 있다.[22]

한성주보의 '주(周)'자는 '두루 주'자인데, 1주일에 한 번씩 발행되었으므로 여기서는 1주일(週日)을 뜻하는 주보(週報)와 같은 의미로 '주(周)'자가 사용됐을 것으로 추측된다. 한성주보 4호에는 한국 최초의 신문 광고인 독일 무역회사 세창양행의 광고(자기들이 수입해서 파는 서양 천, 시계, 램프, 성냥, 뮤직박스 등의 물건을 소개하는 광고)가 실리기도 했다.

한성순보는 총 41호가 발행됐으며, 이 중 36개 호가 보존되어 있고, 5개 호가 미발견 상태다. 한성주보는 총 123호가 발행됐으며, 이 중 41개 호가 보존되어 있고, 나머지는 찾지 못했다.

한성주보 내용은 국내관보(官報: 정부 소식), 국내사보(私報: 국내 뉴스, 번역된 외국 뉴스), 각국 근사(近史: 역사), 논설(외국 사설 번역), 잡록(雜錄: 천문학, 지리학 등), 본국고백(本局告白: 신문사 안내), 시직탐보(市直探報: 물가 정보) 등이었다. 한성주보에는 세계지도가 실려 세계에는 어디에 어떤 나라가 있다는 지리 교재 같은 내용도 있었다.

한성주보는 한글과 한문 혼용이었으며, 한양에 상주하는 지방 연락 담당 관리인 '경주인'이 한성순보와 주보를 지방으로 배포했다. 한양과 지방 관리들이 주요 독자였다. 한 번 발행할 때마다 1000부 정도를 인쇄했으며, 한 도에 140부 정도를 배포했다.[23]

3. 서재필의 독립신문

1884년 김옥균, 서광범, 박영효, 서재필, 홍영식 등 양반 출신 개화파 청년 지식인들이 입헌군주제를 통한 국가 개조를 외치며 일본의 도움을 받아 갑신정변을 일으켰으나, 청군의 지원을 받은 조정이 이들을 제압해서 그 꿈은 3일 만에 허무하게 무너졌다.

김옥균은 젊은 시절부터 박규수의 사랑방에서 오경석 등과 같이 개화사상을 공부했으며, 1872년 과거에 장원급제해서 관직에 올랐다. 김옥균은 1882년 3차 수신사 때 박영효와 동행해서 일본 근대화 현황을 파악했고 일본 근대화의 아버지라 불리는 후쿠자와 유키치와 교류했다. 그 후 김옥균은 개화당을 결성해서 갑신정변을 일으켰는데, 개화당은 일본의 명치유신을 모델로 급진적인 국가 개조를 기획했다는 평가를 받고 있다.[24] 김옥균은 갑신정변 실패 후 일본으로 망명했으며, 일본은 그를 받아들였고, 나중에 김옥균이 상해에서 암살되자 후쿠자와 유키치 등 일본 지식인들이 김옥균을 추모했다.[25] 김옥균은 북한까지 애국지사로 인정했으나, 국내에서는 김옥균이 친일파라는 논쟁이 있다.[26]

갑신정변에 참여한 서재필은 김옥균과 같이 일본으로 망명했다. 모반죄를 범한 서재필의 아버지는 참수됐고, 어머니, 형, 아내는 음독자살했으며, 두 살배기 아들은 굶어 죽는 등 가문이 몰락했다.

[그림5-5] 효수당한 김옥균(위키백과, 무료 이미지).

일본을 거쳐 미국으로 망명한 서재필은 선교사의 도움으로 고등학교와 의대를 거쳐 의사가 된 후, 1894년 갑오개혁으로 역적 누명이 벗겨지자, 망명한 지 10년 만인 1895년 미국 국적을 갖고 귀국한다. 그 후 1896년 이상재, 윤치호, 이승만과 함께 입헌국주국으로 주장하는 독립협회를 조직하고 독립신문을 창간한다. '최초의 근대 신문'은 한성순보가 맞지만, 정부가 주도했다는 순보의 태생적 한계를 고려해서, 언론학계는 독립신문을 '최초의 민간 신문'으로 규정했다. 한국신문협회는 독립신문 창간일인 4월 7일을 1957년부터 한국 신문의 날로 정해서 매년 기념하고 있다.[27]

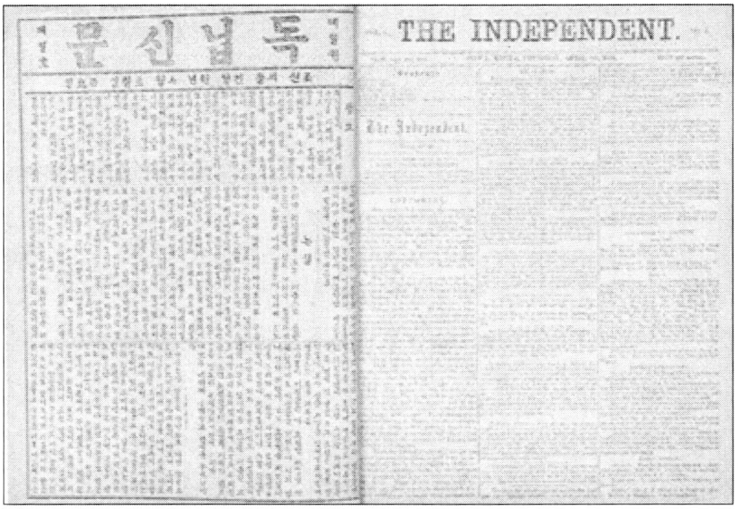
독닙신문

THE INDEPENDENT.

[그림5-6] 독립신문 한글판과 영문판(위키미디어, 무료 이미지).

독립신문은 순 한글판과 영문판을 동시에 발행했으며, 한글 띄어쓰기를 채용했다. 서재필은 독립신문 창간을 준비할 때 배재학당을 다니던 주시경, 그리고 한글의 우수성에 매료되어 한글 예찬론자가 된 배재학당 강사이면서 선교사인 호머 허버트를 만났다. 세 사람의 뜻이 모여, 독립신문은 국민 계몽운동의 일종으로 순 한글 쓰기와 한글 띄어쓰기를 반영했다.

원래 한글 띄어쓰기를 처음 사용한 사람은 스코틀랜드 출신 선교사인 존 로스이며, 그가 한국인의 도움으로 1877년에 만든 <조선어 첫걸음>이란 책이 띄어쓰기가 적용된 첫 한글책이었다.[28] 그전까지 한글은 중국의 영향 때문에 한문처럼 띄어쓰기를 전혀 하지 않았다. 독립신문은 한글 띄어쓰기를 적용한 최초의 정기간행물이 됐다. 선교사 허버트는 1891년에 세계 각국의 지리와 문화를 소개하는 <사민필지>(士民必知: 양반과 평민 모두가 꼭 알아야 할 지식이란 의미)라는 최초 한글 교과서를 집필해서 학생들을 교육했다.[29]

독립신문 발행에는 독립협회 운영에 같이 참여한 이승만, 윤치호 등이 동참했다. 독립신문은 1896년 창간 당시에는 1주일에 3회 발행했으나, 2년 뒤인 1898년에는 일간 신문으로 전환했다. 한국 최초의 일간 신문은 독립신문이 일간 신문으로 전환하기 직전에 발행된 이승만의 '매일신문'이다.

독립신문 창간사에는 "①독립신문은 조선의 상황을 외국에 알릴 것이다, ②독립신문은 정파를 초월할 것이다(당시 외세를 어떻게 다룰 것이냐는 문제를 두고 국내에는 많은 정파가 있었다), ③독립신문은 사람의 신분에 따른 차별을 하지 않을 것이다, ④독립신문은 사람들에게 정부의 소식을 전하고 정부에게 국민의 의견을 전할 것이다, ⑤독립신문은 한글로 작성될 것이며 저렴한 가격에 팔릴 것이다" 등의 내용이 들어 있다.[30]

그래서 독립신문은 서양 민주주의와 신문물을 체험한 서재필 박사의 생각이 잘 반영돼 있다. 독립신문은 자유주의 사상에 기초한 입헌군주제를 주장했기 때문에, 그 지면에 천부인권, 만민평등, 법치주의, 삼권분립, 사회계약설 등의 개념이 소개됐고, 이를 위해서 로크, 루소, 밀, 몽테스키외 등의 자유주의/계몽주의 사상가들이 인용됐다.[31]

또한, 독립신문의 모든 기사가 한글 전용을 채택하고 띄어쓰기를 반영한 것은 누구든 신문을 읽게 하려는 서재필의 신분 차별 금지, 민주주의 평등 정신이 반영된 것이다. 싼값에 많은 사람이 신문을 사서 읽게 하려는 생각은 1833년부터 등장한 미국의 페니 프레스 비즈니스 전략과 유사하다.[32]

한편, 독립신문은 하루에 3000부가 인쇄됐다. 독립신문은 1898년 서재필이 미국으로 추방된 후에도 가까스로 지탱하다가 1899년 재정난으로 문을 닫을 때까지 43개월 동안 776호가 발행됐다.[33]

기록에 의하면, 서재필이 직접 기사도 썼고, 인쇄기도 돌렸으며, "한 장에 한

푼인 신문이요! 읽고 나면 창호지도 되고, 밥상 덮개도 되는 신문이 한 장에 한 푼이요!"라고 서재필이 직접 외치면서 신문이 낯선 일반 민중들에게 신문의 효용성(?)을 목청껏 홍보했다. 서재필은 발행인, 기자, 인쇄공, 그리고 신문가판원 역까지 맡은 '다잡(多job) 언론인'이었다. 이런 서재필의 독립신문 활동은 갑신정변으로 멸문지화(滅門之禍)를 당한 서재필의 필사적 구국(救國)의 몸부림이었다.[34)]

그러나 서재필의 조정 비판이 심해지자, 조정 수구파들이 일본과 러시아의 힘을 빌려 서재필 추방운동을 벌였고, 이에 미국 시민권자인 서재필을 미국이 본국으로 강제 송환시키기에 이르렀다. 목숨 걸고 혁명을 일으킨 후 국외로 도피했다가 귀국한 풍운아 서재필은 1898년 5월 다시 두 번째로 타의에 의해 미국으로 쫓겨났다. 그 후, 1919년에는 상해임시정부의 외교 고문을 맡아 해외 독립운동에 관여했고, 미군 군의관으로 복무한 적도 있었으며, 해방 직후인 1947년 미군정청 초청으로 다시 한국으로 귀국하여 군정청 고문을 맡기도 했다. 그러나 해방 후 좌우익 대결 등 국내 정치싸움의 혼탁함에 적응하지 못하고 다시 미국으로 돌아가고 말았다. 원치 않은 세 번째 미국행이었다. 서재필은 그 후 필라델피아 자택에서 여생을 보내다 1951년 타계했다.[35)]

[그림5-7] 서재필 박사 (wikipedia, 무료 이미지).

[그림5-8] 필라델피아에 있는 서재필 박사의 유택 (wikipedia, 무료 이미지).

우리 정부는 1977년 서재필에게 건국훈장을 추서했고, 1994년에는 타계한 지 43년 만에 유해를 환국시켜 서울 현충원에 안장했다. 2008년 미국 워싱턴시는 5월 6일 서재필 동상을 건립했고 이날을 '서재필의 날'로 선포했다. 그해, 우리 정부는 그의 고향인 전남 보성에 서재필 기념 공원과 묘역을 조성했다.

4. 구한말 주요 신문들

(1) 협성회 회보, 매일신문

‘협성회’는 배재학당의 학생회 명칭이었다. ‘협성회 회보’는 배재학당 학생회의 공식 소식지였는데, 그 형태가 일반 신문과 흡사했다. 협성회 회원인 이승만이 서재필이 주도하던 독립협회에 가담하면서 협성회 회보가 우리나라의 정치 상황과 사회문제를 다뤘기 때문이다. 1898년, 협성회는 협성회 회보를 정식 일간 신문으로 전환했다. 그렇게 해서 한국 최초의 일간 신문인 ‘매일신문’이 태어났다.

이승만이 매일신문 편집국장 겸 주필이었다. 매일신문 창간사에는 “외세의 침략과 관리들의 착취로 조선 백성이 죽을 지경으로 신음하고 있을 때, 그 누구도 백성들을 위해 한마디 말도 해주지 못했다. 그래서 우리(매일신문)는 조선 백성을 대변하는 역할을 수행키로 결의했다...”는 내용이 담겨 있다. 매일신문은 재정난을 견디지 못하고 1899년 폐간됐다.[36)]

[그림5-9] 1909년 청년 시절의 이승만 (wikipedia, 무료 이미지).

구한말 독립운동의 젊은 지도자 중 한 명이었던 이승만은 독립운동의 일종으로 매일신문에서 기자와 편집책임자로 활동한 저널리스트였다. 그는 1899년 1월 고종 폐위 음모 사건에 연루되어 1904년 1월까지 투옥됐으며, 탈옥을 시도하다 다시 종신형을 선고받았다. 1904년 8월, 특별 사면으로 석방되어 미국으로 망명했다. 그때 그의 나이는 약관 29세였다. 후에 하버드 대학에서 석사를, 1910년 프린스턴 대학에서 정치학 박사학위를 받았다. 그 후 그는 해외 독립활동에 헌신했다.

(2) 황성신문(皇城新聞)과 제국신문(帝國新聞, 한글명은 뎨국신문)

'황성신문'은 장지연과 남궁억에 의해 1898년 일간 신문으로 창간됐다. 황성신문은 국한문 혼용이었으며, 독자들은 대부분 남성 지식층이었다. 내용은 구한말 외세에 둘러싸인 조선의 정치 상황을 다뤘다.

황성신문과 더불어, 1898년에는 이승만 등이 주도한 '제국신문(뎨국신문)'이 창간됐다. 제국신문은 순 한글로 발행됐으며, 독자들은 주로 여성이었다. 제국신문 내용은 여성과 관련된 정보들이 많았다. 사람들은 당시의 황성신문은 '웅(雄)의 신문(남자의 신문이란 의미)'이라 했고, 제국신문을 '자(雌)의 신문(여성의 신문이란 의미)'이라고 불렀다.[37)]

1898년은 일본 침략이 본격화되던 시기여서 이를 항의한 신문들은 일본군대와 일본에 의해 조종되는 구한말 국내 관리의 탄압을 피할 수 없었다. 잦은 압수, 체포, 구금으로 모든 국내 언론인들이 고초를 겪었다. 1904년 2월 24일, 황성신문은 한일의정서 조인 내용을 게재하려다가 일본 검열에 걸리고 말았다. 일본은 다른 기사들은 제대로 내보내게 하고 해당 기사만 활자를 뒤집어서 인쇄하도록 강요했다. 그렇게 해서 나온 신문은 정상적인 활자가 아니라 글자 없는 활자 윗면이 찍혀 벽돌 모양처럼 인쇄됐다. 사람들은 이를 '벽돌 신문'이라 했다.[38)]

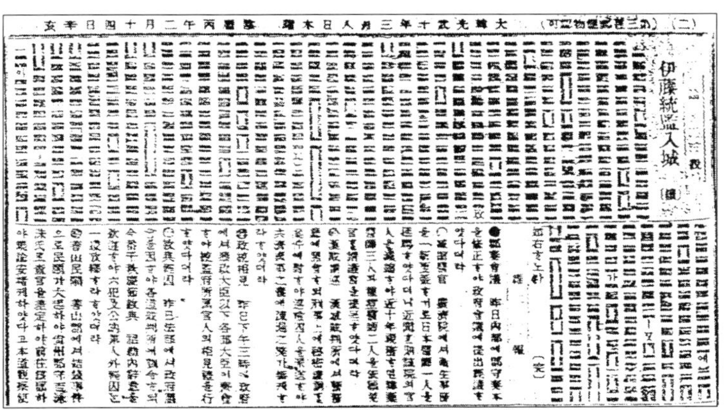
伊藤統監入城

[그림5-10] 일부 활자가 뒤집혀 인쇄돼 벽돌처럼 보이게 된 벽돌 신문 (wikipedia, 무료 이미지).

황성신문은 일본의 '을사늑약(乙巳勒約: 을사년에 조약을 강제로 맺었다는 뜻)'이 강제 체결된 3일 후인 1905년 11월 20일 자 신문에서 두 가지 중요한 기사를 내보냈다. 하나는 사장 장지연의 '시일야방성대곡(是日也放聲大哭: 오늘 목 놓아 통곡한다)'이라는 사설이며, 다른 하나는 을사늑약 체결 전말을 상세히 보도한 1페이지가 넘는 분량의 기사였다. 시일야방성대곡 사설에서는 "남의 노예가 된 우리 이천만 동포여, 살 것인가, 죽을 것인가"라고 애통해했고, 역시 사장인 장지연이 직접 쓴 '오건조약(五件條約) 청체전말(請締顚末)' 기사에서는 을사늑약 체결의 상세 과정과 내용을 보도했다. 언론사 학자 정진석 교수는 후자의 장지연 기사가 을사늑약의 부당성을 자세히 보도함으로써 역사적 가치가 크다고 평가했다.[39] 황성신문의 이 두 가지 보도로 인해 기자와 경영진 전원이 체포되고, 신문은 정간당했다.[40] 장지연은 65일간의 투옥 생활 후 석방됐으며, 이후 각종 독립활동, 교육활동, 블라디보스토크에서의 '해조신문' 발행 등에 관여했다가, 1909년 우리나라 최초 지방신문인 '경남일보' 창간에 주필로 참여했다. 오늘날 경남 진주의 경남일보는 장지연의 경남일보 지령(紙齡: 신문 나이)을 지금까지 이어오고 있다. 그런데 장지연은 한일합방 이후에 일제가 운영하던 경성일보 제작에 참여한 사실로 인해서 친일파로 비판받고 있다.

[그림5-11] 현재의 경남일보 인터넷 판. 좌상단에 "창간 110주년 대한민국 최초의 지역신문"이라는 문구가 적혀 있다(경남일보 인터넷신문, http://www.gnnews.co.kr/).

(3) 대한매일신보(大韓每日申報)

[그림5-12] 어니스트 베셀 (wikipedia, 무료 이미지).

한국명이 '배설(裵說)'인 영국인 '어니스트 베셀(Ernest Bethell)'은 1888년 17세 어린 나이에 무역상 아버지를 따라서 일본으로 와서 15년 동안 무역업에 종사한 상인이었다. 1904년 러일전쟁이 터지자, 영국의 '데일리 크로니클'이란 신문이 베셀에게 자기 신문 특파원으로서 러일전쟁을 취재해달라고 제의했고, 이에 베셀은 러일전쟁 취재차 한국으로 왔다. 그때 그는 결혼한 몸이었으며, 나이는 32세였다. 고종은 베셀에게 한국명 '배설'을 지어주고 편의를 제공했다. 베셀은 일본의 식민지가 되어 가는 약소국 대한제국의 불쌍한 국운을 목격하게 됐다. 한국의 운명을 안타깝게 여긴 베셀은 특파원 활동을 그만두고 한국에서 직접 신문을 발행해서 일본의 만행을 전 세계에 알리기로 결심했다. 그는 1905년 한국인 양기탁의 도움을 받아 국한문과 한글판 '대한매일신보'와 영문판 '코리아 데일리 뉴스'를 창간했다.41)

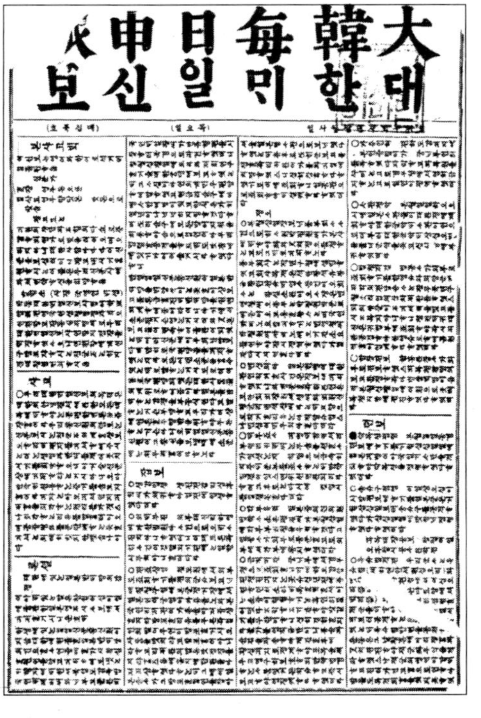

大韓每日申報

[그림5-13] 대한매일신보. 칼럼 배열은 미국식이나 활자는 세로 누워 있어서 한국식과 미국식 편집의 희귀한 혼합 형태를 띠고 있다(wikipedia, 무료 이미지).

1905년 당시는 을사늑약으로 일본이 대한제국의 실권을 장악한 때였으며, 한국인이 발행한 신문들은 대부분 정간 또는 폐간됐고, 영국인인 베셀의 대한매일신보만이 일본의 검열이나 압수 없이 신문을 발행할 수 있었다. 베셀은 강력한 어조로 일제 침략을 규탄

했고, 영문판에서 을사늑약의 부당성을 전 세계에 알렸으며, 국내 각지에서 벌어지는 의병 활동을 보도해서 한국인들의 열렬한 지지를 받았다. 이에 일본이 영국에 강력히 항의하자, 베셀은 영국 법원으로부터 1907년 6개월 근신형을 선고받았고, 1908년에는 3주간 감옥형을 선고받고 상하이에서 복역했다. 베셀은 1909년 5월 1일 37세의 젊은 나이로 돌연사했다. 재판, 복역, 일본과의 갈등에 따른 스트레스가 원인이었을 것으로 추측된다. 그는 서울 양화대교 옆의 양화진 외국인 묘역에 안장됐으며, 그의 유언은 "나는 죽을지라도 '신보'는 영생케 하여 한국 민족을 구하라"였다.42)

1910년 일제 총독부는 대한매일신보를 인수해서 총독부 기관지인 '매일신보'라는 이름으로 대한매일신보의 지령을 이어갔다. 1945년, 해방 직후 매일신보는 미군정청 기관지가 됐다가 나중에는 한국 정부 기관지인 '서울신문'이 됐다. 사람들이 정부 기관지(정확하게는 현재의 기획재정부가 대주주)인 서울신문을 외면하자, 서울신문은 제호를 1998년 '대한매일신문'으로 바꿨다. 서울신문의 역사가 구한말 베셀의 대한매일신보에서 비롯되었음을 강조한 것이다. 그러나 제호 변경 효과가 별로 없자, 2004년 지금의 서울신문으로 다시 제호를 복귀시켜 오늘에 이르고 있다. 우여곡절이 있었지만, 베셀의 유언대로 대한매일신보는 서울신문으로 그 생명을 지금도 이어가고 있다.

(4) 그 밖의 구한말 신문들

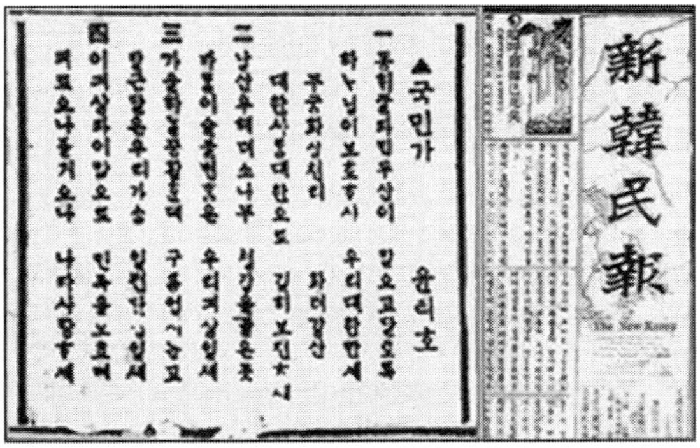

[그림5-14] 신한민보(wikipedia, 무료 이미지).

1883년 한성순보가 첫 근대 신문으로 구한말에 발행된 이후, 당시 사람들은 신문의 중요성을 강하게 인식했으며, 1910년 한일합병으로 모든 한국인 발행 신문이 폐간될 때까지, 앞에서 소개된 신문 이외에도 다양한 여러 신문이 구한말을 장식했다. 그중 '만세보'는 1906년 천도교에서 발행한 신문이었으며, 이인직의 <혈의 누>라는 최초의 근대 소설이 여기에서 연재됐다. '경향신문'은 1906년 천주교 조선대목구에서 발행한 신문이었으며, 해방 후 다시 천주교회에 의해 복간됐다. 그 후 경향신문은 소유 변경에 따른 여러 차례의 우여곡절(천주교→문화방송→한화→우리 사주) 끝에 지금도 그 제호를 유지하고 있다. 개신교계가 1905년 발행한 '그리스도 신문'도 있었으며, 블라디보스토크 교민을 위한 1908년 '해조신문', 하와이 이주민을 위한 1909년 '신한민보' 등도 발행됐다.[43] 최남선은 '소년'이란 잡지를 1908년 11월 1일 발행했는데, 이날이 한국 '잡지의 날'이 됐다.[44]

(5) 광무신문지법(光武新聞紙法)

1907년 이완용 친일 내각은 신문을 탄압하기 위한 '광무신문지법'을 공표했다. 광무는 대한제국의 연호였다. 전문 41조의 광무신문지법은 우리 정부가 만든 최초의 공적인 언론 허가법이면서 언론 탄압법이었으며, 그 후 일제 강점기, 미군정 시대, 그리고 이승만 정부 시기에도 언론을 억압하는 법적 근거로 활용되다가, 1952년 공식적으로 폐지됐다.

광무신문지법은 ①보증금을 정부에 내야 신문 발행을 허가해준다는 신문허가제(돈이 없으면 신문을 발행할 수 없다는 취지), ②정부의 명령에 불복할 때는 폐간된다는 신문폐간 조치의 법제화, ③신문의 검열, 압수, 기자 체포 등의 법적 근거를 포함하고 있었다.[45]

신문은 '등록제'와 '허가제'의 두 가지 발행 제도가 있는데, 등록제는 기본 요건만 갖추면 누구나 신문을 등록하고 발행할 수 있는 민주주의적 제도이며, 허가제는 정부 허가를 받은 사람만이 신문을 발행할 수 있는 권위주의적 제도다. 등록제와 허가제는 우리 언론사에서 시기별로 반복됐으며, 현재 우리나라 신문과 잡지류는 등록제다. 반면, 방송은 전 세계 모두 방송 송수신 시스템, 설비, 내용의 공공성 때문에 허가제를 유지하고 있다.

주석

1) 국사편찬위원회 우리역사넷, "부농", 2019. 12. 16., https://c11.kr/cf07
2) 오은정, "벼 직파재배, 드론으로 파종 땐 철분 코팅 볍씨 사용해야", 『농민신문』, 2019. 5. 29.
3) 국사편찬위원회, op. cit., "경강상인", https://c11.kr/cf0e
4) 한국역사연구회, 『한국사 강의』, 한울아카데미, 1990, 193–198쪽.
5) *Ibid.*, 203–223쪽.
6) 신용하, 『초기 개화사상과 갑신정변』, 지식산업사, 2000, 14쪽.
7) 남시욱, 『한국 보수세력 연구』, 청미디어, 2020-a, 49쪽.
8) 이상우, 『대한민국을 만들고 지켜온 분들』, 기파랑, 2022, 22–23쪽.
9) *Ibid.*, 37–38쪽.
10) *Ibid.*, 25–33쪽.
11) 조맹기, 『한국 근대 언론 사상과 실학자들』, 커뮤니케이션북스, 2015.
12) 남시욱, *op. cit.*, 42–45쪽.
13) 이상우, *op. cit.*, 22쪽.
14) 구한말 지배계급과 피지배계급의 분화 및 근대 신문의 탄생 도표는 학생들의 이해를 돕고 큰 흐름을 파악하기에 쉽도록 단순화했다. 단순화된 도표 속에 일부 예외적인 사건과 인물이 있을 수 있다.
15) 정태철, "신문의 날, 서재필의 독립신문, 그리고 한국 신문의 미래", 『시빅뉴스』, 2018. 4. 6.
16) 정진석, 『한국언론사』, 나남, 1990, 36–43쪽.
17) 이상우, *op. cit.*, 37쪽.
18) 정진석, *op. cit.*, 43–49쪽.
19) *Ibid.*, 56쪽.
20) *Ibid.*, 57–58쪽.
21) 남시욱, *op. cit.*, 49–53쪽.
22) *Ibid.*, 55–56쪽.
23) 정진석, *op. cit.*, 62–70쪽.
24) 남시욱, *op. cit.*, 62쪽.
25) 박훈, "일본에 기대 품었던 안중근, 배신을 깨달은 뒤 이토를 쐈다", 『조선일보』, 2021. 2. 2.
26) 박훈, "친일반일 프레임만으로 구한말을 말할 수 있을까", 『조선일보』, 2021. 2. 2.
27) 서재필기념재단, 2019. 12. 16., https://c11.kr/cf0g
28) 국립한글박물관 소식지, 2017. 2., https://c11.kr/cf0h
29) 정재영, "헐버트 선교사와 주시경, 그리고 한글", 『기독신문』, 2021. 10. 8.
30) 국사편찬위원회, op. cit., "독립신문 창간논설", 2019. 12. 16., https://c11.kr/cf0k
31) 남시욱, *op. cit.*, 100–101쪽.
32) 차배근 외, 『우리 신문 100년』, 현암사, 2001, 38–41쪽.
33) 정진석, *op. cit.*, 164쪽.
34) *Ibid.*, 157–164쪽.
35) 서재필기념재단, op. cit.
36) 정진석, *op. cit.*, 172–184쪽.
37) 차배근 외, *op. cit.*, 50–57쪽.
38) 정진석, *op. cit.*, 220쪽.

39) 유석재, “장지연, 치밀한 보도 기사로 세계에 을사늑약 실상 알렸다”, 『조선일보』, 2021. 11. 2.
40) 차배근 외, *op. cit.*
41) 정진석, *op. cit.*, 229–243쪽.
42) 정진석, 『나는 죽을지라도 신보는 영생케 하여 한국 동포를 구하라』, 기파랑, 2013.
43) 차배근 외, *op. cit.*, 58–63쪽.
44) 정진석, *op. cit.*, 1990, 261쪽.
45) 김민남 외, 『새로 쓰는 한국언론사』, 아침, 1993, 168쪽.

Chapter 6 일제 강점기 저항언론

1. 20세기 初 세계정세(政勢)

(1) 제국주의

19세기 말과 20세기 초는 세계적으로 '제국주의(帝國主義, imperialism)' 시대였다. 제국주의란 강한 경제력과 군사력을 갖춘 강대국이 약소국을 침략해서 영토를 확장하고 식민지로 삼는 국가정책을 말한다.1)

제국주의는 크게 두 개의 원인 때문에 발생했다고 학자들이 말한다. 하나는 '산업혁명'과 이에 따른 자본주의 발달이다. 자본주의가 계속해서 이윤을 추구하기 위해서는 생산된 물건을 팔 시장과 생산 원료 공급처가 필요하다. 그게 바로 다른 나라의 영토 침략에 의한 식민지 확보였다.

또 다른 원인은 '민족주의(nationalism)'였다. 민족주의는 인종, 종교, 문화를 공유하는 민족적 공동체, 즉 통일 국가를 만들고, 국민이 국가에 애착을 느끼고 긍지를 갖도록 하는 이념을 말한다. '같은 민족이란 동질감'은 주관적인 면이 있다. DNA 등 객관적 증거로 단일민족임이 증명된 민족은 지구상에 존재하지 않는다. 우리나라도 유전학적으로 단일민족이 아니다.2) 한 집단이 민족적 동질감을 스스로 느끼기란 쉽지 않다. 그래서 정치인들이 민족주의를 촉발시켜 국가 단합의 수단으로 이용한다. 히틀러가 극단적인 사례다. 올림픽이나 월드컵은 각 나라의 '민족주의 경연장' 같아지고 있다. 영국의 앵글로색슨 민족주의, 독일의 게르만 민족주의, 러시아의 슬라브 민족주의, 그 외에도 프랑스, 일본 등도 각자의 민족주의를 20세기 초 제국주의 동력으로 활용했다.

최근, 튀르키예 에르도안의 신 오스만주의, 러시아 푸틴의 '강한 러시아', 중국

시진핑의 '대국굴기' 등은 장기 집권을 노리는 초권력자들이 민족의 부흥과 애국심을 강조하면서 국민의 지지를 모으는 수단이 되고 있다. 현대의 이런 통치 방식을 '정체성 정치(identity politics)'라 부른다.[3)]

19세기 제국주의 희생양은 아시아, 아프리카, 중남미 국가들이었으며, 이들 지역의 약소국들은 여러 이론을 종합하면, ①지체된 산업화(경제적으로 어렵다는 특징), ②물질문명 발달을 등한시하는 문화적 허약성, 예를 들면, 중국의 'built-in weakness(국민성 안에 자리 잡은 관념적 허약성)'와 같은 사고방식의 정체성(停滯性), 물질보다는 정신이나 도덕적 측면을 강조하는 사회 분위기, ③쇄국주의(鎖國主義, chauvinism)로 인한 국제정세의 몰이해라는 공통점을 가지고 있었다. 불행히도, 구한말 대한제국도 이런 약소국의 특징을 노출한 채 우물 안에 갇혀서 이들 제국주의 희생양 중 하나가 되고 말았다.

(2) 공산주의

20세기 초, 전 세계 국제정세 중 또 다른 특징은 마르크스주의의 확대였다.[4)] 1917년 러시아에서 공산주의 혁명이 일어나, 지구상 최초로 공산주의 국가가 탄생했다. 그 후 마르크스주의는 자본주의에서 착취당하는 노동자와 농민 계급, 자본주의 억압 구조의 대안을 고민하는 지식인, 제국주의 식민 치하에서 억압받는 국가(조선도 여기에 해당) 등으로 확대됐다.

"젊었을 때 마르크스주의자가 되어보지 않은 자도 바보요, 나이 들어서 마르크스주의자로 남아 있는 자도 바보"[5)]라는 유명한 말이 있을 정도로 20세기의 마르크스주의는 지식인 사회에서 유행했다.

정치학자 이상우는 "마르크스-레닌의 글을 읽은 사람은 공산주의자가 될 수 있지만, 공산 체제 속에서 살았던 경험을 가진 사람은 모두 반공(反共)주의자가 된다"고 했다.[6)] 공산주의만큼 이론과 현실이 다른 개념도 없다는 의미로 해석된다.

20세기 초, 세계는 물론 국내 지식인 사회에서 공산주의 사상이 확산한 것은 대부분 이론에 의존했으며 우리나라 현대사에 엄청난 영향을 주었다. 20세기 초

중반, 일본의 식민 지배를 받던 우리나라는 일본이라는 지배계급에 저항하는 철학적 대안으로서 마르크스주의가 지식인 사회에서 널리 퍼졌다. 일제 강점기 중 항일 독립운동 참여자들도 '사회주의자'와 '민족주의자'(비사회주의 독립운동가를 당시에는 민족주의자라 불렀음)로 양분됐다. 해방 후 각종 정치세력이 국가 수립을 위해 정쟁을 벌이고 있을 때도, 사회주의자와 비사회주의자(민족주의자) 간의 이념 대결이 심했다. 그 사이에 사회주의를 국가이념으로 하는 조선민주주의인민공화국이 북한에서 수립됐고, 남한은 대한민국이 수립되면서, 이데올로기에 의해서 한 나라가 분단된 게 바로 대한민국이었다.

일제 강점기에는 민족주의 진영(우파로도 불림), 사회주의 진영(좌파로도 불림)의 좌우 합작이 이뤄진 적도 있었다. 개화파로서 주미대사와 총리대신까지 역임했던 박정양의 제자인 이상재는 신채호, 안재홍, 조병옥, 송진우(이상 우파) 등과, 허헌, 홍명희(이상 좌파) 등이 참여하는 좌우 합작 단체 '신간회(新幹會)'를 1927년 결성하고 초대 회장을 맡았다.[7] 신간회의 원래 이름은 신한회(新韓會)였으나, '한(韓)'자가 들어가면 안된다면서 일제가 단체 등록을 거부하자, 韓자와 비슷한 '간(幹)'자로 바꿨다.[8] 그 후 1925년에 창당한 조선공산당(박헌영, 조봉암 등 참여)도 1927년에 신간회에 참여해서 활동했으나, 좌우 갈등이 심해지면서, 신간회는 1931년 해체됐다. 이상재는 신간회 활동이 한창이던 1927년에 별세했다.[9]

2. 일제 강점기의 이해

일제 강점기는 바로 제국주의(자본주의+민족주의)와 공산주의라는 두 개의 세계사적 흐름이 우리 민족을 괴롭힌 시기였다.

1921년, 중국에서는 마오쩌둥(모택동)이 공산당을 건설하고 장제스(장개석) 국민당 정부와 공동으로 중일전쟁(항일 투쟁)을 벌여 일본을 중국에서 내쫓았다(1937~1945). 그 직후, 중국 공산당은 국민당과의 연합을 깨고 국민당을 대만으로 몰아냈다(1947년).

일본은 대한제국을 식민지화한 후(1910), 만주에 관동군을 주둔시켰고, 1931년에는 만주 전역을 장악했다. 그 후, 일본은 1937년부터 앞에서 설명된 중국과 전쟁을 벌였고(중일전쟁), 그 와중에 난징 대학살을 저질렀으며, 중국은 물론 동남아 전역을 차지하려 했다. 더욱이 일본은 1941년 하와이 진주만을 폭격하고 미국과 태평양 전쟁을 일으키면서, 독일/이태리/일본이란 추축국에 가담, 영국/프랑스/미국/소련 등 연합국과 2차 세계대전을 벌였다. 일본은 결국 1945년 패전했다.

이런 역사의 격랑이 요동치는 일제 강점기에, 일본은 '화폐정리사업'을 통해 한반도에서 조선 화폐를 몰아내고 일본 화폐로 대체했으며, 그 과정에서 일본은 조선의 은행과 산업 자본을 장악했다. 또한, '철도를 부설'해서 인천, 부산, 목포, 군산을 식량 등 원료 착취 거점으로 사용했으며, '토지개혁'을 통해서 한반도 토지의 80%를 일본이 장악했고, 대부분 생산 공장을 일본인들이 소유하고 운영했다. 그 결과, 조선은 일본의 전쟁 물자 병참기지로 전락했다. 이어진 위안부, 징용, 창씨개명, 신사참배, 학교 내에서 조선어 사용 금지 및 일본어 의무 사용, 학도병 모집 등의 가혹한 식민 정책으로 한반도는 처참한 출혈을 감당해야 했다.[10)]

특히, 학교 내 일본어 의무 사용, 창씨개명, 신사참배, 동방요배(東方遙拜: 학생들 조회 때 동쪽을 향해 천왕에게 인사하는 의식), 1대부터 26대까지 천왕 이름 봉창하기 등의 황국신민화 정책은, 일본이 조선인을 보조 일본인으로 이용해서 동양 전체를 식민지로 삼으려는 전략이었다고 국제 정치학자 이정식 교수가

설명하고 있다.[11)]

그러나 이상재의 신간회처럼 사회 지도자들과 조선인이 힘을 모아 식민지 시대를 극복하려는 노력이 많았다. 그중 하나가 경제자립 운동의 선구자이며 한국의 간디라고 불렸던 조만식의 물산장려운동이 있었다. 조만식은 조선 사람은 조선인이 만든 물건을 애용해서 조선인 산업을 장려하자는 취지의 '조선물산장려운동'을 벌였다. 1920년, 조만식이 평양의 조선물산장려운동을 시작한 것을 계기로 1923년에는 조선 전체에서 조선물산장려회가 조직됐고, 3000명이 넘는 회원이 여기에 참여했다. 그러나 총독부는 물산장려운동을 독립운동의 하나로 보고 탄압에 나섰고, 결국 조선물산장려회는 1940년 해산됐다.[12)]

한때, 일제 강점기 중에 조만식이 친일파로 몰린 사건이 있었다. 학도병 참여를 독려하는 조만식의 글이 총독부가 발행하는 매일신보에 실린 것이다. 그러나 나중에 매일신보 평양 지국장이 조만식의 이름을 도용해서 기고한 글로 판명이 났고, 해당 지국장은 해방 후 이 일을 후회하고 자결했다.[13)]

한일합방을 전후해서, 조선에서는 보성전문(1905년 개교), 이화여전(1912년 개교), 연희전문(1915년 개교) 등이 최고 학부였다. 이에, 민족 지도자들 사이에서 조선의 미래를 짊어질 고급 인재를 양성하기 위해 "우리 손으로 대학을 설립하자"는 '민립대학설립운동'이 벌어졌다. 1920년, 이상재, 윤치호, 이승훈, 김성수, 송진우 등은 민립대학 설립을 위한 기성회를 조직했으나, 총독부가 1926년 경성제국대학을 먼저 개교하고 조선인의 민립대학 설립을 방해하면서 기성회는 해체하고 말았다.[14)]

일제 강점기에는 다음과 같은 조선인 사이의 집단 변화가 전개됐다.

[그림6-1] 일제 강점기 조선인 역사적 인물 정리.[15)]

3. 일제 강점기 미디어 역사

每日新報
李鍝公殿下
七日 廣島서御戰死
敵, 非人道의狂爆

[그림6-2] 매일신보(wikipedia, 무료 이미지).

1910년, 한일합방 이후 모든 신문, 잡지가 폐간됐다. 식민지 총독부는 베셀의 대한매일신보를 인수해서 '매일신보'란 이름으로 바꾼 후 총독부 기관지(한국어 신문)로서 대한매일신보의 지령을 이어갔다. 총독부는 일본어 신문인 '경성일보'라는 신문을 또 다른 총독부 기관지로 추가 발행했다. 아울러 '서울 프레스'라는 영어 신문도 발행했다. 일제 강점기 동안, 경성일보와 매일신보는 단 한 번도 발행이 중단된 적이 없었다. 경성일보와 매일신보는 정치적으로 친일적인 뉴스를 제외하고는 일제 강점기 동안 발생한 사건 사고 뉴스를 충실히 보도했다.[16] 따라서 두 신문은 일제 강점기 시절 우리 국민의 생활사를 파악하고 연구하는 데 유용한 자료로 활용되고 있다. 일제 강점기를 그린 각종 TV 드라마나 영화인 <경성 스캔들>, <모던보이>, <원스 어폰 어 타임> 등은 매일신보와 경성일보 기사에서 모티브를 얻었다.

(1) 조선독립신문

1919년 3.1운동을 전후해서 '조선독립신문'이란 제호를 가진 여러 지하 신문이 발행됐다. 조선독립신문이란 이름을 사용해서 연길에서 비밀리에 제작된 것도 있고[17], 국내에서 같은 제호로 몇몇 독립인사가 발행한 것도 있다. 국내 발행 조선독립신문은 '등사판'(1970년대 이전에 학교의 시험지나 관공서 문서 등을 한 장씩 검은 기름 잉크로 인쇄하는 방식)으로 인쇄됐으며, 36호까지 발행됐고, 1호는 3.1운동을 계기로 약 1만 부 정도가 비밀리에 배포됐다. 조선독립신문을 몰래 배포하다가 걸린 사람은 즉시 체포, 투옥됐다.[18] 실물이 남아 있지 않던 조선독립신문이 2009년 서울 근교의 진관사라는 절에서 건물 수리 도중 발견돼 세상에 처음 모습을 드러냈다.[19)]

조선독립신문 이외에도 신문이라고 보기 어려운 팸플릿 형태의 소식지가 국내외에서 활발히 발행됐다. 국외에서 발행된 팸플릿 형태의 지하 신문들이 국내로 밀반입돼 유통되기도 했다. 이는 일제 만행에 항거하기 위해 지식인들이 각종 소식이나 감정을 적어서 돌려본 것으로 보인다. 이런 활동은 일종의 '저항적 지하 언론 활동'으로 평가될 수 있다.

상해임시정부는 1919년부터 '독립신문'이란 제호로 기관지를 발행했다. 물론, 이는 서재필의 독립신문과는 별개였다. 상해 임정의 독립신문 사장 겸 주필에 소설가 이광수가 책임을 맡았다. 국내로 밀반입되어 한국민의 독립의식을 고취했다. 부산의 독립운동가 백산 안희제가 설립한 백산상회가 부산지역의 독립신문 비밀 배포 거점이었다. 백산상회는 판매무역업으로 돈을 모아 독립자금을 제공했는데, 1994년 부산시 중구청은 동광동에 백산기념관을 조성하고 그곳을 '백산 거리'로 공표했다.[20)]

1919년 3.1운동은 33인의 민족 대표가 연행된 가운데, 학생들에 의해 파고다 공원에서 독립선언문이 낭독되고, 이어 만세 행진이 시작되면서 6월까지 전국적으로 지속됐다. 이 기간, 3.1운동 만세 시위에 106만 명이 참여했고, 7509명이 사망했으며, 4만 명 이상이 구속됐다.[21)]

3.1운동이란 조선의 강력한 저항을 경험한 일제 총독부는 헌병과 경찰을 동원한 강압적 식민 정책을 유화적 문화정치로 전환할 것을 결정했다. 특히, 총독부는 지하 신문이 성행하는 것을 막는 것보다는 차라리 신문 발행을 양성화하는 것이 낫다고 판단했다. 왜냐하면, 조선 사람들에게 신문 발행을 허가하면, 총독부는 조선 사람들이 신문에 게재한 글을 통해서 조선인 오피니언 리더인 언론인이나 지식인들이 무슨 생각을 하고 있는지를 파악할 수 있다고 판단했기 때문이다. 이런 총독부의 정책으로, 1920년 조선 사람에게 발행이 허가된 신문은 '조선일보', '동아일보', '시사신문' 3개였다. 시사신문은 친일파 인사인 민원식이 1920년 4월 1일 창간했으나, 그가 1921년 항일 투사에게 암살당해 폐간됐다. 1920년 이후, 조선, 동아, 시사신문 이외에도 조선인이 설립한 신문은 시대일보,

중외일보, 중앙일보, 조선중앙일보 등이 있었다.

(2) 동아일보(東亞日報)

총독부의 유화정책에 따라서, 78명이 모여 동아일보 발행을 추진했다. 이들은 주식공모를 통해서 모두 3250명의 주식 투자자를 모았다. 김성수가 주주 대표였으며, 구한말 한성 판윤 출신 박영효가 사장, 이상협이 편집국장을 맡았다. 개화파로서 갑신정변 참여자였던 박영효는 나중에 일본 작위를 받았으며, 이상협은 총독부 기관지인 매일신보에서 일한 경력이 있어 친일파로 비판받고 있다.

동아일보는 1920년 4월 1일 타블로이드판으로 창간호를 발행했다. 창간 후, 김성수는 다수의 주식을 매입해서 동아일보의 실질적인 소유주가 됐다. 동아일보는 현재도 김성수 가계(家系)의 소유다. 동아일보는 창간사에서 "①조선 민족의 표현기관으로 자임(自任)하노라, ②민주주의를 지지하노라, ③문화주의를 제창하노라"라는 사시(社是)를 밝혔고, 이는 지금도 유지되고 있다.[22)]

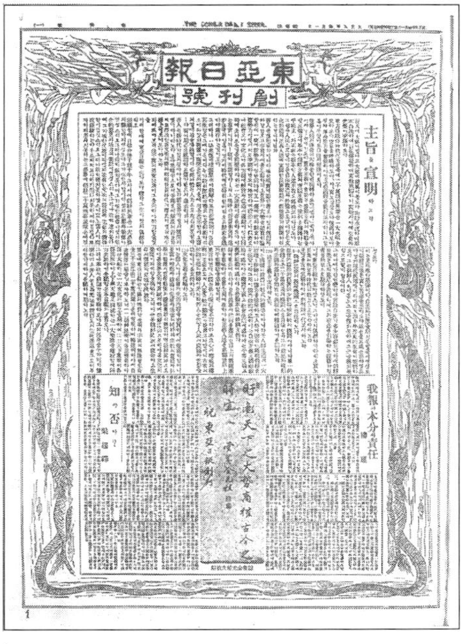

[그림6-3] 동아일보 창간호(wikipedia, 무료 이미지).

동아일보는 일제 강점기에 모두 4회의 정간을 당했다. 1차 정간은 일본인들이 소중하게 여기는 보물을 우상숭배라고 비난했다는 이유로 1920년 9월 25일부터 다음 해 1월 10일까지 약 4개월 정간당했다.[23)]

2차 정간은 1926년 3월 7일에 일어났다. 동아일보가 러시아의 국제농민본부로부터 온 3.1절 격려 메시지를 게재했다가 4월 20일까지 정간당했다. 이 사건으로 편집국이 압수 수색당했고, 다수의 기자가 체포되어 고문당했다.[24)]

3차 정간은 1930년 4월 17일 발생했다. 동아일보가 미국의 '네이션'이란 신문이 동아일보에 보내온 창간 10주년 기념사를 게재했다가 정간당했다. 여기에는 동아일보의 역할이 한국 독립에 중요하다는 내용이 들어 있었다. 동아일보는 이 사건으로 1930년 9월 1일까지 약 4개월 동안 문을 닫아야 했다.[25)]

4차 정간은 그 유명한 손기정 선수 일장기 말소 사건 때문에 일어났다. 베를린 올림픽 마라톤 종목에서 히틀러가 참관한 가운데 일장기를 가슴에 달고 1등으로 스타디움에 들어온 손기정 선수에 온 조선인이 환호했고 잠시나마 일본에 나라를 빼앗긴 설움을 잊을 수 있었다. 1936년 8월 25일, 동아일보는 이 소식을 전하면서 손기정 선수 사진에서 가슴의 일장기를 지운 채 내보냈다. 이를 알게 된 일제 총독부는 동아일보를 1937년 6월 2일까지 무려 9개월 이상 정간시켰다. 이 사건으로 동아일보 사장 송진우가 강제 해임됐으며, 5명의 관련 기자들이 투옥됐다. 손기정 선수의 일장기가 말소된 사진은 동아일보 외에도 여운형(사회주의 정치인)이 운영하던 중앙일보(오늘날의 중앙일보와 아무 관련이 없음)에도 실렸고, 중앙일보도 동아일보와 같이 정간당했다.[26)]

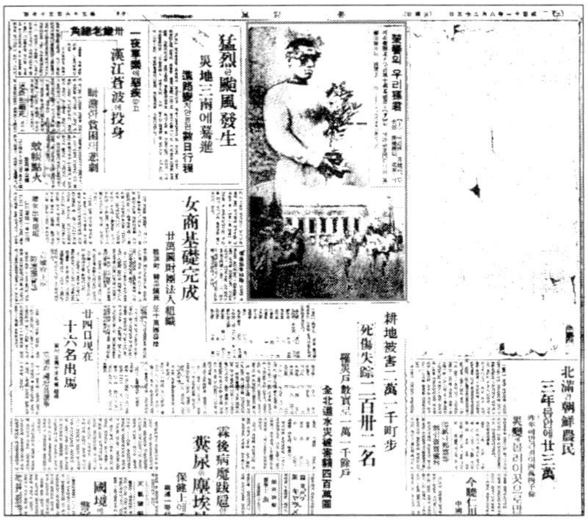
猛烈한 颱風發生
女商基礎完成
漢江蒼波에 投身
十六名出馬
耕地被害二萬一千町步
死傷失踪二百卅二名
北滿의 朝鮮農民

[그림6-4] 말소된 일장기 사진이 실린 1936년 8월 25일자 동아일보(wikipedia, 무료 이미지).

동아일보는 이렇게 4회에 걸쳐 569일간 정간당했으며,[27)] 이 외에도 61회의 판매 금지, 489건의 사전 검열에 의한 기사 압수, 2423건의 사후 검열에 의한 기사 삭제를 당했다.[28)]

(3) 조선일보(朝鮮日報)

조선일보는 친일 조선 기업인들의 모임인 대정친목회가 주축이 되어 1920년 3월 6일 설립됐다. 동아일보는 출발부터 민족지로 지지를 받았지만, 조선일보는 설립 참여자들의 친일 성격 때문에 출발 당시에는 친일지로 인식됐다. 그러나 사회주의 성향의 지식인들이 대거 조선일보 기자로 입사하면서 조선일보는 반일적인 기사를 많이 싣게 됐다.

북한 지역에서 금광으로 돈을 모은 방응모가 1932년 조선일보를 인수했다. 그 후 지금까지 조선일보는 방 씨 가계 소유다. 방응모는 조만식, 이상재와 같은 민족적 지도자를 조선일보 사장으로 영입해서 조선일보를 동아일보에 필적하는 신문으로 키웠다.[29)]

조선일보 역시 4회에 걸쳐 정간당했다. 1차 정간은 1920년 8월 27일 발생했다. 조선일보는 3.1운동의 진상을 조사하러 조선에 온 미국 상원의원 일행을 환영하는 조선인들의 만세 시위 기사를 실었다가 1주일간 정간당했다.[30)]

조선일보는 1차 정간으로 문을 닫은 1주일 뒤인 9월 5일 다시 신문을 발행하면서 "총독부 당국은 하고(何故: 어찌하여)로 우리 일보(日報)를 정간시켰나뇨" 라는 항의 사설을 실었다가 다시 연이어 81일간 2차 정간 조치를 당했다.[31)]

3차 정간은 1925년 9월 8일에 일어났다. 조선일보는 사회주의 성향 기자들이 많이 활동하고 있었다. 조선일보는 서울에 러시아 영사관이 세워지자, 러시아 힘을 빌려 조선 독립을 쟁취하자는 내용의 사설을 게재했고, 이를 빌미로 총독부는 조선일보를 38일간 정간시켰으며, 동시에 사회주의 성향 기자 17명을 전원 해고할 것을 명령했다. 조선일보는 이에 김단야(박헌영과 공산당 활동을 했고, 일제 밀정으로 몰려 소련에 의해 처형당함), 박헌영(조선공산당, 남로당을 주도했고, 북한 부수상이 됐다가, 6.25 패전 책임을 덮어쓰고 김일성에 처형당함) 등 사회주의자 기자들을 모두 해고해야 했다.[32)]

조선일보는 1928년 5월 9일 일본의 중국 침략을 비판하는 사설을 실었다가 133일간 4차 정간을 당했다.[33)]

조선일보는 4회의 정간으로 240일간 신문을 발행하지 못했으며, 414건의 발매금지 및 압수 처분을 당했다.[34)]

조선과 동아 이외에도, 1920년 이후 조선인이 설립한 시대일보, 중외일보, 중앙일보, 조선중앙일보 등은 모두 합해서 257건의 발매금지 및 압수 처분을 당했다.[35)] 이런 수치들은 식민지 시대 한국 언론의 저항 정신을 여실히 대변하고 있다.

(4) 일제 강점기의 기타 신문 활동

일제 강점기 신문 기자 중에는 사회주의 성향 사람들이 많았다. 이들은 신사상연구회, 화요회 등의 각종 사회주의 기자 모임을 만들고 활동했다.[36] 소설 <임꺽정>의 작가 홍명희(해방 후 월북해서 김일성 밑에서 부수상을 역임함)는 동아일보, 조선일보 기자로서 사회주의 기자 모임을 주도했다. 홍명희가 지은 소설 <임꺽정>은 국내에서 오랜 세월 금서(禁書)였다가 노태우 정부 때 해금돼 SBS에서 드라마화되기도 했다.

문학 분야에서도 사회주의 열풍이 일었다. '개벽' '신생활' 등 월간잡지에 사회주의와 무정부주의 관련 기사가 홍수를 이뤘다. 이중, 신생활은 1922년 11월에 '러시아 혁명 기념호'를 발간했다가 기자들이 재판에 넘겨진 필화사건을 겪었다.[37] 1925년에는 사회주의 성향의 작가들(심훈, 이상화 등)이 조선 프롤레타리아 예술 동맹, '카프(KAPF)'를 결성했다. 참여 작가들은 그 후 대부분이 구속되고, 카프는 1935년에 해체됐다.[38]

춘원 이광수는 1924년에 김성수, 송진우, 이승훈, 조만식 등과 함께 실력양성론을 내세워 '연정회(研政會)'를 설립했는데, 동아일보 편집국장이었던 이광수는 연정회의 뜻에 동조하는 의미에서 "조선 내에서 허(許)하는 범위 내에서 정치적 결사를 조직하자"는 사설을 썼는데, 이것이 일본과 타협하자는 의미로 받아들여져 좌파의 맹공을 당했고, 일부 독자들이 동아일보 보이콧(불매) 운동을 벌이기도 했다. 이광수는 결국 자진해서 동아일보를 퇴사했다.[39]

1917년 러시아 혁명이 성공하자, 조선 내 사회주의 성향의 대학생, 지식인들이 마르크스주의를 전파하기 위해 농촌으로 진출했다. 이들의 구호는 '브나로드(V Narod: 짜르 시대 러시아에서 대학생들이 농촌계몽 운동을 벌일 때 농촌을 뜻하는 "narod 속으로 들어가자"는 구호에서 이름을 따옴)'였다.[40] 일제 강점기 시절, 조선일보와 동아일보는 대학생 참여를 유도해서 농촌계몽 운동, 문맹퇴치 운동을 벌였다. 여름방학 때 농촌으로 가서 일손을 돕고 글을 가르친 일제 강점기 전통이 대학가에서는 오늘날의 '농활'로 이어지고 있으나, 최근에는 농활의 필요성, 열기 등이 많이 퇴색했다.[41]

심훈의 <상록수>는 바로 이 시기 농촌계몽 운동에 참여했던 신여성 최용신의 실화를 다룬 소설이었다. 농촌계몽 활동에 헌신하다 병을 얻어 1935년 26세의 나이로 최용신이 세상을 떴다는 안타까운 신문 기사를 본 소설가 심훈이 이를 소설로 옮겨 1935년 동아일보에 연재했다.

<상록수> 여주인공 최용신 묘가 있는 '상록수 공원'은 경기도 안산시 상록구 본오동에 있다. 최용신 묘 옆에는 그녀와 약혼했지만, 그녀의 이른 죽음으로 사랑의 결실을 보지 못한 김학준(소설 속 이름은 박동혁) 씨 묘소가 같이 묻혀 있다.[42]

앞에서 언급된 신간회, 민립대학설립운동, 조선물산장려운동 등은 대부분 신문을 통해서 전개됐으며, 이 밖에도, 신문들의 문화 활동은 단군 재인식 사업, 백두산 참관단 조직, 조선 노래 공모 사업, 이충무공 유적 보존 운동, 한글 배우기 운동, 한글 철자법 보급 운동 등으로 줄을 이었다.[43] 일제 강점기 조선인들이 만든 신문은 이렇게 언론으로써 민족정신을 북돋으려고 노력했다.

동아일보와 조선일보는 일제 강점기부터 라이벌 의식이 대단했다. 1920년 초창기에는 동아일보 사세가 더 컸으나, 조선일보가 이상재, 조만식 등 당대의 거물 민족주의 지도자를 사장으로 영입하면서 두 신문의 경쟁 관계가 깊어졌다. 당시 신문들은 한 신문이 하루에 조간과 석간으로 두 차례 발행했으며, 1930년대 기준으로 조선일보와 동아일보는 10만 부에서 19만 부 정도를 발행했다.[44]

1940년, 일제 강점기 말기에 접어들면서 총독부는 조선인이 발행하는 모든 신문을 폐간시켰다. 총독부는 폐간의 대가로 신문 사주에게는 인쇄기값 등 일정한 금액을 지불했으며, 조선, 동아는 그 덕에 자금을 보유하고 있다가 해방 직후 신속히 복간할 수 있었다.[45]

조선일보와 동아일보의 친일 활동에 대해 논란이 많다. 과거에는 각각 4회에 걸친 정간과 무수한 기사 압수 및 기자 구금 등을 근거로, 조선, 동아 두 신문이 일제에 저항한 민족지로 추앙받았다. 그러나 1980년대 이후 두 신문이 친일적 기사도 역시 많이 생산했다는 사실이 알려지면서 친일 행적의 손가락질을 피할 수 없게 됐다. 그러나 두 신문은 일제 강점기에 총독부의 허가를 받아 발행됐고, 수시로 검열받아야 했던 관계로 일본을 비난하는 기사만을 내보냈다가는 허가 유지 자체가 불가능했다는 사실을 고려해야 한다.

따라서 두 신문의 존재 자체와 기사 자체는 기본적으로 친일적일 수밖에 없었다. 다만, 기회만 나면 저항적 기사를 내보내려는 시도가 있었고, 이에 따른 기사 삭제, 정간, 관련자 투옥 사태가 있었다는 것도 사실이다. 그래서 친일과 항일의 두 얼굴을 가진 조선일보와 동아일보는 대체로 다음과 같은 평가가 가능하다. ①사주는 신문사 허가를 받은 일제 당국에 협조적이었으며, 그 협조는 때로는 자발적으로, 때로는 강압적으로 이뤄졌을 것으로 보인다. ②기자는 대부분 일제에 저항적이었다. ③기자들의 저항적 활동은 1920~1930년 사이에는 강했으나 1931년 이후에는 점차 약해졌다. 압수와 정간도 대부분 1930년 이전이었고, 그 후는 탄압 횟수가 많지 않았다. 그만큼 저항이 줄었다는 것이고, 그 이유는 일제가 1945년 패망에 다가가자 조선에 대한 억압을 강화했기 때문이다.

60~70년대 교육을 받은 세대는 조선 동아를 항일운동의 상징으로 인식하는데 익숙하다. 이들이 성장해서 각종 자료로부터 조선 동아의 친일 기사를 처음 접하면, 대개는 놀라기 마련이다. 반대로 80년대 이후에 교육받은 세대들은 조선 동아를 친일의 상징으로 배웠고, 그렇게 인식하고 있다. 이들이 대학에 와서 '한국언론사'를 공부하면서 조선 동아의 압수, 정간 사례와 건수를 접하면, 이들도 역시 놀라기는 마찬가지다. 생전 처음 조선 동아의 항일적 측면을 알게 된 것이다. 이런 사실을 실제로 수업 중 고백한 학생들이 있었다. 이런 에피소드는 역사를 한쪽만 가르치고 다른 한쪽을 감췄기 때문에 생긴 결과다.

일제 강점기에는 잡지 발행도 활발했다. 신여성, 신천지, 조선지광, 동명, 개벽, 신동아 등의 잡지가 발행됐다. 잡지도 대부분 사회주의 성향 기자와 문인들이 항일적인 내용을 실어서 압수, 정간 등 다수의 필화를 당했다.[46)]

(5) 라디오 방송 역사

'경성방송국(호출부호 JODK)'은 1925년 시험 방송을 거쳐 1927년 공식 서비스를 시작했다. 세계 최초 방송국이 1920년에 설립된 미국의 KDKA 방송국이고 보면, 일본을 거쳐 우리나라로 들어온 라디오 방송은 비교적 이른 시기에 설립된 편이다. 라디오는 기술적으로 간단했기에 국내 방송국 설립도 신속했을 것으로 추측된다. JODK는 경성방송국이 일본 라디오 방송 시스템의 하나임을 뜻한다. 동경 방송국은 JOAK였으며, 오사카 방송은 JOBK, 나고야 방송은 JOCK였으니, 경성방송국의 호출부호 JODK는 일본의 한 지방 방송국임을 의미했다.

[그림6-5] 미국사박물관에 소장된 일본 JOAK 방송국 마이크. 그 옆의 여자는 일명 '도쿄 로즈'로 알려진 일본계 미국인이다. 이 여성은 일본의 강요에 의해 연합국 군인들을 상대로 향수를 자극하는 심리전 방송을 했다(Sagie 촬영, flicker, 무료 이미지).

당시 라디오 방송을 듣기 위해서는 청취료를 내야 했으며, 한국어가 1, 일본어가 3의 비율로 방송됐다. 1937년경에는 부산, 이리, 청진, 함흥, 평양 등의 지방 방송국이 속속 개국했다. 1945년 해방 당시에 라디오 방송은 전국 네트워크를 이미 갖췄다.[47)]

미국 정부는 일본이 진주만을 기습하고 태평양 전쟁을 일으키자, 1942년에 나치 독일과 일본 치하에서 고통받는 유럽과 아시아 사람들에게 전황을 알리고 희망을 전하는 'VOA(Voice of America)'라는 라디오 방송국을 개설했다. VOA는 심리전의 일종으로 유럽과 아시아의 다양한 언어로 시시각각 들어오는 전황 뉴스를 송출했다. '한국어 시간'은 30분짜리 프로그램으로, 애국가와 자유의 종소리가 은은히 울려 퍼지는 가운데, "고국에 계신 동포 여러분! 지금부터 미국에서 보내 드리는 자유의 소리 방송을 시작하겠습니다"라는 말과 함께 '2000만 동포에 고한다'는 이승만 박사의 연설로 시작했다. 이 박사의 연설은 VOA에서 연일 되풀이 방송되어 몰래 방송을 들을 수 있던 소수의 조선 사람들에게 이승만이란 이름을 해외에서 독립을 위해 노력하는 인사로 각인시키는 계기가 됐다.[48)]VOA 방송은 나날이 일본의 패전이 가까이 왔음을 조선 땅에 전했다.

VOA는 고성능 단파수신기를 통해서만 청취할 수 있었다. 일제는 당시에 민간인이 단파수신기를 소지하는 것을 엄격하게 금지했다. 1942년 개성 지역 방송국 개소를 위해 개성에 파견된 경성방송국 소속 기술부 직원들이 단파수신기를 조립해서 VOA를 몰래 들을 수 있었다. 여기서 일본의 거듭되는 패전 소식을 전해 들은 기술부 직원들은 이를 비밀스럽게 조선인 방송국 사람들에게 입에서 입으로 전파했다. 일본 패망이 다가온다는 소식이 조선인 사이에 퍼져나가자, 이를 추적한 일본 경찰은 이와 관련된 방송국 직원, 언론인, 학생 등 200여 명을 체포했고, 이 중 10명이 실형을 선고받고 복역했다. 이게 '단파방송 밀청(密聽) 사건'이다.[49)]

미국 연방정부가 운영하는 VOA는 지금도 독재국가나 빈곤 국가 등을 상대로 서비스되고 있다. 북한도 여기에 해당하기 때문에, 최근 VOA는 VOAKorea를 설립하고 북한 소식을 한국어로 전하고 있다.[50)]

주석

1) 제국주의 부분은 [정상수, 『제국주의』, 책세상, 2009]에서 주요 아이디어를 얻었다.
2) 최준호, "침 뱉어 찾은 뿌리...경주 최씨 기자, 한중일 혼혈이었다", 『중앙일보』, 2019. 11. 21. 이 기사는 해당 기자의 DNA를 분석한 결과, 한국인 47.89%, 일본인 25.14%, 중국인 26.97%라는 결과를 얻었다고 소개돼 있다.
3) 정태철, "바이든의 '민주주의 정상회의' 제안 심상치 않을 것", 『시빅뉴스』, 2020. 12. 6.
4) 사회주의는 큰 개념이다. 공산주의는 극단적인 사회주의다. 마르크스주의, 사회주의, 공산주의는 엄밀히 구분되지만, 이 책에서는 자주 혼용해서 사용했다.
5) 이 말은 Karl Popper(칼 포퍼, 영국의 과학철학자), 또는 프랑스 정치가 클레망소가 한 말로 알려지고 있다. "20대에 사회주의자가 되어보지 않은 자는 가슴이 빈 자이나, 20대 넘어 사회주의를 신봉

하면 머리가 빈 자들이다"라는 버전으로 소개되기도 한다.
6) 이상우, 『대한민국을 만들고 지켜온 분들』, 기파랑, 2022, 14쪽.
7) *Ibid.*
8) 남시욱, 『한국 보수세력 연구』, 청미디어, 2020-a, 191-196쪽.
9) *Ibid.*, 60-62쪽.
10) 한국역사연구회, 『한국사강의』, 한울아카데미, 1990, 281-292쪽.
11) 이정식, 『이정식 자서전』, 일조각, 2020, 57-62쪽.
12) 이상우, *op. cit.*, 62-63쪽.
13) 김동길, 『백년의 사람들』, 나남, 2020, 32쪽.
14) 이상우, *op. cit.*, 63-64쪽.
15) 이 도표는 일제 강점기에 등장하는 수많은 역사적 인물들의 활동상을 이해하기 위해 각종 자료들을 종합해서 필자가 자의적으로 만든 것이다.
16) 정진석, 『한국언론사』, 나남, 1990, 312-328쪽.
17) 한국민족문화대백과사전, "조선독립신문", 2019. 12. 18., https://c11.kr/cf3i
18) 정진석, *op. cit.*, 337-338쪽.
19) 노형석, "진관사서 '항일 지하신문' 발견", 『한겨레』, 2009. 8. 9.
20) 김지영, "독립운동가 백산 안희제 선생을 아시나요?", 『시빅뉴스』, 2016. 8. 31.
21) 남시욱, *op. cit.*, 136-137쪽.
22) 정진석, *op. cit.*, 405-407쪽.
23) *Ibid.*
24) *Ibid.*, 409쪽.
25) *Ibid.*
26) *Ibid.*, 544-549쪽.
27) *Ibid.*, 456쪽.
28) 한국민족문화대백과사전, "동아일보사", 2019. 12. 18., https://c11.kr/cf3l
29) 정진석, *op. cit.*, 402-404쪽.
30) *Ibid.*, 457-459쪽.
31) *Ibid.*, 459-460쪽.
32) *Ibid.*, 462-464쪽.
33) *Ibid.*, 466-468쪽.
34) *Ibid.*, 456쪽.
35) 남시욱, *op. cit.*, 172쪽.
36) 한국민족문화대백과사전, "신사상연구회", 2019. 12. 18., https://c11.kr/cf3m
37) 남시욱, *op. cit.*, 176쪽.
38) *Ibid.*, 176-177쪽.
39) *Ibid.*
40) 이상우, *op. cit.*, 65쪽.
41) 한국민족문화대백과사전, "브나로드운동", 2019. 12. 18., https://c11.kr/cf3n
42) 강근주, "안산 상록수공원 지역특화 문화공간 '변신'", 『msn 뉴스』, 2019. 3. 9.
43) 남시욱, *op. cit.*, 172쪽.
44) 정진석, *op. cit.*, 554쪽.
45) *Ibid.*, 549-550쪽.

46) *Ibid.*, 269–272쪽.
47) *Ibid.*, 590–600쪽.
48) 이승만 기념관, "항일단파방송사건", 2019. 12. 31., https://c11.kr/cf3c
49) 한국민족문화대백과사전, "단파방송밀청사건", 2019. 12. 18., https://c11.kr/cf3q
50) 미국의 소리 방송 웹사이트, https://www.voakorea.com/

Chapter 7 미군정 시대의 정파언론

1. 해방 후의 사회갈등과 사회변화

(1) 해방 전후 국내 상황

1945년, 연합군이 베를린으로 진격해오자, 4월 30일 히틀러는 자살했고, 독일은 항복했다. 그래도 일본은 항복을 거부하고 연합군에 계속해서 저항하자, 미국은 8월 6일 히로시마에, 9일에는 나가사키에 각각 원자폭탄을 투하했다. 마침내 일본은 8월 15일 항복을 선언했다.

1945년 8월 15일, 일본 천왕이 그날 항복을 알리는 방송을 했지만, 국내에서 라디오를 가지고 있는 사람이 적어서 그날 일본이 패망했다는 사실을 안 한국인은 그리 많지 않았다. 한국인들이 해방의 감격에 겨워 길거리로 몰려나와서 만세를 부른 것은 지역에 따라서는 8월 15일에서 2, 3일이 지난 후였다.[1)]

사실, 일본 패망이 임박했다는 소식은 1945년이 가까워지면서 한국의 식자층 사이에서 조용히 번지고 있었다. 단파방송 밀청 사건의 여파도 있었고, 국내외를 오갔던 독립지사들이 이런 소식을 국내로 아름아름 전했다. 해방이 닥쳐오자, 국내 지도자들은 신속하게 새로운 국가를 건설하기 위한 준비에 착수했다. 가장 발 빠르게 움직인 사람은 좌파 진영 인사인 몽양 여운형이었다. 여운형은 8.15해방 1년 전인 1944년 8월 일본 조선총독부로부터 일본이 패망할 경우 한반도 내 일본인들의 안전을 보장해 주면 경찰 조직을 넘겨주겠다는 제안을 받았다. 이를 계기로 일본 패망을 눈치챈 여운형은 1944년 남보다 빨리 '조선건국준비위원회(약칭 건준, 建準)'를 구성했고, 건준은 해방이 오자 일본 경찰 대신 치안대, 보안

대 등의 이름으로 145개 산하 지부 조직을 전국에 설치했다.[2)]

건준에는 원래 좌우익 진영 인사들이 모두 참여했으나, 박헌영이 건준의 주도권을 잡고 여운형을 뒤로 밀어내면서 좌익 중심의 '조선인민공화국(약칭 인공, 人共)' 수립을 1945년 9월 6일 선포하자(미군은 9월 8일 서울 도착), 안재홍 등 우익 인사들이 건준을 탈퇴했다. 박헌영은 미군 도착 전에 공산계가 정국의 주도권을 잡기 위해 인공 수립을 선포한 것으로 보인다.[3)] 그 후 국내의 김성수, 송진우, 안재홍 등 우익 세력이 이승만, 김구 등 해외 지도자 귀국을 기다려야 한다는 입장을 발표했고, 미군정이 1945년 10월 인공 승인을 거절하자, 인공은 해체되고 말았다.[4)] 박헌영은 인공 선포 당시 주석에 이승만을 지명했는데, 이는 이승만의 유명세를 이용하기 위한 포석이었고, 역시 당시 내무부장에 김구를 앉힌 이유는 상해 임정을 조직 안으로 끌어들여 견제하기 위해서였다고 한다. 그런데 북한의 김일성이 1955년 한국전쟁 패전 책임 및 미국 고정 간첩 혐의로 부수상 박헌영을 처형할 때 당시 인공 책임자로 이승만을 앉힌 죄목이 포함되어 있었다.[5)]

우리나라는 건국 시점을 1919년 상해임시정부 수립일로 할 것인가, 아니면 1948년 이승만 정부 수립일로 할 것인가에 대한 논란이 뜨겁다. 우파는 1948년 이승만 정부 수립일을, 좌파는 1919년 상해임시정부 수립일을 각각 건국 시점이라고 주장했다.[6)] 2019년 문재인 정부는 1919년 상해임시정부 수립일을 건국일로 하자는 의미에서 상해임시정부 수립일인 1919년 4월 11일을 '건국 100년'으로 크게 경축하려고 했다. 그러나 상해 임정의 초대 대통령도 이승만이었고(당시 김구는 경무국장), 북한이 상해 임정을 인정하지 않는다는 문제로 인해(북한은 1948년 9월 9일 조선민주주의인민공화국 수립을 건국일로 기념함), 2019년 정부 구호를 '건국 100년'에서 '새로운 100년'으로 바꾼 바 있다.

상해임시정부는 영토, 국민, 주권이라는 3대 국가 요소를 다 갖추지 못했다. 그래서 우리 헌법은 현 대한민국 정부 수립이 곧 건국이며, 대한민국은 임정의 법통을 계승했다는 선언적 의미를 헌법 전문에 담아 임정의 위상을 존중해 오고 있다.[7)]

해방 직후, 북한 지역에서는 우익 민족주의자 조만식이 평남 건준을 맡아 건국 준비에 참여했고, 남한 지역에서는 동아일보 사주 김성수를 중심으로 송진우,

[그림7-1] 1947년의 몽양 여운형 (wikipedia, 무료 이미지).

안재홍 등 우익 인사들이 건국 준비에 참여했다. 좌익 진영에서는 건준의 여운형, 급진 공산주의자 박헌영이 공산주의에 입각한 정부 수립을 도모하고 있었다.

20세기는 주지한 바와 같이 마르크스주의가 전 세계 지식인들에게 자본주의의 대안으로서 지적 영향력을 떨치고 있었다. 1917년, 레닌에 의해 소련에서 공산주의 국가가 설립되자, 전 세계 공산주의자들은 이에 고무되어 공산국가 수립을 목표로 각국에서 공산당을 구축했다. 중국 공산당의 마오쩌둥, 그리고 조선에서는 왕정의 대안으로 입헌군주제가 아닌 사유재산제 철폐와 경제적 평등 이념을 실현하자는 기치로 공산주의 국가 건설을 꿈꾸는 인사들이 많았다. 그 이유는 조선이 일본 제국주의 철권 통치에 따른 억압적 사회구조의 반작용으로 조선인 지식인들이 공산주의 사상에 심취했기 때문이다. 1920년에서 1932년 사이에 동아일보와 조선일보에 실린 공산주의 관계 기사가 450개에 이른다는 연구도 있다.[8)]

한국의 공산주의 운동은 ①이동휘 중심(상해 임정의 총리)의 1919년 '상하이파 고려공산당'과, ②1920년 여운형, 김단야 중심의 '이르쿠츠크파 고려공산당'으로 출발했다.[9)] 나중에 이들 중 일부는 ③1925년 '조선공산당'→고려공산청년회→1946년 '남로당'으로 이어진 '박헌영 계열의 급진 공산주의자', ④1944년 여운형 중심의 좌파 '건준' 세력으로 분파됐다. 이 외에도 ⑤조선의 공산주의 운동가들은 마오쩌둥의 지원을 받아 1942년에 세워진 김두봉, 무정, 최창익, 김창만 등의 '조선독립동맹', (연안파로 불렸으며, 원래 조선의용군의 모체였고, 중국의 국공 내전 때 마오쩌둥의 군대를 도와 전투 경험이 많다. 이들은 나중에 북한군의 중추가 되고 한국전쟁 남침의 선봉에 선다.) ⑥원래 중국 공산당 소속(동북항일연군)이었다가 후에 소련군에 합류해서 소련 군부의 지원(88여단)을 받아 1942년경 활동한 '김일성, 김책 일파(만주파 + 갑산파)' 등이 있었다.

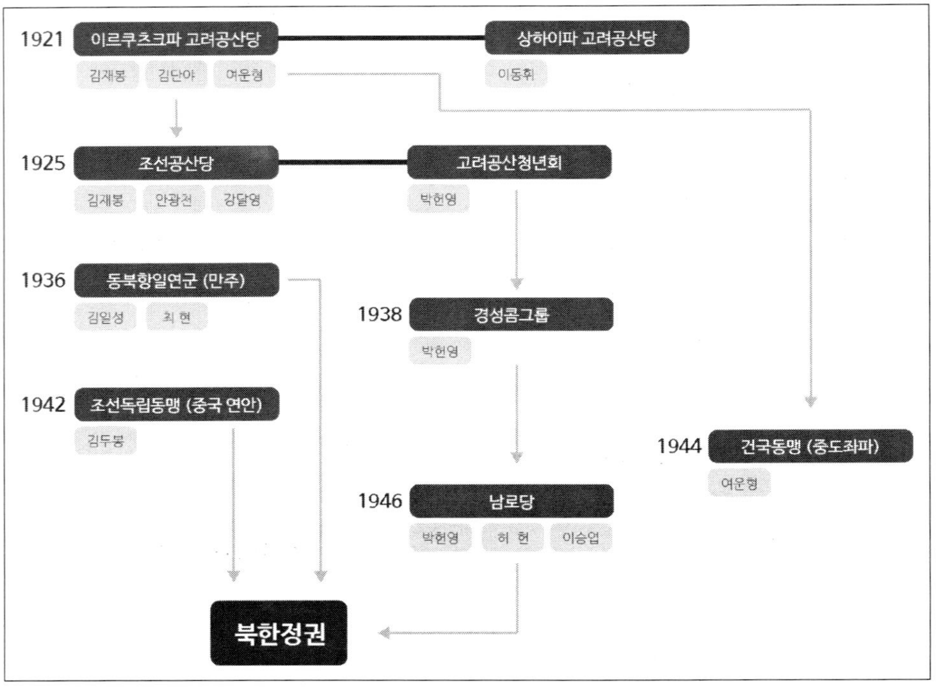

[그림7–2] 좌익 독립운동 계보도(자료 종합하여 새로 제작).

이들의 계보는 [그림7-2]와 같다. 결국, 남로당의 박헌영, 건준의 여운형, 소련 군부의 김일성, 중국 연안파의 김두봉이라는 큰 줄기로 요약된다.[10)]

해방 전에도 좌우익 두 진영의 분열과 대립이 있었지만, 해방되자마자, 건국을 준비하는 과정에서 정치적 이데올로기에 따른 좌익과 우익의 분파, 대립, 테러, 심지어 암살 사태가 벌어졌다. 해방 직후, 남한에는 50개의 정당이 있었다는 통계도 있다.[11)] 1946년 2월, 미군정 법령 55호에 따른 등록 정치 단체는 400여 개였다.[12)] 강원택 교수는 한국 정당은 해방 후 국가 건설 방법의 차이에서 출발했다고 지적했다.[13)] 국가 건설의 방법 차이는 곧 타협하기 힘든 좌우익 이데올로기 대립을 의미한다. 오늘날 한국 사회의 이데올로기 갈등과 대립(보수/진보, 좌익/우익 등)은 해방 전후 정치 상황의 극단적 대립에서부터 시작됐다고 해도 과언이 아니다.

언론인 남시욱은 한국 보수세력의 뿌리는 ①구한말 위정척사사상, ②동학사상, ③개화사상이고, 그중에서 개화사상이 한국 보수세력에 가장 큰 영향을 미쳤다고 봤으며,[14] 한국 진보세력은 ①박헌영 등의 조선공산당, 남로당으로 이어지는 혁명적 좌익사상과, ②여운형의 온건적 좌익사상, 그리고 ③조봉암 등의 제3세력 사회민주주의에 그 뿌리를 두고 있다고 지적했다.[15] 결국, 현대 대한민국 정국에서도 치열한 진보와 보수, 좌익과 우익 이데올로기 대결의 뿌리는 구한말부터 시작해서 해방 정국을 맞으면서 본격적인 사회갈등으로 전개되어 오늘에 이르고 있다.

학자들은 오늘날 한국 사회는 두 가지 구조적 모순을 갖고 있다고 진단한다. 하나는 자본주의 사회의 경제적 불평등을 의미하는 '계급 모순'이다. 이는 자본의 노동 착취, 소득 불균형, 잘 사는 계급과 못 사는 계급의 양극화 등을 말한다. 또 다른 하나의 모순은 한반도 분단과 통일에 따른 이데올로기 대립을 의미하는 '민족모순'이다. 여기에는 남북 대결, 반미, 통일에 대한 남남갈등 등이 포함된다. 계급 모순과 민족모순은 두고두고 한국 근현대사에서 사회갈등의 양상을 증폭시키며 오늘날까지 이어지고 있다.[16]

계급 모순은 노동운동으로 발전해서 전두환 시대에 이 계통은 재야(在野), 혹은 지하의 'PD파(평등파)'가 된다. 민족모순은 통일운동으로 나타나서 이 계통은 재야, 혹은 지하의 'NL파(자주파)'가 된다. PD파는 People's Democracy(민중민주주의)의 약자로 반자본, 반재벌, 친노동자를 외쳤으며, NL파는 National Liberation(민족해방)의 약자로 반미, 자주, 주사파로 불린다. PD와 NL은 어느 정도 겹치는 부분이 있으면서도 세부적인 운동 지향점은 달랐다.[17]

(2) 해방 전후 국외 상황

해외에서 독립운동을 하던 그룹 중, 우익에서는 중국 국민당 장제스의 지원을 받아 활동했던 ①김구, 이동녕의 '상해 임정 그룹'과 '광복군'이 있었다. 같은 상해 임정에 기반을 두었으면서도 다른 성격을 지닌 그룹으로는 ②김규식, 김원봉의 '조선의용대'가 있었다. 김원봉은 영화 <밀정>에서 이병헌이 연기한 의열단장 정채산의 모티브가 됐다. 김원봉은 해방 후 남한으로 왔다가, 나중에 월북해서 북한의 노동상(장관), 최고인민회의 부의장(국회부의장)까지 올랐으나, 1958

년 연안파(김두봉 등) 숙청 때 같이 처형됐다.[18] 이런 친북 전력 때문에 김원봉의 독립유공자 서훈 여부를 놓고 논란이 있다.

같은 중국에는 마오쩌둥의 지원을 받은 ③'조선독립동맹, 혹은 연안파'라 불린 김두봉, 최창익, 김창만, 무정 등도 항일 독립운동을 벌이고 있었다. 또한, 원래 만주 지역에서 중국 공산당과 한인들의 연합 조직인 ④'동북항일연군'으로 활동하다가 러시아 연해주로 넘어가 소련 군부 88여단 소속이 된 김일성, 김책 그룹은 만주와 소련 하바롭스크 지역에서 항일 활동 중이었으며, ⑤이승만, 안창호 등은 상해 임정의 미국 대사 신분으로 각국을 상대로 외교적인 독립활동(실력양성론, 또는 외교 독립론이라 함)을 벌였고 국제연맹 등 각종 국제단체에 한국 독립을 청원하기도 했다.

김구의 상해 임정 활동상은 국내에서도 널리 전파됐으며, 이승만의 활동상 역시 VOA 연설 등이 입소문을 타고 번지면서 이승만도 국내에서 존경받고 있었다. 일부 좌파 진영에서는 이승만이 해외 독립활동 중 교포들로부터 모금한 독립군 지원금을 착복하고 불륜을 저지르는 등 도덕적 문제가 많았다고 다큐멘터리 영상 <백년전쟁 Part1: 두 얼굴의 이승만>에서 지적했다.[19] 2012년 좌파 단체 '민족문제연구소'가 만들어 공개한 이 <백년전쟁>에는 실제로 여성 독립운동가 김노디 지사를 이승만 전 대통령의 정부(情婦)로 묘사했다. 그러나 두 사람이 불륜으로 미국 경찰에 체포돼 찍혔다는 다큐멘터리 속 사진은 조작된 것으로 판명났고, 김노디의 친아버지가 친딸 김노디를 이승만의 양녀로 준다는 친아버지의 친필 문서가 2022년에 공개되면서, <백년전쟁>은 이승만 죽이기 목적의 조작물임이 드러났다.[20] 2019년 KBS의 <도올・아인 오방 간다>는 프로그램은 이승만을 미국의 괴뢰로 보고 국립묘지에서 파내야 한다는 내용을 방송했다가, 우파로부터 한국전쟁 도중에 확전을 우려한 미국이 휴전을 반대하고 북진 통일을 시도한 이승만을 제거하려 했다는 등의 팩트가 제시되면서 비난을 받았다.[21]

(3) 해방 후 남북한 정치세력의 전개

2차 대전이 한창이던 1943년 11월, 연합국의 루스벨트, 처칠, 장제스가 모여

카이로 회담을 열고 이 자리에서 "한국은 노예 상태로 놓여 있으므로 적절한 과정을 거쳐서 독립시켜야 한다"고 합의했다. 카이로 회담이 한국의 독립이 논의된 최초의 국제 회담이었다.[22]

1945년 2월 2차 세계대전 말기, 미국, 영국, 소련 등 연합군은 유럽 전선에서 독일과 힘겨운 싸움을 벌이고 있었다. 독일 패망이 다가오자, 미국의 루스벨트, 소련의 스탈린, 영국의 처칠이 크림반도 도시 얄타에서 모여 전후 세계 질서를 논의했다. 이게 그해 2월의 '알타회담'이며, 그 후 7월에는 '포츠담회담'이 추가로 열렸다. 알타회담에서는 독일의 분할 점령(동서독 분단), 소련의 폴란드 임시정부 허용, 소련이 만주를 공격하는 대신 러일 전쟁 때 일본으로부터 잃었던 쿠릴열도를 얻는 것 등이 합의됐다.

미국은 유럽과 태평양 양쪽에서 전쟁이 수행되는 상황이 미국의 일본 본토 진격에 부담이 될 것을 우려했으며, 맥아더도 미국이 일본 본토 공격에 앞서 소련이 만주를 공격해 미국의 부담을 줄여줘야 한다고 주장했다.[23] 그러나 포츠담회담 참석 중이던 1945년 7월에 원자폭탄 개발에 성공했다는 보고를 들은 미국 트루먼 대통령이 미국만으로도 일본 항복이 가능할 것으로 생각하고 소련의 참전 요청을 망설이고 있었다.[24] 그때, 소련은 일본이 항복하기 전에 참전해야 전승국이 되므로 8월 6일 히로시마 원폭이 터진 직후인 8일 다급하게 일본에 선전포고하고 만주를 공격했다.[25] 그리고 불과 7일 뒤인 15일 일본이 패망하자, 미국과 소련 간의 합의에 따라서 한반도 38도선을 경계로 일본군 무장해제를 위해 미국과 소련이 각각 남한과 북한에 진주했다. 소련군은 1945년 8월 26일 평양에 진주했고, 미군은 같은 해 9월 9일 서울에 진주했다.[26] 미소 양국은 각각 남북 지역 일본군 무장해제에 돌입함과 동시에 1945년 12월 미/영/소 3국 외무장관이 모여 모스크바 3국 회담을 개최하고, '미소공동위원회'를 열어 한국을 최장 5년간 미/소/영/중 4국이 신탁통치하기로 결정했다.[27]

소련군은 평양, 신의주, 청진, 원산, 함흥, 해주, 진남포 등에 도착해서 9월 초 북한 전 지역에서 일본군의 항복을 받고 무기를 압수했으며, 행정기관, 경찰서, 법원, 일본인 소유 기업, 철도, 은행 등을 접수했다.

만주의 중국 공산당 '동북항일연군'에서 활동하다 소련군 산하의 항일 유격대

'88여단'에 합류했던 김일성, 김책 등이 북한에 소련군과 함께 동시 입성했다. 당시 북한에 진주한 소련군 지도자 스티코프 장군의 일기가 기밀이 해제되어 공개됐다.28) 여기에 따르면, 소련은 김일성(본명은 김성주)을 북한 지도자로 내세우기로 하고 매일 북한 지역 공산화 작업을 김일성에게 지시하고 성과를 점검했다고 적혀 있다. 소련군은 김일성 일파를 각 지역 치안 책임자로 임명했으며, 김일성에게는 평양 주둔 경무사령부 부사령관의 직책을 주었다. 김일성은 1945년 10월 14일 '소련군 환영대회 겸 김일성 장군 조국 개선 평양시 환영대회'에 참석했다. 소련은 김일성을 항일 투쟁의 전설적 인물인 '김일성 장군'이라고 소개했다. 소련군 진주 전부터 김일성 장군 얘기가 북쪽에 퍼져 있었으나, 실존 인물 여부는 지금도 정확하지는 않다고 한다. 아무튼 김일성 장군의 명성을 이미 들은 평양 시민들은 김일성 장군을 나이 지긋한 사람으로 생각했고, 당시 소련군과 함께 등장한 김일성이 33세로 너무 젊어 평양 군중들은 웃으며 "말도 안 된다"고 수군거렸다.29) 북한은 김일성이 20대부터 보천보 전투 승리 등 항일 투쟁의 공을 세우는 등 능력이 탁월한 영웅이라고 지금도 주장하고 있다.30)

[그림7-3] 1945년 10월 4일 평양시 민중대회에서 모습을 드러낸 김일성. 맨 오른쪽은 소련군 레베데프 소장(wikipedia, 무료 이미지).

그 외에도 김두봉, 무정 등의 연안파도 평양으로 귀국했고, 모스크바에서 공산주의자가 된 '허가이'란 소련파 인물도 귀국했다. 그러나 다른 계통의 공산주의자들은 소련의 직접 지원을 받은 김일성과의 권력 투쟁에 져서 6.25 후에 대부분 숙청됐다.

1945년 10월, 김일성은 남한의 박헌영이 만든 조선공산당 북조선 분국 책임비서에 올랐다가, 1946년 8월 조선공산당을 통합한 북조선노동당을 창설했다. 그 후 미소공동위원회가 지지부진하자, 김일성은 1947년 2월에는 북한 지역 행정부인 '북조선인민위원회' 위원장이 됐으며, 1948년 9월 9일 '조선민주주의인민공화국' 수립과 동시에 수상으로 취임, 북한 쪽 정부 1인자가 됐다. 월북한 박헌영은 이때 부수상이 됐다가 6.25 패전 책임을 지고 처형됐다.[31] 이때 공개적인 사형 혐의가 미국이 고용한 고정 간첩이란 것이었으며, 평양 시민들에게 간첩 활동에 쓰인 물품을 전시하고 관람시켰는데, 그 물품들의 진위를 알기는 어렵다. 북한의 공산화 과정에서 김일성은 지주들이 소유한 토지를 몰수했으며, 이때 남하한 실향민 대부분은 지주 출신, 군인 출신으로 국유화 과정의 공산당 폭력을 보고 남하함으로써 김일성에 대한 반감이 강했다.

남한에 진주한 미군정청은 일제 총독부 행정기구를 그대로 이용해서 남한을 통치했다. 그리고 좌익의 인공을 인정하지 않았다. 이승만은 1945년 해방 후 약 두 달 후인 10월 16일 귀국해서 '독립촉성중앙협의회(독촉회)'를 결성하고 정치 활동을 개시했다.[32] 국내 정치적 기반이 약했던 이승만은 김성수의 '한민당'과 정책적으로 연합했다. 나중에 초대 국회에서 이승만이 대한민국 초대 대통령으로 선출될 때, 이승만은 김성수의 한민당 지지를 받았다. 김구는 11월 23일 귀국했다. 김구의 귀국이 유독 늦은 이유는 미군정이 상해임시정부의 정통성을 인정하지 않아 김구가 대한민국 임정 수반이 아니라 '한국독립당'의 정당 위원장이라는 개인 자격으로 입국할 수밖에 없었기 때문이다.[33]

왜 미군정은 상해 임정을 인정하지 않았을까? 연합국의 일원인 중국 국민당 정부는 중국 공산당을 몰아내기 위한 국공 내전 중이었으므로 임정 내 공산주의자가 같이 있다는 이유를 들어서 임정을 망명 정부로 승인하지 않았고, 이승만이 미국 의회에 임정 승인을 요청할 때는 당시 미국의 좌익 교포 단체가 이의를 제기해서 역시 미국의 임정 승인이 이뤄지지 않았다.[34] 또한 만주의 독립군은 자유시 참변(1921년 러시아 땅 자유시에서 계파가 다른 조선 독립군 부대끼리 전투를 벌여 최소 100명에서 최대 500명의 사상자를 낸 비극적 사건)으로 궤멸했고, 임정이 1941년 광복군을 창설할 때의 인원은 겨우 80명에 지나지 않았으며, 독립군의 일부는 중국 공산당을 거쳐 소련군에 편입됐고, 김원봉의 조선의용대는 중국 공산당 팔로군에 편입된 상황에서, 연합군은 임정의 광복군이 연합국의 일원으로 2차 대전에 참전했다는 것을 인정할 수 없었다.[35]

[그림7-4] 1945년 12월 임시정부 요인 환영회에 참석한 이승만과 김구(wikipedia, 무료 이미지).

남한에는 다수의 정파가 탄생했다. ①조선공산당, 남로당으로 이어지는 박헌영의 급진 공산 세력, ②여운형의 중도좌파 세력, ③상해 임정 출신인 김규식의 중도 우파 세력, ④같은 임정 출신 김구 중심의 중도 한독당 세력(임정은 김규식 정당과 김구 정당으로 분리됨), ⑤우익 진영으로서 김성수의 한민당 세력, ⑥이승만의 독립촉성중앙협의회 등이 있었다.

남한에 모인 국내외 인사들은 좌우익 갈등도 있었지만, 우익 내에서도 해외파와 국내파의 갈등이 있었다. 예를 들어, 해외파인 신익희(나중에 이승만 자유당 정권에 대항한 민주당 대통령 후보가 됨)는 "국내에 있던 사람은(김성수, 송진우 등을 지칭) 크나 작으나 모두 친일파다. 친일을 하지 않고서야 어찌 생명을 부지할 수 있었겠느냐"고 했다고 한다. 이에 국내파 송진우가 "국외에서는 배는 고팠겠지만 마음 고통은 국내 있는 사람보다 오히려 적었을 것이오"라고 반박했다고 한다.[36)]

(4) 미소공동위원회와 신탁통치

지금까지는 큰 틀에서 남북한에서 전개됐던 각종 정치 집단을 소개했다. 지금부터는 왜, 어떻게 좌우 이데올로기 진영이 피 흘리는 싸움을 했는지를 설명하기로 한다.

소련은 미국, 영국 연합군 참전 요구에도 묵묵부답하다가 1945년 8월 6일 히로시마에 미국이 원자폭탄을 투하하자, 일본의 항복을 직감하고 전승국의 지위를 차지하기 위해 재빨리 그다음 날인 8월 8일 대일 선전포고를 선언하고 연합군에 합류했다. 그리고 소련 참전 1주일 뒤인 8월 15일 일본이 항복했으니, 소련의 2차대전 참전 결정은 매우 이기적인 전략의 승리였다. 왜냐하면, 소련의 연합군 합류가 늦은 이유가 승전 후 동북아시아에서 소련의 '공산주의 팽창정책'에 유리한 요구를 다른 연합국으로부터 많이 받아내기 위한 소련의 전술이었기 때문이다. 소련의 동북아시아 공산주의 팽창정책은 곧 한반도 공산화였고, 소련군은 이를 목표로 북한에 진주했다.[37)]

1945년 8월 15일 이후, 미소 양국이 38도선을 경계로 한반도를 분할 점령한 상태에서, 1945년 12월 미국, 영국, 소련의 모스크바 3국 외상 회의는 한국이 미/영/중/소 강대국에 의해 최장 5년간 신탁통치(일종의 대리 통치)를 받을 수 있다고 결정했다. 이를 위한 '미소공동위원회'가 1946년 1월 설치되고, 미소공동위원회는 한반도가 5년간 강대국 신탁통치를 거친 후 남북한 여러 정치세력을 모아 단일 정부를 수립할 것을 남북한 정치 단체에 제의했다. 여기서부터 남한 정치세력들의 의견이 갈리기 시작했다.[38)]

한민족의 독립 국가 건설과 운영 능력을 무시하는 미소의 신탁통치 계획은 우리 민족의 자존심을 건드리는 것으로서 처음에는 우파, 좌파 모든 진영이 반대했다. 그러나 미국은 좌우 합작에 의한 정부 수립을 원했고 소련은 좌익 정부를 원했다는 근본적인 차이로 인해 국내 좌우 입장이 갈리기 시작했다.[39] 박헌영, 여운형, 김일성 등 좌파 진영은 한반도 전체의 사회주의 국가 건설을 위해서는

[그림7-5] 1945년 12월 30일에 열린 신탁통치 반대운동 집회(wikipedia, 무료 이미지).

東亞日報

民族運動의 先鋒

[그림7-6] 송진우 암살 기사(동아일보 1945년 12월 31일자).

신탁통치라는 좌우 합작 노선을 견지하다가, 기회를 봐서 공산당 단독 정부를 구성하자는 소련의 지시에 따라 친탁운동으로 돌아섰다. 그 결과, 남한의 좌파는 미소위원회의 신탁통치를 받아들이자는 친탁운동을 펼치다가 남한 민중으로부터 유리됐고, 6.25 이후 남한에서 몰락했다. 중도파(김규식, 김구)는 미소 중도적 입장에서 좌우 합작을 통해서 민족 문제를 해결하려고 했지만, 결국 좌우 합작과 남북 협상에서 실패하면서, 남한에서 수립된 대한민국 단독 정부에 참여하지 않았다. 이승만, 김성수, 조만식 등은 공산주의의 위장 좌우 연합 전략을 간파하고 반공을 추구했다. 특히, 이승만은 "소련이 한반도를 소련의 일부로 만들려고 한다... 소련을 끌어들이면 우리나라는 둘로 쪼개져서 내전을 피할 수 없다"는 6.25를 정확하게 예견한 취지로 반탁을 주장했다.[40] 김구는 민족주의의 입장에서 좌우의 중립지대를 모색했다가 남북 모두에서 설 자리를 잃게 되는 결과를 낳았다.[41]

그런데 친탁과 반탁 운동이 전국적으로 번지면서, 전 국민은 각계각층, 세대별로 각자의 정치적 성향에 따라서 친탁과 반탁 그룹으로 분리되어 치열한 이념적 사회갈등을

벌였다. 친탁반탁 운동은 격렬하게 표출된 이데올로기 갈등, 이념 대립, 사회갈등의 시작이었다. 대규모 거리 집회, 테러, 암살로 충돌했던 좌우익 대결은 지금의 보수 진보 집단의 사회갈등과 직간접적으로 연결되어 있다.[42)]

해방 공간의 이념 갈등은 교수 대 교수, 학생 대 학생의 대낮 테러로 이어졌다. 김구 이외에도, 김성수와 함께 중앙학교를 세우고 동아일보 사장까지 지냈던 송진우가 우익인사 중에서 유일하게 신탁통치 불가피론(친탁)으로 김구를 설득하러 갔다 나오는 길에 1945년 12월 29일 괴한들의 습격을 받고 숨졌다.[43)] 일제 강점기 때 동아일보 부사장을 역임했고 해방 공간에서 한민당 발기인으로 참여했던 장덕수는 1947년 한독당 소속 테러범에 의해 타살됐다.

[그림7-7] 여운형 암살 기사(경향신문 자료 사진).

조만식은 북한 지역에서 반탁을 주장하다가 1946년 1월에 소련군에 의해 연금당한 후 행방이 묘연했으나, 나중에 6.25 중에 총살당했다고 북한 고위인사였다가 소련으로 탈출한 인사들이 증언했다.[44)]

여운형은 우파의 반탁 입장과 좌파의 편협성 모두를 비판하면서 통일 정부 수립을 주장하다가 1947년 7월 19일 극우 테러단체에 의해 저격당해 숨을 거두었다.[45)]

(5) 대한민국 건국 과정

반탁 운동이 극심한 가운데 신탁통치 논의가 미소공동위원회에서 진전이 없는 와중에, 북한의 김일성은 1946년 2월에 북조선임시인민위원회를 결성하고 위원장에 김일성, 부위원장에 김두봉을 임명했다. 이는 이승만이 남한만의 단독정부를 세우자는 '정읍 발언(1946년 6월, 아래에서 상세히 설명될 예정임)'이 나오기 4개월 전이었다. 소련은 애초부터 남북 분단을 먼저 획책했다.[46)] 앞에서 설명된 것처럼, 그 후 1946년 8월 북조선노동당 창설을 거쳐, 1947년 2월에는 국회에 해당하는 북조선인민회의와, 행정부에 해당하는 북조선인민위원회를 결성했다. 이는 남한이 1948년 정부 수립을 위한 5.10 선거 1년 3개월 전이었다.[47] 정식 조선민주주의인민공화국 수립은 1948년 9월 9일이다. 북한은 이날을 건국일로 삼고 있다.

[그림7-8] 조선민주주의인민공화국의 수상 김일성(왼쪽)과 부수상 박헌영. 이 사진은 1948년 4월 평양 남북연석회의장에서 촬영된 것이다(wikipedia, 무료 이미지).

반면, 이승만은 미소공동위원회가 한창인 1946년 6월부터 남한만의 정부를 주장했다. 처음 단독 정부를 주장한 곳이 전북 정읍이어서 이를 이승만의 '정읍 발언'이라고 한다. 이승만은 동유럽이 좌우 합작 후 우파 지도자들이 암살 등으로 사라지고 좌파가 결국 정권을 잡는 공산주의자들의 '통일연합전선'을 이미 목격했기 때문에 남한만이라도 공산화를 막아야 한다는 의도가 강했다.[48] 그래서 이승만은 1946년 12월부터 한반도 정부 수립은 미소공동위원회가 아니라 UN이 맡아야 한다는 의도를 가지고 미국을 설득하기 시작했다. 미국도 미소공동위원회가 결렬되고 북한이 빠르게 북한만의 단독 정부 구성 움직임이 진행되자, 남한만이라도 공산화를 막자는 쪽으로 선회했다.[49] 이상우 교수는 대한민국 건국 문제를 UN으로 옮겨서 UN 감시하에 선거 가능 지역에서 선거를 통해 민주공화국을 건설하자는 이승만의 구상이 공산주의가 전 세계적으로 준동하던 당시 상황에서 남한을 공산주의로부터 지킨 최고의 기여라고 평가했다.[50] 반탁

운동에서 이승만, 김구, 김규식은 우익 단결을 외치며 힘을 모았지만, 남한 단독 정부를 이승만이 주장하자, 거기서부터 이승만과 좌우 합작을 원한 김구 사이에 균열이 생기기 시작했다. 이 시기에 해당하는 1947년 12월부터 이승만과 김구는 제 갈 길을 가게 됐다.[51)]

드디어 미국의 제안을 받은 UN이 1947년 11월 총회에서 인구비례에 의한 남북한 총선거로 한반도 합법 정부 수립 방안을 결정했다. 그러나 예견한 대로 소련이 이를 반대하자, 1948년 2월 UN은 소총회를 갖고 남한만이라도 총선거를 시행할 것을 결정했다.[52)]

이미 정부 조직(북조선인민위원회)을 갖춘 북한이 UN이 미국 통제하에 있다며 UN의 남북한 총선거 감시 위원단의 입북을 거절했기 때문에, 남한은 UN의 결의대로 남한만의 단독 선거를 시행할 수밖에 없었다. 이에, 김구는 어렵게 얻은 해방이 남한만의 단독 선거와 그에 따른 남한만의 단독 정부로 이어지면 통일은 물 건너간다고 생각할 수밖에 없었다. 그래서 김구는 남한만의 1948년 5월 10일 제헌 국회 구성을 위한 총선거에 참여할 수 없었으며, 4월 19일 김일성과의 회담으로 남북 합의를 모색하기 위해 북한으로 향했다.[53)] 수많은 김구 지지자들이

[그림7-9] 1948년 4월 남북연석회의에 참석 중인 홍명희(왼쪽부터), 김일성, 김구(위키백과, 무료 이미지).

김구의 생명이 위험하다고 북행길을 막았으나, 김구는 북한행을 감행했다. 북한행에 동행한 김구와 김규식은 북한의 김일성, 홍명희 등과 민족 통일 정부 수립을 논했으나 실패, 5월 5일 빈손으로 서울로 돌아왔다.[54] 남북회담 과정에서 김구는 남한은 물론 북한의 단독 정부도 반대한다는 회담 축사를 한 바 있다.[55] 회담 진행 중에 평양 시내에는 김구와 이승만을 타도하자는 구호가 난무했으며, 북은 김구를 타도 대상인 남한 우익의 두목 정도로 보았고 통일 논의의 동반자로 인식하지 않았음이 분명했다.[56]

1948년 5월 10일, 이승만은 UN 감시 하의 남한만의 총선거에 참여해서 국회의원에 당선됐다.[57] 이 선거에 이승만의 독촉회와 김성수의 한민당 등은 참여했으나, 주지하다시피 김구의 한독당은 참여하지 않았다. 남한만의 정부를 인정할 수 없다는 이유에서였다. 제헌 국회는 두 달 뒤인 1948년 7월 17일 대한민국 헌법을 제정했으며, 이 헌법에 따라서, 국회의원에 의한 간접선거로 7월 20일 초대 대통령으로 이승만을, 부통령으로는 이시영을 선출했다.[58] 이시영은 형제 이회영과 함께 전 재산을 바쳐 만주에 신흥무관학교를 설립하고 독립 무장투쟁에 평생을 바친 인물로 부통령 적임자란 여론이 높았다.

5월 10일 선거에서 제헌 국회의원으로 당선된 사람은 모두 198명이었다. 이 중 이승만의 독촉회가 55명, 김성수의 한민당이 28명, 이범석의 민족청년단(족청)이 6명, 그리고 나머지는 무소속이었다. 이승만 대통령은 한민당 김성수의 지원으로 대통령에 당선됐음에도 대통령이 임명권이 있는 국무총리로 김성수 대신 광복군 출신 이범석을 임명했다. 이승만은 거물인 김성수가 국무총리가 되면 대통령을 흔들 것으로 생각해서 이범석을 지명했다고 한다.[59] 이에 김성수는 이승만에 대한 반감으로 이승만 정권의 야당으로 선회했으며, 나중에 이승만이 만든 여당 '자유당'을 견제하는 야당 '민주국민당(민주당)'을 1949년에 창당하게 된다. 이때부터 김성수의 동아일보는 강력한 야당지로 반 이승만 민주화 투쟁에 나서게 된다.[60]

1948년 8월 15일 대한민국 정부가 수립되자, 이승만 정부는 UN에 대한민국 정부 수립 승인안을 제출했고, UN 총회는 찬성 46표, 반대 6표로 대한민국이 한반도 유일 합법 정부임을 승인하는 결의안을 통과시켰다. 이 결의안이 통과됐기

때문에 1950년 한국전쟁 발발 즉시 UN군 참전이 가능했다.[61]

이승만과 김구는 상해 임정 시기부터 동지이면서 경쟁 관계였다. 임정은 이승만을 초대 대통령으로 선출했으나, 나중에 독립운동 활동 방법 등에 대한 이견으로 이승만을 축출하고, 김구가 주석이 됐다. 임정 헌법이 여러 번 개정되면서, 임정 수반은 대통령이었다가 주석으로 바뀌었다. 해방 직후, 두 사람은 각각 독촉회와 한독당이란 정당을 이끌면서 때로는 협력했고 때로는 대립했다. 김구는 해방된 조국의 분단을 받아들일 수 없었다. 어떻게든 공산집단인 김일성과 대화를 통해서 통일 정부를 수립하고 싶어 했다. 그의 민족애를 부정할 사람은 없다. 반면에, 이승만은 오랜 해외 생활과 외교활동을 통해서 관찰한 지식을 바탕으로 공산주의와의 대화는 위장 전술에 속는 것이며 공산주의자는 세계 공산화가 최종 존립 목표임을 꿰뚫고 있었다. 그의 판단 역시 틀렸다고 말하기 힘들다. 김구는 이상적인 민족주의자였으며, 이승만은 현실적인 반공주의자였다.[62]

전직 언론인과 과기부 장관이었던 김진현은 김구와 이승만 두 민족 지도자가 오늘날 화합할 필요성을 제기했다. 사실 해방 직후부터 오늘날까지 이승만에 대한 비판은 "미국의 앞잡이로 분단을 고착화한 자"이고, 김구에 대한 비판은 "대한민국 수립을 끝까지 반대한 친북주의자"라는 것이다.[63] 그러나 1946년 6월 이승만의 남한만의 단독 정부를 주장한 정읍 발언보다 앞선 1946년 2월 북한의 북조선 임시인민위원회가 분단의 시작이었으며, 이승만은 미군정이 골칫거리로 여긴 사람이었고, 임정 출신이 모두 대한민국을 외면한 것이 아니고 이시영 부통령, 신익희 국회의장, 이범석 총리 겸 국방장관 등은 모두 임정 출신이었다는 사실이 새롭게 조명되기 시작했다. 이런 사실들을 근거로, 김진현은 김구와 이승만에 대한 각자의 이데올로기적 비판보다는 민족적 화합 차원에서 화친이 필요하다고 주장했다.[64]

(6) 정부 수립 과정에서 벌어진 피의 이데올로기 대결

① 대구 10월 사건[65]

1946년 가을, 대구 지역에 콜레라가 극심해서 식량이 반입되지 못하자, 대구

시민들이 식량을 달라는 시위를 벌였고, 이를 강제 진압하는 경찰과 무력 충돌이 벌어지게 됐다. 이것이 대구 사건의 시작이었다.

나중에 기밀이 해제된 소련 문서에 의하면, 1946년 7월 박헌영이 스탈린과의 면담을 통해서 그동안 벌였던 친탁운동을 그만두고, 미군정에 폭력으로 저항하라는 지령을 받았음이 사실로 파악됐다. 이에 의해서, 박헌영은 남한에서 9월 총파업령을 내렸고, 실제 전국 철도 노동자들이 총파업에 나섰다. 이에 미군정은 그해 1946년 9월 6일 조선인민일보, 중앙신문, 현대일보 등 3개 좌익 신문을 정간시켰고, 박헌영 등 공산당 간부 체포령을 내렸으며, 박헌영은 지하로 잠적했다가 월북했다.[66]

우파 학자들은 9월 총파업이 진정되자 식량난이 극심했던 대구에서 좌익의 조직적 선동에 의해 10월 1일 대구 사건이 벌어졌다고 주장하고 있다. 이 과정에서 시위대의 돌팔매로 경찰이 공격당하자 경찰 발포가 시작됐고, 그 이후는 경찰의 무력 진압과 시위대의 경찰서 습격과 무기고 탈취에 의한 양 진영 간 혈투가 벌어졌다. 당시의 많은 사진과 증언 등은 좌익들이 경찰을 화형(火刑)에 처하거나 도끼나 죽창으로 죽이는 등 무자비한 폭력으로 공포 분위기를 조성했음을 보여주고 있다. 그 와중에 경찰과 좌익 무장세력 간의 상호 잔인성과 적개심은 점점 증폭돼 갔다.[67]

대구 사건이 진압된 이후, 박헌영은 월북했으며, 일부 좌익은 산으로 도피해서 빨치산이 됐다. 또 다른 일부 좌익은 국방경비대(곧 조선경비대로 개칭)에 군인으로 입대했는데, 당시 미군정은 병력이 부족해서 사상 이념을 따지지도 않고 청년들의 군입대를 환영했다. 결국 조선경비대(한국군 전신) 병력의 10~20%가 좌익계열로 채워졌으며, 여기에는 장교, 하사관(현재의 부사관), 사병을 모두 망라했다.[68] 박정희의 친형 박상희(박상희의 딸이며 박정희의 조카인 박영옥은 나중에 김종필과 결혼함)가 경북 구미지구 건준 대표로 활동하던 중 대구 사건이 구미로 번지면서 경찰의 총에 맞아 사망했다. 이런 가족사를 가진 박정희가 좌익 장교들과 어울리면서 남로당에 가담하게 됐다. 박정희는 여순사건 직후 남로당 가담 전력으로 체포됐으나, 이때는 이미 그가 공산주의의 문제를 느끼기 시작해서 발을 빼려는 과정이었다고 한다. 박정희는 나중에 이런 전후 사정이 고려되고 주위의 도움으로 목숨을 건졌다.[69]

② 제주 4.3사건

1946년의 대구 사건이 가고 1947년이 오자, 소련이 발칸반도를 공산화하고 동남아시아의 베트남, 버마 등에서도 공산화를 획책하는 분위기 속에서, 남한의 남로당은 조선경비사관학교(육사의 전신), 조선경비대에 대량의 남로당원을 입대시켰다. 이는 결정적 시기가 왔을 때 무장 반란을 통해서 남한의 미군을 몰아내고 한반도 전체를 공산화하려는 전략의 일환이었다.[70]

이에, 미군정은 대구 사건 이후 다시 위험해진 남로당 해체 작업에 착수했으며, 남로당은 남한에 군사적 기반이 구축되어 있음을 북한의 김일성에게 보여주기 위해서 무력 투쟁을 계획했다. 1948년, 미소공동위원회의 신탁통치 계획도 무산되고, UN의 인구비례에 의한 남북한 총선거도 북한의 반대로 저지됐으며, 김구의 통일을 위한 남북 연석회담도 결렬되자, UN은 선거가 가능한 남쪽만이라도 5월 10일 국회의원 선거를 시행하자고 결정, 발표했다.[71]

제주도 남로당 지부는 5월 10일 선거를 저지하기 위해 제주도민 무장 궐기를 3월경 기획했다. 1947년 3월 1일, 제주 지역 좌익 진영의 3.1절 기념식에서 기마 경찰이 총을 발사해서 민간인 6명이 숨지는 사고가 터진 것이 제주 사건의 시작이었다고 좌파 진영에서 말하지만,[72] 우파는 제주 4.3사건은 근본적으로 남로당 무장 게릴라들이 5.10 선거를 저지하기 위해서 4월 3일 제주경찰서를 습격하면서 시작됐다고 보고 있다.

이날로부터 미군정 경찰력과 남로당 무장세력 간의 대대적인 무장 충돌이 제주도에서 빚어졌다. 남로당은 5.10 선거 반대, 남한만의 단독 정부 반대, 조국 통일, 반미 투쟁 등을 외쳤다. 제주 4.3사건으로 촉발된 남로당과 미군정청의 유격전은

[그림7-10] 1948년 5월 제주사건 당시 체포된 포로들 (위키백과, 무료 이미지).

1948년 8월 15일 정부 수립 이후 남로당 무장대와 대한민국 군/경찰 합동 토벌대와의 전투로 이어졌고, 그해 12월 31일 제주도 지역 계엄령이 해제될 때까지 지속됐다.[73]

그런데 제주도라는 좁은 섬에서 좌우익 세력과 그들 가족이 어울려 살다 보니, 토벌 과정에서 좌익 가족으로 몰린 무고한 민간인과 민가가 다수 희생되는 문제가 발생했다. 희생자 수에 대해서는 논란이 크다. 2013년 교학사가 발행한 한국사대사전은 당시 토벌대의 공식 발표에 따라서 좌익 폭도 사살 약 8000명, 포로 약 7000명, 귀순 약 2000명 등 희생자 무장세력이 1만 7000명이라고 적고 있으나, 이는 정부가 채택한 제주 4.3 진상 보고서의 희생자 무장세력 500여 명과 큰 차이를 보인다.[74]

제주도는 결과적으로 5.10 선거를 치르지 못했다. 더욱 중요한 것은, 정부 수립 직후인 1948년 10월, 제주도 4.3사건 진압 파병을 명령받은 여수, 순천 지역 군부대 내에서 좌익 침투 세력이 반란을 일으킨 여순사건이 일어났다는 것이다.

한편 6.25 전쟁이 발발하자, 한라산으로 도피한 4.3사건 잔존 남로당 세력이 자주 민가로 출몰하여 간헐적인 전투가 계속됐으며, 최후의 1인이 생포된 것은 1957년 4월 2일이었으니, 제주 4.3사건은 무려 7년 7개월간 지속된 셈이었다. 우익 진영은 4.3사건의 원인이 단독 정부 수립에 반발하는 좌익의 무장투쟁이었다고 보고 있고,[75] 좌익 진영은 토벌 과정에서 억울하게 희생당한 민간인 학살의 진상 규명과 보상을 더 중시하고 있다. 4.3사건은 2014년 국가기념일로 지정됐다. 정부와 군은 진압과정에서 무고한 제주도민이 사망한 사실에 대해 사과했다. 실제적인 4.3사건 희생자에 대한 보상은 2022년 제주 4.3사건 진상 규명 및 희생자 명예 회복 위원회에 의해 이뤄졌다. 위원회는 그해 10월 27일 심사를 거쳐 희생자 300명에게 252억여 원의 보상금을 지급했다.[76]

2020년 제주 4.3사건 추념식에 참석한 문제인 전 대통령은 제주도민이 통일 정부 수립을 꿈꾸다 처참한 죽음을 맞았다는 요지의 발언을 했다. 그런데 노무현 정부 시절 발표한 '제주 4.3사건 진상 보고서'에는 무장봉기를 일으킨 남로당 제주도당 무장대 350명이 내건 슬로건이 "통일 정부 수립"이란 사실이 543쪽에 명시되어 있다. 통일 정부 수립 구호는 제주도민의 꿈이 아니라 남로당 무장대의 구호였다.[77] 현행 고교 교과서 대부분은 4.3사건을 통일 정부 수립 운동으로 기술하고 있는 문제도 있다. 남로당 입장에서는 4.3사건이 통일 국가 수립 운동일 수 있지만, 이는 6.25를 북한 입장에서 조국 통일 전쟁으로 보는 것과 동일한 상황이 된다.[78] 고교 교과서 중에는 4.3사건의 무장 폭동과 선동의 주체인 남로당을 언급하지 않은 교과서도 있다는 언론 보도도 있었다.[79]

③ 여순사건

1948년 10월 19일, 여수 지역에 주둔하고 있던 14연대가 제주 4.3사건의 무장대를 토벌하러 이동하라는 명령을 받자, 14연대 내에 잠입해 있던 남로당 출신 장교들이 다른 장교 24명을 사살하고 군대를 장악했다. 14연대 사병도 절반이 남로당에 포섭된 사람들이었다. 이들이 장악한 약 3000명에 이르는 병력은 이후 순천, 구례 등 지리산 지역의 6개 군과 관공서를 장악하고 900여 명의 우익인사를 처형하는 등 세력을 키우다가 1주일 후인 10월 27일 진압됐다. 이들은 이 과정에서 북한의 조선인민공화국에 충성하고 이승만 정부를 분쇄하자는 등의 혁명 과업을 발표하기도 했다.[80]

여순사건의 일부 남로당 패잔병들은 지리산으로 숨어 들어가 빨치산이 되어 6.25 때 다시 국군과 전투를 벌이다 소탕됐다. 주도자들은 모두 처형됐다. 국군은 주지하다시피 창설 당시 인원이 부족하여 개인적인 사상을 철저히 점검하지 않고 병력을 충원했으며, 그 과정에서 남로당은 장교와 사병으로 다수를 군 내부에 침투시킨 것이 여순사건의 빌미가 됐다. 이 사건을 계기로 한국 정부는 대대적인 군 내부 공산주의자 색출에 나섰다. 이를 '숙군(肅軍)'이라 한다. 이때 전체 군병력의 5%인 5000여 명이 좌익분자로 색출돼 군을 떠났다.[81] 검거된 인원 중 박정희 소령이 포함돼 있었다. 박정희는 사형을 선고받았으나, 나중에 그의 능력을 아쉽게 생각한 당시 육군 정보국 실무자 백선엽 대령의 도움으로 가까스로 전향해 군복을 벗는 것으로 사형 위기를 모면했다. 그 후 6.25가 발발하자, 박정희는 육군에 복귀했다. 박정희가 공산주의자였다는 사실은 집권 기간 내내 야당의 공격 표적이 됐으며, 미국 정보기관의 관심 사항이기도 했다.[82]

1948년 12월 10일에는 여순사건을 계기로 국가보안법이 공표됐고, 경찰과 군

병력이 증강됐다.

그런데 2021년 조사에 따르면, 현행 고교 교과서는 대부분 여순 사건을 여순 무장봉기로 표기했으며 일부 좌파 학자들은 여순 항쟁, 여순 민중 항쟁이란 표현을 사용하기도 했다. 여순 사건은 군에 침투한 좌익세력의 반란이었다. 12.12 군사 반란이 무장봉기나 민중 항쟁이라고 불릴 수 없는 것과 같은 논리에서 그렇다.[83)]

2. 미군정 시대 미디어 역사

해방 직후, 미군정청이 들어서자, 국내에는 박헌영의 급진 공산 세력, 여운형의 중도좌파, 임정 김규식의 중도 우파, 임정 김구의 한독당, 우익 김성수의 한민당, 이승만의 독촉회 등으로 분파되어 다툼을 벌였다. 그러나 미군정은 좌익을 공식적으로 인정하지 않았으며, 한민당 계열의 우익을 정책 파트너로 중용했다. 그 결과, 인공을 불법화했고, 우익의 김성수, 송진우, 조만식 등을 군정청 한인 고문단으로 위촉했으며, 한민당 계열의 조병옥을 경무부장으로, 장택상을 수도 경찰청장으로 임명했다.[84] 이런 복잡한 정치 상황에 따라서, 미군정 치하의 한국 신문 특징은 '정파 신문(partisan press)'이었다. 해방 후 좌익, 우익, 중도 등 각종 정파가 대립했고, 이에 따른 의견이 분분하자, 언론도 특정 정파, 특정 정치인과 재정적, 혹은 이념적으로 지지 및 후원 관계를 맺게 됐다.

우선, 건준은 해방 직후 일제 총독부의 기관지였던 매일신보를 인수해서 신문 발행에 나섰다. 그러나 매일신보는 미군정청이 건준의 존재를 인정하지 않게 되면서 다시 미군정청 기관지가 되어 이름을 '서울신문'으로 바꾸고 오늘의 서울신문으로 이어지고 있다. 서울신문의 대주주는 여전히 정부다.

우익지로는 1945년 11월에 복간된 조선일보가 있었으며, 조선일보는 김구와 이승만을 지지했다. 조선일보 사주 방응모는 이승만을 재정적으로 지원했다. 동아일보도 1945년 12월에 복간했으며, 사주인 김성수, 사장인 송진우가 주도하는 한민당의 기관지처럼 활동했고, 한민당의 정치적 노선을 옹호했다. 경향신문은 구한말에 가톨릭 계통의 신문으로 설립됐다가 사라졌는데, 해방 직후 다시 가톨릭 교단에 의해 복간됐으며, 김구와 이승만 노선을 지지했다. 이 밖에도 민주일보, 대동일보, 민중일보 등의 우익 계열 신문들이 있었다.[85]

해방 정국을 선점한 좌익계는 인공의 기관지로서 1945년 9월 8일 '조선인민보'를 발행했다. 조선인민보는 북한의 김일성과 무정 장군 환영 소식 등 김일성 칭송 기사를 실었다.[86] 또 다른 좌익지로는 박헌영이 이끄는 조선공산당 기관지인 '해방일보'가 있었다. 1945년 9월 19일 창간된 해방일보는 같은 조선공산당이 운영하는 인쇄소인 정판사에서 신문을 인쇄했다. 정판사는 1945년 10월부터 여러 차례 조선공산당 지시로 위조지폐를 인쇄했고, 조선공산당은 이를 정치활동 자금으로 사용하고 있었다. 출처 불명의 위조지폐가 나돌아 경제가 혼란에 빠지자, 1946년 5월 미군정이 수사에 착수, 정판사의 위조지폐 인쇄 사실을 적발했다. 관련자들이 모두 체포되어 징역형을 선고받았다. 이후 좌익계 신문인 해방일보와 조선인민보, 그리고 정판사가 폐쇄됐으며, 박헌영 등 조선공산당 핵심 지도 세력 검거령이 내려졌다. 이를 '조선정판사 위폐사건'이라 한다. 위폐사건 후, 조선공산당은 지하로 잠입해서 노동자 파업을 선동하고, 우익 또는 미군정 시설을 파괴했으며, 경찰서 등을 공격하는 지하 테러 활동(대구 10월 사건, 제주 4.3사건 등)을 벌였다. 구소련 해체 후 공개된 소련 정부 기록에 따르면, 평양 주둔 소련군 부사령관 로마넨코가 당시 남한 폭동을 지시하고 재정을 지원한 사실이 드러났다.[87)]

이 밖에도 조선노동신문, 중앙신문(현 중앙일보와 무관), 현대일보 등의 좌익지가 있었다.[88)]

이들 좌익지와 우익지는 신문 기사와 논조로 격렬하게 상대방을 비방, 공격했으며, 때로는 상대 신문사 편집국이나 인쇄시설에 테러를 가하기도 했다.

라디오 방송국은 이미 일제 강점기에 전국 방송망을 가지고 있었고, 미군정청이 이를 고스란히 인수해서 운영했다.

부산지역에는 해방 후 두 개의 신문이 탄생했다. 그중 하나는 '부산일보'였다. 1946년, 부산의 한 사업가가 일본인이 운영하던 신문사를 인수해서 부산일보를 창간했다. 부산일보는 1949년 당시 부산을 대표하는 기업인 조선방직(조방낙지로 유명한 부산진시장 일대의 '조방'은 당시 조선방직 공장이 있었던 곳이었기에 붙여진 이름임)과 삼화고무(범표 타이거 신발로 유명했으며, 한때 나이키와 리복의 주문자 생산 공장으로 국내 수출 1위까지 올랐으나, 1992년 도산했음) 사장이었던 김지태가 인수, 운영했다. 김지태는 이승만 정부 시절에 이승만과 대립각을 세웠으며, 1961년 5.16 군사 쿠데타 시절에는 박정희 군부에 의해 일부 재산이 몰수됐다.[89)] 현재 부산일보는 정수장학회가 소유주다. 정수장학회 명칭는 박'정'희와 육영'수'의 이름자에서 유래한 것으로 대통령이 되기 전까지 박근혜 전 대통령이 이사장이었다. 정수장학회는 지금은 박근혜는 아무 관계가 없다고 주장하고 있다.

김지태는 1947년 또 다른 부산의 일간 신문인 산업신문도 창간했다. 산업신문은 1950년에 '국제신문'으로 이름을 바꿨다. 국제신문은 1977년 LG 소유가 됐다가, 1980년 전두환 정부의 1도 1사 언론통폐합 정책으로 부산일보로 흡수 통합되는 불운을 겪었다. 당시 부산의 국제신문은 이승만 정부에 강력한 견제 기능을 수행했으며, 소설가 이병주가 편집국장을 지내는 등 부산을 대표하는 신문이란 위상을 갖고 있었다. 국제신문의 이러한 야당 성향이 전두환 시절에 국제신문이 부산일보로 흡수된 원인이었다. 1988년 노태우 정부가 들어서고 신문 허가제가 등록제로 바뀌자, 과거 국제신문 주식 소유주들이 국제신문을 복간했다.[90] 복간된 국제신문은 경영난에 허덕였으나, 롯데 장학재단이 인수해서 한 때 운영했다. 2023년 현재는 능인선원이란 대형 불교 조직이 국제신문을 소유하고 있다.

김지태는 나중에 부산문화방송도 설립했으며, 부산문화방송은 후에 서울 문화방송의 모태가 됐다. 부산문화방송이 우리나라 최초의 민영 방송이었다. 지금도 부산 민락동의 부산문화방송에 가면 '민방의 효시'라는 기념비가 서 있다.

[그림7-11] 부산문화방송 부지 내에 있는 '민방의 효시' 기념비(개인 촬영).

김지태의 섬유와 신발 사업체는 1970년대에 급속도로 사양 산업이 되면서 도산했다. 김지태는 1982년 사망했으며, 생전에는 전국적인 재벌급 인사이면서 부산에 근거지를 둔 지역 사업가로 명성이 자자했다. 그의 사업 몰락과 더불어 김지태의 흔적은 부산에 거의 남아 있지 않다.

미군정은 공공의 평화를 위협하지 않는 한 미국식 언론자유를 후원한다는 언론 정책을 시행했다. 그러나 당시 전 세계는 미국 중심의 자본주의와 소련 중심의 공산주의가 대립하는 '동서 냉전'이 시작된 시기였으므로, 미군정 노선은 강력한 반공산주의였다. 공산주의 계열 언론사를 폐간시키기 위해, 미군정청은 '미군정청 법령 88호(미군령 88호)'를 공표했다. 미군령 88호는 '언론 허가제'가 주 내용이었다. 이는 새로운 공산 계열 언론사 설립을 원천적으로 막고, 기존 좌익계열 신문사를 폐간시키기 위해 만들어진 법령이었다. 이승만 정부는 정부 수립 후 미군정 법령을 이어갈 수 없었으므로 그 대신 신문 허가제의 법적 근거로 구한말 제정됐던 광무신문지법을 이용했기 때문에 광무신문지법이 오래 존속하게 됐다.[91)]

당시 국내 신문 중 경향신문 발행 부수가 6만 부로 가장 많았고, 서울신문이 5만 부, 동아일보가 4만 부, 조선일보가 3만 5000부 정도였다. 신문은 미군정기에 아직도 중소기업 규모를 벗어나지 못했다.[92)]

3. 미 군정기 사회갈등의 이해

미군정 기간 중 미군정청이 일제 총독부 행정기관, 경찰 조직 등을 그대로 인수, 이용하면서 훗날 각종 친일파 논란을 초래했다. 특히, 2021년 대통령 선거 과정에서 대한민국이 친일 세력과 미 점령군(미군정청)의 합작으로 이뤄졌다는 주장이 민주당으로부터 제기됐다.

그러나 당시 대통령 이승만을 비롯해서 부통령 이시영은 독립운동가 출신이며, 제헌 국회 의장인 신익희는 임정의 임시헌장을 기초했고 임정 내무총장을 역임했으며, 초대 대법원장을 맡은 김병로는 신간회 중앙집행위원장 출신으로 일제 강점기 시절 투옥된 독립운동가의 변호를 담당했다. 그 밖에도 총리 및 국방장관을 맡은 이범석은 광복군 참모장 출신이며, 무임소장관 지청천은 광복군 총사령관 출신이고, 김도연 재무장관은 2.8 독립선언으로 투옥된 독립투사이며, 이인 법무부 장관은 조선어학회 사건으로 투옥된 전력이 있고, 조봉암 농림 장관은 사회주의 항일 운동가로 잘 알려진 인물이었다. 내각 전원이 친일파가 아니라 그 반대로 항일 독립투사들로 이뤄진 것이다.[93)]

또한, 좌파 진영은 2021년 대선에서 남한에 진주한 미군은 점령군이고 북한에 진주한 소련군은 해방군이란 역사 논쟁을 제기했다. 정치학자 심지연은 무장해제를 당한 한반도 주둔 34만 명의 일본군 입장에서는 미군이나 소련군이 점령군이지만, 일본군 무장해제를 통해서 한민족의 해방을 도우러 온 미군과 소련군은 우리 민족에게는 해방군이 되는 것이라고 설명했다.[94)] 북한 출신으로 유신을 반대했던 대표 지식인 고 함석헌은 소련군이 들어오자마자 상점들을 닥치는 대로 약탈했고, 어디선가 여자들이 끌려가서 당했다는 소리가 날마다 들렸다고 증언한 적이 있다. 역시 북한이 고향인 원로 목사 고 강원룡은 본인이 소련군에게 시계를 뺏겼고 소련군은 심지어 공장 시설도 뜯어서 소련으로 싣고 갔다고 실토했다.[95)] 소련군은 2차 대전 중 독일과의 장기전을 벌인 독소전쟁에서 입은 천문학적 손해를 만회하려고 만주에서도 닥치는 대로 돈이 되는 물건을 압수해서 소련으로 가져갔다.[96)]

그런데 일제 강점기부터 시작된 이념 대립은 해방 공간의 정치 상황에서 첨예한 이데올로기 사회갈등과 충돌로 현실화됐다. 각종 정파는 좌익, 우익, 중도파 등으로 나뉘었으며, 우익 안에도 다시 이승만파, 김구파, 김성수파가 있었고, 좌익 안에서도 여운형파, 박헌영파 등의 구분이 있었다. 이들의 갈등은 지식인들의 대충돌로 이어졌고, 그 결과로 암살(장덕수, 송진우, 여운형, 김구 등), 테러(신문사 습격, 정치 집회 습격, 학생의 교수 테러, 학생 간 패싸움 등), 폭동과 유혈사태(대구 10월 사건, 제주 4.3사건, 여순사건) 등의 혼란이 극에 달했다.

일제 강점기에는 일본 문화와 언어가 유입됐으나, 미군정 기간과 그 후 한국 전쟁을 수행하는 동안 미국 문화가 한국에 들어왔다. 6-3-3-4 학제는 미국식이지만, 교복과 모자는 일본식이었다. 이런 식으로 초기 우리나라 정부와 국민 생활은 일부 일본식, 일부 미국식이 혼합됐다. 우리 신문 용어, 건축 용어, 인쇄 용어는 일본식이 쓰였으며, 교육제도, 행정조직, 군조직은 대부분 미국식이었다.

미군정 이후 1980년대에 이르기까지, 미국이 남한을 공산주의로부터 보호해주고 대한민국에 경제 지원을 해준 고마운 나라 이미지를 유지했다. 그러나 노태우 정부 때부터 결국 미국도 미소 냉전 시대에 자국의 국가 이익을 수호하기 위해서 미군을 한국에 주둔시켰다는 인식이 번지면서 국내에서 반미주의가 싹트기 시작했다. 이는 전두환 시대에 지하화한 PD와 NL의 영향도 있었다. 하지만, 88 올림픽 때 미국과 소련의 농구 준결승 시합에서 의식화되지 않은 일반 관중이 소련 팀을 응원하는 일이 벌어지면서, 한국의 반미 감정은 서서히 일반 여론으로 번졌다.[97)]

김구의 임정 계열 한독당이 이승만 정부 수립부터 현실 정치에 참여하지 않았다. 김구는 꿈에 그린 해방이 조국 분단으로 이어지는 것을 인정할 수 없었다. 김구는 남한만의 단독 정부가 들어서자 국회의원, 장관 등 모든 공적 활동을 하지 않았다. 그리고 북한과의 대화를 통한 통일을 주장했다. 이것이 반공주의 극우파의 미움을 사서 암살됐을 것으로 추측된다. 문제는 김구 이후 국내에서 통일을 주장하면 소위 '색깔론'에 의한 '빨갱이'로 몰리는 일이 벌어졌다는 것이다. 순수 통일운동과 친북 성향 통일 세력이 혼재하면서 김구 일파는 제도권 밖에 있게 됐고, 김구 노선이 결국 재야(在野)의 시초가 됐다. 김구 노선을 계승한 것은 아니지만, 재야라는 정치적 세력은 박정희 시대와 전두환 시대에 NL과 PD로

지하에서 성장하다가 김영삼, 김대중 정부 때에 제도권 정치(정당 활동, 공직 수행 등)에 참여하기 시작했다. 노무현 정부 때는 다수의 PD, NL 재야인사들이 '열린우리당'이라는 집권 여당에 참여했다. PD, NL 중 일부는 노무현 정부 때 '민노당'을 창당했다. 민노당은 PD와 NL의 전통을 이어받다가, NL 계열 주사파 이석기의 통진당과, PD 계열의 심상정 노회찬(작고)의 정의당으로 분파했다. 통진당은 헌법재판소로부터 이적단체로 정당해산 판결을 받았고, 정의당은 친북 주사파의 색채(NL)를 줄이고 친노동자 진보 노선을 지향하고 있다.

문재인 정부 이후, 남북정상회담이 진행되면서 청와대에 NL 주사파가 다수라는 당시 야당의 주장은 1990년대 초반 전국대학생연합회(전대협)를 NL 주사파가 주도했다는 사실로부터 비롯된 것이다. 임종석 전 청와대 비서실장이 전대협 의장 출신이며 임수경 당시 학생대표의 북한 파견을 주도했던 인물이었다.[98]

주석

1) 신지호, "1945년 8월 15일, 그날은 조용했다", 『주간조선』, 2019. 8. 5.
2) 한국민족문화대백과사전, "조선건국준비위원회", 2019. 12. 19., https://c11.kr/cf6k
3) 남시욱, 『한국 보수세력 연구』, 청미디어, 2020-a, 246-247쪽.
4) 한국민족문화대백과사전, "조선건국준비위원회", op. cit.
5) 남시욱, *op. cit.*, 2020-a, 246-248쪽.
6) 이완범, "건국 기점 논쟁: 1919설과 1948설의 양립", 『현상과 인식』, 109호, 2009, 71-90쪽.
7) 정현채, 『이승만 건국 대통령 이야기』, 도담, 2021, 127쪽.
8) 유재천, 『한국 언론과 이데올로기』, 문학과 지성사, 1990.
전승훈, "동아일보 속의 근대 100경(64), 사회주의", 『동아일보』, 2009. 12. 28.
9) 국사편찬위원회 우리역사넷, "고려공산당", 2019. 2. 19., https://vo.la/ll9J
10) 이동현, "좌파 독립운동가들 누가 있나", 『중앙일보』, 2004. 8. 27.
11) Michael Breen, *The New Koreans*, 장영재 역, 『한국, 한국인』, 실레북스, 2018, 22쪽.
12) 강원택, 『한국 정치의 결정적 순간들』, 21세기북스, 2019, 213쪽.
13) *Ibid.*, 211쪽.
14) 남시욱, *op. cit.*, 2020-a, 36쪽.
15) 남시욱, 『한국 진보세력 연구』, 청미디어, 2020-b.
16) 한민족문화대백과사전, "민중민주파", 2019. 12. 19., https://c11.kr/cf6n
17) 정시아, "NL-PD 30년 전쟁", 『주간조선』, 2012. 5. 7.
18) 한민족문화대백과사전, "김원봉", 2019. 12. 19., https://c11.kr/cf6p

19) 〈백년전쟁〉은 2013년 방송통신위원회의 방송금지 제재를 받았으나, 2019년 12월 21일 대법원은 방통위 제재 결정이 위법하다고 판결해서, 이 다큐멘터리는 다시 방송이 가능하게 됐다.

20) 조광형, "민족문제硏 '이승만 정부(情婦)설' 조작… 사진 속 인물은 김노디가 아니었다", 『뉴데일리』, 2022. 9. 7.

21) 우파의 이승만에 대한 견해에 관심 있는 사람은 유튜브 '이승만TV'의 〈화적토벌(1), (2), (3)〉, '윤튜브' 〈대한민국에서 이승만을 깔끔하게 지우는 방법〉 참조.

22) 정현채, *op. cit.*, 99쪽.

23) 이정식, 『이정식 자서전』, 일조각, 2020, 118쪽.

24) *Ibid.*, 121쪽.

25) *Ibid.*, 120쪽.

26) 한국민족문화대백과사전, "삼팔선", 2019. 12. 20., https://c11.kr/cf6r

27) 이상우, 『대한민국을 만들고 지켜온 분들』, 기파랑, 2022, 71쪽.

28) 국사편찬위원회 한국사데이터베이스, "해외자료총서 10권 쉬띄꼬프 일기", 2019. 12. 31., https://c11.kr/cf66

29) 장일현, "[백선엽과 김형석, 文武 100년의 대화] 내 친척 할머니가 김일성 젖물려 키워...두 아들이 공산당에 죽자 통탄", 『조선일보』, 2020. 1. 2.

30) 서옥식, "진짜 김일성, 81년 전 전사...북한 김일성은 가짜", 『뉴데일리』, 2018. 11. 19.

31) 이지수, "[2010, 인물로 다시 보는 6.25] '이 자식아, 전쟁 지면 너도 책임 있어' 김일성, 박헌영에 잉크병 집어던져", 『조선일보』, 2010. 6. 24.

32) 한국민족문화대백과사전, "독립촉성중앙협의회", 2019. 12. 19., https://vo.la/6CHx

33) Ibid., "김구", https://vo.la/5srb

34) 이상우, *op. cit.*, 72쪽.

35) *Ibid.*

36) 이경남, 『설산 장덕수』, 동아일보사, 1981, 329쪽.

37) 임기상, "일본이 항복하기 전에 만주, 한반도, 사할린을 점령하라", 『노컷뉴스』, 2014. 4. 30.

38) 한국민족문화백과사전, "미소공동위원회", 2019. 12. 20., http://bitly.kr/APYBHJE

39) 정현채, *op. cit.*, 107쪽.

40) 남시욱, *op. cit.*, 2020-a, 261쪽.

41) 한국민족문화백과사전, "미소공동위원회", op. cit.

42) 국사편찬위원회 우리역사넷, "신탁통치 논쟁과 좌우대립", 2019. 12. 20., http://bitly.kr/H7zKULa

43) 김기협, "동아일보 송진우 암살의 배후는 김구인가?", 『프레시안』, 2011. 4. 12.

44) 김국후, "한밤 평양형무소서 처형/극적으로 밝혀진 '조만식 선생 최후'", 『중앙일보』, 1991. 7. 19.

45) 한국민족문화대백과사전, "여운형 암살사건", 2019. 12. 20.

46) 남시욱, *op. cit.*, 2020-a, 296쪽.

47) *Ibid.*, 296-297쪽.

48) 정현채, *op. cit.*, 108-113쪽.

49) 남시욱, *op. cit.*, 2020-a, 298쪽.

50) 이상우, *op. cit.*, 75쪽.

51) 남시욱, *op. cit.*, 2020-a, 280-281쪽.

52) 이상우, *op. cit.*, 116-117쪽.

53) 다나카 메이, 『한국정치를 투시한다』, 윤학준 역, 길안사, 1995, 112-114쪽.

54) 도진순, "1948년 남북연석회의와 남한 민족주의 정치세력의 동향", 『국사관논총』, 54집, 1994, 111-150쪽.

55) 정현채, *op. cit.*, 115쪽.
56) *Ibid.*, 117쪽.
57) 배영대 외, “이승만 정읍발언은 소련 전략 꿰뚫은 현실적 대응”, 『중앙일보』, 2008. 7. 18.
58) 국사편찬위원회 우리역사넷, “단선에 대한 국내 정치세력의 대응”, 2019. 12. 20., http://bitly.kr/cjZV4by
59) 남시욱, *op. cit.*, 2020-a, 336쪽.
60) 한국민족문화대백과사전, “민주국민당”, 2019. 12. 20., http://bitly.kr/hL5gjyq
61) 정현채, *op. cit.*, 123쪽.
62) 김명섭/김석원, “김구와 이승만의 지정인식-일제 강점기를 중심으로”, 『한국정치학회보』, 43집 3호, 2009, 51-75쪽.
63) 유석재, “이승만과 김구...대한민국 국부는 두 명이면 안되나”, 『조선일보』, 2022. 11. 22.
64) Ibid.
65) 김상숙, 『10월항쟁』, 돌베개, 2016. 이 책은 대구사건이 좌파의 항쟁이란 측면에서 서술한 책이다.
66) 이승만TV, “해방과 건국 사이 우리가 알지 못했던 이야기(1) 대구폭동”, 2019. 4. 16., https://vo.la/1mGBTV
67) Ibid. 그러나 김상숙(2016) 등 대구폭동 대신 좌파의 대구항쟁을 주장하는 문헌도 많다.
68) 백선엽, “[6.25전쟁 60년] 지리산의 숨은 적들(130) 좌우 충돌 한복판, 군”, 『중앙일보』, 2010. 7. 14.
69) 조갑제, 『박정희 전집 1권』, 조갑제닷컴, 2006.
70) 백선엽, op. cit.
71) 한국민족문화대백과사전, “5.10총선거”, 2019. 12. 20., https://c11.kr/cf6u
72) 한국민족문화대백과사전, “제주4.3사건”, 2019. 12. 20., https://c11.kr/cf6v
73) Ibid.
74) 임기상, “교학사 한국사대사전까지...‘4.3사건 당시 제주도는 온통 빨갱이’”, 『노컷뉴스』, 2013. 9. 13.
75) 이승만TV, “해방과 건국 사이 우리가 알지 못했던 이야기(2) 제주4.3사건”, 2019. 4. 18., https://c11.kr/cf6w 이선민, “제주 4.3이 진정한 대한민국의 역사가 되려면”, 『조선일보』, 2018. 4. 4. 등에서 우파의 주장을 들을 수 있다.
76) 최동철, “4.3희생자 300명 국가보상금 첫 지급 결정 74년 만에 한 풀었다”, 『제주일보』, 2022. 10. 26.
77) 김기철, “4.30이 통일 정부 수립 운동? 남로당 슬로건이었다”, 『조선일보』, 2020. 4. 6.
78) 김기철, “4.3사건을 ‘통일 정부 수립 운동’이라고 부르면 안되는 이유”, 『조선일보』, 2020. 4. 22.
79) 예영준, “‘교과서 지배하는 자, 미래를 지배한다’…계속되는 역사전쟁” 『중앙일보』, 2022. 9. 21.
80) 한국민족문화대백과사전, “여순사건”, 2019. 12. 20., https://c11.kr/cf6x
81) Ibid.
82) 조갑제, *op. cit.*
83) 김기철, “군이 반기 든 여순 14연대 반란, 고교 80%가 ‘무장봉기’로 가르쳐”, 『조선일보』, 2021. 3. 25.
84) 남시욱, *op. cit.*, 2020-a, 254-255쪽.
85) 김민남 외, 『새로 쓰는 한국언론사』, 아침, 1993, 305쪽.
86) *Ibid.*, 249쪽.
87) 남시욱, *op. cit.*, 2020-a, 288쪽.
88) 한국민족문화대백과사전, “조선정판사위폐사건”, 2019. 12. 20., http://bitly.kr/ShwM4Yu
89) 배석만, “[역사속 부산사람](9)김지태(1908-1982)”, 『부산일보』, 2003. 6. 11.
90) 한국민족문화대백과사전, “국제신문”, 2019. 12. 20., http://bitly.kr/xZ5grrt
91) 김민남 외, *op. cit.*, 283쪽.

92) *Ibid.*, 305쪽.
93) 김기철, "친일파가 대한민국 건국? 초대 내각 다수는 임정요인·항일투사", 『조선일보』, 2021. 7. 3.
94) 유석재, "광복 당시 일본군 34만명, 그들에겐 미군이 점령군", 『조선일보』, 2021. 7. 6.
95) 김기철, "소련군 들어오자 시내엔 공포...자유는 말뿐 강간 약탈에 총살", 『조선일보』, 2021. 9. 2.
96) 이정식, *op. cit.*, 124쪽.
97) 하윤해, "미국 소련 맞붙은 농구 준결승전...한국민들 소련 열렬히 응원", 『국민일보』, 2016. 7. 6.
98) 최우석, "문재인 정부, 청와대 핵심 요직 전대협, 민청련 등 운동권 출신들은?", 『아카이브 뉴스』, 2017. 11. 5.

Chapter 8 | 이승만 정부의 권위주의 언론

1. 이승만 정부의 사회갈등과 사회변화

(1) 대한민국 건국 논쟁

제주 4.3사건의 소용돌이 속에서, 1948년 5월 10일 제헌(制憲: 헌법을 만드는 일) 국회의원 선거, 7월 17일 초대 제헌 국회의원들의 최초 헌법 제정(이날이 제헌절), 그 첫 헌법에 따라서 8월 15일 국회의원의 간접선거에 의한 이승만 대통령 선출 및 대한민국 수립 등의 일들이 진행됐다.

'대한민국(大韓民國)'이란 명칭은 상해 임정의 헌법에서 처음 등장한다. 1897년 고종이 자주 독립을 지키기 위해 황제 국가를 선포하면서 나라 이름을 대한제국이라 정했다. 1910년 우리나라가 일제와 합병된 당시의 나라 명칭이 대한제국(大韓帝國)이었으므로, 임정은 이를 다시 세우되 국가 정치체제는 왕정(帝國)이 아니라 '민주공화제(民國)'로 한다는 의미로 대한민국을 나라 이름으로 삼았다.[1)] 3.1운동 직후 독립지사들이 흩어져서 상해 임정, 한성 임정, 노령(블라디보스토크) 임정을 각각 세웠으나, 이들이 곧 상해 임정으로 통합되면서, 상해 임정은 우리 민족의 정통성을 갖는 임시 정부의 지위를 가졌으며, 현재에도 쓰고 있는 국무

[그림8-1] 1948년 7월 22일 대한민국 초대 대통령 이승만의 취임 선서(위키백과, 무료 이미지).

회의, 국무총리, 대통령 등의 용어는 이미 상해 임정 때부터 사용되었다. 그래서 상해 임정은 대한민국의 통치 구조에 영향을 미친 것으로 평가되고 있다.[2] 이러한 상해 임정의 위상과 영향력은 우리 헌법의 전문에 "3.1운동으로 건립된 대한민국 임시 정부의 법통을...계승하고..."로 반영되어 있다. 다만, 상해 임정이 국가의 3요소인 영토, 국민, 주권을 가지지 못한 것이 상해 임정을 건국으로 보는 견해의 한계다.

앞 장에서 지적한 것처럼, 정치권과 역사학계는 오래전부터 건국일 논쟁을 벌였다. 그러나 좌파 진영이 1948년 이승만 정부 수립도 건국이 아니고 1919년 상해 임정 수립도 건국 기념일이 아니라는 태도로 선회했다. 우파는 여전히 1948년을 건국일로 주장하고 있고, 좌파는 아직 1919년과 1948년 어느 것도 건국일로 확정하지 못하게 되면서 대한민국은 건국 기념일이 실종되는 문제에 직면했다.[3]

제헌 국회에서 헌법 제정을 논의할 때, 이승만은 본인의 대중적 인기가 최고인 상황에서 대통령 권한이 강한 대통령제를 선호했고, 국회 내 다수파를 만들 수 있는 한민당은 의회가 행정부를 구성하는 의원내각제를 선호했다. 결국, 최초 대한민국은 대통령제를 채택했고, 그 후 내각제와 대통령제를 오가며 개헌을 거듭했지만, 현재도 대통령제를 기본으로 삼고 대통령의 법률안 거부권, 국회의 국무위원 불신임권 등 내각제 요소가 가미된 통치 제도를 유지하고 있다.[4]

[그림8-2] 암살직전인 1949년의 김구 모습(wikipedia, 무료 이미지).

(2) 김구 암살

김구는 1948년 4월 19일 북한의 김일성과 남북통일 정부 수립을 위한 회담에 참석했다가 실패하고 5월 5일 서울로 돌아왔다. 김구는 그 직후 치러진 5월 10일 남한만의 단독 정부 구성을 위한 제헌 국회 선거에 불참했고, 그 후로는 통일운동에 전념하다가 자택인 경교장에서 평소 지지자 중 한 사람으로 자주 집에 출입하던 현역 육군 포병 소위 안두희로부터 1949년 6월

26일 권총으로 암살당했다. 김구는 지금까지 보수, 진보를 망라하고 존경받는 민족 지도자로 남아 있다.[5)] 당시에 북한의 김일성이 소련군의 지시로 북한 만의 단독 정부를 착착 진행 중이었다는 사실을 김구가 알았다면 남한 만의 단독 정부를 차선책으로 추진한 이승만과 척지었을까 하는 아쉬움도 있다.[6)]

안두희는 김구 암살 후 현장에서 체포되어 종신형을 선고받았지만, 석 달 후 15년 형으로 감형됐고, 6.25가 발발하자, 형 집행 정지 처분을 받고 포병으로 복귀했다가 대위로 전역했다. 그 후 강원도 양구에서 사업을 벌이다가, 1960년 4.19혁명으로 이승만 정부가 무너지고 김구 선생 살해 진상규명 위원회가 발족하자 잠적했다. 이후 다수의 애국 청년들에 의해 수차례 신분이 발각되어 칼에 찔리는 등 테러를 당했다. 그중, 권중희라는 사람에게 1987년, 1991년, 1993년 등 수차례에 걸쳐 각목 등으로 응징당하고, 암살의 배후를 밝히라는 압박을 받았으나, 포병대장이 암살을 암시했다는 말 이외의 배후는 밝히지 않았다.[7)] 안두희는 말년에 중풍으로 병상에 누워 있다가 1996년 박기서라는 사람에 의해 정의봉(正義棒)이라고 쓰인 둔기를 맞고 피살됐다. 박기서는 3년 형을 선고받고 복역 중 1998년 정부 사면으로 풀려났다.[8)]

(3) 한국전쟁 전개

원래 한국전쟁 발발 직전인 1950년 1월, 미국의 국무장관인 딘 애치슨은 소련의 스탈린과 중공의 마오쩌둥이 추구하던 아시아 공산화를 막기 위한 방위선으로 '애치슨 라인'을 설정, 발표했다. 이는 일본, 오키나와, 필리핀을 연결하는 선으로 되어 있으며, 한반도, 대만 등이 제외돼 있었다. 이것이 소련과 중공이 북한을 사주해서 한국전쟁을 일으킨 원인이라고 주장하는 학자들도 있다. 6.25 전쟁이 발발하자, 애치슨 라인은 빗발치는 비난을 받고 철회됐다.[9)]

1950년 6월 25일 새벽, 김일성이 소련과 중공의 지원으로 남한을 침범했다. 김일성은 그해 3월 30일부터 4월 25일까지 약 한 달간 모스크바를 방문, 스탈린으로부터 남침을 승인받고 무기 지원도 약속받았다. 그렇게 얻은 소련제 탱크 242대, 전투기 100대, 폭격기 70대, 야포 728대, 함정 110척 등 소련제 무기로 중

무장한 북한군은 기습으로 3일 만에 서울을 함락했고, 1개월 만에 부산, 대구의 낙동강 전선을 제외한 남한 전 지역을 점령했다.

이런 절체절명의 상황에서 낙동강 사수에 나선 1사단장 백선엽은 부대의 선봉에 서서 부하들에게 "내가 후퇴하면 너희가 나를 쏴라"고 외쳤다. 김동길 교수는 을지문덕, 이순신, 백선엽을 우리나라 3대 호국 장수로 칭했다.[10] 백선엽은 일본 만주군 복무 경력으로 인해서 친일파 논쟁의 대상이 되기도 했다.

당시 한국군의 전력은 전차 0대, 업무 연락 비행기 10대, 연습기 10대, 곡사포 91문, 경비정 2척이 전부였다.[11] 한때는 북한의 남침설이 부정되기도 했지만, 구소련 붕괴 후 기밀이 해제된 각종 기록은 북한이 한반도 공산화를 위해서 소련의 지원을 받아 남침했음을 명확하게 증명하고 있다. 그런데 2022년 교육부는, 고교 교과서에서 그동안 6.25의 기원과 원인을 가르치지 않았으며, 남침이란 용어도 사용하지 않은 것을 발견하고, 공청회를 통해서 2025년 교과서부터 6.25는 북한의 남침이란 사실을 명확히 하고, 6.25의 원인을 가르치게 할 예정이다.[12]

그해 1950년 9월 15일 인천상륙작전을 통해서 유엔군은 서울 이남을 탈환했고, 10월에는 평양, 압록강, 두만강까지 진격해서 통일을 눈앞에 두게 됐다.

이때 11월 중공군이 개입했고, 유엔군은 후퇴를 거듭하다, 1951년 1월 4일(1.4 후퇴, 흥남철수작전) 서울과 수원을 다시 북한에 점령당했다. 3월, 서울과 38선을 다시 탈환한 유엔군은 다시 북진을 준비했다. 이때 맥아더 장군은 만주 폭격을 주장하다가 3차대전을 우려한 트루먼 미국 대통령에 의해 4월에 해임됐다. 그때부터 약 2년간은 38선과 개성 판문점 일대에서만 남북 간 일진일퇴가 거듭되다가 1953년 7월 27일 휴전 협정이 조인되어 오늘에 이르게 됐다.

6.25 전쟁은 1950년 6월 25일부터 1953년 7월 27일까지 약 3년간 진행됐다. 그러나 개전부터 1951년 3월까지 약 9개월간 북한의 남침, 서울 함락, 낙동강까지 후퇴, 인천상륙작전, 서울 탈환, 압록강 진격, 1.4후퇴와 서울 재함락, 그리고 38선 탈환이 드라마틱하게 전개됐고, 그 후부터 나머지 2년이라는 대부분 한국전 기간은 38선 일대에서 휴전이 되기 전에 한 치의 땅이라도 더 차지하려는 양 진영의 밀고 밀리는 전투가 치열하게 전개됐다.[13] 그런 상황이었기 때문에, 38선 이남 지역은 몇 차례 선거가 가능할 정도로 전투가 없었고 안정적인 치안을

유지했다.

1953년 6월 휴전회담 진행 당시, 국군에 잡힌 북한군 포로들이 부산, 광주, 논산, 거제도 등 전국 8개 지역에서 분산 수용 중이었다. 그중 북에서 강제로 징집, 전투에 투입됐다가 잡힌 반공산주의(반공) 포로가 3만 5000여 명에 달했다. 6.25 직전에 평양에 거주했던 사람들의 증언에 따르면, 학생들을 모아 놓고 공산 계열 교사와 학생 단체 대표의 연설을 듣고 전쟁에 참여하자는 결의안을 만장일치로 채택하는 바람에 의사에 반해서 전쟁으로 몰린 젊은이들이 많았다. 반공포로 중 상당수가 이런 연유로 북한군에 합류했다.14)

[그림8-3] 1950년 12월 3일 반파된 대동강 다리. 이 사진은 미군 헬름스 중사가 촬영한 것으로 다음날 같은 장면을 찍은 막스 데스포 기자는 퓰리처상을 받았다(위키백과, 무료 이미지).

이들 반공포로는 수용소마다 친공 포로와 서로 폭력을 행사하면서 대결 상태에 있어서 두 진영은 격리, 수용되어 있었다. 이런 상황은 거제도 포로수용소 유적지를 방문하면 자세히 알 수 있고, 특히 영화 <스윙키즈>에 상세히 묘사돼 있다.

그런데 논의 중인 휴전 조항에는 제네바 협정에 따라서 반공포로를 포함해서 모든 북한 포로는 북으로 송환하거나, 또는 중립국이 일정 기간 관리했다가 UN 결정에 따라 처리한다는 내용이 들어 있었다. 이승만은 반공포로가 북송된다면 모두 총살당할 것으로 판단하고, 전국 각지의 포로수용소에서 반공포로 2만 7389명을 미군과 유엔군 보초 몰래 한국군 보초들에게 비밀명령을 하달해서 석방해버렸다. 인근 주민은 이들 반공포로를 집으로 숨겨 따뜻하게 대해 주었으며, 미군이 민가마다 수색해서 석방된 반공포로들을 재수용하려고 했으나, 이미 한국 주민들과 섞여 버린 반공포로를 다시 찾을 길이 없었다. 이승만 대통령의 반공포로 석방은 한국이 휴전 협정 논의에서 제외된 상황에 대한 국민 분노와 통일 열망이 반영됐으며, 한국 협조 없이는 휴전이 어렵다는 것을 미국에 인식시

켰다고 평가되고 있다.[15)]

휴전 협정이 진행되는 동안, 남한 국민은 맥아더 장군 주장처럼 북한과 만주를 폭격해서 이 기회에 북진 통일하자며 연일 데모를 벌였다. 반면에, 트루먼 정부는 세계 3차대전 가능성을 염려해서 조기 휴전을 추진 중이었다. 이승만 정부는 국민 열망에 힘입어 휴전 자체를 거부하고 반대했다. 특히 이승만은 주한미군 주둔, 한미방위조약 체결을 약속하기 전에는 휴전이 절대 불가하다는 태도를 미국 측에 제기했고, 이를 들어 주지 않으면 한국군 단독으로 북한에 쳐들어가겠다는 태도를 꺾지 않았다. 이런 상황에 대처하기 위해, 미국은 이승만 대통령을 감금하고 휴전을 강행하려 했다. 미국의 이승만 제거 작전 내막은 <박정희> 전기 2권에 잘 나와 있다(뒤에서 설명이 보충될 예정).[16)] 이승만의 반공포로 석방이 단행되자, 미국은 한국 협조 없이는 휴전이 어렵다는 사실을 인지하고, 이승만 대통령이 휴전 조건으로 제시한 한미방위조약, 주한미군 주둔, 경제 원조, 한국군 지원 등을 약속하게 됐다. 이게 한미동맹의 시작이었다.[17)] 북한은 휴전 당시부터 지금까지 70년 동안 주한 미군 철수, 정전협정을 평화협정으로 바꾸기를 주장하고 있으며, 이는 남한 내 반 이승만 세력의 주장과 일치한다. 북한과 평화선언을 원했던 문재인 정부 시절인 2019년부터 육군사관학교 과목 중 '6.25전쟁사'과 '북한의 이해' 같은 과목이 필수에서 선택과목으로 변경되었음이 2022년 국회 국정감사 과정에서 밝혀져 큰 논란이 벌어졌다.

한국전쟁은 엄청난 인명이 살상된 전쟁이었다. 김일성은 단군 이래 한국 사람을 가장 많이 살상한 장본인이란 말도 있다. 기록마다 차이가 있지만, 남쪽 희생자는 국군 전사 14만 명, 부상 70만 명, 실종 13만 명, 민간인 학살자 12만 명, 부상자 22만 명, 피랍자 9만 명, 행방불명 33만 명이며, 북한은 전사 52만 명, 부상자 40만 명, 민간인 사상자 200만 명 정도라고 한다. 남과 북으로 가족이 헤어진 이산가족은 1000만 명으로 추정된다.[18)] 피랍자 중에는 김규식, 안재홍, 조소앙, 이광수, 정인보 등 유명 인사도 포함되어 있었고, 국회의원 중 8명이 피살되고, 27명이 북으로 끌려갔다.[19)]

유엔은 미국을 포함한 16개국의 전투부대(미국, 영국, 호주, 프랑스, 튀르키예, 태국, 필리핀, 뉴질랜드, 남아공, 에티오피아, 콜롬비아, 네덜란드, 룩셈부르크,

벨기에, 그리스)와 5개국의 의료부대(덴마크, 인도, 이탈리아, 노르웨이, 스웨덴)를 파견했다. 유엔군은 전사 3만, 부상 11만, 실종 1500명의 피해를 당했다. 이명박 정부부터는 6.25 참전 외국 용사들이 원하면 우리나라를 방문하게 지원하고 있으며, 정부는 이들에게 감사패를 전달하고 있다.[20]

[그림8-4] 2010년 6월 29일 이명박 대통령으로부터 감사패를 받은 타국 참전용사들(청와대 대한민국 정책브리핑 제공).

부산은 전 국민의 피난처가 되면서 한국전쟁과 관련된 흔적들이 많이 남아 있다. 국제시장은 피난민들이 모여 먹고 살기 위해서 형성된 시장이었다. 국제시장 옆 보수동 책방골목은 피난 온 대학생, 중고생들이 가져온 책이라도 있으면 팔아서 생계를 유지하려던 곳이었다. 당시 천막에서 진행된 임시 대학 수업 중 문제가 된 것은 교과서가 없었다는 것이었다. 다들 황급한 피난길에 교과서를 챙겨오지 못했기 때문이었다. 그런데 한 역사학 교수는 엄청난 분량의 <후한서>를 통째로 암기하고 있어서 강의가 가능했다는 에피소드도 있다.[21]

부산 초량동 일대에 형성된 '산복(山腹: 산허리라는 뜻)도로' 마을은 피난민들이 산 위에 판잣집이라도 지어 살아보려고 아등바등하던 현장이었다.

영도다리는 당시 전국 유일의 개폐식 다리로 일제 강점기 개통식 때 전국에서 수십만 인파가 모일 정도로 전국적 지명도가 있었다. 피난 과정에서 가족과 헤어지게 되면, 피난민들은 부산 도착해서 누구나 다 아는 영도다리에서 만나자고 약속하곤 했다. 실제 6.25 당시 부산에 도착한 피난민들은 피난길에 헤어진 가족을 만나기 위해 영도다리에 날마다 나가서 기약 없이 가족을 기다리곤 했다. 가족을 언제 만날 수 있을지 답답한 사람 마음을 풀어줄 점집들이 영도다리 주위에 하나둘 생기기 시작해서 형성된 영도다리 점집은 인근이 재개발됐어도 지금도 몇 집이 자리를 지키고 있다. 피난 시절 부산을 노래한 가수 현인의 <굳세어

라 금순아>에는 “금순아 보고 싶구나, 고향 꿈도 그리워진다. 영도다리 난간 위에 초승달만 외로이 떴다”는 가사가 있다. 영도다리는 6.25 피난민들의 미팅 포인트였다.

이북 피난민들이 부산에서 냉면을 먹고 싶어도 메밀을 구할 수 없어서 밀가루에 전분을 섞어 메밀 비슷한 면을 만들어 냉면처럼 먹은 것이 밀면이다. 지금도 부산 남구 우암동 소막마을(일제 때 일본으로 반출될 한국 소를 임시 수용했던 소막사가 있던 곳)에는 전국 최초의 밀면 집인 ‘내호냉면집’이 있다. ‘내호’는 음식점 주인의 북한 고향 지명이다. 우암동 소막마을은 함흥 철수 때 내려온 피난민들의 임시 수용소였다. 지금도 그곳에는 당시의 흔적이 남아 있다.[22)]

한국전 당시 전사한 유엔군들은 부산의 유엔묘지에 안장됐다. 현재도 부산 대연동에는 유엔묘지(정식 명칭은 ‘유엔기념 공원’)가 운영되고 있다. 이 유엔묘지는 전 세계에서 UN이 관리하는 유일한 묘지다. 유엔묘지에는 묘지 외형은 그대로 조성되어 있으나, 일부는 시신이 본국으로 이장돼 빈 묘지이고, 나라의 전통에 따라서 군인은 죽은 전투지에 묻혀야 한다며 아직도 시신이 안장된 묘지도 다수다. 남아 있는 묘지 중 남편이 묻인 묘지에 부인이 나중에 죽어서 같이 묻히기를 원해서 최근 새로 합장한 애틋한 부부 묘지도 있다. 한국전 참전 외국 용사 중 최근 한국을 다시 방문하고 유엔묘지를 찾은 후 잘 조성된 묘지를 보고 감동해서 자신이 죽으면 자신의 조국이 아니고 부산 유엔묘지에 묻히겠다고 결심한 사람들도 생겨서 새로 조성된 묘지도 있다. 매년 11월 11일 오전 11시에는 부산 유엔묘지를 비롯해서 6.25전쟁 참전 22국에서 부산을 향해 묵념하면서 6.25 당시 전사한 유엔군 참전용사를 추모하는 행사가 열린다. 이 행사의 이름은 ‘턴 투어드 부산(Turn Toward Busan)’이며, 한 캐나다 참전용사의 제안으로 2007년부터 시행되고 있다.

6.25 당시 미8군 사령관은 월톤 워커 장군이었다. 워커 장군은 치열했던 낙동강 사수의 총지휘자로 인천상륙작전으로 북한이 낙동강에서 물러날 때까지 부산과 대구를 지킨 명장이었다. 낙동강 전선 사수 당시 그의 집무실이 부경대학교에 있는 워커 하우스다. 이 건물은 지금은 학생 식당으로 쓰인다. 서울의 워커힐 호텔은 그의 이름을 딴 것이다. 워커 장군은 6.25 전쟁 중 서울로 이동하다가 자동차 전복 사고로 순직했다.

[그림8-5] 부경대에 남아 있는 워커하우스. 지금은 학생식당으로 사용되고 있다(개인 촬영).

다음 이야기는 한국전쟁이 낳은 웃지 못할 희극 한 토막이다.

> 또 하나 잊지 못할 일은 논산 훈련소에서 생겨난 '씨받이 면회' 에피소드다. (6.25 전쟁) 당시에도 가족이 훈련병을 면회하는 일이 잦았다. 전선으로 떠난 아들을 만나보기 위해 부모와 조부모들이 이끄는 많은 가족이 훈련소에 몰려들었다. 지금처럼 평화로운 시절에도 군대 면회가 빈번하지만, 당시 생사를 가늠할 수 없는 전시 상황에서야 전선으로 보낸 아들의 안위(安危)가 오죽 궁금했을까.
>
> 그때는 독특한 풍경이 훈련소 주변에서 벌어지곤 했다. 혹시 아들이 전선으로 나아갔다 죽어 돌아오는 것을 그대로 볼 수만은 없었던 모양이다. 자손을 귀하게 여기는 당시의 사회 풍조에서는 군대에 간 아들이 주검으로 되돌아오기 전에 미리 후손을 받아야 한다는 생각이 앞섰다.
>
> 그래서 가족들의 일부는 아들의 뒤를 잇기 위해 부모들이 며느리까지 데리고 면회를 오는 경우가 적지 않았다. 훈련소에서도 그런 사정을 뻔히 짐작하고 있었다. 가족들이 애를 태우는 그런 일을 냉정하게 내칠 수는 없었던 것이다. 신병과 가족이 잠깐 면회하는 것이 규정이었지만, 훈련소 측에서는 며느리까지 데리고 면회를 온 가족에게는 '특별 시간'을 허용해줬다. 아들과 며느리가 잠깐이나마 후대(後代)를 만들도록 배려했던 것이다.
>
> 그렇게 전화(戰火)가 휩쓰는 대한민국 땅에서는 왕성한 생명력이 다시 번지고 있었다. 지금 생각으로는 우습기도 하겠지만, 열심히 후손을 만들어 이 땅의 명맥을 이어가는 한반도 사람들의 끈질김이 결국 오늘의 대한민국 토대를 형성한 것임에는 틀림이 없을 것이다.[23]

우리에게는 6.25가 비극이었지만, 일본에는 경제 호황의 기회였다. 미국은 한국전쟁에 필요한 모든 전쟁물자를 일본에서 사들였다. "한국전쟁의 승리자는 일본이었다"는 말도 돌았다. 미국이 당시에 일본에 지출한 돈은 모두 30억 달러(3조 원)였으니 당시로서는 대단한 액수였다.[24] 우리도 월남전 때 미국에 조달한 물자와 병사들의 참전 수당에서 얻은 상당한 이익이 대한민국 경제발전의 토대가 됐다.

한국전쟁이 휴전 협정으로 끝나자마자 대한민국에서 남북협상파는 국민 지지를 상실했다. 그 이유는 전쟁 중 국민이 공산주의의 실상을 직접 목격했고 한미동맹이 부국강병에 필수적이란 공감대가 형성됐기 때문이었다.[25] 그런데 1980년대 이후부터는 6.25를 경험해보지 못한 세대가 대한민국의 주류를 이루게 됐다. 이들은 반공 의식이 희박하고 마르크스와 레닌의 사상을 주로 책으로 읽고 배운다. 결국, 반미, 친북, 친중 세력을 어떻게 볼 것이냐의 문제는 한국전쟁의 인식 차이에서 비롯된다.[26]

(4) 독재 정치의 전개

이승만 정부의 독재 정치는 헌법 개정 역사에서 드러난다. 이승만 정부 시절, 헌법 개정은 다음 표와 같이 2회에 걸쳐 진행됐다.

[표8-1] 이승만 정부 시대 헌법 개정 현황(1948-1959)

횟수	임기	개헌일	헌법 개정 내용	비고
제헌헌법 제정	1948.7.24. ~1952.8.14	1948.7.17. 제헌절	정상적 4년 임기 시작	제1공화국
첫 번째 개헌	1952.8.15. ~1956.8.14	1952.7.4.	대통령 간접선거를 직접선거로	발췌개헌
두 번째 개헌	1956.8.15. ~1960.4.27	1954.5.20.	대통령 3선 제한 철폐	4사5입(四捨五入) 개헌, 영구 집권 가능

원래 이승만 정부는 북한군이 남침하자마자 이승만 대통령 육성으로 라디오를 통해 수도 서울을 사수한다고 방송했지만, 서울은 3일 만에 함락됐다. 정부 요인들은 방송 직후 서울을 탈출했다. 정부 방송을 믿고 미처 피난하지 못한 서울시민들은 대포 소리를 듣고서야 피난길에 나섰다가 온갖 고초를 겪었으며, 전황을 속인 정부를 원망했다.27) 국군은 심지어 피난민이 건너고 있는 한강 인도교를 북한군의 남하를 저지한다며 폭파해서 800여 명의 무고한 시민을 죽이기도 했다. 후에 한강 인도교 폭파 책임자는 처형됐지만, 당사자는 사후 1962년에 가족 항의로 복권됐다.28)

중공군이 개입해서 다시 서울을 빼앗긴 1951년 1.4후퇴 이후 전선이 악화하자, 정부는 부족한 병력을 보충하기 위해 17세 이상 40세 미만의 젊은이들을 국민방위군이란 이름으로 모집했다. 고등학생도 포함된 이들 방위군은 훈련도 제대로 못 받았고 보급품도 부족한 상태에서 전선에 배치됐으며, 전투 중이거나 이동 중에 50만 명 중 5만 명이 굶어 죽거나 동사(凍死)했다. 이들의 이동 경로는 충청도 온양에서 부산까지였다. 그 먼 거리를 굶으면서 행군했다.29) 전쟁통에도 국민방위군의 보급품을 착복한 군 간부들이 발각되어 사형 등 중형에 처해졌다. 이를 '국민방위군사건'이라 한다.30) 영화 <포화 속으로>, <장사리: 잊혀진 영웅들>은 당시 학도병의 분투를 그리고 있다.

'거창양민학살 사건'은 1951년 1.4후퇴가 시작되자 거창 일대의 지리산 빨치산과 국군 토벌대와의 전투 과정에서 빨치산과 내통했다는 혐의로 민간인 719명을 국군이 학살한 사건이다. 국회 조사로 관련 가해자들은 무기징역 등에 처해졌다.31) 그 후 1996년 거창사건 피해자 명예 회복을 위한 특별법이 제정됐고, 2004년에는 거창사건 추모공원이 설립됐다.32)

한국전 당시에는 논란이 되지 않았지만, 여러 사람이 희생된 사건 중에는 '국민 보도(保導: 지키고 돕는다는 의미)연맹 사건'이 있다. 보도연맹은 남로당 등 좌익에 가담했다가 전향한 사람들을 관리하고 교화시키기 위해 1949년 4월 검찰과 경찰이 만든 전국적 조직이었다. 보도연맹에 소속된 좌익 전향자들은 요시찰 인물로 수시로 소집되어 사상 개조 교육을 받고 있었다. 6.25가 발발하자, 당국은 이들을 급히 소집해 가둬 놓고 있다가 전황이 다급해져 낙동강 이남으로 정부가 후퇴하면서 법적 절차 없이 집단 학살했다. 피해자 규모는 수만에서 20만 정도로 추산되고 있다(정확한 숫자는 아직도 논란 중).[33] 문재인 정부 때 진실화해위원회가 피해자들을 배상할 수 있는 특별법을 만들 것을 권고했고, 2022년에 법원은 재심을 통해서 일부 피해자들에게 정부가 배상하라고 판결했다.

6.25가 한창이던 1952년, 부산 임시수도에서는 국민방위군사건과 거창양민학살사건으로 이승만에 대한 반감이 국회 내에서 비등하기 시작했다. 이러한 반이승만 분위기 속에서 첫 번째 개헌이 시도됐다.

1952년 전쟁 중에 치를 2대 대통령 선거가 원래 헌법대로 국회에서 간접선거로 시행될 경우, 이승만이 당선될 가능성이 작았다. 이에 이승만 정부는 대통령 선거를 국회 간접선거에서 전 국민 직접선거로 헌법을 개정하려고 했다. 이승만 정부의 실정(失政)을 잘 모르는 국민은 그래도 이승만에게 표를 줄 것으로 이승만 정부가 판단했기 때문이다. 당시 헌법 개정 정족수는 국회의원 정수의 ⅔였다. 이승만 정부는 야당 반대가 심해지자, 전쟁통임에도 부산 지역에 계엄령을 선포하고, 경찰과 군대가 국회를 포위한 가운데, 대통령 직선제 개헌안을 통과시켰다. 1952년 7월 4일 실시된 이 개헌은 헌법 전체가 아니라 일부 조항만 뽑아서 개헌했다고 해서 발췌개헌(拔萃改憲)이라 부른다.[34]

당시 주한 미국 대사는 전쟁 중인데도 이승만이 계엄령을 선포하고 개헌을 추진하는 것을 보고 그를 체포하고 과도 정부를 세울 계획을 추진하려고 했다.[35] 당시의 아이젠하워 대통령은 한국전쟁의 조기 휴전을 대통령 공약으로 내세웠기 때문에 이승만 제거 작전(일명 Ever Ready Plan이라고도 함)을 검토했지만 한국이 전쟁 중임을 감안해서 작전을 철회했다.[36]

이렇게 무리 속에서 개정된 새 헌법에 따라서 1952년 국민 직접선거가 실시되고, 이승만 대통령이 8월 5일 2대 대통령으로 재선됐다. 당시는 38선 일대에서만 밀고 밀리는 전쟁이 진행 중이었고, 나머지 지역은 선거가 가능할 정도로 치안이 안정됐다.

1951년 피난 수도 부산에서 자신의 독촉회와 기타 지지 세력으로는 국정 운영이 어렵다고 판단한 이승만은 범 지지 세력을 모아 '자유당'이라는 신당을 창당했다. 발췌개헌을 통해서 재집권한 자유당은 이기붕이 실세 2인자가 됐다. 한국

전쟁이 끝나고 치러진 국회의원 선거에서 제1당이 된 자유당은 지속적인 권력을 행사하려는 의도로 이승만 종신집권을 위한 초대 대통령 3선 제한 철폐 개헌을 시도했다. 당시 개헌 정족수인 국회의원 ⅔는 135.333명인데, 사람은 소수점으로 분리될 수 없으므로 관례로 136표를 얻어야 개헌이 통과될 수 있었다. 1954년 11월 27일 개헌 투표 결과, 찬성 표수는 공교롭게도 135표였다. 관례대로 개헌안은 부결돼야 했지만, 국회의장은 135.333이라는 정족수는 수학의 반올림 원칙에 의해(사사오입, 四捨五入) 135표가 되므로, 실제 득표수 135표는 개헌안 찬성 정족수가 된다고 발표했다. 이로써 이승만은 세 번째 집권에 출마할 길이 트였다.[37]

[그림8-6] 1954년 5월 사사오입 개헌에 항의하는 국회의원들(wikimedia, 무료 이미지).

사사오입으로 개헌안이 통과되자, 정치계 내에서는 반 이승만 정서가 폭넓게 형성됐다. 반 이승만 세력을 규합해서 1955년 야당인 '민주당'이 창당됐다. 당시 민주당 지도자들은 신익희, 조병옥, 장면 등이었다. 민주당이란 당명은 이후부터 한국 민주주의 운동, 반독재 투쟁의 뿌리가 됐다. 박정희 시대의 야당인 '신민당(신민주당)', 김대중 대통령의 '새천년 민주당', 문재인 정부의 '더불어민주당'

등 진보 세력은 '민주당'이란 이름을 계승하려는 전통이 생겼다.

이승만 시대 민주당은 1956년 3대 대통령 선거에 대통령 후보 신익희, 부통령 후보에 장면을 내세워 자유당 대통령 후보 이승만, 부통령 후보 이기붕과 대결했다. 그러나 당선이 유력했던 민주당 신익희 대통령 후보가 호남지방으로 유세하러 가던 열차 안에서 뇌일혈로 서거했다. 그 결과, 대통령은 자유당 이승만이 당선됐으나, 부통령은 자유당 이기붕을 물리치고 민주당 장면이 당선됐다. 당시 우리 헌법은 대통령과 부통령은 런닝메이트 제도(대통령, 부통령이 한 팀으로 선거를 치르는 것)가 아니라, 두 개의 개별 선거로 진행됐다. 그런데 당시 나이가 83세였던 자유당 소속 대통령 이승만이 만약에 갑자기 서거한다면, 민주당 출신 부통령 장면으로 대통령직이 자동 승계되도록 헌법에 규정되어 있었다. 그래서 민주당은 자유당 이승만 대통령이 죽기만 하면 정권을 자동으로 인수할 수 있는 상황이 발생했다. 그런 상황에서 실제 장면 부통령에 대한 암살이 시도되기도 했다.[38)]

[그림8-7] 1956년의 신익희 (wikimedia, 무료 이미지).

이런 정권 위기를 겨우 넘기고, 1960년 3월 15일에 실시된 4대 대통령 선거에서 자유당은 이승만 후보를, 민주당은 조병옥 후보('미스터 쓴소리'로 알려진 전 국회의원 조순형의 아버지)를 내세웠다. 부통령 후보로 자유당은 이기붕, 민주당은 장면을 각각 내세웠다. 그런데 이번에도 애석하게 선거 직전 민주당 조병옥 후보가 위암이 발병하여 미국까지 가서 치료받았으나 선거 한 달 전인 1960년 2월 별세했다. 경쟁자가 사라졌음에도 불구하고, 국민이 진실을 알게 되면서 이승만이 대통령에 당선될 확률은 희박했다. 이에 자유당은 부통령 후보 이기붕, 내무장관 최인규 등에 의해 대대적인 부정투

[그림8-8] 1959년 서재에 앉아 있는 조병옥(wikipedia, 무료 이미지).

표를 단행했다. 부정투표 방법은 유령 유권자 조작, 사전 투표, 단체 공개 투표, 야당 참관인 축출, 부정 개표 등이었다.[39]

(5) 4.19 혁명

3월 15일 투표일 이전부터 대구 경북고의 시위가 있었으며, 투표 당일에는 투표소나 개표소 등에서 자유당의 부정 선거에 항의하는 폭동이 여기저기서 발생했다. 가장 심각한 곳은 마산(지금의 창원)이었다. 대규모 항의 시위가 마산에서 벌어지자, 경찰이 발포해서 16명 마산 시민이 사망했다. 이 사실이 전국에 퍼져 나가던 4월 11일, 당시 마산의 고등학생이던 김주열 군 시신이 마산 앞바다에 떠올랐고, 이를 부산일보 허종 기자가 사진으로 찍었다. 이 특종 사진이 AP를 통해서 전 세계로 유포됐다. 이를 계기로 이승만 하야 데모는 전국으로 확산했다.[40]

馬山바다 속에서 銃맞은 屍體

오른눈에 彈丸破片박힌채

檢事陣現地에

憤痛터지자 아우성

[그림8-9] 김주열 열사의 사진을 특종 보도한 부산일보 1960년 4월 12일자 신문.

4월 11일 최인규 내무부 장관이 사임했고, 데모대는 전국을 휩쓸었으며, 대학생과 중고등학생은 물론 초등학생들도 데모 대열에 합류했다. 교수들도 죽은 학생들 피의 희생을 외면할 수 없다며 데모에 나섰다. 드디어 데모대는 경무대로 진격했으며, 경무대 인근에서 경찰이 발포해서 100명 내외의 시민이 사망했고, 정부 기관지인 서울신문 사옥이 화난 시민들에 의해 불태워졌다. 4월 18일, 다급해진 정부의 출동 명령을 받은 군은 탱크를 몰고 경무대 주변으로 진출했으나, 정부의 타락상에 분노한 군은 실탄 지급을 거부했고, 경찰과 시민 사이에서 중립을 지켰다. 이후 21일 내각 총사퇴, 23일 장면 부통령 사임, 24일 이기붕 부통령 당선 사퇴, 25일 대학교수 시국 선언이 이어지자, 결국 4월 26일 이승만 대통령은 하야를 발표했다. 29일에는 부정 선거 주범 이기붕 일가족이 자살했으며, 최인규는 5.16 군사 정부에 의해 1961년 12월 사형이 집행됐다. 군이 정치적 중립을 지키고 시민들에게 우호적인 태도를 보였던 것이 조기에 4.19혁명이 성공한 결정적 계기가 됐다.[41] 이승만은 5월 29일 하와이로 망명했다. 이승만은 1965년 7월 19일 망명지인 하와이 호놀룰루의 한 요양원에서 향년 90세로 서거했다. 유해는 장례식 직후인 7월 27일 한국의 현충원에 안장됐다.

[그림8-10] 1960년 4.19혁명 성공 직후 시민과 학생들이 승리 행진을 벌이고 있다(위키백과, 무료 이미지).

[그림8-11] 1960년 5월 29일 하와이 망명길에 오르는 이승만 대통령이 선글라스를 낀 모습으로 측근들의 배웅을 받고 있다(위키백과, 무료 이미지).

2. 이승만 정부의 공과

이승만 정부가 들어서자, 제주 4.3사건, 여순사건을 비롯한 동족상쟁(同族相爭)의 6.25 전쟁, 거창양민사건, 지리산 빨치산 토벌 등으로 이어지면서 이데올로기 대립은 극에 달했다.

한국 정치는 해방 후부터 보스 중심으로 움직였다. 대부분 정당은 김구, 이승만, 김성수, 신익희, 조병옥, 장면, 이범석 등 지도자 중심으로 이합집산했다. 이 전통이 계속되어 박정희, 소위 3김 시대의 김영삼, 김대중, 김종필, 그리고 노무현에 이르기까지 대부분 정당은 이들 정치권 지도자를 중심으로 모이고 흩어지면서 정치 활동을 전개했다.[42] 원래 미국, 영국, 프랑스 등 민주 선진국 정당은 보스 중심이 아니라 이념 중심이다. 근자의 이명박, 박근혜, 문재인, 윤석열 대통령 시대로 접어들면서 우리나라도 보스 중심보다는 우파와 좌파라는 이념 중심으로 재편되고 있다. 사회가 혼란할수록 영웅이 나라를 구한다. 그러나 민주화될수록 1인 영웅에 의해 나라 운명이 결정되지는 않는다. 대체로 우리나라도 영웅(보스) 중심이 아니라 이념 중심으로 정치 활동이 전개되기 시작했다. 그러나 21세기 들어서 여든 야든 지지 정치인을 영웅이나 연예인처럼 추종하는 팬덤 문화 현상은 또 다른 영웅 숭배 정치 문화가 되어 가는 문제가 있다.[43]

1948년 5월 10일, 단군 이래 최초의 제헌 국회의원 선거가 시행됐지만, 문맹률이 높아 기호를 1, 2, 3이라는 아라비아 숫자를 쓰지 못하고, 대신 작대기 기호를 사용했다. 민주주의가 무엇인지 모르는 유권자도 다수였다. 제도만 민주주의였지 국민의식은 전혀 민주주의적이지 못했다. 4.19 이후에도 민주주의 의식은 정부와 시민들 모두에게 부족했고 미성숙했다.

[그림8-12] 1960년 3.15 선거 포스터. 기호가 숫자 대신 작대기로 표시되어 있다 (wikipedia, 무료 이미지).

친일파가 청산되지 못한 것은 이승만 정부의 가장 큰 약점 중 하나였다. 원래 1948

년 7월 17일 제정된 제헌 헌법에 따라서 국회 내부에는 10월에 반민족행위특별조사위원회(반민특위)가 구성됐다. 각 지방에는 도지부가 설치됐다. 임무는 민족 반역자, 부일협력자 색출과 기소 및 재판이었다. 활동 시작은 1949년 1월부터였다. 그러나 친일 전력을 가진 경찰 간부들이 반대했고, 이승만은 국회의 반민특위 활동이 삼권분립 위반이라며 역시 반대 견해를 밝혔다. 그때 친일파 척결을 주도한 국회의원들을 공산주의 앞잡이로 몰아 체포한 국회 프락치(첩자, 끄나풀이란 러시아어) 사건이 벌어졌고, 반민특위 사무실을 경찰이 습격하는 사건도 발생했다. 결국 반민특위는 한국전쟁 전 해체됐고, 기소된 사람들 재판도 한국전쟁 중에 흐지부지됐다. 반민특위가 애초에 친일파로 수사 대상에 올린 사람은 7000여 명이었으나, 1959년까지 실제 조사 건수는 688명, 검찰 송치 599명, 기소 293명, 재판 회부 78명, 재판 결과 체형 26명, 무죄 17명, 형면제 9명, 공소기각 8명, 공민권 정지 23명이었다.[44] 사형은 한 명도 없었고, 실형받은 사람은 나중에 모두 풀려났다. 화신백화점 사장 박흥수, 우익 신문 대동일보 사장 이종형, 소설가 이광수, 최남선 등도 여기에 포함됐다.[45] 이병주의 소설 <산하(山河)>는 반민특위의 친일파 청산을 다뤘다. 이 소설은 "햇빛에 바래면 역사가 되고, 달빛에 물들면 신화가 된다"는 문구로 유명하다.

이승만은 남로당이 해방 정국에서 우익 지도자들을 친일파로 매도하는 상황으로부터 공산 세력을 친일파 매도 세력으로 동일시한 경향이 있었다. 그래서 이승만은 친일파 처리보다는 공산 세력 퇴치를 국가 생존에 더 중요하다고 생각했다는 견해도 있다.[46]

그러나 국내에 정치적 기반이 없던 이승만이 미군정의 친일파 관료 조직을 그대로 승계한 것이 친일파를 정리하지 못한 원인으로 지적되고 있다. 부통령, 국무총리, 장관 등은 임정 출신 독립운동 인사들로 조직했지만, 이승만은 정부 수립 당시 한국인 인재가 없어서 총독부 한국 관리 대부분을 새 정부 조직에 충원할 수밖에 없는 상황에서 국민의 반일 감정 때문에 망설였어도 도리가 없었다고 미국인 지인에게 고민을 털어놓은 적이 있다.[47]

그런데 친일파 문제는 여기서 그친 것이 아니라 노무현 정부와 문재인 정부 등 진보 정권이 들어설 때마다 다시 불거져 논란이 계속됐다. 이승만을 비하한

다큐멘터리 <백년전쟁>을 제작한 민간단체 '민족문제연구소'가 김대중 정부 때인 2002년에 작업을 시작해서 2009년에 <친일인명사전> 3권을 발간했다. 여기에는 4389명의 이름과 그들의 행적이 기록되어 있다.[48] 이와는 별개로, 2005년 노무현 정부 때 관련 법을 만들어 정부 차원에서 대통령 직속으로 '친일반민족행위진상규명위원회'를 만들고 2009년 25권 분량의 <친일반민족행위진상규명 보고서>를 발간했다. 여기에는 1006명의 친일반민족행위자 명단이 포함돼 있다.[49]

문재인 정부 시절에는 위안부와 징용 보상 문제로 한일 간 갈등이 재현됐고, 일본은 일부 품목 한국 수출 규제에 나서는가 하면, 한국에서는 일본 제품 물매 운동이 벌어지기도 했다. 2021년 대통령 선거 과정에서 진보 정당 후보가 이승만을 "친일 매국 세력의 아버지"로 표현해서 논란이 일었으며, 2022년 윤석열 대통령 정부 때는 한/미/일 합동 군사 훈련을 가리켜 "친일 안보"라는 표현이 등장하기도 했다.

친일파 문제 중에는, 일제 강점기 때 조선인으로서 징집되어 일본군의 연합군 포로 감시원으로 복무하다가 전범 B급 내지는 C급으로 몰려 사형 판결을 받고 집행된 23명의 문제도 있다. 이들 유족이 만든 '동진회'라는 단체는 위안부와 같은 논리로 자기들도 한국 정부의 위로금을 받아야 한다는 소송을 한국 법원에 냈는데, 법원의 판단은 이들은 전범이고 따라서 친일파이기 때문에 위로금은 일본 정부와 해결해야 한다는 것이었다. 이에 유족들은 고인들이 친일파가 아니라고 항변하고 있다.[50]

이승만 정부의 이러한 부정적 과실에 대한 비판도 많지만, 이승만의 업적으로 '토지개혁'을 꼽는 학자들이 의외로 많다. 한국은 해방 후 아시아에서 토지 소유 불평등이 가장 심한 나라였다. 조선 시대 내내 양반이 한정된 토지를 독점하고 대대로 상속하는 형태가 누적됐기 때문이다. 북한은 지주로부터 토지를 뺏어서 소작 농민들에게 무상으로 분배했다. 북한은 소위 무상몰수 무상분배였으나, 농민이 가진 것은 농지 소유권이 아니라 경작권이었다. 반면에, 이승만 정부는 1950년에 농지개혁법을 제정해서 지주들이 3정보 이상의 토지 소유분을 무조건 정부에 팔게 하고, 정부는 그렇게 확보된 토지를 농민들에게 파는 방식으로 토지개혁을 진행했다. 이때, 지주들은 정부 국채를 받아서 적산(敵産: 적의 재산이란 뜻으로 여기서는 해방 후 일본인 소유 재산을 뜻함) 기업 등을 불하받았고, 농민들은 자신의 농지를 소유한 자작농이 되어 농사를 지어 5년 안에 땅값을 정부에 분할 상환했다. 유상매입 유상분배 방식이었던 것이다.[51] 이승만의 토지개혁으로 한국은 자본주의 자유 시장경제의 토대를 닦았으며, 대대로 농노였던 다수의 한국인이 시민 의식을 갖는 국민으로 성장했다. 남로당 출신으로 북한 부수상이 된 박헌영은 북한이 남으로 쳐들어가면 남한의 노동자와 농민이 봉기해서 북한군을 맞을 것이라고 했지만, 그런 일은 일어나지 않았다. 그 원인이 곧 이승만의 농지개혁이라는 의견이 많다. 당시 남한 농지의 40%를 유상매입 유상분배했으며, 그 결과, 농민의 92.4%가 자작농이 됐다.[52] 이승만의 토지개혁은 결국 무상토지 제공이란 공산주의 선전에 농민들이 속지 않게 만들었고, 양반과 상민이라는 신분 계급을 없애고 모두가 민주 시민으로 성장하게 했으며, 지주들은 땅을 판 돈으로 공장 등에 투자해서 산업화의 기반이 됐다는 성과가 있었다.[53]

이승만의 기타 업적으로는, 6.25 중 1952년 1월 '이승만 라인'을 선포하고 독도를 한국 영토로 귀속시켰으며, 1954년 1월에는 독도에 '한국령(韓國領)'이라는 표지판을, 8월 10일에는 등대를 설치한 것이 뽑힌다.[54] 또한, 이승만은 초등학교 의무 교육 제도를 시행했는데, 이승만 정부 초기에는 문맹률 84%, 취학률 14%였다가 1959년에 문맹률은 15~22%로 낮아졌고, 초등학교 취학률은 96%로 치솟았다. 이런 교육 혁명은 국민에게 권리 의식을 높여 민주주의에 긍정적 영향을 미쳤고, 그 명백한 증거가 4.19혁명이다. 또한 1953년부터 1966년 사이에 국비로 해외 유학을 보낸 인력이 7390명이었으며, 이들이 귀국해서 박정희 정부의 인재로 곳곳에서 활약했다.[55]

이승만 정부는 돈이 없었다. 공무원에게 월급 줄 돈도 없었다. 이승만은 1948년 12월에 한미경제협정을 맺어 무료 경제 원조를 받았으며, 6.25 후에는 미국의 잉여농산물 원조(미공법 480호)도 받았다. 미국 원조는 주로 밀가루와 설탕 등 현물이었고, 한국 정부는 이를 민간에게 팔아서 그 돈으로 국가를 운영했다.[56] 이때 밀가루와 설탕을 정부로부터 인수해서 전국에 판 것이 제일제당(삼성)이었다. 미국에서 부산에 도착한 밀가루가 대전으로 일차 수송됐다가 전국으로 재운송되는 바람에 대전역 근처에는 밀가루 대표 음식인 칼국수 음식점이 성행했다. 지금도 대전에는 소문난 칼국수 집이 많다.[57] 제국주의 시대 식민지에서 독립한 나라로서 원조받던 나라가 원조하게 된 나라는 세계에서 대한민국이 유일하다.

3. 이승만 정부 미디어 역사와 사회변화

제주 4.3사건, 여순사건 이후, 이승만 정부는 친미, 반공 성향을 더욱 강화하게 됐다. 특히 이승만은 국가의 지배 이데올로기로 반공주의를 채택했다. 미군정 때 좌익 신문들은 미군령 88호에 의해 허가가 금지, 취소됐으며, 이승만 정부 때는 88호의 일부 규정과 구한말의 광무신문지법에 따라서 신문 허가제를 계속 유지했다. 광무신문지법은 1952년에, 88호는 1960년에 공식적으로 폐기됐다.

서울신문은 5장에서 설명된 것처럼 미군정청의 기관지였다가 이승만 정부의 기관지로 승계됐다. 결과적으로 서울신문은 1905년 배설의 대한매일신보 → 1910년 총독부의 매일신보 → 1945년 미군정청의 서울신문 → 1948년 서울신문, 한국 정부 기관지 → 1998년 대한매일신문으로 제호 변경(구한말의 대한매일신보 전통을 잇고 있는 신문임을 내세우려는 의도) → 제호 변경 효과가 미미해지자, 2004년 다시 서울신문으로 제호 변경을 거쳐 오늘에 이르고 있다.[58)]

한국전쟁 중, 신문사들은 모두 피난했고, 기자들은 전국으로 흩어졌다가 부산에 모이면서, 열악한 인쇄물로 신문 발행이 간간이 진행됐다. 휴전회담이 시작된 1951년부터 한국 전국지들은 다시 정상적으로 발행됐다. 한국전쟁이 진행 중인 상황에서 국민은 정보에 굶주릴 수밖에 없었으나, 한국 언론은 이에 적절히 대처하지 못했다. 정부가 전쟁 정보를 왜곡해도 이를 바로 알려 줄 언론이 없었다. 전쟁터에 근접 취재했던 외국 종군 특파원들은 한국전쟁 동안 17명이 목숨을 잃었으나, 한국 기자 중 전쟁 취재로 죽은 사람은 서울신문 한규호 기자 1명뿐이었다.[59)]

2022년 10월에 개최된 부산국제영화제 특별 상영회에서는 1952년 6.25가 한창이던 시절에 제작되어 개봉됐던 영화 <낙동강>이 디지털로 복원되어 상영됐다. 당시 전쟁 중에 제작된 영화와 다큐멘터리는 20여 편에 이른다.[60)] 전쟁 중에도 영화를 만들고 상영했던 끈질긴 문화의 DNA가 <기생충>, <미나리>, <오징어게임>을 만든 현세대로 전승되고 있는지도 모를 일이다.

1953년 휴전 이후, 한국에는 경향신문, 동아일보, 서울신문, 조선일보, 한국일보가 5대 전국 일간지였다. 이들의 발행 규모는 20만에서 30만 부 정도였으므로,

일제 강점기보다는 신문 사세가 양적으로 많이 성장한 상태였다.

연재소설이 신문에 실리면서, 독자들이 연재소설 읽으려고 신문을 본다는 말이 나돌 정도로, 연재소설이 신문 판매의 효자 노릇을 하고 있었다. 소설가 정비석은 1954년 1월 1일부터 8월 6일까지 215회에 걸쳐 서울신문에 <자유부인>이라는 소설을 연재했다. 대학교수 부인이 젊은 대학생 애인과 춤바람이 나서 이혼당한다는 내용의 이 소설은 사교춤, 여권신장 등 미국 문화 영향을 받은 당시의 사회 트렌드를 그렸다는 평가를 받았다. 나중에 출간된 <자유부인> 단행본 소설은 한국 문학사상 최초로 판매 10만 부를 돌파한 베스트셀러가 됐고, 수차례 영화화됐다. 당시 서울대 법학과 황산덕 교수(후에 법무부 장관이 됨)는 <자유부인>은 50만 명의 중공군과 맞먹을 정도로 우리나라를 파괴하는 적이라고 신문 기고문에서 비판했다.[61]

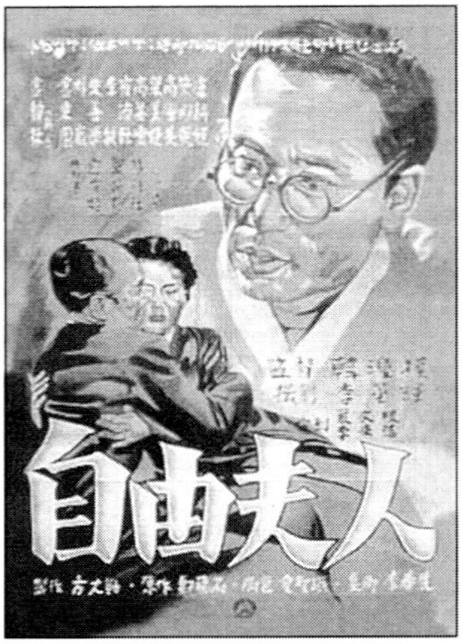

[그림8-13] 1956년 영화 〈자유부인〉 포스터(위키백과, 무료 이미지).

1954년 해군 헌병 하사관(지금의 부사관) 박인수가 전역 후 해군 대위를 사칭하고 70명 이상의 여인들과 혼인을 빙자해서 간음한 사건이 발생했다. 이는 당시 언론이 크게 다룬 초대형 뉴스였다. 그러나 법정은 박인수에게 무죄를 선고했다. 판결문은 "법은 보호할 가치가 있는 여성의 정조만 보호한다"며 "박인수가 농락한 여성들은 법의 보호를 받을 자격이 없다"고 명시했다. 이 사건은 6.25 이후 나타난 우리나라 가치관의 변화를 보여주는 상징적 사건이었으며, 오늘날 미투운동과는 대조적으로 남성 중심의 가치관을 보여주었다. 혼인빙자간음죄는 헌법재판소의 위헌 결정으로 역사 속으로 사라졌다.[62]

1945년, 광주의 호남일보는 순 한글만 사용하는 신문을 발행한 적이 있지만 오래가지 못했다. 1956년부터는 서울신문도 순 한글로만 신문을 발행하다가 1959년에 다시 국한문 혼용으로 복귀했다.[63] 1980년대에는 중앙일간지들이 스포츠면 등 일부만 한글판으로 제작하는 시도를 하다가, 1990년대부터 세로 편집이 가로 편집으로 바뀌면서, 한글 전용이 정착하게 됐다.

1955년 3월 15일자 동아일보에서 한국과 미국의 석유협정을 다룬 기사 제목이 "고위층 재가 대기 중"으로 되어야 할 것을 '고위층' 앞에 '괴뢰(꼭두각시라는 뜻)'라는 단어가 식자공(植字工: 활자를 골라서 인쇄할 판에 꽂는 직공)의 실수로 잘못 끼어들어 가서 "괴뢰 고위층 재가 대기 중"으로 인쇄, 배포되는 사건이 발생했다. 여기서 고위층은 대통령이므로 대통령이 괴뢰, 즉 꼭두각시가 된 것이다. 동아일보는 이를 뒤늦게 발견하고 전량 회수에 나섰으나, 300여 부가 회수되지 못했다. 동아일보는 3월 17일부터 4월 15일까지 한 달간 정간당했다. 이를 '동아일보 괴뢰 오식(誤植: 활자를 잘못 심었다는 뜻) 사건'이라고 한다.[64)]

1955년에는 대구매일신문이 정체불명의 괴한들로부터 습격받아 인쇄기와 사무실 책상 등이 파괴되는 테러를 당했다. 당시 대구매일은 연일 이승만 정부를 강하게 비판하고 있었다. 테러리스트들은 경찰 계통의 프락치들로 추정됐다.[65)]

1958년 강화된 국가보안법 개정안이 통과되자, 모든 언론은 반정부 투쟁에 나섰다. 그중 경향신문은 가장 강력한 반정부 논조를 폈다. 부통령인 민주당의 장면은 천주교 신자였으며, 가톨릭계 경향신문 대표는 장면과 사돈지간이었다. 경향신문은 장면에게 사적인 개인 사무실을 제공했다. 자유당 이승만 대통령이 고령으로 숨지게 되면, 부통령인 민주당의 장면이 대통령이 되어 정권을 선거 없이 인계하는 것을 두려워한 자유당 세력들이 장면 암살을 기도했다. 이런 배경으로, 경향신문은 더욱 신랄하게 정부를 비판했다. 이에 이승만 정부는 몇 개 기사를 트집 잡아 미군령 88호를 근거로 1959년 4월 30일 경향신문을 폐간시켰다. 경향신문은 4.19 이후 대법원으로부터 폐간 무효 선고를 받고 신문 발행을 재개했다.[66)]

국가의 언론 제도는 크게 자유주의와 권위주의로 나뉜다. 자유주의는 언론자유를 보장하는 언론 제도를 가리키며, 권위주의는 언론자유를 억압하고 언론 허가제와 이에 근거한 검열, 언론사 폐간, 언론인 체포 구금 등을 일삼는 언론 제도를 말한다. 이승만 정부는 전형적인 언론 탄압형 권위주의 정부였다. 당시 한국 기자와 언론사는 권위주의 정부의 언론 탄압에 저항했으며, 그 과정에서 테러, 구금, 정간, 폐간 등의 고초를 겪었다.

4. 4.19 이후의 언론

1960년 4.19 이후 들어선 민주당 장면 정부는 한국 역사상 처음으로 신문 발행 허가제를 등록제로 전환했다. 등록제가 시행되자, 언론사가 급증했다. 일간지는 4.19 직후 41개에서 389개가 됐고, 주간지는 136개에서 476개로, 그리고 통신사는 14개에서 247개가 됐다.[67)]

미군정 법령 88호는 1960년 6월 1일 자로 폐지됐다.

4월 혁명 이후 거리 데모는 날마다 전국 각지에서 벌어졌다. 국민의 각종 욕구가 민주적인 정부 아래서 분출되기 시작한 것이다. 그런 와중에 연세대 학생들이 자유당을 옹호하는 언론사를 습격하는 일이 벌어졌고, 동아대 학생들은 자기 대학을 불리하게 보도한 부산일보를 공격했다. 사회갈등은 하루도 멈추지 않았고, 민주당 정부는 이런 사회 혼란에 적절히 대처하지 못했다.[68)]

5. 방송 역사

1948년 미군정청은 정부 수립과 동시에 전국 라디오 방송국을 한국 정부로 이관했다. 이게 KBS의 시작이었다. 당시 정식 명칭은 국영 서울중앙방송국(호출부호 HLKA)이었다. 1954년에는 기독교방송국 CBS가 개국했다. CBS는 최초의 종교 방송국이었고 오늘날에도 존속하고 있다. 1957년에는 미군들을 위한 AFKN-TV가 방송되기 시작했다. 한국에 주둔한 미국인들에게 미국의 공중파 방송 중, 뉴스, 드라마, 스포츠, 오락 프로그램 등 가장 재미있는 것들만 엄선해서 내보내는 방송이었다. AFKN은 1980년대까지 공중파로 송출되는 바람에 한국의 대학생이나 지식인들은 영어를 배우기 위해서나 미국 문화에 대한 호기심으로 AFKN을 즐겨 시청했다.[69)]

1959년에는 앞장에서 설명된 것처럼 부산문화방송(라디오)이 부산 기업인 김지태 씨에 의해 개국했다. 부산문화방송은 우리나라 최초의 민간 상업방송이었다. 그 후 김지태는 1961년에 서울 문화방송 라디오를 개국했다.

우리나라 최초의 TV 방송국은 전직 경성방송국 기술자였으며 미국 RCA 한국 총대리점을 경영하던 황태영에 의해 설립됐다. 황태영은 TV 수상기를 한국에 판매하려는 미국 RCA의 지원으로 1956년 5월 12일 'HLKZ-TV' 방송국을 개국했다. 이는 세계에서 15번째이며 아시아에서는 네 번째 TV 방송국이었으나, 영상 출력 0.1kW에 50평 스튜디오와 카메라 두 대만을 갖춘 영세 소규모였다. 14인치 TV 수상기 가격이 쌀 30가마를 넘을 정도로 비싼 나머지 시청자가 늘지 않자, HLKZ-TV는 동대문 운동장 등 공공장소에서 사람들을 모아 놓고 뉴스와 교양강좌 프로그램을 무료로 보여주기도 했다. 결국 경영난에 허덕인 HLKZ-TV는 장기영 한국일보에 매각되어 'DTV'란 이름으로 존속하게 됐고, 후에 미군의 AFKN 지원을 받아 한 단계 도약을 준비하다 그만 화재로 방송국이 사라지게 됐다.[70)]

그 후 1961년, KBS-TV가 방송을 시작하면서 우리나라는 본격적인 TV 시대를 맞게 됐다.

주석

1) 강원택, 『한국 정치의 결정적 순간들』, 21세기북스, 2021, 21쪽.
2) *Ibid.*, 31쪽.
3) 이상흔, "건국일 논쟁 언제까지...대한민국은 어쩌다 생일도 모르는 국가가 되었나?", 『조선일보』, 2017. 8. 14.
4) 강원택, *op. cit.*, 38–39쪽.
5) 한국민족문화대백과사전, "김구암살사건", 2019. 12. 20., http://bitly.kr/ddDhNJW
6) 남시욱, 『한국 보수 세력 연구』, 청미디어, 2020-a, 331쪽.
7) 박도, "백범 암살범 안두희는 누구를 가장 두려워했을까?", 『오마이뉴스』, 2017. 10. 11.
8) 정봉오, "김구 암살범 안두희 처단한 박기서, 정의봉 기증...사건 돌아보니", 『동아일보』, 2018. 10. 24.
9) 고수석, "[노트북을 열며] 애치슨 라인", 『중앙일보』, 2018. 1. 1.
10) 김동길, 『백년의 사람들』, 나남, 2020, 275–278쪽.
11) 이상우, 『대한민국을 만들고 지켜온 분들』, 기파랑, 2022, 107쪽.
12) 김연주, "'남침'은 넣고...'자유' 빠진 '민주주의'는 그대로 뒀다", 『조선일보』, 2022. 9. 30.
13) 국가기록원, "아아 잊으랴, 어찌 우리 이날을! 6.25 전쟁", 2019. 12. 20., http://bitly.kr/iEYBJ3p
14) 이정식, 『이정식 자서전』, 일조각, 2020, 238쪽.
15) 한국민족문화대백과사전, "반공포로석방", 2019. 12. 20., http://bitly.kr/e9yl4tJ

16) 조갑제, 『박정희: 한 근대화 혁명가의 비장한 생애』, 2권, 조갑제닷컴, 2015.
17) 손경호, “한미동맹의 역사–동맹이론을 통해 본 한미동맹의 역할을 중심으로”, 『통일연구』, 17권 2호, 2013, 39–64쪽.
18) 국가기록원, “전쟁피해통계”, 2019. 12. 20., http://bitly.kr/AFHzNs5
19) 남시욱, *op. cit.*, 246쪽.
20) 대한민국 정책 브리핑, “우리를, 전쟁을 기억해주세요”, 2010. 6. 29., http://bitly.kr/MRoGsuf
21) 이한, “책을 통째로 외운 스승”, 『조선일보』, 2022. 10. 25.
22) 김연수, “좁은 골목, 낡은 집 다닥다닥...시간이 멈춰선 피란민촌 우암동 소막마을을 가다”, 『시빅뉴스』, 2016. 10. 30.
23) 백선엽, “[6.25 전쟁 60년] 대구에서 품은 강군의 꿈(211) 이 땅 사람들의 생명력”, 『중앙일보』, 2010. 11. 15.
24) 이정식, *op. cit.*, 313쪽.
25) *Ibid.*, 126–127쪽.
26) 이상우, *op. cit.*, 109쪽.
27) 정은균, “한국전쟁 제1호 피난민 이승만, 그의 충격적 행보”, 『오마이뉴스』, 2014. 5. 9.
28) 김종성, “6.25 때 한강다리 폭파한 대령, 왜 무죄선고 받았나”, 『오마이뉴스』, 2017. 9. 21.
29) 이정식, *op. cit.*, 282쪽.
30) 한국민족문화대백과사전, “국민방위군사건”, 2019. 12. 21., http://bitly.kr/3ADzBjs
31) Ibid., “거창사건”, http://bitly.kr/LDiyVOeG
32) 김현태, “거창학살 양민 추모공원에 안장”, 『한겨레』, 2004. 9. 2.
33) 한국민족문화대백과사전, “국민보도연맹사건”, 2022. 10. 27., https://vo.la/Fld9ED
34) 한국민족문화대백과사전, “발췌개헌”, 2019. 12. 21., http://bitly.kr/QPMGYC8
35) 남시욱, *op. cit.*, 358–359쪽.
36) 정현채, 『이승만: 건국 대통령 이야기』, 보담, 2021, 172쪽.
37) 송우영, “사사오입 개헌 당시 스승인 수학자는 기만당한 것”, 『중앙일보』, 2018. 7. 25.
38) 장병욱, “장면 부통령 저격 사건 배후에 관한 재판”, 『교수신문』, 2018. 12. 17.
39) 한국민족문화대백과사전, “3.15부정선거”, 2019. 12. 21., http://bitly.kr/cdE2gni
40) 박진국, “4.19 도화선 김주열 보도 부산일보 허종 기자 특종”, 『부산일보』, 2014. 3. 28.
41) 이상흔, “4.19혁명은 왜 일어났나?”, 『조선일보』, 2018. 4. 19.
42) 정윤재, “정치엘리트, 정치개혁 그리고 한국 민주주의”, 『기억과 전망』, 봄호, 2004, 179–196쪽.
43) 전소영, “[팬덤에 빠진 대한민국(4)] 잘 쓰면 약, 못 쓰면 독...정치팬덤의 두 얼굴”, 『투데이신문』, 2018. 5. 21.
44) 남시욱, *op. cit.*, 397쪽.
45) 국사편찬위원회, “반민족특별조사위원회”, 2019. 12. 21., http://bitly.kr/8GOLEdk
46) 남시욱, *op. cit.*, 399쪽.
47) 이상우, *op. cit.*, 103쪽.
48) 한국민족문화대백과사전, “친일인명사전”, 2022. 10. 28., https://vo.la/wwZclb
49) Ibid., “친일반민족행위진상규명위원회”, 2022. 10. 28., https://vo.la/PmxUMH
50) 김귀자, “이학래 옹을 잊지 말아 주세요”, 『조선일보』, 2021. 4. 13.
51) 이상우, *op. cit.*, 78쪽.
52) 남시욱, *op. cit.*, 392–393쪽.
53) 정현채, *op. cit.*, 141쪽.

54) *Ibid.*, 221–222쪽.
55) 남시욱, *op. cit.*, 394쪽.
56) 국사편찬위원회, "미 잉여 농산물 원조, 쌀과 밀의 다툼", 2019. 12. 21., http://bitly.kr/xUQvgzL
57) 김방현, "문도 감탄한 대전 칼국수...인사말도 '칼국수 하시죠'", 『중앙일보』, 2019. 1. 25.
58) 이경형, "113년 뿌리 깊은 신문...서울신문 제호, 지령 변천 이야기", 『서울신문』, 2017. 7. 17.
59) 김비태, "순직 한국인 종군기자 있다...프랑스에 기록 남아", 『자유일보』, 2018. 6. 9.
60) 라제기, "윤이상 유일 영화음악 담긴 '낙동강' 70년 만에 복원 상영", 『한국일보』, 2022. 10. 7.
61) 김영호, 『한국 언론의 사회사(상)』, 지식산업사, 2004, 191–203쪽.
62) 이명진, "혼인빙자간음죄 역사 속으로...1955년 '보호할 가치 있는 정조만 보호' 판결 화제", 『조선일보』, 2009. 11. 27.
63) 김영호, *op. cit.*, 179–190쪽.
64) *Ibid.*, 204–213쪽.
65) *Ibid.*, 138–178쪽.
66) *Ibid.*, 246–278쪽.
67) *Ibid.*, 305–306쪽.
68) *Ibid.*, 305–321쪽.
69) 최영진, "AFKN의 추억", 『주간경향』, 2019. 12. 23.
70) 네이버 지식백과, "사라진 방송국", 2022. 10. 27.

Chapter 9 박정희 정부의 개발언론

1. 박정희 정부의 사회갈등과 사회변화

(1) 제1공화국, 제2공화국

1948년, 대한민국 제헌 헌법에 따라서 수립된 이승만 정부를 '제1공화국'이라 칭한다. 1960년 4.19 시민혁명 직후인 6월 15일, 내각책임제, 양원제(兩院制, 이승만 정부 때는 국회가 하나인 단원제), 지방자치제를 골자로 하는 새로운 헌법이 제정됐다. 8월 12일 첫 민의원, 참의원 양원 합동회의(민의원은 하원의원, 참의원은 상원의원과 동일)는 대통령에 민주당의 윤보선, 국무총리에 민주당의 장면을 각각 선출했다. 이게 '제2공화국'의 시작이었다(공화국은 헌법 전면 개정을 기준으로 함). 내각책임제는 대통령이 명예직 국가원수 지위를 가지며 국무총리가 정치적 실권을 쥐는 제도다. 제2공화국은 지방자치 단체장(시장, 도지사, 읍/면장 등)을 모두 선거로 선출했으며, 지방자치제는 2공화국을 끝으로 사라졌다가(즉, 중앙정부가 시장 도지사를 임명하는 제도로 복귀했다가) 1995년 김영삼 정부 때 부활해서 오늘에 이르고 있다.

제1공화국 이승만 정부가 대통령중심제였기 때문에 독재로 변질했다는 4.19 직후의 반성 분위기로 인해서, 당시 우리 국민은 대통령중심제보다 의원내각제를 새 정부 형태로 선호했다. 그러나 제2공화국 장면 내각은 윤보선 대통령의 '민주당 구파'와 장면 내각 수반의 '민주당 신파'의 여권 내부 갈등으로 날마다 정쟁이 그치지 않았고, 4.19 이후 사회 각계는 시민혁명 후 권리 의식과 정치적 욕구가 분출하여, 각종 시위가 그칠 날이 없었다. 민주당 구파는 정통 야당 출신들의 모임이었으며, 여기에는 30대의 김영삼이 속해 있었다. 신파에는 장면 등 미국 유학파와 관료 출신이 많았으며, 여기에는 역시 30대인 김대중이 속해 있었다.[1]

5.16 직전의 제2공화국 사회 혼란 중에는 6.25 직후 잠잠했던 좌익 세력의 발호가 있었다. 1960년 1년 동안 100명이 넘는 침투 간첩이 체포됐고, 1961년 3월 22일에는 장면 총리 집 앞에서 미군 철수와 김일성 만세를 외치는 시위도 열렸다. 또한 1961년 5월 13일 서울운동장의 4만여 학생 시위 중에는 "가자 북으로! 오라 남으로!"라는 구호가 울려 퍼졌다. 이런 상황 때문에 박정희의 혁명 공약 중 반공이 가장 강조됐다는 견해도 있다.[2] 특히, 대학가에서는 통일 좌파 운동이 활발해서 반외세, 민족자주라는 구호가 난무했고, 중립국 오스트리아를 모델로 외국 군대 철수를 통한 한반도 영세중립국화 방안이 수시로 언급됐다.[3]

(2) 5.16 군사 쿠데타와 제3공화국

이런 사회적 혼란과 군 장성들의 부패가 만연한 것에 불만을 가진 육사 8기생들이 김종필 중령을 중심으로 쿠데타를 모의하기 시작했다. 김종필은 쿠데타 과정, 쿠데타 이후의 정권 창출 및 운영 방안을 주도적으로 기획했다. 군사 쿠데타 주도 세력인 젊은 장교들은 당시 군 내부에서 널리 존경받았고 쿠데타를 독자적

[그림9-1] 1961년 5월 16일 군사 쿠데타를 일으킨 박정희와 오른쪽의 차지철, 왼쪽의 박종규(wikipedia, 무료 이미지).

으로 추진하던 소장 박정희(현 부산 대연동 혁신 아파트 자리의 군수사령부 사령관을 거쳐 쿠데타 때는 2군 부사령관)를 리더로 추대해서, 1961년 5월 16일 새벽, 한강을 넘어 군사 쿠데타를 일으켰다. 쿠데타 참여 인원은 장교 250여 명, 사병 3500여 명 정도였다. 이들은 당일 정부와 군의 주요 시설을 장악하고 남산의 중앙방송국(현 KBS)을 점령해서 전국 방송을 통해 6개 항의 '혁명 공약'을 발표했다. 여기에는 ①반공이 제1국시(國試: 국가의 모토), ②미국과 유대 강화, ③부정부패 일소, ④민생고 해결과 경제재건, ⑤국토통일, ⑥군은 민정 이양 후 군 복귀 등이 포함됐다.4)

쿠데타 주도 세력들은 국가재건최고회의를 조직하고, 구정치인들을 사퇴시킨 후, 정권을 인수, 3년간 통치했다. 이 기간에 군부는 부정부패 공무원과 국회의원, 그리고 깡패 구속, 중앙정보부 설립, 민주공화당(공화당) 창당 등을 거쳐, 1963년 다시 대통령제를 근간으로 하는 새 헌법을 만들었다. 새 헌법에 따라서, 박정희는 군복을 벗고 민간인 신분으로 대통령에 당선되어 '제3공화국'을 출범시켰다. 당시 상대는 민주당 구파 등이 모여 만든 민정당(民政黨, 전두환의 민정당은 민주정의당의 약자로 한자로는 民正黨이었다) 제2공화국 윤보선 전 대통령이었다.

(3) 경제개발과 6.3사태

박정희 정부는 군사통치 기간인 1962년부터 경제개발 계획을 세우고 국가재건에 착수했다. 박정희 정부는 경제개발에 드는 자금이 필요했다. 원래 제2차 세계대전 후 포츠담 회담에 따라서 패전국은 전쟁 피해국에 배상하게 되어 있었다. 이게 '대일(對日)청구권'이다. 동남아시아 국가들은 일본으로부터 2억에서 5억 달러(2000~5000억 원 상당에 해당하므로 당시로서는 큰 액수였음) 정도의 배상금을 받았다. 한국은 8억 달러의 대일청구권자금을 일본에 요구했고, 일본은 7000만 달러를 제시했다. 수년간 회담 끝에 1965년 김종필 당시 중앙정보부장과 일본 외상 오히라의 비밀회담에서 '김-오히라 메모'가 작성되고, 이에 의해 우리나라는 3억 달러(약 3000억 원) 현금, 2억 달러(약 2000억 원) 차관 형식의 대일청구권자금을 일본 정부로부터 받을 수 있었다. 이와 동시에 한일기본협정을 맺고 두 나라는 외교관계를 회복했다. 이때 일본으로부터 받은 자금은 나중에 우리나라 경제발전의 종잣돈이 됐다.[5)]

당시 대학생들은 정부의 대일청구권자금 합의와 한일 외교관계 회복을 굴욕외교로 규정하고 전국적인 반대 데모에 나섰다. 데모가 전국으로 확산한 날이 1964년 6월 3일이었다. 4.19로 민주 혁명을 이룬 세대를 '4.19세대'라고 한다면, 1965년 한일 협정 반대 데모에 나선 세대를 '6.3세대'라고 한다. 이들은 1960년대에 대학을 다닌 세대들이었다. 그 후 1970년대 대학생들을 '유신 세대(박정희의 '유신헌법' 제정에서 유래)', 1980년대에 대학을 다닌 세대를 '386세대'라 한다. 그 의미는 나이 30대, 80년대 학번, 그리고 1960년대 태생을 가리킨다. 원래 386은 컴퓨터 사양을 부르는 이름이었다. 이들이 세월이 흘러 나이가 40대, 50대가 될 때마다 486, 586 등으로 달리 불러야 하는 문제가 있어서, 요새는 '86세대'라고 약칭한다. 1987년 전두환 정부 말기의 6월 민주항쟁 주력이었던 86세대는 2016년 촛불집회를 주도했고, 문재인 정부는 물론 그 후 여야의 중심 정치 세력이 됐다(김경수, 안희정, 임종석, 이인영, 송영길, 우상호, 최재성-진보 진영, 심재철, 원희룡-보수 진영).[6)]

그 밖에도 1990년대 대학을 다닌 세대는 컴퓨터와 인터넷으로 무장한 'X세대(캐나다 작가의 소설 <Generation X>에서 유래함)'라고 불렸으며, 2000년대에 대학을 다닌 세대는 '월드컵 세대' 등으로 불렸고, 2020년 20대 세대는 '88만 원 세대', 'N포세대' '밀레니얼 세대(M세대)' 또는 'Y세대' 등으로 불린다. 2020년 전후 10대들은 'Z세대'로 불린다. 이들은 태어날 때부터 디지털 기기에 익숙하고 검색도 네이버보다는 유튜브로 한다는 신세대다. 2020년대의 10대에서 30대를 통합적으로 'MZ세대'로 부른다.[7)]

박정희 정부의 대일청구권자금 외의 또 다른 경제개발 재원(財源)은 월남전 파병 대가로 미국으로부터 받은 현금, 현물이었다. 6.25 전쟁 때 미국과 유엔군이 사용했던 군수 물품(군복, 군화, 군량, 건축 자재 등)은 대부분 일본으로부터 조달됐다. 이것이 일본 경제부흥의 지렛대가 됐다. 월남전에 한국군이 참가한 대가로 미국은 한국군 장비를 현대화해주었으며, 참전군인 수에 따라서 전쟁 수당을 한국 정부에 지급했고, 이 중 일부는 군인 당사자에게, 나머지는 경제개발에 사용됐다. 그 밖에도 미군이 사용하는 군수품 역시 한국에서 조달돼 한국의 경제개발을 도왔다.[8] 그래서 한국 경제개발의 일정 부분은 한국 젊은이 피의 대가였다. 월남전 때 한국군 전사자는 5099명, 부상자는 1만여 명으로 공식 발표됐다.[9] 하지만 고엽제 피해자들이 아직도 고생하고 있다. 전쟁은 당사자에게는 파멸을 주지만, 다른 나라에는 기회가 되기도 한다. 한국전은 일본에 기회였으며, 월남전은 한국에 기회였다.

(4) 북한의 도발과 공안 정국

1968년 1월 21일, 북한 특수부대 31명이 국군 복장을 하고 휴전선을 침투해서 청와대를 습격하기 위해 청와대 수백 미터 전방인 세검정까지 진격한 사건이 일어났다. 이를 1.21사태라 부른다. 세검정 검문소에서 검문에 걸린 북한 무장 게릴라들은 이때부터 우리 군경과 서울 북쪽 지역에서 전투를 벌였다. 이들은 도주 중 시내버스에 수류탄을 던져 여러 시민의 목숨을 빼앗기도 했다. 결국 공비 29명이 사살되고, 1명이 북으로 도주했으며, 1명이 생포됐다. 유일한 생포자 김신조는 그 후 전향해서 한국에 정착, 목사가 됐다. 체포될 당시 김신조가 한 말인 "박정희 모가지 따러 왔수다"는 한동안 유행어가 됐다.[10]

정부는 1.21사태 직후인 4월 1일 20~30대의 전역 군인 250만 명을 남한 후방 교란 목적으로 북한이 일으킬지도 모르는 비정규전에 대비해 향토예비군으로 편성했다. 이게 오늘날 '예비군'의 기원이다. 그해 1968년 11월, 북한은 또다시 120명의 무장 게릴라를 울진과 삼척 지역 해안에 침투시켜 양민들에게 공산당 입당서를 쓰라고 강요하고 거부하는 사람들을 무차별 학살했다. 이때 이승복이란 10세 어린이가 "나는 공산당이 싫어요"라고 외치다 게릴라에 의해 무참히 살해됐다. 강원도 평창에는 이승복 기념관이 있다. 2004년 일부 언론인이 조선일보가 이승복 뉴스를 허위 과장 보도했다고 해서 법정까지 가는 진위 공방을 벌였으나, 나중에 사실 보도로 판명됐다.[11] 당시 침투한 무장 게릴라 전원은 그해 안에 소탕됐다. 소탕 작전에서 그해 창설된 향토예비군이 전투에 투입됐다.

예비군 창설과 함께 1968년 11월, 국민 식별의 엄중성이 대두되면서 만 18세 이상(그후 1975년부터는 만 17세로 개정) 국민에게 주민등록번호와 주민등록증이 발급됐다. 그 이전에는 시민증, 또는 도민증이란 것이 있었으나, 위변조 등 보안성이 취약해서 이를 강화한 '주민등록증'이 탄생한 것이다. 더불어 휴전선 철책도 1.21사태의 여파로 보강됐다.

이러한 북한과의 첨예한 군사적 대결 상태에서, 학생운동권, 재야 민주화 인사들은 공안정국의 희생양이 되기 일쑤였다. 한일회담 반대가 심하던 1964년 8월, 중앙정보부(지금의 국정원)는 북한 지령을 받고 한일회담 반대 학생데모를 배후에서 조종했다는 '인민혁명당(소위 인혁당) 사건'을 발표했다. 북한을 찬양고무한 반공법 위반으로 13명이 재판에 넘겨졌으며, 최종적으로 집행유예나 1년에서 3년 형이 선고됐다. 김대중 정부 때인 2002년, 의문사진상규명위원회에 의해 인혁당 사건은 중앙정보부의 가혹행위에 따른 허위 자백 등으로 조작된 사건임이 판명됐으며, 노무현 정부 때인 2007년 서울중앙지법은 피해자 전원을 무죄로 판단했다.[12)]

1967년 중앙정보부는 동베를린 유학생들을 중심으로 북한을 왕래하면서 남한에서 간첩 활동을 했다는 혐의로 음악가 윤이상, 화가 이응로 등 유학생 수십명을 조사, 체포했다. 이 중 23명이 간첩죄나 간첩 미수죄로 기소되어 일부 유죄가 인정됐다. 그러나 1970년, 한국 기관원이 독일에서 재독 유학생들을 강제 연행한 것이 독일 영토 주권 침해라는 독일 정부의 항의에 밀려, 박정희 정부는 관련자들의 잔여형기를 면제하고 석방했다. 작고한 작곡가 윤이상의 묘는 2018년 문재인 정부 때 베를린에서 고향인 통영으로 이장됐다.[13)] 윤이상은 1987년 김일성 75회 생일 축하곡을 작곡해 헌정한 적도 있고, 2011년 김정일 사망 때 윤이상의 부인과 딸이 방북해서 조문한 사실도 있었다.[14)] 윤이상 음악의 예술성과 행적의 이적성에 대한 호불호 논란이 있다.[15)]

1974년 서울지검 공안부는 '민청학련(전국민주청년학생총연맹)'이란 단체가 "인혁당 잔류 세력 등 공산계 불법단체, 조총련계, 국내 좌파 혁신계 인사들의 사주를 받아 현 정부를 전복하려 한 불순 반정부 세력"이라고 발표했다. 이 사건으로 1024명이 조사를 받았고, 108명이 구속됐으며, 8명이 사형을 선고받았으나, 대부분 국내외 여론에 의해 무죄 석방됐다. 이철, 유인태, 김지하 등이 연루된 이 사건은 박정희 정부 시절 최대 공안 사건이었다. 1993년 11월에는 민청학련운동계승사업회가 발족했고, 2005년 12월에는 국가정보원 과거 사건 진실규명을 통한 발전위원회가 이 사건이 과거 정부에 의해 조작된 학생운동 탄압사건이었음을 밝혀냈다. 2010년 10월에는 법원에 의해 피해자들에게 총 520여억 원을 지급하라는 국가배상 판결이 내려졌다.[16)]

(5) 박정희의 3선 연임

1963년 박정희의 공화당이 집권한 이후, 야당은 이승만 시대부터 갈등상태였던 민주당 구파와 신파였다. 이들 야당은 박정희 시절에도 여러 정당으로 이합집산을 계속했다. 박정희를 견제하기 위해 강력한 야당의 필요성이 대두되자, 민주당 구파, 신파, 민정당(民政黨), 민중당 등으로 분열됐던 야당 정치인들은 '신민당'이란 통합 야당을 창당했다. 1967년의 일이었다. 당시 야당 지도자는 유진오, 유진산 등이었다. 1967년 박정희 대통령은 신민당의 윤보선 후보와 두 번째 대통령 선거 대결에서 승리, 1967년부터 1971년까지 6대 대통령 임기를 수행했다.

1970년, 박정희는 집권을 연장하기 위해 헌법의 대통령 재선(再選) 규정을 3선이 가능하도록 개정하는 데 성공했다. 박정희의 3기 집권을 막아야 할 상황에선 야당인 신민당에는 원로인 유진오, 유진산보다 40대 김영삼과 김대중 등 젊은 정치인들이 나서야 한다는 여론이 높았다. 이들은 '40대 기수론'을 주장하며 원로 야당 정치인을 제치고 신민당 대통령 후보 경선에 나섰다. 이것이 라이벌 양김 대결의 시작이었다. 결과는 김대중의 승리였으며, 김대중은 신민당 대통령 후보로 1970년 박정희와 대결했으나 패했다. 박정희는 3선에 성공, 7대 대통령 임기를 시작했다.

(6) 사회와 문화의 변화

1970년에는 경부고속도로가 완성됐다. 독일 방문 때 본 아우토반에서 깊은 인상을 받은 박정희는 경부고속도로 건설을 추진했다. 당시 사람들은 고속도로를 신호등 없는 도로라 했으며, 택시 위에 물컵을 놓고 시속 100km로 달려도 물컵이 넘어지지 않을 정도로 노면이 매끄럽다는 등 과장된 소문을 듣고 사람들이 신기한 고속버스를 타보려고 몰렸다. 1970년대 고속버스에는 비행기 스튜어디스와 유사한 복장을 한 안내양이 있었다.[17] 이들 임무는 출발과 휴식 시 안내 방송과 승객에게 물을 서비스하는 정도였다. 같은 시기에 시내버스에도 안내양(흔히 차장이라 불림)이 있었다. 이들은 날마다 콩나물시루 버스에서 만원 승객들을 승하차시키느라 시달려야 했다.[18] 시내버스 안내양에 비하면 고속버스 안내양은 학력이 높고 대우가 훨씬 좋았다. 시내버스 안내양의 애환은 소설 <난쟁이가 쏘아올린 작은 공>에 잘 묘사돼 있다. 이들 안내양은 1980년대부터 버스회사의 인건비 절약 방침으로 해고되면서 역사 속으로 사라졌다. 최근 일부 시골 지자체들이 어르신들의 버스 탑승을 돕기 위해 승차 도우미라는 이름으로 버스 안내원을 부활시켰다.[19]

[그림9-2] 1980년대 고속버스 안내양(위키백과, 무료 이미지).

1971년에는 '통일벼'라는 신품종 벼가 우리나라 농촌진흥청의 연구로 개발돼 전국으로 보급됐다. 통일벼는 기존 벼보다 30% 정도 수확량이 많았다. 그 결과, 1977년에는 우리나라 역사상 최초로 외국에서 쌀을 수입하지 않고 국내 생산 쌀만으로 110% 자급자족할 수 있게 됐다. 정부 수립 이후 1977년 이전까지, 우리나라는 쌀이 부족해서 외국 원조나 수입쌀로 식량난을 해결했다.[20] 정부는 쌀을 절약하기 위해 쌀로 막걸리로 빚지 못하게 했으며(당시 막걸리 재료는 고구마로 대체됨), 초중고등학교에서는 학생들이 쌀과 보리를 혼식하는지를 조사하기 위해 담임이 도시락을 수시로 검사했다.[21]

정부는 매주 수요일을 혼분식 장려의 날로 정하고 전국 음식점들이 그날 쌀밥을 손님들에게 제공하지 못하게 했다. 설렁탕은 매주 수요일에는 밥 없이 사리면만으로 서비스됐다. 그런 시기를 일시에 없앤 것이 통일벼였다. 요새 면과 빵의 소비가 늘면서 쌀이 남아도는 현상은 과거 세대에게는 격세지감을 느끼게 한다.

당시 사회상을 보여주는 단면 중 하나가 가족 계획이었다. 한국전쟁 이후 베이비붐 세대가 태어나면서 폭증하는 인구가 경제발전의 장애물이었다. 한 해에 태어난 인구는 100만 명을 넘었다. 이게 2000년까지 60만을 유지하다가, 2022년 기준 25만 4628명을 기록했다. 현재 우리나라는 전 세계에서 출산율이 가장 낮은 나라다. 1970년대 당시 정부는 국민에게 가족 계획을 해서 인구를 줄이자고 하소연했다. 그때 등장한 표어가 "딸·아들 구분 말고 둘만 낳아 잘 기르자"였다. 정부는 불임시술 등으로 가족 계획을 실천하면 남자에게는 예비군 훈련을 면제해 줬고 그런 가정에는 주택 청약 우선순위를 주기도 했다.[22] 한국은 유엔이 선정한 가족 계획 최우수 국가였으며, 한국의 가족 계획 정책은 커뮤니케이션 이론 중 새로운 아이디어가 어떻게 전파되는지를 연구하는 혁신이론(전파이론, diffusion of innovation)의 연구 모델이 되기도 했다.

경제 기적 말고 또 다른 한국의 기적은 '산림녹화'였다. 조선시대 이래 취사와 난방용 연료는 나무 땔감이었다. 이게 수백 년 지속되고, 일제강점기 전쟁용 건축자재 마련을 위한 나무 남벌, 6.25 피해 등으로 1960년대 대한민국의 산이란 산에는 나무가 사라졌다. 이를 민둥산이라 했다. 박정희 정부는 1967년 산림청을 신설하고 1973년 1차 치산녹화 10개년 계획을 수립했다. 산림청은 전국의 읍/면/동 행정 단위별로 산에 나무를 심고, 관리하게 했으며, 관리 상태를 수시로 점검했다. 식목일은 당시에 대단히 중요한 국가 기념일이었으며, 전국적으로 공무원과 학생이 동원된 대단위 식목 행사가 진행됐다. 1980년대 말까지 우리나라에 심은 나무는 총 49억 그루가 넘는다.[23] 박정희 정부 이후에도 산림녹화 정책은 계속 이어져, 1982년 유엔 식량농업기구는 "한국이 2차대전 이후 산림 복구에 성공한 유일한 개도국"이란 평가를 내렸으며, 환경운동가 레스터 브라운은 2008년 "한국의 산림녹화는 세계적 모델"이라고 찬사를 아끼지 않았다.[24] 그 결실이 지금 우리가 보고 있는 푸르디푸른 우리 산하(山河)다.

2020년부터 전 세계를 강타한 코로나 사태 때, 미국 등 일부 선진국 코로나 환자들이 검사나 입원을 피하는 일이 생겨났다. 그것은 감당할 수 없을 정도로 비싼 의료비 때문이었다. 그에 비해서 한국은 코로나로 확진되더라도 의료비를 의료보험과 정부가 보조해 주므로 사람들이 기꺼이 검사받고 치료에 임하게 됐다. 그리고 거리두기가 완화된 이후에도 거주지 근처에 지천인 각종 병의원에 예약도 없이 가서 백신 주사도 맞고 코로나에 걸려도 의료비 부담 없이 진찰받고 치료할 수 있게 된 것은 1963년 박정희 정부 때 시작된 '건강보험제도'를 그 원인으로 꼽고 있다.[25]

(7) 유신 공화국

1972년 7월 4일 이후락 당시 중앙정보부장은 긴급 TV 기자회견을 열고 "제가 북한에 다녀왔습니다"라고 발언해서 국민을 깜짝 놀라게 했다. 1953년 정전 이후 약 20년 동안, 남북은 1.21사태, 울진 삼척 무장 공비 침투 사건 등으로 군사적 대결 분위기를 고조시켰다. 북한이란 말은 전혀 사용되지 않았으며, 대신 '북괴(北傀: 북한이 소련과 중공의 꼭두각시란 의미)'란 말이 통용되던 시절이었다. 실제로 6.25 이후 남한은 북한의 침략이 언제든지 재발할 수 있다는 걱정을 달고 살았다. 그런데 이날 남북은 '7.4남북공동성명'을 동시에 발표했는데, ①외세 간섭 없이 자주 통일하자, ②무력 말고 평화적으로 통일하자, ③이념 넘어 민족적 대단결을 도모하자는 통일 3원칙을 밝혔다. 이 밖에도 남북 교류, 상호 비방 금지, 직통전화 개설, 남북적십자 회담 등이 성사됐다.[26] 그해 8월에는 남한 적십자 대표단이 비가 오는 가운데 정전 후 처음으로 회담차 평양을 방문했다. 한 신문은 "여기는 평양, 비가 내린다"는 헤드라인을 뽑았다. 이는, 남북이 너무 오래 단절돼 있어서 남한에 내리는 비가 평양에도 내릴 것이란 감각도 잊은 지 오래

됐는데, 그날 평양에도 서울처럼 비가 내리는 것을 보니 감격스럽다는 의미였다.[27] 그러나 여러 차례 계속된 남북 이산가족 상봉을 위한 회담은 '10월 유신'으로 중단됐다가, 1985년 전두환 정부 때 역사상 처음으로 남북 이산가족 상봉이 이뤄졌다.

미국 언론인 돈 오버도퍼(Don Oberdorfer)와 로버트 칼린(Robert Carlin)은, 박성철 북한 특사는 1972년 남북대화를 미군 철수를 주장하는 수단 정도로 간주했으며, 박정희는 김일성을 만날 생각은 전혀 없었고 남북대화는 긴장 완화의 수단 정도로 여겼다고 평가했다.[28] 1972년 조성된 남북대화는 유신 직후 북한이 남북적십자회담 중단을 선언하면서 결렬됐는데, 이는 북한이 남북대화를 통해서 시도하려던 주한미군 철수가 불가능하다는 것을 알았고, 북한 대표단이 남한 방문 시 남한의 발전상을 목격하는 게 부담됐기 때문이라는 분석이 있었다.[29]

1963년부터 3선 개헌까지 감행하면서 세 차례 대통령 자리를 지켰던 제3공화국의 박정희 정부는 경제개발 성과로 일부 국민 지지를 얻고 있었다. 그러나 1972년 7.4남북공동성명 등으로 남북 화해 무드가 진행되던 10월 17일, 박정희 정부는 갑자기 비상계엄을 선포하고, 국회해산, 정치활동 중단, 헌법 효력 중지, 비상국무회의 가동 등을 발표했다. 비상 국무의회는 소위 '유신(維新)헌법'을 발표하고, 헌법에 대한 찬반 논의를 금지한 가운데, 새 헌법을 국민투표로 통과시켰다. 유신헌법은 ①대통령 선거는 통일주체국민회의라는 단체에 의한 간선제(이후 체육관에서 통일주체국민회의 대의원들이 모여서 대통령을 선출했기 때문에 '체육관 대통령'이란 말이 생겼다), ②대통령 임기는 6년, ④국회의원 정수의 ⅓(일종의 전국구에 해당)은 대통령이 추천한다는 것 등이 골자였다. 이후 국회는 ⅓은 대통령이 추천하고 나머지 ⅔는 선거로 뽑았으니, 국회는 무조건 대통령 지지 세력이 다수가 됐다. 박정희는 유신헌법에 따라서 1972년 12월 간선제로 8대 대통령에 당선되어 임기를 시작했으니, 이를 '유신공화국(제4공화국)'이라고 한다.[30]

유신(維新)이란 말은 일본의 메이지(明治, 명치) 천왕이 막부 중심에서 천왕 중심의 복고적 국가를 확고히 하려는 혁신 정치를 '명치유신(明治維新)'이라 부른 데서 차용한 것으로 보인다. '유신체제'는 헌법 비방 금지, 집회 금지 등 기본권을 제약하는 긴급조치 1~9호를 남발해서 민주화 운동을 원천 금지한 악법이었다. 이후 민주 정부들에서 긴급조치는 위헌 결정을 받았고, 긴급조치 위반으로 실형을 선고받은 인사들은 재심으로 무죄 판결을 받았다.[31)]

왜 박정희는 막판에 유신체제를 감행했을까? 영구집권을 꾀했다는 설도 있으며, 북의 위협 속에서 후계 구도가 불확실했기 때문이라는 설도 있다. 원래 정치학에서는 독재 정치가 문제가 생기는 이유는 후계자 승계 때문이라는 이론이 있다. 박정희는 원자폭탄을 개발해서 북한 침략 위협을 원천 봉쇄한 뒤, 적당한 사람(최규하 당시 국무총리, 또는 김종필 등)에게 정권을 물려주고 영남대 이사장으로 물러나려고 했다는 설도 있었다.[32)]

영국 언론인 마이클 브린(Michael Breen)은 1971년 대통령 선거에서 40대 기수론을 내걸고 야당 대통령 후보가 된 김대중에게 신승한 것에서 차기 집권의 불확실성을 느낀 박정희가 1972년 유신을 단행한 계기가 되었다고 지적하기도 했다.[33)]

남북대화가 진행 중이었던 1972년부터 북한은 남침용 대규모 땅굴을 팠다. 그때부터 1981년까지 북한이 판 총 5개의 땅굴이 DMZ 남쪽에서 발견됐다. 이 땅굴은 시간당 1만 명의 병사를 남쪽에 침투시킬 수 있는 규모로 북한의 남침 가능성을 강하게 높였다. 왜 김일성은 이렇게 남침 시도를 중단하지 않았을까. 김일성은 크메르루즈(크메르 공산 세력)가 프놈펜을 함락시키고 공산 월맹이 월남을 패망시키자, 이에 고무받아 땅굴을 파는 등 다시 남침 의욕을 불태웠다.[34)]

한편, 한국은 1970년 자주국방을 선언하고 국산 무기 개발을 위해 국방과학연구소를 설립, 운영 중이었으며, 1975년 월남이 패망하자, 박정희는 미국이 월남을 끝까지 지키지 않고 배신했다며 미국 불신감에서 독자적인 핵 개발에 나섰다. 박정희는 핵 개발을 공언했으며, 1981년 국군의 날에 핵 개발을 선언하고, 대통령 사임을 발표할 계획이었다고 당시 공보 비서관이 증언한 적이 있었다.[35)]

유신 때 벌어진 정치적 대 사건 중 하나는 1973년의 김대중 납치사건이었다. 김대중은 김영삼과 함께 당시 민주화 투쟁의 상징적 지도자였다. 김대중은 유신체제가 선포될 때 미국 일본 등에서 반정부 단체를 결성하는 등 강력한 해외 반정부 투쟁을 벌였다. 이를 막으려는 중앙정보부 요원들이 일본에 체류 중이던 김대중을 납치해서 동해에 수장시키려 했다가 미국의 개입으로 그를 눈을 가린 채 집 앞까지 데려와서 풀어주고 말았다. 이게 '김대중 납치사건'이다. 김대중은 그 후 1979년 10.26 박정희 시해 사건 때까지 가택연금 상태가 됐다.[36)]

金大中씨,突然 서울自宅에

어젯밤10시20분 東京서 失踪5일만에

「救國同盟行

海上서 3일

입술터지고눈썹위

승강기~地下車庫~大阪近海

金씨가 더듬은 被拉~歸家까지

[그림 9-3] 김대중 납치사건을 다룬 경향신문 1973년 8월 14일자 신문.

(8) 10.26사태와 박정희 정부의 종말

유신 이후, 박정희 정부는 의미심장한 사건에 연이어 부딪히게 된다. 한국의 원폭 개발설이 나돌자, 미국 정보 당국이 청와대를 도청했다가 발각되는 일이 1976년 발생했다. 일명 '코리아게이트'라 불린 사건이다.[37)] 자존심이 상한 박정희가 미국에 강력히 반발하자, 1979년 6월 한국을 방문한 미국 카터 대통령은 박정희와의 정상회담에서 한국의 인권 문제를 거론하면서 주한미군을 철수시키겠다고 박정희를 압박했다. 카터와 박정희는 정상회담 중 주한 미군 철수를 놓고 서로 분노할 만큼 격렬한 설전을 벌였다. 결국 주한 미군은 3000명 정도 감축하고, 나머지 3만 7000명은 유지하며, 남한에 배치 중인 674개의 핵탄두는 250개로 축소하는 선에서 한미 간에 타협이 맺어졌다.[38)] 박정희 말년의 한미 관계는 좋지 않았다.[39)]

1979년 8월, YH무역이라는 가발 수출업체 여성 노동자 170여 명이 회사 폐업에 항의하기 위해 회사에서 장기 농성 중이었다. 경찰이 이들을 강제 진압하자,

여성 노동자들은 당시 야당이었던 신민당 당사로 옮겨 농성을 계속했다. 노동자들은 노동자 권리를 요구하는 농성장으로서 야당 당사가 경찰 진압으로부터 안전할 것으로 판단했기 때문이다. 그러나 야당 국회의원의 보호 속에 농성을 계속하던 여성 노동자들을 경찰이 새벽에 기습, 진입해 강제 해산시켰다. 이 과정에서 1명의 여성 노동자가 건물에서 추락, 사망했고, 다수의 기자와 신민당 국회의원이 경찰에게 폭행당했다. 이를 도화선으로 야당은 물론 여러 민주 투쟁 단체들이 총궐기해서 박정희 정권 타도에 나섰다.[40] 당시 농성에 참여했던 여성 노동자 중 한 명인 최순영 씨는 노동 운동가로 활동하다 2004년 민주노동당 비례 대표로 국회의원을 역임했다.[41]

김영삼 당시 신민당 총재는 정부와 여당에 YH 사건을 강력히 항의했고 뉴욕타임스와의 회견에서는 “미국이 공개적이고 직접적인 압력을 가해 박 대통령을 통제해 달라”고 발언했다. 이에, 여당인 공화당 의원들은 야당 의원의 출입을 막은 상태에서 같은 해인 1979년 10월 4일 신민당 당수이며 국회의원인 김영삼을 국회 별관에서 날치기로 제명했다.[42]

그러자, 김영삼의 정치적 고향인 부산의 부산대에서 같은 해 1979년 10월 15일부터 5000여 명 이상이 참여한 대규모 반정부 시위가 시작됐다. 시위대는 부산대에서 서면을 거쳐 광복동까지 행진했으며, 거리 시민들, 심지어 ‘자갈치 아지매들’까지도 시위대를 격려하고 음료수를 제공하는 등 시위에 동조했다. 시위 과정에서 시위대가 파출소, 관공서를 공격했고, 18일과 19일에는 인근 마산과 창원으로 시위가 확산하자, 정부는 20일 부산과 마산 일원에 위수령을 발동하고 군대를 출동시켰다. 그 결과, 505명이 군대에 의해 연행되고, 59명이 군사재판에 넘겨졌다. 이게 ‘부마항쟁’이다.[43] 부산 영주동에는 부마항쟁과 김영삼 대통령의 민주화 투쟁을 기념하기 위해 ‘민주공원’이 1999년 설립됐다.

부산 시위와 군대 진압 현장을 시찰한 당시 중앙정보부장 김재규는 정권을 끝내야 한다는 결심을 하게 됐다고 한다. 김재규는 서울로 올라가 청와대 앞에 있는 궁정동 중앙정보부 비밀 가옥(흔히 안전 가옥, 또는 ‘안가’라 함)에서 박정희 대통령, 김계원 비서실장, 차지철 경호실장과 본인이 참석한 연회를 갖고, 이날 박정희는 물론 충성 라이벌이었던 차지철을 제거하기로 결심했다. 김재규는 정승화 당시 육군참모총장을 초대해 궁정동 중앙정보부의 다른 안가에서 기다리게 해놓고, 박정희를 제거한 다음, 정승화 총장을 움직여 정권을 잡을 일종의 거사를 준비했다. 김재규는 자신의 중정 부하들에게 대통령 연회실 안에서 총소리가 나면 옆방에서 중정 요원들과 같이 대기 중이던 대통령 경호원들을 살해하라고 지시하고, 자신은 연회장으로 들어가 직접 총으로 차지철과 박정희를 저격했다. 총을 맞은 박정희와 차지철은 곧 사망했다.

東亞日報
朴正熙대통령 逝去
전국에 非常戒嚴
大統領權限대행에 崔圭夏총리 就任
어제저녁7시50분경 운명
車警護室長등 5명도숨져
國民동요 없도록
美, 條約의무 준수다짐

[그림9-4] 박정희 대통령 서거를 알리는 동아일보 1979년 10월 17일자 신문.

당시 연회에 참석했던 두 명의 여인이 있었으니, 한 명은 가수 심수봉이었고, 다른 한 명은 패션모델이었던 신모 씨였다. 이들은 죽어 가는 박정희 대통령을 양쪽에서 부축했다.[44] 나중에 김재규 재판이 시작됐을 때, 언론은 증인으로 재판에 출두한 이들의 실명을 검열 때문에 공개할 수 없었다. 다만 법정에 출두하는 두 여인의 뒷모습 사진이 언론에 공개됐는데, 사진 설명에 "그때 그 여인"으로 적혀 있었다. 당시 언론은 그들 중 한 명이 <그때 그 사람>을 부른 가수 심수봉임을 그런 식으로 암시했다.[45]

피투성이의 와이셔츠 차림이었던 김재규는, 초대받은 상태에서 영문도 모르고 인근에서 대기하던 정승화 육군 참모총장에게 달려가 국가 비상사태가 생겼다며, 같이 육군 벙커로 가서 최규하 국무총리를 비롯한 장관들을 불러 국무회의를 열어야 한다고 다그쳤다. 잠시 후, 연락받고 육군 벙커에 모인 총리와 장관들은 현장에 같이 있던 비서실장 김계원과, 김재규의 행동을 이상하게 여긴 정승화 참모총장의 귀띔을 받고 헌병을 시켜 김재규를 체포했다. 18년을 통치하던 권력자 박정희는 이렇게 생을 마쳤고, 그의 권력은 종말을 고했다.[46]

2. 박정희 정부의 성격

(1) 정치적 측면

구한말부터 박정희 시대까지 우리나라 정치 세력은 대략 다음과 같은 변화를 보였다.

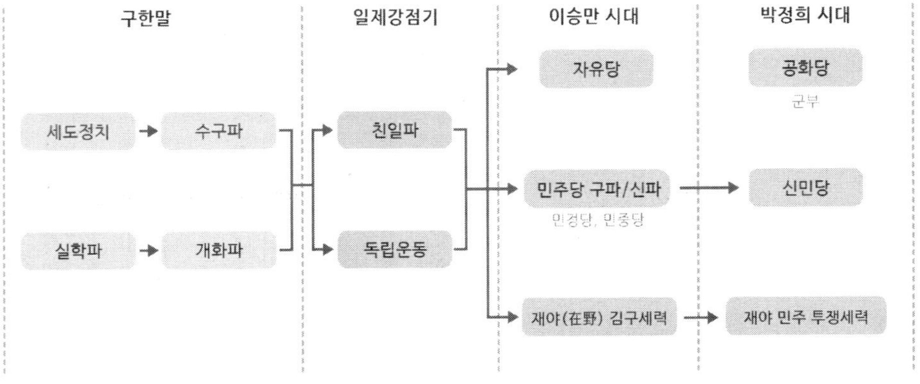

[그림9-5] 구한말부터 박정희 시대까지 한국 정치세력 변화(자체 제작).

독립운동가, 친일파, 우파 보수 정치인, 그리고 이승만 정부 때의 친미파 등이 주류를 이루던 지배 정치 세력에, 박정희 시대에는 이전 지배 세력과 성격이 다른 군부가 주류 지배 세력으로 부상했다. 이후 전두환, 노태우 시대를 거치면서, 군부는 대한민국 최고 권력 집단으로 자리 잡았다. 2차 대전 후 전 세계 신생 독립 국가와 저개발국가에서는 군부가 군사 쿠데타로 집권하는 사례는 다반사였다. 군부는 어느 국가든 가장 체계적인 조직이며, 군 장교들은 타 집단보다 교육을 잘 받은 집단이기 때문에, 정치적으로 혼란스럽고 경제적으로 가난한 국가 현실을 보고 강한 애국심으로 개혁 의지를 갖는 특성이 있다. 전 세계 여러 군사 정변으로 정권을 잡은 군부 집단(청년 장교 집단일 경우가 많다)은 대개 초심인 애국심으로 혼란한 국가를 바로잡기 위해 정권을 잡으나, 나중에는 부정부패와 권력 승계 싸움이란 자중지란에 빠지게 된다. 이런 사례가 남미, 아시아, 아프리카 등지에서 다수 관찰됐다.47)

그런데 일본 언론인 출신 한국학 교수인 다나카 메이는 박정희라는 한국 군부의 출현을 상당히 다른 시각으로 조명하고 있다.[48] 다나카 메이 교수는 한국은 고려 후기 무신 시대 이후 조선의 문민 우위, 무인 멸시가 주류를 이뤄왔다고 주장했다. 조선시대부터 이어온 보수유산층(양반 중 문신)의 이합집산이 곧 조선은 물론 심지어 해방 이후 한국 여야 정당에까지 이어졌다는 것이다. 다나카 메이 교수는, 양반, 즉 지식인 엘리트는 조선시대부터 현대의 정치인에 이르기까지 도덕적으로 우월하다는 군자의 시각에서 항상 백성을 교화할 준비가 되어 있는 그룹으로 자처해왔다고 주장했다. 이어서 다나카 메이 교수는 지주, 관료, 사업가 집단이던 해방 직후 한민당이나, 이승만 시절의 야당인 민주당과 여당인 자유당 모두 구성원들이 비슷한 과거 양반 출신 지배층들이었으며, 이들 중 야당 정치인이라도 항상 국가발전에 일익을 담당하고 있는 것처럼 행동하는 것이 곧 양반의 후예다운 발상이란 것이다. 다나카 메이 교수는 이런 양반 스타일의 정신과 행동이 지배한 한국의 근현대 정치 역사를 '통상의 시대'라고 불렀다.

그러나 다나카 메이 교수는 박정희 등 군부는 군인이라는 이질적 세력으로서 한국의 양반 세력 전통에 도전하는 색다른 세력이라고 판단했다. 그는 군부가 지배한 박정희, 전두환, 노태우 시대를 조선시대의 동족 집단 중심 양반 세력이 이어온 한민당과 민주당이 지배한 '통상의 시대'와 다른 '예외의 시대'라고 불렀다. 왜냐하면, 군인들은 테크노크라트의 기질이 많았고, 농촌 출신이 대부분이었기 때문에, 전통적 기득권 엘리트 정치인 세력이 생각할 수 없는 한일 국교 정상화를 통해서 경제발전 자금을 확보했고, 새마을운동을 통해서 농민들도 근대 국민국가의 시민으로 포용했다고 보았다. 박정희는 <한민족이 나아갈 길>이란 저서에서 국민의 민주주의에 대한 기대 수준을 경제적 빈곤 때문에 도저히 충족시킬 수 없어서 '선 경제발전, 후 민주주의 기대 충족'이라는 박정희식 근대화 국가발전이 가능했다고 밝혔다.[49]

다시 말하면, 이런 군부의 획기적인 정책은 한국에서 군부는 구 양반 세력이라는 통상 세력과 달리 전통에 도전적인 예외 세력이기 때문에 가능했다는 게 다나카 메이 교수의 견해다. 다나카 메이 교수는 노태우의 3당 합당으로 박정희 시대부터 시작된 군부라는 예외의 시대가 끝나고, 한민당과 구민주당에서 김영삼과 김대중으로 이어지는 과거 야당의 전통을 이어받아 다시 통상의 시대로 회귀했다고 평가했다.[50] 언론인 남시욱은 박정희는 부국강병보다 권력 다툼에 관심이 많은 정치인을 경멸했다고 지적했다.[51] 이는 군부를 파벌 싸움이나 하는 기성 정치인과 차별화되어 부국강병이란 목표 지향적인 예외의 세력이라고 본 다나카 메이 교수의 견해와 유사하다.

(2) 경제적 측면

박정희 정부는 국토 재개발, 고도 경제성장에 성공했다. 원조가 없었으면 공무원 월급도 주지 못하던 한국이 2021년 기준 세계 8위권 무역 대국이 됐으며, 국민소득 3만 달러에 인구 5000만 명을 뜻하는 30/50 클럽에도 가입했고, 남에게 원조를 제공하는 나라로 성장한 기반이 박정희 시대에 조성된 것이다. 실질소득으로 따져서 2020년대에는 한국이 일본의 1인당 GDP를 추월할 가능성도 제기되고 있다.

박정희의 경제발전 전략은 민족자본이 없으므로 외국에서 차관을 들여와 재벌들에게 주고, 재벌들이 중화학 공업을 육성한 다음, 수출로 돈을 벌어 차관을 상환하도록 하는 것이었다. 다시 말하면, 박정희 정부의 경제발전 전략은 ①차관 의존, ②수출 주도, ③재벌 중심이었다.[52]

오버도퍼와 칼린은 한국의 이러한 경제개발 모델을 '국가 주도 자본주의(state-led capitalism)'라 불렀다.[53] 당시 한국의 경제 정책 방식은, 오늘날 사유재산 제도와 시장경제를 인정하면서 중국 기업 대부분을 공산당이 통제하는 중국식 국가 자본주의 방식과 유사하다. 두 미국 언론인에 따르면, 박정희는 모든 경제계획과 개발 현장을 직접 지휘하고, 방문하고, 시정했으며, 특정 사업에 대한 기업 선정도 본인이 직접 했다.[54]

우리나라는 1960년대 10억 달러에 불과한 수출액을 1980년대에 100억 달러로 키웠으며, 이를 이뤄낸 것은 '경제개발 5개년 계획'이었다. 경제개발 5개년 계획은 1차(1962~1966)부터 4차(1977~1981)까지 진행됐다. 한국의 경제성장을 분석한 세계은행 보고서에 따르면, 한국의 GNP는 10년마다 3배 증가했으며,

통상 국가가 100년 걸릴 경제성장을 30년 만에 이뤘다고 평가했다. 또한, 세계은행은 1965년 전체 가구 40%의 한국 빈곤율이 1980년에는 10%로 감축하는 성과를 이뤘다고 발표했다.[55] 2021년 기준 우리나라 수출액은 연간 6445억 달러, 수입액은 6150억 달러, 총무역액은 1조 2956억 달러로 세계 8위를 달성했다. 중국이 1위, 그다음이 미국, 독일, 네덜란드, 일본, 홍콩, 프랑스, 한국 순이다. 한국은행 자료에 따르면, 1962년 1인당 GDP가 1만 3800원이었던 것이 2021년에는 4003만 원이 되어 2900배 증가했고, 1965년 수출액이 1억 7508달러였던 것이 2021년 6444억 368달러로 3680배 늘었다. e나라지표에 따르면, 자동차 등록 대수가 1966년 5만 대에서 2020년 2437만 대로 480배 증가했으며, 1970년 기대수명이 62.27세에서 2020년 83.5세로 20배 역시 증가한 것으로 나타났다.

그러나 경제개발 계획이 추진되는 과정에서 박정희 정부 시절 노동자들은 노동기본권(단결권, 단체 교섭권, 단체 행동권)이 없었으며, 저임금, 열악한 노동환경에 신음해야 했다. 서울 청계천 골방에서 하루 15시간씩 일하던 봉제공장 노동자들이 흔했다. 이런 노동자의 눈물은 동대문 평화시장 노동자 전태일이 1970년 분신자살하면서 사회 문제화됐다. 이를 그린 <아름다운 청년 전태일>이란 영화가 있다. 고도의 경제발전에는 노동자들의 희생이 있었다. 그 밖에도 한국적 고도 경제발전 모델에는 공해, 산업재해, 재벌 위주 성장이란 부작용이 있었다.

(3) 언론의 측면

박정희 정부는 거대한 '동원 체제'였다. 국민을 경제개발 정책에 참여시켜야 했다. 그러기 위해서 먼저 박정희 정부는 수천 년 동안 '사농공상(士農工商)'으로 사회적 지위를 평가하는 국민성(國民性)과, '황금 보기를 돌같이 하라'는 최영 장군 식 '반(反) 물질지향적 가치관'을 바꿀 필요가 있었다. 이런 국민성과 가치관을 경제개발 노선에 참여하도록 개조하고, 설득하며, 동원하는 게 급선무였다. 그래서 박정희 정부는 새마을운동을 벌였다. 새마을운동은 자립정신이라는 정신 개조가 중요 목표였다. 그래서 새마을운동 노래에는 "초가집도 없애고, 마을 길도 넓히고...”라는 가사가 있었다. 충무공 이순신과 화랑정신 등이 애국심의 표상으로 강조됐다. 그 결과, 충남 아산의 현충사가 성역화됐고, 경주가 국민 역사교육 현장으로 활용됐다. 그리고 모든 공식 행사마다 낭독해야 했던 ‘국민교육헌장’에는 “능률과 실질을 숭상하고...”란 대목이 있었다. 우리나라는 역사적으로 명분과 체면이 더 중요했으며 능률과 실질은 중요하지 않았다. 박정희 정부는 경제건설을 위해 물질지상주의로 국민 의식을 개조했다. 여기에 동원된 것이 바로 ‘언론’이었다.[56]

언론은 국가발전을 위한 국민 동원의 수단이었다. 국가는 신속한 정책 결정과 효율적 실행을 위해서 언론에 ①경제개발 계획에 대한 비판을 금지했으며, ②경제개발 성과와 성공 사례를 중요한 뉴스로 보도하도록 강제했다. 그리고 ③정부의 경제개발 정책을 홍보하는 영화, 드라마, 다큐멘터리 제작을 요구했다.[57] <팔도강산>은 대표적인 국책 홍보영화였다. 언론이 국가발전 수단이 되어 국민 동원에 나서는 것을 ‘개발언론(開發言論, developmental journalism)’이라고 한다.[58]

3. 박정희 정부의 미디어 역사와 사회변화

(1) 언론 제도

장면 정부는 이승만 정부의 신문 허가제를 등록제로 바꿨지만, 박정희 정부는 등록제를 다시 허가제로 환원시켰다. 자유주의 언론 제도가 다시 '권위주의 언론 제도'로 되돌아간 것이다. "4.19 기자는 사이비(似而非) 기자"란 말이 나돌 정도로 4.19 직후 신문잡지사와 통신사가 늘어났고, 거기에 종사하는 기자 숫자도 불어났다. 박정희 정부는 군사 정변 직후부터 언론을 정화했다. 1170개의 신문, 잡지, 통신사를 폐간했고, 960명의 기자를 협박, 갈취 등의 혐의로 체포했으며, 이 중 141명의 기자를 가뒀다.[59)]

일제강점기부터 한국 신문은 한 신문사가 하루에 조간과 석간 두 차례 신문을 발행했다. 이는 독특한 일본식 신문발행제도인데, 일본 중요 전국지는 지금도 조석간제를 시행하고 있다. 우리나라 신문들은 4.19 직후부터 조간과 석간 중 하나를 택해서 신문을 발행했다. 조선일보는 아침 조(朝) 자의 전통 때문에 조간을 택했고, 동아일보는 석간을 택했다. 그러나 전날 밤의 프로야구 경기 결과가 실린 조간이 훨씬 경쟁에서 유리했고, 광고 효과도 독자들 기분이 상쾌한 아침이 월등히 좋다는 연구 결과가 이어지자, 1980년대부터 석간신문은 대부분 조간으로 전환했고, 2022년 현재 문화일보, 내일신문, 헤럴드 경제 등 소수 신문만이 석간신문을 유지하고 있다. 부산만 해도 국제신문은 조간이고, 부산일보는 석간이었다가 2015년 1월 1일부터 조간으로 전환, 부산 주요 일간지도 모두 조간이 됐다. 조간이 대세가 되자, 정치인과 관공서는 모두 오후에 중요 정책을 발표한다. 그래야 그 정책이 TV의 그날 밤 뉴스를 타고, 신문에는 저녁에 기사로 작성되어 다음 날 아침 신문을 장식할 수 있기 때문이다. 아침 일찍이나 밤늦게 정책을 발표하는 바보 정치인은 없다. 정치 행위가 언론 보도 일정에 맞춰 진행되고 있다. 이게 바로 정치의 '미디어화(mediatization)' 현상이다.[60)] 이 문제는 이 책의 결론 부분에서 중점적으로 다룬다.

(2) 방송 역사[61)]

우리나라 최초의 TV 방송국은 이승만 시대에서 설명된 것처럼 1956년에 설립된 HLKZ-TV다. 이는 경영난으로 DTV로 소유와 이름이 바뀌어 명맥을 유지하다 화재로 소실됐다. 그리고 1961년, 드디어 우리나라에도 본격적인 TV 방송 역사가 열렸다. KBS-TV가 서비스를 개시했다. KBS-TV는 서울과 부산, 그리고 도청 소재지와 기타 대도시를 중심으로 전파를 송출했다. 시골 오지에는 TV 난시청 지역이 많았다. 1963년에는 TV 시청료를 받기 시작했으며, TV와 라디오에 광고가 등장했다. KBS인 국영 중앙방송국이 1973년 한국방송공사로 바뀌어 공영화됐다.

1959년, 부산에서 시작된 최초의 민간방송 문화방송 라디오가 1961년 서울에도 문화방송국을 설립했다. 그러나 5.16 이후인 1962년 문화방송은 소유주 김지태가 재산을 몰수당해서 국가로 귀속되는 과정에서 5.16장학회(민간 장학회를 가장했으나, 실제로는 박정희 일가 소유로 후에 정수장학회가 됨) 소유로 운영됐고, 연차적으로 전국 네트워크를 구축했다. 1969년에는 MBC-TV를 개국해서 전국 서비스에 들어갔다.

문화방송은 1974년에는 경향신문사를 인수해서 주식회사 문화방송/경향신문사가 됐다. 전두환 시대의 '언론통폐합' 정책에 따라서 문화방송과 경향신문이 분리됐으며, 문화방송은 KBS가 대주주였다가 현재는 '방송문화진흥회'라는 공공기관 소유다. 따라서 MBC는 지금도 민영이 아니고 KBS와 같이 공영방송이다. 전두환 시대의 언론통폐합 정책으로 MBC와 분리된 경향신문은 1990년부터 한화 소유였다가 1998년 한화가 손을 떼면서 사원 주식회사가 됐다. 그때부터 경향신문은 진보적 색채를 갖게 됐다.[62)]

1963년, 동아일보가 동아방송 라디오를 개국했다. 단, 서비스 지역은 수도권으로 한정됐다. 이는 동아일보의 야당 성향 때문이었다. 이니셜은 'DBS'였다. 동아방송은 동아일보와 함께 박정희 정부 시절 강력한 반정부 투쟁에 앞장섰던 미디어였다. 동아방송은 전두환 정부 때 KBS로 합병됐다. 그 후 동아일보는 2011년 12월 '채널 A'를 설립했으니, 이는 곧 동아방송의 후신인 셈이다.

1964년 삼성이 동양방송(TBC) 라디오와 TV를 설립했다. TBC 라디오는 <밤을 잊은 그대에게>와 <가로수를 누비며> 등 주로 젊은 층이 좋아하는 프로그램을 방송했다. TBC-TV는 오직 서울과 부산에서만 볼 수 있었다. 개국 당시에는 비행기를 이용해서 비디오 테입을 서울에서 부산으로 공수하는 방식으로 방영해서, 서울과 부산 프로그램은 며칠의 시차가 있었다. 1967년에야 마이크로 망이 완공되어 서울과 부산의 동시 이원방송이 가능하게 됐다. TBC도 전두환 시대에 KBS로 통합돼서 역사 속으로 사라졌다가, 2011년 12월 JTBC로 다시 태어났다. 중앙일보는 당연히 새로운 방송국을 TBC로 명명하려고 했으나, 이미 1995년 설립된 대구 민방이 TBC였기 때문에 할 수 없이 중앙일보의 J를 앞에 적어서 JTBC로 결정했다.

이승만 시대부터 경향신문, 동아일보, 서울신문, 조선일보, 한국일보가 5대 전국지를 형성하던 신문 시장에 큰 변화가 일어난 것은 1965년 삼성이 TBC에 이어 중앙일보를 창간했기 때문이다. 삼성은 중앙일보와 TBC를 합쳐서 '중앙매스컴'이라는 미디어 그룹을 만들었다. 신문과 방송을 동시에 소유하는 것을 '교차소유(cross ownership)'라고 하는데, 이것이 바로 언론재벌을 가리키는 미디어 그룹이다. 미국, 호주, 영국에 다수의 신문과 방송을 소유한 루퍼트 머독은 '뉴스코퍼레이션'이라는 미디어 그룹을 이끌고 있으며 지구촌의 황제로 불린다고 앞장에서 소개한 바 있다.

중앙일보는 창간과 동시에 기자들 월급을 삼성 그룹 수준으로 지급했다. 이는 조선, 동아 기자 월급의 몇 배에 이르는 큰 액수였다. 그전까지 기자 월급은 보잘것없었으며, 이는 촌지 수수라는 기자 세계에서 불편한 흑역사의 원인이 되기도 했다. 이에 조선, 동아도 중앙일보에 가까운 월급을 기자들에게 지급할 수밖에 없었으며, 현재 조중동과 KBS, MBC 등 메이저 언론사의 월급은 대기업 수준을 유지하고 있다.

1968년 창간 3년 뒤, 중앙일보 초대 사장이었던 이병철이 사카린 밀수사건에 관련되자, 사장에서 사퇴하고, 중앙일보의 새 사장에는 전 법무부 장관 홍진기가 임명됐다. 나중에 홍진기 딸이 이병철 아들인 이건희와 결혼하면서 중앙일보는 홍씨 일가와 삼성가의 공동 소유가 됐다. 그 후 전두환의 언론통폐합 정책에

따라서 TBC가 KBS로 합병되자, 중앙일보가 삼성으로부터 독립해서 오늘에 이르고 있다.[63]

대체로 KBS, MBC, TBC는 박정희 정부에 옹호적이었으며, DBS와 CBS는 반정부적이었다.

1970년대는 전 세계적으로 미국 TV 드라마가 유행하던 시절이었다. 개도국 등 TV 프로그램 제작 비용을 많이 쓸 수 없는 나라에서는 미국 드라마를 수입해서 틀어 주는 게 훨씬 비용이 적게 들었다. 드라마의 흥미와 질적 수준에서도 자체 제작보다 비교가 되지 않았다. 한국도 안방에서 미국 TV 드라마인 <제5전선(Mission Impossible)>, <형사 콜롬보>, <두 얼굴의 사나이(헐크 원작)>, <초원의 집(Little House of Prarie)>, <전격 Z작전(원제 'Knight Rider')>, <소머스>, <보난자> 등이 황금 시간대에 인기리에 방영됐다. 지금은 '미드'라는 이름으로 불리며 볼거리의 다양성이란 측면에서 긍정적으로 취급되지만, 1970년대 미드는 한국에서 미군 방송 AFKN, 미국 시사잡지 <TIME>과 더불어 미국 문화와 가치관을 한국에 전파하는 '문화제국주의'의 핵심 무기였다.

(3) 언론 억압 과정

박정희 정부의 언론 억압은 집권 초에는 약한 편이었다가 1965년 한일 협정 반대와 월남전 파병 반대 시위가 번지면서 언론의 정책 반대 보도를 차단하기 위해 점점 더 강력해졌다.

1964년 7월에는 언론윤리위원회 법안이 국회를 통과했다. 이는 윤리위원회를 통해서 언론 윤리를 타율적으로 언론에 강제하는 법안이었다. 이에 신문편집인협회 등 언론단체들이 공동 투쟁위원회를 결성해서 언론윤리위원회법 폐기 투쟁에 나섰다. 투쟁 과정에서 1964년 8월에 한국기자협회가 출범했고, 9월 박정희와 언론단체 대표자 회담 이후 언론윤리위원회법은 폐기됐다.[64] 이를 '언론윤리위원회 파동'이라 부른다.

1967년, 사복경찰들이 아예 신문사 편집국과 방송사 보도국에 상주하는 사태가 벌어졌다. 이를 감지한 신민당은 IPI(International Press Institute: 국제언론인협회로서 전 세계 유수 언론사 발행인과 간부들이 회원이며, 언론자유를 수호하기 위한 언론계의 UN 같은 단체)에 이 사실을 알리고 한국의 처참한 언론탄압 상황에 도움을 줄 것을 호소했다. 그러나 신민당이 기관원들의 한국 언론사 상주 사실을 IPI에 하소연하자, 정부의 협박을 받은 한국 언론인들은 그런 사실이 없다고 IPI에 부인하기에 이르렀다. 정부의 언론 억압은 그런 상황에 이를 정도로 악화했다.[65)]

1969년 이후에는 반정부 보도와 논조를 펼치는 언론은 거의 찾아보기가 힘들어졌다. 정부의 언론통제가 완벽해지면서 언론은 저항을 시도조차 할 수 없는 상황에 접어든 것이다. 그런데 이 시기부터 신문사들은 경제적으로 호황을 이루기 시작했다. 정부가 침묵의 대가로 재정적 특혜를 언론사에 베풀기 시작했기 때문이다. 여기에는 인쇄기 도입 및 인쇄용지 수입 면세, 또는 차관 알선, 문화 직종이라면서 기자들의 월급에서 소득세 감면(지금은 사라짐) 등의 특혜가 있었다.

특히, 정부는 신문사에 잡지 발행을 다수 허가해주었다. 1968년에는 주간한국, 주간중앙, 선데이서울, 주간경향, 주간조선 등의 잡지가 발행됐으며, 이들 중 일부 주간지들은 선정적이고 성적인 기사와 화보가 주를 이뤘다. 이런 선정적 주간지는 당시 대한민국 청소년의 성교육을 자신들이 담당하고 있다고 큰소리를 칠 정도였다. 실제로 그때 실시된 한 조사에서 청소년 성 관련 정보원 1위는 주간지로 나타나기도 했다.[66)] 신문들이 발행한 주간잡지가 한국의 '옐로우 저널리즘(황색언론)' 시대를 연 것이다.[67)] 그 결과, 신문들은 양적으로 팽창했다. 1961년 우리나라 연간 신문 발행 부수는 총 97만 부였다가, 1967년에는 205만 부, 1969년에는 280만 부 등으로 수직 상승했다.

이승만 시대부터 경향, 동아, 서울, 조선, 한국, 그리고 박정희 시대에 중앙이 가세해서 6대 주요 전국지가 있었는데, 이중 박정희 시대에는 한국일보가 가장 규모가 큰 신문이었다. 한국일보는 1954년 장기영에 의해 설립됐다. 장기영은 후에 박정희 정부에서 부총리를 지냈으며, 대한체육회 부회장, IOC 위원, 국회의원 등을 역임한 정치계 거물이었다. 한국일보는 장기영의 권력을 배경으로 사세를 확장했다. 특히 장기영은 신문을 기업화한 선구자였다. 한국을 대표하는 영어신문 'Korea Times'를 창간했고, 아동을 대상으로 한 '소년한국일보'는 물론, 스포츠와 레저로 특화된 최초의 스포츠 신문인 '일간스포츠'를 창간했다. 이들은 모두 상업적으로 성공했다.[68)]

1990년대 노태우 정부 시절, 조중동의 사세가 더 커지고 한국일보가 점점 위축되자, 한국일보는 공격적인 마케팅 전략을 펼쳤다. 당시 전국지들이 서울에서 저녁에 지방판을 인쇄한 뒤 밤새 신문을 트럭으로 대전, 대구, 부산 등지로 우송해서 새벽에 지방 독자 가정에 배달하는 시스템을 운영했다. 당연히 지방에 배달된 전국지 아침 신문에는 야간 프로야구 경기 소식이 없었다. 전국지는 지방에서 맥을 못 췄고, 대신 부산일보, 대전일보 등 지방 신문이 각 지역에서 호황을 누렸다. 이때 한국일보는 지방에 인쇄공장을 세우고 서울에서 편집된 신문지면 인쇄판을 팩스로 지방 공장으로 보내서 서울과 지방 동시 인쇄를 시행했다. 지금은 모든 신문사가 지방의 인쇄시설과 계약을 맺고 서울과 지방 동시 인쇄를 하고 있다. 또한 한국일보는 1990년대에 들어와서 일제강점기에 실시됐다가 중단됐던 일본식 조석간제를 부활시켰다. 그러나 그런 노력에도 불구하고, 한국일보의 경영 적자는 줄어들지 않았고, 결국 한국일보는 2013년 사주 장재구(장기영의 아들)가 업무상 배임 혐의로 구속, 실형이 선고되면서, 2014년 동화 그룹에 매각됐다.[69)]

백과사전 전문 출판사인 한국 브리태니커 회사가 1976년에 발행한 '뿌리 깊은 나무'란 잡지가 있었다. 당시에는 파격적이었던 순 한글 가로쓰기 판이었고, 고급 월간 교양지를 표방했다. 한때 구독률 1위를 차지할 정도로 인기가 높았으며, 자매 여성잡지로 '샘이 깊은 물'을 발행할 정도로 성장했으나, 1980년 전두환의 신군부에 의해 폐간됐다.

(4) 언론자유 투쟁

한국 언론인들은 박정희 정부의 언론탄압에 속수무책으로 침묵하고 있지 않았다. 시사 종합잡지 '사상계(思想界, 학술과 사상 활동의 세계라는 뜻)'가 1953년 장준하에 의해 창간됐다. 장준하는 일제강점기에 독립군에 가담했으며 해방 후 재야에서 반정부 투쟁에 헌신했다. 장준하는 1975년 8월 등산에 나섰다가 의문의 실족사를 당했다. 2012년 8월, 장준하 유족이 묘지를 이장하다가 장준하 유골에서 두개골 함몰 흔적을 발견했다. 이를 두고, 둔기로 얻어맞았다는 설과, 추락하는 과정에서 바위에 부딪혔다는 설 등이 분분했으나, 끝내 사망 원인을 확정하지는 못했다.[70)]

[그림9-6] 장준하
(wikipedia, 무료 이미지).

[그림9-7] 2002년 촬영된 시인 김지하
(LTI Korea 촬영, wikipedia, 무료 이미지).

사상계는 1950년대와 1960년대 대표적인 반정부 지식인들의 주장을 담았다. 사상계는 1970년 시인 김지하의 <오적(五賊)>을 게재했다가 통권 205호를 끝으로 폐간당했다. <오적>은 판소리 형식의 시로 을사오적을 빗대어 박정희 정부의 재벌, 국회의원, 고급공무원, 장성, 장차관을 오적으로 비판하는 내용이었다. 다음은 <오적>의 일부분이다.

> "또 한 놈 나온다. / 국회의원 나온다. / 곱사같이 굽은 허리, 조조같이 가는 실눈, / 가래 끓는 목소리로 웅숭거리며 나온다 / 털투성이 몽둥이에 혁명 공약 휘휘 감고 혁명 공약 모자 쓰고 혁명 공약 배지 차고"[71)]

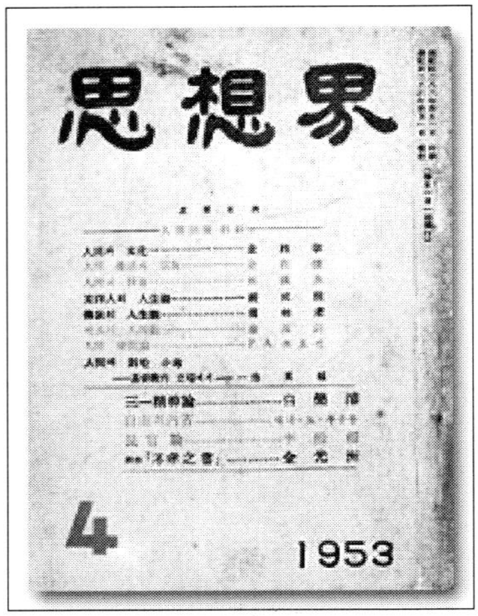

[그림9-8] 1953년에 출간된 사상계 창간호(wikimedia,무료 이미지).

사상계 단골 필자 중에는 함석헌도 있었다. 함석헌은 기독교계 재야인사로서 독립운동과 반독재민주화운동에 참여했으며 지식인들의 존경을 받았다.

[그림9-9] 서대에서 독서하는 함석헌(http://ssialsori.net/ 촬영, 위키백과, 함석헌 기념 사업회 제공).

1970년대는 경범죄 처벌법이 발효되어 미풍양속을 해치고 혐오감을 조성하는 행위로 여성의 미니스커트와 남성의 장발이 경찰에 의해 길거리에서 단속됐다. 연예인도 장발로 TV에 출연할 수 없었다. 이는 국가권력을 과도하게 문화 영역에까지 남용한 사례였다.72) 영화 <바보들의 행진> 삽입곡이었던 송창식의 <왜 불러>는 장발 대학생이 경찰에 쫓기는 장면을 풍자하기 위해 사용된 배경음악이었다.

[그림9-10] 70년대 장발 단속하는 모습(한국일보 자료 사진).

〈왜 불러〉

왜 불러 왜 불러 돌아서서 가는 사람은
왜 불러 왜 불러 토라질 땐 무정하더니 왜
자꾸자꾸 불러 설레게 해
아니 안되지 들어서는 안되지
아니 안되지 돌아보면 안되지
그냥 한번 불러보는 그 목소리에
다시 또 속아선 안되지

안 들려 안 들려 마음 없이 부르는 소리는
안 들려 안 들려 아무리 소리쳐 불러도 아
이제 다시는 나를 부르지도 마
가던 발걸음 멈춰선 안되지
애절하게 부르는 소리에
자꾸만 약해지는 나의 마음을

이대로 돌이켜선 안되지

왜 불러 왜 불러 돌아서서 가는 사람은
왜 불러 왜 불러 토라질 땐 무정하더니 왜
이제 다시는 나를 부르지도 마

1971년 4월, 정부의 비민주적 행위에 일체 침묵하고 있던 언론을 비판하기 위해서 서울 대생들이 동아일보 사옥 앞에 모여 '언론'이라는 명찰을 가슴에 단 인형을 불사르는 퍼포먼스를 벌였다. 일종의 언론 화형식이었다. 대학생들이 발표한 성명서에는 "우리는 일말의 양심이 (남아) 있는 기자들에게 호소한다. 언론의 독립성을 쟁취하기 위한 전쟁을 선포하라. 우리는 국가의 반역자인 언론이란 꼭두각시를 화형에 처한다"는 요지의 내용이 들어 있었다.73) 동아일보 기자들은 불타는 인형을 참담하게 바라보고 있었다. 이에 자극받은 동아일보 기자들은 '언론자유선언문(1차 언론자유 수호 운동)'을 발표했다. 여기에는 ①기자의 양심을 회복한다, ②사복경찰의 편집국 출입을 거부한다는 내용이 들어 있었다. 이들 움직임은 다른 언론사 기자들로 확산했고, 여기에 동조한 다수의 기자가 체포됐다. 그 후 기자들은 언론에 남아서 권력에 복종하든지 언론을 떠나서 대정부 투쟁에 나서든지 택일해야 하는 상황에 부닥쳤다. 1973년 8월에 김대중 납치사건이 일어나고, 10월에 유신 선포 1주년을 맞아 전국 대학가에 데모가 확산하자, 경향, 동아, 조선, 중앙, 한국 등 언론사에 남아 있던 일부 기자들이 '자유언론실천선언(2차 언론자유 수호 운동)'을 다시 발표하는 등 언론자유 운동이 이어졌다.74)

東亞日報 記者일동 自由言論실천 宣言
本報發行지연 放送報道못해 謝過드립니다
24日字新聞 오늘配達합니다
院外改憲활동
1日부터 5百萬섬收買
유우엔서 韓國문제 원만한 妥結어려워

[그림9-11] 동아일보 기자들의 자유언론실천선언을 발표한 사실을 보도한 동아일보 1974년 10월 24일 자 지면.

박정희 정부가 1972년 10월 계엄령, 국회해산, 정치활동 금지, 유신헌법 개정,

유신공화국 출범 등으로 이어지는 10월 유신을 단행했다. 박정희 정부는 긴급조치 1호부터 9호까지를 발표하고 유신헌법에 대한 비방은 물론 토론 자체를 금지했다. 따라서 언론은 유신헌법에 대해서 한 줄도 보도할 수 없는 상황이 됐다. 1974년 말, 한국, 동아, 조선일보 기자들은 철야 데모에 들어갔으며, 특히 동아일보는 대부분 기자가 제작을 거부하는 등 강력한 반정부 투쟁에 돌입했다(3차 언론자유 수호 운동).[75]

1974년 12월, 동아일보에 접수됐던 광고 예약 건수가 하나둘 광고주들로부터 취소되기 시작했다. 광고주들이 동아일보에 광고를 싣지 말라는 당국의 압력을 받았다. 여기서 압력의 주체는 중앙정보부였다. 광고 신청이 모두 사라진 동아일보는 할 수 없이 텅 빈 광고 지면에 자사 광고를 억지로 채워 넣을 수밖에 없었다.

[그림9–12] 동아일보 하단의 백지광고(한국프레스센터, 『한국100년 신문100년』, 204쪽).

이 소식을 들은 시민들이 동아일보 광고국으로 가서 돈을 내고 광고 지면을 개인적으로 사서 "동아일보여 힘내라" 등의 응원 구호를 게재했다. 동아일보가 광고 탄압을 당한 이 사건을 '동아 광고 사태'라 하며, 이때 몰려든 익명의 시민들이 후원한 광고는 '동아 격려 광고'라 불린다. 격려 광고는 1975년 1월에도 지속됐다. 한 연구에 따르면, 이 기간 동아일보 격려 광고는 2943건이었으며, 이는 국민의 민주화 열망을 반영하는 것이라고 분석했다.[76] 최초의 익명 격려 광고 게재자가 김대중 전 대통령이었다는 사실이 나중에 밝혀지기도 했다.[77]

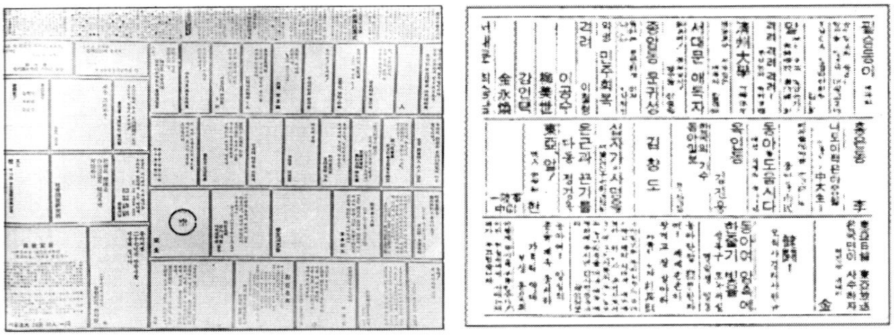

[그림9-13] 1974년 동아일보에 답지한 격려광고들. 한 명의 독지가가 한 칸의 광고 지면을 광고비를 내고 구입해서 동아일보를 격려하는 말을 게재하는 형식으로 진행됐다(한국프레스센터, 『한국100년 신문100년』, 204쪽).

당시 동아일보는 구독료 30%, 광고 수익 70%로 운영됐으며, 광고 철회는 70% 광고 수입원이 사라진 것이었다. 광고 없이 5개월을 버티던 동아일보 사주는 1975년 3월 경영난을 버티지 못하고 정부 압력에 굴복해서 반정부 시위 중단을 거부한 기자 163명을 해고했다. 조선일보 기자 다수도 자극받아 언론자유 운동에 동참했으며, 이들 중 33명도 조선일보로부터 강제로 해고당했다. 동아 조선 해직자 중 17명이 구속됐고, 80여 명이 수사기관에 연행돼 조사받았다. 이들은 각각 '동아언론자유투쟁위원회(동아투위)', '조선언론자유투쟁위원회(조선투위)'를 구성하고 언론자유 투쟁을 계속했다. 1984년 이들은 전두환 정부 시절에 '민주언론운동협의회(민언협, 지금은 '민주언론시민연합', 민언련이라 함)'을 조직하고 잡지 '말'을 발간했다. 민언협은 '한겨레'의 모태가 됐으며, 김대중, 노무현 정부 시절에 동아투위, 조선투위 해직 기자 일부는 국회의원이나 정부 관리가 됐다.[78]

[그림9-14] 민주언론운동 협의회 창립대회 기념촬영(1986년 9월 6일 '말'지 특집호)

주석

1) 한국민족문화대백과사전, "민주당", 2019. 12. 21., http://bitly.kr/KYwRim8
2) 송의달, "5.16으로 문 연 박정희 18년...가장 위대한 '전진의 시대'였다", 『조선일보』, 2022. 5. 22.
3) 남시욱, 『한국 보수세력 연구』, 청미디어, 2020-a, 411-412쪽.
4) 한국민족문화대백과사전, "5.16", 2019. 12. 21., http://bitly.kr/zDKJjyux
5) 국가기록원, "대일청구권자금", 2019. 12. 21., http://bitly.kr/OVNTaO1
6) 고재학, "한국 사회 장악한 586세대의 몰염치", 『한국일보』, 2019. 6. 17.
7) 네이버 포스트, "X세대, 밀레니얼 세대, Z세대까지 세대별 특징을 알아보자", 2018. 6. 14., http://bitly.kr/0EujDf1
8) 한국민족문화대백과사전, "베트남 전쟁 파병", 2019. 12. 21., http://bitly.kr/iOba8xO
9) 대한민국월남전참전자회, "한국군 관련 통계", 2019. 12. 21., http://bitly.kr/8FibYhw
10) 허문명, "청와대 기습한 김신조, '박정희 목 따러 왔수다'", 『동아일보』, 2013. 5. 3.
11) 류정, "대법원, 이승복의 '공산당이 싫어요'는 진실", 『조선일보』, 2009. 2. 12.
12) 한국민족문화대백과사전, "인민혁명당사건", 2019. 12. 22., http://bitly.kr/NnlyZiq
13) 최상원, "고 윤이상 선생, 통영 바닷가에 안장", 『한겨레』, 2018. 3. 29.
14) 이용수, "평화통일에 애쓴 윤이상?", 『조선일보』, 2018. 4. 25.
15) 강동수, "60년 만에 돌아오는 윤이상, 이젠 '상처받은 용' 껴안을 때", 『시빅뉴스』, 2018. 2. 20.
16) 한국민족문화대백과사전, "전국민주청년학생총연맹사건", 2019. 12. 22., http://bitly.kr/67Gpe8l
17) 손상진, "[그때의 사회면] 초창기 고속버스", 『서울신문』, 2019. 6. 2.
18) 국가기록원, "버스안내양", 2019. 12. 21., http://bitly.kr/jbyHfK5
19) 박병기, "'시내버스 편안하게 이용하세요' 옥천군 승차 도우미 배치", 『연합뉴스』, 2018. 3. 9.
20) 유석재, "녹색혁명...수천년 굶주림에서 벗어나다", 『조선일보』, 2008. 7. 22.
21) 한국민족문화대백과사전, "혼분식장려운동", 2019. 12. 21., http://bitly.kr/e0au6LPj
22) Ibid., "가족계획", http://bitly.kr/J8bX4f9
23) 김태완, "산림녹화의 기적", 『월간조선』, 2011. 1.
24) 김기철, "산림 녹화 시작한 일제, 중일전쟁 뒤 마구잡이 벌목", 『조선일보』, 2022. 10. 27.
25) 김기훈, "K방역, 박정희 김대중 박근혜 대통령 없으면 무너졌다", 『조선일보』, 2022. 1. 13.
26) 한국민족문화대백과사전, "칠사남북공동성명", 2019. 12. 21., http://bitly.kr/TgTECJf
27) 김진호, "여기는 평양, 비가 내린다", 『경향신문』, 2005. 6. 30.
28) Don Oberdorfer & Robert Carlin, *The Two Koreas*, 이종길/양은미 역, 『두 개의 한국』, 길산, 2014, 60-62쪽.
29) *Ibid.*, 87쪽.
30) 두산백과, "유신헌법", 2019. 12. 21., http://bitly.kr/WlGVLTO
31) 정반석, "긴급조치 위반 김부겸 41년만에 무죄", 『한국일보』, 2018. 8. 24.
32) 윤성환, "박정희가 말한 유신의 이유, 믿을 수 있을까", 『오마이뉴스』, 2017. 12. 10.
33) Michael Breen, *The New Koreans*, 장영재 역, 『한국, 한국인』, 실레북스, 2018, 346-347쪽.
34) Oberdorfer, et al., *op. cit.*, 113쪽.
35) *Ibid.*, 126쪽.
36) 한국민족문화대백과사전, "김대중납치사건", 2019. 12. 21., http://bitly.kr/CAwUQnH
37) 김의겸, "미국의 청와대 도청을 아시나요", 『한겨레』, 2013. 7. 2.
38) Oberdorfer, et al., *op. cit.*, 174-178쪽.

39) 손효주, "39년 전 박정희-카터 주한미군 철수 설전…미 외교기밀문서 공개", 『동아일보』, 2018. 11. 26.
40) 한국민족문화대백과사전, "와이에이치무역여공사건", 2019. 12. 21., http://bitly.kr/O6pec5a
41) 백철, "최순영 전 의원이 말하는 김영삼과 YH무역 사건", 『경향신문』, 2015. 11. 22.
42) 권태호, "의원직 제명 사태 부른 YS의 뉴욕타임스 격정 인터뷰", 『한겨레』, 2015. 11. 23.
43) 한국민족문화대백과사전, "부마민주항쟁", 2019. 12. 21., http://bitly.kr/54w3DbG
44) 조갑제, 『한국을 뒤흔든 11일간: 부마사태에서 10.26까지』, 조갑제닷컴, 2019.
45) 정덕상, "궁정동 그때 그여인 심수봉 씨 회견", 『한국일보』, 1994. 12. 30.
46) 정태철, "지금은 말할 수 있다…내가 겪은 1212사태", 『시빅뉴스』, 2016. 12. 11.
47) 양동훈, 『군부와 민주화 정치』, 한국학술정보(주), 2012.
48) 다나카 메이, 윤학준 역, 『한국정치를 투시한다』, 길안사, 1995, 8-34쪽을 폭넓게 인용했음.
49) *Ibid.*, 73-74쪽.
50) *Ibid.*, 28쪽.
51) 남시욱, *op. cit.*, 495쪽.
52) 좌승희, "박정희 산업혁명, 세계 최고의 동반성장: 경험과 교훈", 『경제논집』, 55권 1호, 2016, 109-145쪽.
53) Oberdorfer, et al., *op. cit.*, 73쪽.
54) *Ibid.*, 75쪽.
55) *Ibid.*, 77쪽.
56) Tae Chul Jung, "The Media, Social Conflict and Change in South Korea: A Critical Analysis", Unpublished doctoral dissertation, University of Missouri, Columbia, MO., 1989, pp. 86-88.
57) Mort Rosenblum, "Reporting From the Third World", *Crisis in International News: Politics and Prospects*, J. Richstad, et al.(eds.), New York: Columbia University Press, 1981, p. 234.
58) Oxford Research Encyclopedias, "Developmental Journalism", 2019. 12. 21., http://bitly.kr/DPxgEhQ
59) 김영호, 『한국언론의 사회사(상)』, 지식산업사, 2004, 325-346쪽.
60) Kho Suet Nie, et al., "Mediatization: A Grand Concept of Contemporary Approach?", *Procidia-Social and Behavior Science*, Vol. 155, 2014, pp. 362-367.
61) 김민남 외, 『새로 쓰는 한국언론사』, 아침, 1993, 456-482쪽. 이를 참고해서 박정희 시대 방송 역사를 서술했다.
62) 한국문화민족대백과사전, "경향신문", 2019. 12. 21., http://bitly.kr/4knD9Pd
63) 기업사전, "중앙그룹", 2019. 12. 21., http://bitly.kr/pbAY6PW
64) 남시욱, *op. cit.*, 462-463쪽.
65) 한국기자협회보, "협회보로 본 이 주일의 소사", 2000. 11. 19., http://bitly.kr/UBKtuUA
66) 1970년대 후반 당시 대학원생이었던 저자는 주간잡지의 선정성 문제를 토론하는 세미나에 참석했다. 이 자리에서 발표 학자가 주간잡지의 선정성을 공격하자, 패널로 참석 중이던 한 주간잡지 편집 책임자가 자기들 주간잡지가 대한민국 청소년의 성교육을 책임지고 있다고 반박하는 것을 직접 목격했다.
67) 강헌, 『강헌의 한국대중문화사, 2』, 이봄, 2016.
68) 김영호, *op. cit.*, 373-391쪽.
69) 이창환, "동화그룹, 한국일보 인수 완료", 『아시아 경제』, 2015. 1. 9.
70) 전현진, "85건의 의문사 가운데 속 시원히 밝혀진 건 단 한 건도 없다", 『경향신문』, 2019. 11. 2.
71) 네이버 블로그, 2019. 12. 22., http://bitly.kr/rQeEASF
72) 국가기록원, "미니스커트와 장발", 2019. 12. 22., http://bitly.kr/oP79mFF
73) 이찬우, "언론화형식", 『슬로우뉴스』, 2016. 3. 26.
74) 김영호, *op. cit.*, 595-621쪽.

75) *Ibid.*
76) 김동원, "자료–동아일보 백지광고사태와 지지격려광고", 『미디어오늘』, 1996. 1. 24.
77) 안창현, "동아일보 광고 사태 때 첫 격려광고 낸 이는 DJ", 『한겨레』, 2006. 3. 15.
78) 김민남 외, *op. cit.*, 361–368쪽.

Chapter 10 전두환 정부의 국가 주도 지배 구조와 미디어

1. 전두환 정부의 사회갈등과 사회변화

(1) 12.12사태

박정희는 군사 쿠데타로 정권을 잡아서인지 쿠데타에 대비하기 위한 친위부대와 친위 세력을 군대 내에서 별도로 육성하고 후원했다. 친위부대로는 경호실, 수도경비사령부(수경사, 현재의 수도방위사령부, 혹은 수방사), 보안사(보안사령부, 현재는 기무사), 특전사령부(공수부대) 등이 있었으며, 이들 부대는 대통령의 친위부대(충정부대, 忠正部隊라고도 불림)로서 다른 군부대보다 복장, 음식 등 다방면으로 특별대우를 받았다. 이들 부대 간부 중 핵심은 '하나회'라는 군대 내 사조직(私組織) 출신들로 충원됐다. 하나회 소속 장교들은 박정희의 특별한 애정과 대우를 받았다. 전두환, 노태우는 하나회 회원으로 대통령 경호실, 수경사, 특전사 등 대통령 친위부대에서 주로 근무했다.[1)]

1946년 5월, 장교 양성을 위한 조선경비사관학교가 미군정청에 의해 창설됐는데, 1948년 정부 수립과 동시에 육군사관학교로 개명했다. 육사는 건군 초기 초급 장교가 부족해서 1기부터 7기까지는 45일에서 6개월 정도 속성 훈련 후 소위로 임관시켰으며, 정부 수립 후 입학생인 8기부터 10기까지는 체계적인 훈련을 시행했으나, 교육 기간은 1년을 넘지 못했다. 한국전쟁 중이던 1951년 입학생, 즉 11기부터는 4년제가 됐기 때문에, 육사 11기는 육사 정규 1기라는 자부심이 강했다. 11기생 중 전두환(후에 11, 12대 대통령), 노태우(후에 13대 대통령),

정호용(육군참모총장, 국방부 장관 역임, 광주민주화운동 당시 진압부대 책임자), 김복동(육사교장, 국회의원 역임. 여동생이 노태우의 부인) 등이 비밀리에 모임을 결성하고 육사 후배 기수별로 3~4명씩 정예 회원을 선발해서 조직을 키웠다. 조직 이름은 초기 5성회, 7성회 등이었다가 나중에 하나회로 정했다.[2)]

1979년 10.26 사태로 박정희가 시해되고 수도권에 계엄령이 선포되면서, 정승화 육군참모총장이 계엄사령관에 임명되고, 최규하 국무총리가 그해 12월 6일 유신헌법에 따라서 통일주체국민회의의 간접선거로 10대 대통령에 당선돼 취임했다. 그리고 박정희 시해범 전 중앙정보부장 김재규가 재판받고 있었다. 그런데 사회에서는 김영삼, 김대중, 김종필 등 소위 3김의 이름이 언론에 수시로 등장했고, 개헌을 통해서 유신헌법과 군부 독재를 없애고 민주 국가를 건설해야 한다는 여론이 지배적이었다. 특히, 독재자를 제거한 민주투사로 김재규를 추앙하는 분위기가 사회에서 감지되고 있었다. 박 대통령 시해 직후 국무총리로서 대통령 권한대행이었다가 12월 6일 대통령으로 선출된 최규하 대통령은 이른 시일 안에 유신헌법을 민주적 새 헌법으로 개정하겠다는 시국 담화를 발표했다.[3)]

[그림10-1] 오른쪽이 최규하 대통령이다 (민주화운동기념사업회 촬영, wikimedia, 무료 이미지).

이때, 보안사령관 전두환 소장(계엄 시절이므로 보안사령관이 김재규의 대통령 시해 사건 수사 책임자를 겸하고 있었음) 중심의 하나회는 박정희 추종 세력으로서 18년간 군부가 장악했던 국가권력을 민주화 물결에 따라서 민간인에게 이양할 수 없다고 생각하고 있었다. 이들은 육사 5기 출신 계엄사령관 정승화 대장이 김재규와 대통령 시해를 공모한 혐의가 있다는 이유로 정승화를 보안사 합동수사본부로 연행한다는 명분을 내세워 쿠데타를 일으켰다. 이게 바로 12.12사태였다.[4)]

전두환 일당은 하나회 소속 회원들의 예하 부대를 동원해서 정승화 계엄사령관을 체포했고, 특전사령부 여단장들인 하나회

최세창 준장, 박희도 준장, 장기오 준장 등이 육군본부를 기관총으로 난사하면서 진입해서 무력으로 장악했다. 이들은 자신들의 상관이면서 12.12 군사 쿠데타에 반대한 육사 9기 출신 특전사령관 정병주 중장을 체포했다. 같은 시각 수경사 예하 단장들이었던 하나회 육사 16기 장세동 대령, 육사 17기 김진영 대령은 자신들의 상관인 비육사 출신 수도경비사령관 장태완 중장을 체포했다. 장태완은 12.12 쿠데타를 뒤늦게 알고 예하 수경사 병력을 동원해서 하나회 세력을 소탕하려 했으나 뜻을 이루지 못하고 부하들 하극상에 당했다. 전방 9사단장이었던 하나회 육사 11기 노태우 소장은 전방 경계 의무를 무시하고 탱크 여단을 서울로 이동시켜 하나회 쿠데타 세력의 화력을 보강했다. 이로써 전두환의 하나회는 육군의 주요 부대를 장악했으며, 최규하 대통령으로부터 정승화 연행 재가(裁可)를 사후에 강제로 받아냄으로써 쿠데타를 합법화하는 데 성공했다. 하나회는 아니었지만, 수도군단장 차규헌 중장, 황영시 1군단장 등 군 원로급 인사들이 하나회의 쿠데타를 지지했기 때문에, 전군은 군사적 충돌이 없었다. 특히 보안사가 통신을 감청했기 때문에, 쿠데타 주도 세력은 전국 군부대 동태를 완벽하게 파악할 수 있었고 쿠데타가 성공할 수 있도록 효과적으로 대처했다.5)

[그림10-2] 재판을 받고 있는 정승화 당시 육군참모총장 (민주화운동기념사업회 촬영, wikimedia, 무료 이미지).

언론은 하나회 세력을 박정희 군부와 대비해서 '신군부'라 칭했으며, 전두환, 노태우 정부를 지나면서 신군부는 장관, 국회의원, 정부 산하 기관장 등의 부귀영화를 누렸다. 반면에, 12.12에 반대한 정승화, 장태완은 이등병으로 강등되어 불명예 제대했다가 나중에 복권됐고, 정병주는 자살로 추정되는 시체로 야산에서 발견됐다. 물론, 전두환, 노태우는 반란 등의 혐의로 김영삼 대통령 시절에 사형과 무기징역을 선고받았다가 사면됐다.6)

12.12사태를 통해서 신군부는 군과 중앙정보부를 장악했으며, 최규하 대통령

은 실권 없는 꼭두각시 신세가 됐다. 전두환은 중앙정보부장이 됐다가 그다음 해 5.18 광주민주화운동이 진압되자, 최규하 대통령을 하야시키고 1980년 8월 유신 헌법에 따라서 통일주체국민회의의 간접선거로 11대 대통령에 당선됐다. 그 후 1981년 2월에 다시 헌법을 개정하고 간선제에 따른 7년 단임의 12대 대통령에 당선됐다. 박정희의 유신공화국(제4공화국)에 이은 제5공화국의 시작이었다. 1979년 12월 12일 시작된 쿠데타는 1980년 8월 그가 11대 대통령이 되면서 8개월 만에 정권 장악이 공식적으로 완성됐다. 그래서 12.12사태는 세상에서 가장 긴 시간이 걸려서 성공한 쿠데타로 불린다.7)

(2) 광주민주화운동

그러나 1979년 12.12사태로 이미 군대를 장악하고 대통령을 무력화한 전두환의 신군부 존재를 12월 12일 이후에도 일반인들은 크게 인식하지 못했다. 강력한 언론 보도 통제 때문이었다. 계엄사령부와 행정부는 여전히 최규하 대통령의 통제하에 있다고 국민은 믿었고, 3김은 자주 만나 활발하게 민주화를 논의했으며, 특히 3김은 새 헌법을 만들고 이에 따라서 당당하게 대통령 직선 경쟁을 하자고 합의했다. 1968년 봄, 공산 치하였던 체코에서 자유화 운동이 일어났던 것을 '프라하의 봄'이라 부르는 것에 비유해서, 언론들은 1980년 초의 국내 민주화 움직임을 '서울의 봄'이라고 했다.8) 그러나 신군부가 실세고 최규하 대통령이 신군부에 조종당하고 있다는 사실을 언론과 일반인들이 서서히 알아채기 시작

[그림10-3] 1980년의 3김은 민주화의 희망을 논의했다(위키백과, 무료 이미지).

했다. 노골적으로 보도하지는 못했지만, 언론들은 겉으로는 민주화가 진행되는 듯하면서도 속으로는 신군부가 실권을 장악한 상황을 '안개 정국'이라 불렀다.[9)]

드디어 1980년 3월 개학부터 5월 사이에 대학생들은 정부에게 민주화의 일정을 공개하고 신군부는 물러나라며 전국적 데모를 벌였다. 이 데모의 주도자는 심재철 전 자유한국당 국회의원인 당시 서울대 총학생회장과 유시민 전 노무현재단 이사장인 당시 서울대 총학생회대의원회 의장이었다.[10)] 민주화 이행을 요구하는 학생 데모가 4월과 5월에도 그칠 줄 모르자, 신군부는 최규하 대통령을 앞세워 서울 일원만 시행되던 계엄령을 5월 17일 전국으로 확대했고, 대학 휴교령, 일부 대학에 군대 진주, 정치 집회 금지, 언론 검열 등을 실시했으며, 5월 18일에는 김대중, 김종필, 이후락 등 정치인 26명을 부정 축재 및 학생 선동 혐의로 체포하고 김영삼을 가택 연금시켰다. 이때부터 김대중의 정치적 고향인 광주가 심상치 않게 동요하기 시작했다.

광주지역 대학생들과 시민들은 5월 16일부터 대규모 시국 집회를 갖기 시작했다. 17일 비상계엄이 전국으로 확대되고, 공수부대 군인들이 전남대학교에 진주하면서 학생 출입을 막자, 전남대생들이 교문 앞에서 돌을 던지며 항의했고, 이에 공수부대원들이 곤봉으로 학생들을 구타하는 사태가 발생했다. 이날 학생들이 다수 다치거나 심지어 죽었다는 소문이 광주 일원에 퍼지면서 격분한 광주 시민들은 18일부터 광주 도심 금남로를 중심으로 수만 명이 참가한 대규모 시위를 벌여 곳곳에서 공수부대와 충돌했다. 공수부대의 진압도 잔인해지고, 시민들의 항거도 거세졌다. 시민들이 곤봉에 맞아 피를 흘렸다. 20일에는 시민들에 의해 광주문화방송, 노동청, 세무서 등이 불에 탔고, 시내버스를 바리케이드처럼 앞세운 시민 데모대와 공수부대가 정면으로 충돌하면서 계엄군이 발포, 일부 시민이 사망했다. 21일에는 시민들이 일부 예비군 무기고를 습격해서 총으로 무장하면서, 시민군과 계엄군의 시가전이 벌어졌다. 21일 밤, 시민군은 전남도청을 점령하고 계엄군과 대치했다. 27일 새벽 공수부대가 도청에 진입, 시민 결사대를 다수 사살하고 도청을 탈환했다.[11)] 하늘의 헬리콥터에서 무차별 사격을 가했다는 설도 있었으며,[12)] 전투기가 출동하려 했다는 증언도 있었으나,[13)] 사실 여부는 여전히 논란 중이다. 김영삼 정부 시대인 1995년 검찰과 국방부 발표에 의하면, 확인된 사망자는 군인 23명, 경찰 4명, 민간인 166명이며, 부상자는 852명이었다. 피해자 숫자는 향후 정부의 조사 결과마다 약간의 차이가 있다.[14] 이게 '5.18민주화운동'의 전모다.

5월 18일부터 27일까지 광주는 완전히 고립된 채 외지인 출입이 불가능했다. 영화 <택시운전사>에 광주 고립 상황이 잘 묘사되어 있다. 전국적으로는 광주에 대한 유언비어가 확산했다. "광주에 민중봉기가 일어나 시가지가 불타고 있으며 동학혁명처럼 전주를 지나 대전, 수원, 서울로 올라와 번질 것"이라거나, "경상도 군인들만 뽑아서 술을 먹이고 시민들에게 발포하라고 명령했다"거나, "공수부대가 임산부를 칼로 찔러 살해했다"는 등의 자극적인 소문들이 전국에 입에서 입으로 퍼져나갔다. 나중에 이들이 사실로 드러난 것은 거의 없었다.[15] 전두환 정부는 정권의 부담이 됐던 5.18 민주화 운동을 무마하고 영호남 화합 분위기 조성을 위해, 대구와 광주 간 고속도로를 1984년에 완공하고, 이를 '88고속도로'라 명명했다. 당시 정권은 이를 영호남 화합의 상징이라고 선전했다. 2015년, 이는 '광주대구고속도로'로 개칭됐으며, 달구벌(대구 옛 지명)과 빛고을(광주 옛 지명)의 첫 자를 따서 '달빛고속도로'란 별칭으로 불리기도 한다.[16]

박정희 시대부터 심해지기 시작한 동서 지역감정, 혹은 경상도 전라도 지역감정은 박정희 정권 말기의 부마사태와 전두환 신군부 시절의 광주민주화운동을 거치면서 한국 정치의 고질이 됐다. 다나카 메이 교수는 민주화 이후에도 변하지 않고 있는 한국의 지역감정을 "구조적 외통수", "막다른 골목"이라고 불렀다.[17]

전두환 정부가 지나고 1988년 노태우 정부 때, 여소야대 국회에서 5.18 광주사태로 통칭하던 것을 '광주민주화운동'으로 정식 규정하고, 1988년 11월 5.18 광주 국회 청문회를 개최해서 발포 책임자가 누구인지를 조사했으나 실패했다. 1993년 이후 김영삼 정부의 '역사바로세우기'가 시작되면서 전두환, 노태우를 구속, 재판에 넘겼다. 1997년 4월 재판부는 12.12는 군사 반란이며, 5.18은 내란 및 내란 목적의 살인 행위로 규정했다. 전두환에게는 내란의 수괴(首魁), 부정축재 등의 혐의로 1심(고등법원) 사형, 2심(대법원) 무기징역이 선고됐고, 추징금 2205억 원이 부과됐으며, 노태우에게는 1심 무기징역, 2심 징역 15년에 추징금 2628억 원이 선고됐다. 이들은 김대중 대통령이 당선된 직후이며 김영삼 대통령 임기 말기인 1997년 12월 22일 국민화합 차원에서 특별사면으로 석방됐다. 노태우는 2021년 10월 사망했으며, 사망 전 추징금 2628억 원을 모두 완납했다. 반면에, 전두환은 가진 돈이 없다면서 부정 축재 추징금 대부분을 내지 않은 상태에서 2021년 11월 사망했다.[18] 검찰의 추징은 전두환 사후에도 계속돼서 2022년 10월 뒤늦게 발견된 전두환 재산 20여억 원을 추가 환수 조치했으며, 아직도 전두환 측 미수금은 900여억 원에 달한다.[19]

[그림10-4] 5.18광주민주화운동 기록관 사진 (Mar del Este 촬영, wikimedia, 무료 이미지).

[그림10-5] 2008년 5월 18일 촬영된 광주 망월동 묘지. 이곳에는 광주민주화운동 희생자들이 묻혀 있다 (Rhythm 촬영, wikipedia, 무료 이미지).

(3) 독재 정부의 연장과 유화정책

광주민주화운동을 진압한 전두환 신군부는 1980년 5월 31일 국가보위비상대책위원회(국보위)를 설치하고 위원장에 전두환을 임명했다. 국보위는 박정희의 '국가재건최고회의'의 판박이였으며, 국회와 행정부의 기능을 동시에 수행했다. 7월에는 이미 체포 구금 중이었던 김대중을 내란음모죄로 사형을 선고했으며(전두환은 1982년 김대중을 형집행정지 처분을 내려 미국으로 망명시켰음), 8월 13일 김영삼은 강제로 정계 은퇴를 선언하게 했고, 8월 16일 최규하 대통령을 사임시켰다.

[그림10-6] 1983년 3월 한미 합동 군사 훈련에 참가한 군인들을 격려하는 전두환 전 대통령(wikipedia, 무료 이미지).

영국 기자 마이클 브린의 저서에 따르면, 전두환 정부 한 고위인사는 전두환 대통령이 막 취임했을 무렵 미국 레이건 정부가 전두환 측에 김대중 구명과 7년 단임 실천을 약속해주면 미국은 전 대통령 미국 방문과 정상회담을 추진해주겠다는 제의가 있었다고 증언했다. 실제로 당시 상황은 그렇게 진행됐다. 미국이 전두환 미국 방문을 받아준 사실은 나중에 한국 국민 사이에 반미 감정이 고조된 원인 중 하나가 됐다.[20)]

그 후 전두환은 이미 앞에서 설명된 것처럼 8월 27일 유신헌법에 따라서 간선제로 11대 대통령에 당선됐다. 전두환은 그 뒤 10월 27일에 새로운 5공화국 헌법을 공포했고, 민주정의당(민정당, 民正黨)을 창당했으며, 1981년 3월 3일 5공화국 헌법에 따른 간선제로 12대 대통령으로 당선, 임기 7년의 12대 대통령 직무를 시작했다.[21)]

12.12와 5.18 등 무리한 과정을 거치면서 정권을 탈취한 전두환 정부는 국민 선심을 사기 위한 정책을 펼쳤다. 1980년, 신군부는 구군부 정치인인 김종필, 이후락 등을 부정부패 정치인으로 체포했고, 사회악 일소란 명분으로 깡패, 조직폭력배를 잡아 삼청교육대라는 법적 근거가 없는 시설을 만들어 중노동과 군사훈련을 받게 했다. 총 6만여 명의 불량배들이 체포됐으며(이중 ⅓은 길거리 싸움 등의 억지 이유로 끌려왔다), 이 중 3만여 명이 삼청교육대에서 인권을 유린당했다. 1988년 노태우 정부는 삼청교육대 훈련 중 현장 사망자 52명, 후유증 사망자 397명이 각각 발생했다고 발표했다.[22)] 전두환 정부는 사회의 위화감을 없앤다며 중고등학생의 개인과외 교습을 전면 금지했다. 이 제도는 고액 과외를 금지한 것으로서 전두환 정부 정책 중 국민의 지지를 받은 드문 제도 중 하나였다.[23)]

전두환 정부는 6.25 이후 시행됐던 밤 12시 통금 제도를 1982년 해제했다. 그 전까지 대한민국 국민은 자정이 되면 누구든 집 밖으로 나갈 수 없었다. 바다가 없어 북한 무장 공비 침투 우려가 없는 충청북도만이 예외로 야간통금이 없었다. 충북을 제외한 전국의 모든 음식점도 자정 전에 문을 닫아야 했다. 기자나 야간 근무자는 특별한 심야 활동 허가증을 받았으며, 심야 열차 탑승자는 역에서 내려 손바닥에 통행 허가증 도장을 받았다. 유일하게 통금이 해제된 날이 부처님 오신 날, 크리스마스이브, 그리고 12월 31일(제야, 除夜) 단 3일이었다. 젊은이들은 통금 풀린 날에는 지인들끼리 모여서 술집 등에서 밤을 새우는 풍습이 있었다.[24] 일제식으로 삭발했던 중고등학교 남학생의 두발이 자유화됐고, 교복이 없어졌다. 그때까지 외화를 아껴야 한다며 국민이 해외여행을 하려면 정부 승인을 받아야 했다. 그러나 전두환 정부는 국민 해외여행을 자유화시켰다. 대학생 해외연수가 시작된 것도 바로 이때부터였다.[25]

이런 정책들은 소위 독재 정부 '3S 정책'의 일환이었다. 전 세계 독재자들은 국민의 정치적 권리를 제약하는 대신에 sex(퇴폐 향락 산업), sports(프로 스포츠), screen(영화) 산업을 육성해서 국민 관심을 정치 아닌 다른 곳으로 돌렸다. 국내에서는 통금이 없어지면서 철야 술집이 성행했고, 덩달아서 각종 퇴폐 업소들이 기승을 부렸다. 1982년 전두환 정부는 프로야구를 출범시켰다. 국민은 국내 첫 스포츠 프로 리그인 프로야구 재미에 흠뻑 빠졌다. 원년 개막전에서 이종도 선수가 만루 홈런을 터트려 팬들로부터 "이게 프로야구구나" 하는 감탄사를 절로 나오게 했으며, OB베어스(현 두산)의 박철순 투수는 미국 트리플 A에서 뛰다가 귀국해서 기적의 22연승을 올렸다. 일본 프로야구 스타 출신 백인천 선수는 경이의 4할 타율을 시즌 끝까지 유지했다. 전두환 정부는 1980년 12월 1일부터 컬러TV 방송을 시행했다. 흑백 TV가 컬러로 바뀐 날 국민은 환호했으며, 귀가 시간이 앞당겨졌다. 컬러TV는 1년 만에 전체 가구 90%의 보급률을 이뤄냈다. 3S의 완성이었다.[26]

[그림10–7] 삼성전자의 1980년대 컬러TV 광고.

1983년 한국방송공사(KBS)는 6.25 특집으로 '스튜디오 830'이라는 아침 프로그램에서 6.25 때 북한에서 헤어진 이산가족 중에서 혹시 서로 다른 시기에 남한으로 넘어와서 남한에 같이 살고 있으면서도 그 사실을 서로 알 수 없어서 만나지 못하고 있는 가족들이 있을 수 있다는 생각으로 남한 내 이산가족 상봉 신청자를 모집, 21일 생방송을 실시했다. 그런데 신청자들이 폭주해서 6월 30일부터 '누가 이 사람을 아시나요'라는 타이틀로 추가 생방송을 실시했다. 그랬더니 기적처럼 만난 가족이 속속 나타나기 시작했다. 시청자 반응은 폭발적이었다. 그때부터 KBS는 뉴스 등 필수적인 프로그램만 남겨두고 모든 정규 방송을 멈춘 채 이산가족 찾기 생방송을 진행했다. 신청자 소개만 해도 시간이 부족해서 이산가족 찾기 생방송이 초기에는 온종일 진행되다시피 했다. 그해 11월 14일까지 총 453시간 45분 동안 이산가족 찾기 생방송이 이어졌고, 10만 952건의 신청자 중에서 1만 180명의 부모와 자식, 부부, 형제자매, 친척이 40년 만에 상봉하는 감격을 누렸다. 그 모습이 감동스러워 국민은 날마다 TV에 모여 숨을 죽였고, 박수를 보냈으며, 눈물을 흘렸다. 그런 장면 일부가 영화 <국제시장>에서 재현됐다. 후에 KBS가 보관하고 있던 이산가족 찾기 특별생방송 관련 자료가 2015년 10월 9일 유네스코 기록유산으로 등재됐다.[27)]

원래 남북 이산가족 상봉은 박정희 정부 때부터 추진됐으나, 실제 상봉이 이뤄진 것은 전두환 시절인 1985년 5월 27일이 처음이었다. 1983년 KBS의 남한 내 이산가족 상봉이 촉진제가 된 것이다. 그 후 남북 이산가족 상봉은 남한 정부의 끈질긴 추진에도 불구하고 북한의 성의에 따라 중단과 재개가 반복되면서 간

[그림10-8] 이산가족 생방송이 한창 진행 중일 때 헤어진 가족을 애타게 찾는 사연이 적힌 벽보가 KBS 건물 외벽을 빼곡히 덮었다(KBS 자료 사진).

헐적으로 열렸다.

1983년 10월 9일, 미얀마를 방문 중이던 전두환 대통령은 미얀마 독립 영웅 아웅산 묘지를 참배할 예정이었다. 대통령 수행원과 기자들이 묘지에서 대기 중, 북한 공작원이 설치한 폭탄이 터져 17명이 사망했다. 여기에는 부총리, 외무부 장관, 대통령 비서실장 등이 포함되어 있었다. 대통령 도착 예행연습을 실제 상황으로 착각한 북한 공작원이 폭탄을 미리 폭파하는 바람에 도착 전이었던 전두환은 목숨을 건졌다. 북한 공작원 3명은 미얀마 당국에 체포되어 사형당했다. 이게 아웅산 테러 사건이었다.[28] 원래 미얀마와 북한은 우호적 관계를 유지했는데, 테러 사건 직후 북한 소행에 격노한 미얀마가 신속하게 용의자를 체포해서 마무리했다. 미얀마는 이 사건을 계기로 북한과의 외교 관계를 단절했다.[29] 미얀마 군부는 무기 거래를 위해 2007년 북한과의 관계를 회복했다.[30]

(4) 6월 민주화 항쟁

전두환 시대의 정치권 양상은 여당으로서 신군부의 민주정의당(민정당), 관제 야당으로서 민한당, 국민당 등이 있었다. 김영삼과 김대중계 정통 야당 정치인들의 대부분 정치 활동이 금지되어 있다가 후에 민추협으로 재개됐다.

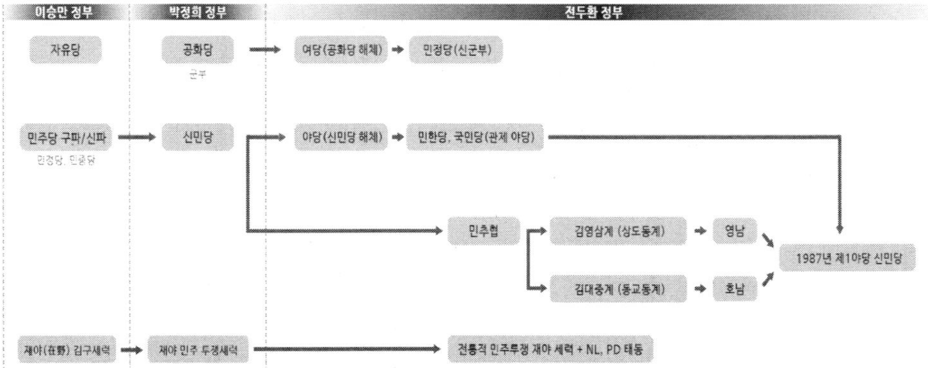

[그림10-9] 이승만부터 전두환 시대까지 정치세력 변천.

전두환 정부는 1983년 이후 미국 망명 중이던 김대중의 입국을 1985년 허용했다. 김영삼과 김대중은 이때 '민주화추진협의회(민추협)'를 구성했다. 양김

(兩金)은 민추협 공동의장이 돼 서로 힘을 합쳤다. 이들은 1985년 '신민당(신한민주당)'이란 신당을 만들고 국회의원 선거에 뛰어들었다. 전두환 군부 독재에 반감이 쌓인 국민은 선명 야당인 신민당이 출현하자 몰표를 주었다. 그 결과, 신민당은 순식간에 제1야당이 됐다. 선거 결과는 민정당이 148석, 신민당이 67석, 야당으로서 선명성이 약했던 민한당이 35석 등이었고, 특히 서울, 부산, 대전, 광주, 인천에서는 신민당 출마자 전원이 당선됐다. 이를 언론은 '신당 돌풍'이라 불렀다. 이게 계기가 되어 민한당이 신민당에 흡수되면서 신민당은 109석 거대 야당이 되어 전두환 정부에 심각한 정치적 부담을 줬다.[31)]

전두환 정부는 올림픽 유치를 통해서 국민의 정치적 반감을 완화하려고 했다. 원래 올림픽 유치는 박정희 정부부터 추진됐으나, 박정희 서거로 중단된 상태였다. 신군부는 국가적 차원에서 현대그룹 정주영 등 재계 거물을 동원하는 등 총력을 기울인 결과, 1981년 IOC 총회에서 서울이 일본의 나고야를 물리치고 1988년 올림픽 개최권을 얻는 데 성공했다.

한국이 이미 개최권을 가졌던 아시안 게임은 1986년에 열렸으며, 중국이 금메달 94개로 1위, 한국이 금메달 93개로 2위를 차지했다. 전 국민은 한국의 선전에 열광했다.[32)] 사실 한국은 박정희 시대였던 1970년 아시안 게임을 유치했으나, 돈이 없어서 개최권을 반납해야 했고, 이를 태국이 받아서 방콕에서 아시안 게임을 개최한 쓰라린 경험이 있었다. 1970년 한국은 아시안 게임을 개최하지 못할 만큼 태국보다 못사는 나라였다.[33)]

김영삼, 김대중이란 거물 민주 투사가 이끄는 신민당이 등장하고(85년), 아시안 게임에서 한국이 선전한(86년) 가운데, 이제는 우리나라가 민주화돼야 한다는 목소리가 높아지기 시작했다. 미국 레이건 대통령도 한국 정부에 민주화를 요구하는 등 국제적 압력도 높아졌다. 88올림픽을 앞두고 국가가 민주화돼야 한다는 여당 내부 목소리도 있었다. 이런 분위기 속에서, 1986년 7월 30일 국회에서는 여야 간 개헌 논의 기구가 설립되고, 본격적인 개헌 토론이 시작됐다. 당시 국민의 민주화 요구는 민주적인 헌법 개정이었다. 그중에서도 민주화의 상징은 '대통령 직선제'로 집약됐다. 1974년 유신공화국 이래, 우리는 대통령을 직접 국민 손으로 뽑아 보지 못했다. 그동안 통일주체국민회의 대의원이란 허수아비 국민대표들이 형식적으로 대통령을 간접 선출했다. 그런 대통령은 정통성(legitimacy)이 없었다. 국민은 간선 대통령을 국민 지지를 받는 대통령으로 인정하지 않았다.[34)]

그런데 1987년 1월, 경찰은 서울대 언어학과 박종철 군을 반정부 활동 혐의로 체포하고, 고문을 통해서 동조자 신원과 소재를 알아내려고 했다. 그러나 불행히도 박종철은 물고문을 받다가 사망했고, 경찰은 "신문 도중 '탁'하고 책상을 치니 '억'하고 쓰러져 죽었다"며 단순 쇼크사한 것으로 발표했다. 그러나 부검의의 용기 있는 제보로 천주교정의구현사제단은 경찰이 고문치사 사건을 은폐했다는 사실을 폭로했다.[35)] 이를 가장 먼저 기사화한 것은 1987년 1월 14 일자 중앙일보 보도였으며, 뒤를 이어 동아일보는 고문 치사사건을 심층 보도해서, 전두환 정부의 국민 탄압을 널리 알렸다.[36)] 영화 <1987>은 박종철 사건을 자세히 묘사하고 있다.

정부가 이 사건을 무마하기 위해 총리와 안기부장 등 관련자를 사임시켰음에도 불구하고, 대학생들과 시민들은 분노하기 시작했다. 특히, 전두환 정권을 지지하지는 않지만 방관하던 일반 시민들이 자가용 경적 시위(약속된 시간에 자동차 경적을 울려 반정부 데모에 참여하는 시위)에 동참하거나, 경찰 검문에 상인이나 가정주부들도 거세게 항의하는 등 박종철 고문치사 사건은 일반 시민이 대학생들 데모에 동조하고 합류한 계기가 됐다.[37)] 학생들이 대통령 직선제 개헌을 요구하며 거리로 쏟아져 나오고, 시민들이 이에 동조하자, 장기 집권(7년 단임이었으므로 신군부끼리 돌아가면서 집권해서 장기간 집권하려고 했음)이 불가능할 것 같은 두려움에, 전두환은 1987년 4월 13일 갑자기 헌법 개정 논의를 취소하고, 기존의 5공화국 헌법을 유지하며, 향후 모든 헌법 개정 논의를 금지한다고 발표했다. 소위 '4.13 호헌(護憲)조치'였다.[38)]

이게 국민의 화를 더 키웠다. 시민 데모대는 더욱 거세졌다. 전국 수십 개 도시에서 500만 명 이상이 연일 시위에 동참했다. 이때 민정당 대표는 전두환과 같은 하나회 회원이며 친구인 노태우였으며, 차기 민정당 대통령 유력 후보였다. 나중에 공개된 비화(祕話)에 의하면, 노태우는 강력 진압을 주장했다고 한다. 당시 헌법에 따른 간접선거를 시행하면 자신이 대통령이 될 확률은 거의 100%였기 때문이다. 그러나 5.18 광주 학살의 호된 경험을 가진 전두환은 두 번 다시 유혈

사태를 원치 않았다. 전두환은 노태우에게 직선제를 받아들이게 해서, 그를 민주화 영웅으로 탈바꿈시키고, 직선제로 김영삼이나 김대중과 대결하자고 제안했다는 것이다.[39] 6월 29일, 결국 노태우는 직선제 수용과 민주화 이행을 골자로 하는 '6.29선언'을 발표했다. 국민은 환호했다. 4.19 이후 두 번째로 시민이 민주주의를 획득한 시민혁명이었다. 이를 '6월 항쟁', 또는 '6월 민주화운동'이라 한다. 6.29 선언 직전, 1000여 명이 명동성당에서 수일간 농성을 벌였고, 37개 시와 읍에서 수백만 명이 시위에 나섰으며, 763명의 교수들이 개헌 지지 성명을 발표했다.[40] 마이클 브린은 대학생만이 아니라 일반 시민들(직장인, 상인, 가정주부, 노동자 등)도 민주 항쟁에 동참했으므로 6월 항쟁을 '중산층의 혁명'이라고 불렀다.[41] 그날부터 전국 경찰은 데모대를 진압하지 않았고, 언론 탄압이 순식간에 사라졌으며, 이후 헌법 개정, 대통령 선거가 1987년 12월까지 단계적으로 순항했다.[42]

6.29 선언에는 ①대통령 직선제 개헌으로 평화적 정권 이양, ②대통령 선거법 개정과 공정 경쟁 보장, ③김대중 사면 복권, ④인간 존엄성 존중 및 기본 인권 신장, ⑤언론자유 보장, ⑥지방자치 및 교육 자치 실행, ⑦정당의 건전한 활동 보장, ⑧과감한 사회 정화 조치 단행 등이 포함됐다.[43] 6.29 선언 직후, 김대중, 김상현, 문익환, 예춘호, 백기완 등 시국 사범이 석방되면서 사면됐고, 8월에 국회에서 개헌안이 타결되어 10월 국회를 통과하고 국민투표를 거쳐 가결됐다. 이 새 헌법은 대통령 직선제, 5년 단임제, 국회의 국정감사권, 헌법재판소 신설 등이 규정되어 있으며 오늘날까지 6공화국으로 이어지고 있다.[44]

강원택 교수는 6월 항쟁 이후 한국이 극적으로 민주화를 달성한 이유는 신군부와 민주화 세력이 자유 선거라는 '절차적 민주주의 확립'에 타협하고 동의했기 때문이라고 지적했다. 또한 두 극단적 세력이 민주주의 확립에 동의한 이유는 광주 트라우마로 군 내부에서 국민에게 총을 겨누고 싶은 사람이 없었으며, 미국 정부가 군 투입 반대 의사를 강력히 전두환 정부에 전달했고, 야권의 분열(김대중과 김영삼의 단일화 실패) 가능성이 커서 직선제를 해도 노태우가 승리할 수 있다는 군부 측의 계산이 있었기 때문이었다고 강원택 교수는 피력했다.[45]

12.12와 광주민주화운동에서 미국의 입장이 모호했다는 사실로부터 한국민

사이에 반미 감정이 높다는 점을 고려해서, 미국은 1987년 개헌 논의가 한창이던 전두환 정부에 합법적 개헌을 통한 새로운 민주 정부 창출을 희망한다는 미국 레이건 대통령의 입장을 친서와 주한 미 대사를 통해서 여러 차례 전달했으며, 군 출동을 자제하고 대화로 개헌 문제를 풀라고 한국 정부를 종용했다고 미국 기자 오버도퍼 등은 밝혔다.[46)]

하버드 대학 헌팅턴 교수는 "한국에서 민주화 세력과 권력자 간의 합의에 따른 권위주의 교체가 일어났다"고 말했으며, 슐츠 당시 미국 국무장관은 "한국이 경제 기적에 이어 정치 기적을 이뤘다"고 평가했다.[47)]

[그림10-10] 1989년 3월 13일에 촬영된 노태우 대통령(wikipedia, 무료 이미지).

노태우는 6.29선언을 직접 발표해서 민주화 선언 당사자라는 프리미엄을 얻었고, 직선제를 받아들인 민주화 영웅으로 부상하면서 표를 모았으며, 김영삼, 김대중은 야권 단일화를 거부하고 각자 출마하는 바람에 둘 다 낙선의 고배를 마셔야 했다. 당시 선거는 1노 3김(김영삼, 김대중, 김종필) 구도로 노태우에게 절대적으로 유리했다. 노태우는 양김 분열의 어부지리로 무난히 13대 대통령에 당선됐고, 한국 민주화라는 절호의 기회는 야당 리더들의 욕심으로 차기로 연기되고 말았다.[48)]

1노 3김의 1987년 선거부터 여론조사가 활성화됐다. 당시 선거 전(前) 여론조사 결과는 노태우 30%, 김영삼 25%, 김대중 20%, 김종필 10% 정도로 예측됐으며, 실제 득표가 여론조사 오차 범위에서 정확하게 들어맞았다. 여론조사의 과학성과 정확성이 화제가 되면서, 오늘날까지 국내 모든 선거에서 여론조사가 성행하게 됐고, 심지어 악용되는 경우도 나타나고 있다.[49)]

노태우 정부 시절, 국회는 여당 민정당이 소수인 '여소야대(與小野大)'가 됐고, 야당 신민당이 전두환 처벌을 요구하자, 노태우는 전두환을 백담사로 유배보냈다. 화가 난 전두환은 6.29 선언은 노태우 결심이 아니라 자기 작품이었다는 사실을 공개했고, 그 뒤 둘은 원수가 됐다. 이들은 내란죄로 나란히 체포돼 감옥

생활을 보내고 김영삼 대통령에 의해 사면된 이후에야 다시 화해했다.[50)]

(5) 지하 운동권 세력(NL과 PD)

80년대 신군부 시대 지하 운동권 세력인 386세대(오늘의 86세대)는 한국의 분단, 자본주의 착취, 대미 종속 등의 구조적 문제의 해결책을 민주화보다는 사회주의 혁명을 추구했다는 점에서 제도권 야당과 차이를 보였다고 언론인 남시욱은 지적했다. 386세력은 김일성의 주체사상에 따른 민족 해방을 부르짖었으며, 레닌과 마르크스주의를 학습해서 급진적 사회 변혁을 도모했다는 것이다.[51)]

이들은 최초의 반미 운동이라는 1982년 부산 미문화원 방화 사건, 1983년 대구 미문화원 사제 폭탄 투척 사건, 1985년 서울 미문화원 점거 사건을 벌여 주한 미군 철수 등 친북적 민중민주주의 혁명 노선을 주장했다.[52)]

전두환 정부가 학원 자율화 유화정책으로 학도호국단을 해체하고 학생회를 자율적으로 구성하게 하자, 386그룹은 1985년 전국학생총연합회를 결성했고, 2년 뒤인 6.29 직후에는 '전국대학생대표자협의회(전대협)'를 결성했다. 1987년 8월에 배포된 전대협의 유인물에는 외세배격, 자주적 민주 정부, 자주적 평화 통일(NL 구호), 민중이 주인이 되는 세상(PD 구호) 등의 구호가 들어 있었다.[53)]

2. 전두환 정부의 성격: 국가(군부)-기업-언론의 3자동맹

원래 마르크스는 경제구조(생산수단)를 지배하는 자(자본가, 즉 기업, 재벌 등)가 정치, 사회, 종교, 언론, 문화, 교육 등 사회의 모든 분야를 지배한다는 '경제결정론', '경제 우월론'을 내세웠다. 그러나 20세기 프랑스 마르크스주의자 '알뛰세르(Althusser)'는 마르크스의 경제결정론을 수정해야 한다고 주장했다.[54] 현실적으로 전 세계 자본주의 국가에서는 정치 엘리트(권력자)들이 장악한 '국가가 주도하는 지배 구조'가 형성되고, 여기에 기업, 언론, 문화, 종교, 교육 등이 협력하고 추종한다고 지적했다. 즉, 국가가 지배 구조의 정점에 있으며, 국가가 지배 구조를 영속화(재생산)하기 위해서 '지배 이데올로기'를 만들어서 국민을 현혹한다는 것이었다. 그의 주장은 국가 중심, 내지는 국가와 경제의 정경유착이 실제 지배 구조의 요체라는 진단이었다. 알뛰세르는 그래서 일종의 네오 마르크스주의자 또는 수정주의자라 불린다.[55]

알뛰세르는 국가가 지배 이데올로기('현 국가나 현 지도자가 잘한다', '지금 제도가 좋다', '지금 나는 행복하다' 등)를 만들어서 이를 전파하고, 이에 국민이 따라오지 않으면 공권력을 동원해서 반대하지 못하게 한다고 주장했다. 여기서 지배 이데올로기를 만들어 전파하는 국가 기구를 알뛰세르는 ISA(Ideological State Apparatus, 이념적 국가 기구)라 했다. 여기에는 교육, 종교, 가정, 언론, 예술 등이 있다고 했다. 국가가 이들을 동원해서 지배 이데올로기를 전파한다는 것이다. 그다음, 국민이 지배 이데올로기에 동의하지 않고 국가에 반대한다면 이들을 강제로 복종하게 하는 국가 기구를 알뛰세르는 RSA(Repressive State Apparatus, 억압적 국가 기구)라고 했다. 여기에는 경찰, 군대, 검찰, 감옥, 사법부 등이 속한다. 결국 국가는 ISA를 동원해서 지배 이데올로기를 전파하고 RSA를 동원해서 지배 이데올로기를 강제로 받아들이게 한다는 게 알뛰세르의 주장이었다.[56]

전두환 정부는 알뛰세르의 이론처럼 실제로 국가 중심 지배 구조를 형성했다. 신군부는 대한민국에서 무소불위의 국가 권력을 행사했다. 기업들로부터 정치자금을 상납받았고, 말을 안 듣는 기업은 강제로 해체했다. 부산 기반의 재벌급

'국제그룹'은 김영삼을 돕다가 그룹이 해체됐다.[57] 대신 순응하거나 정치자금을 상납한 기업은 그 대가로 군소기업을 인수하게 해서 덩치를 키우게 도와줬다.

전두환 정부는 출발부터 군부 독재를 연장할 명분이 없었다. 간선제로 뽑힌 대통령에게 국민은 정통성을 인정해주지 않았다. 또한 광주민주화운동 유혈 진압 등 국민을 설득하고 양해를 구할 일이 많았다. 여당은 이름부터 '민주정의당'이라고 작명해서 쿠데타로 일어선 자신들의 잘못을 숨기기 위해서 '정의롭다'는 점을 강조해야 했다. 여기에 언론을 끌어들여 정권 합리화 홍보, 지배 이데올로기 전파 역할을 강요했다. 이에 굴복한 언론들은 막대한 금전적 혜택을 입었다. 언론통폐합의 공포 때문이었다. 방송과 신문사가 통폐합되면서, 살아남은 전국지나 지방지는 독점 내지는 과점 상태가 되어 막대한 광고 수입을 올리면서 대기업으로 성장했다.[58]

기업은 언론에 광고를 공급했고, 언론은 기업에 기업친화적 보도로 화답했다. 이렇게 '국가(군부)-기업-언론 3자 동맹'이란 지배 구조가 전두환 정부 때 형성됐다. 국가 주도의 국가-기업-언론 3자 동맹은 이익과 혜택을 자신들끼리 공유했고 국민을 소외시켰다.[59]

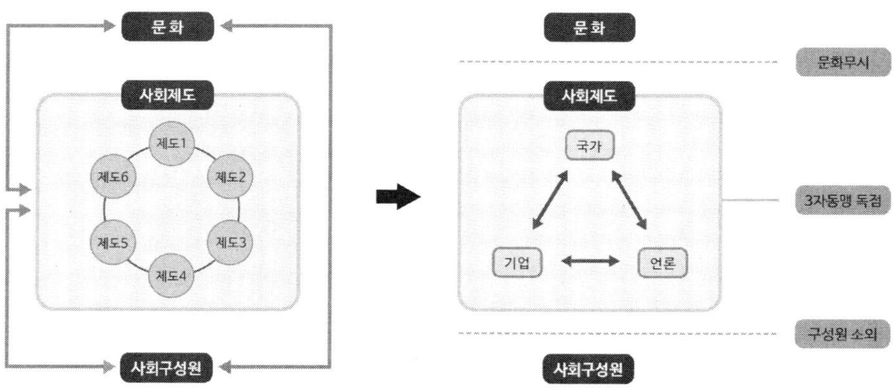

[그림10-11] 왼쪽 그림은 정상적인 국가의 사회구조. 오른쪽은 전두환 정부 시절 군부(국가)-기업-언론의 3자 동맹.

3. 최악의 언론자유 억압

(1) 언론통폐합

어느 국가나 언론이 많으면 통제하기 어렵다. 전두환 정부는 정권 초기부터 언론사 개수를 줄일 계획을 세웠다. 이는 '건전 언론 육성을 위한 언론 정화 계획'으로 명명됐다. 계획 실행을 주도한 사람은 권정달(보안사 대령, 후에 국회의원), 이상재(보안사 상사, 후에 국회의원), 허문도(조선일보 주일 특파원, 후에 통일부 장관) 등이었다.[60)]

신아일보라는 작은 전국 일간지는 경향신문이 인수했고, 서울경제는 한국일보가 인수하도록 신군부가 명령했다. 결국 순수 민간 전국지는 동아, 조선, 중앙, 한국일보만 남았으며, 준관영 전국신문으로는 경향신문과 서울신문이 남았다. 경제지는 한국경제와 매일경제만 살아남았다. 방송은 TBC(삼성 소유)와 DBS(동아일보 소유)를 KBS로 통합시켰고, MBC는 주식 대부분을 KBS가 소유하게 했다(MBC의 현재 대주주는 공공기관인 방송문화진흥회). 공영방송인 KBS는 타 방송국 흡수로 대형화돼서 KBS1과 KBS2로 나뉘었으며, KBS에 흡수된 TBC와 DBS 인력은, 노태우 시대에 SBS가 생기자, 대부분 거기로 이동했다.

지방 신문은 1도1사 원칙이 적용됐다. 부산의 야성(野性)이 강한 국제신문은 부산일보로 통합됐고, 다른 모든 지역도 대전의 대전일보, 대구의 영남일보, 광주와 전남의 광주일보, 경남의 경남매일신문, 경북의 매일신문, 경기의 경기일보, 제주도의 제주신문 등 1개 신문만 남기고 모두 통폐합됐다. 결과적으로, 전국지는 조중동, 경향, 서울, 한국만 남았고, 각 시도는 단 1개씩의 신문만 남았다. 방송은 KBS와 MBC만 남았다. CBS는 기독교 방송으로 일반 뉴스를 내보내지 말고 종교만 다루도록 제한했다. 이런 상황은 전국지는 과점, 지방지는 독점 상황을 만들었다. 특히 전국지는 카르텔(담합)을 형성하고, 광고비, 하루 발행 신문지면 수, 신문 구독료 등에서 같이 보조를 맞췄다. 나중에는 논조마저도 서로 유사하게 통일시켰다. 신문들은 달리 경쟁할 필요가 없었다. 그 결과는 언론사들의 재정적 성장, 즉 대기업화였다.[61)]

통신사는 합동통신과 동양통신을 합병하여 연합통신으로 발족시켰다. 잡지 중에서는 창작과 비평, 씨알의 소리, 뿌리 깊은 나무 등 238개의 정기간행물이 폐간됐다.

언론통폐합 과정에서 소유주들은 보안사로 끌려가 위협 속에서 주식 포기각서에 서명했다. 사유재산권 침해에 해당하는 폭거였다. TBC의 소유주이며 삼성 설립자인 이병철도 보안사 지하실에서 주식 포기각서를 썼다.[62] 시중에서는 이런 식의 기업 인수를 "보안사가 접수했다"고 했다. 당시 사람들이 음식점이나 술집에 자기 일행밖에 없을 때 "우리가 음식점을 '접수'했다"고 표현할 정도로 당시 상황을 자조적으로 풍자했다.

가수 김수철은 자신이 작사, 작곡하고 부른 <별리(別離)>라는 노래가 방송 통폐합을 통탄한 노래였다고 나중에 한 언론 인터뷰에서 밝혔다.[63] 다음은 김수철의 <별리> 가사다. 별리는 이별과 같은 뜻이다. 여기서 떠나가는 임이 바로 통폐합으로 사라진 방송국이었다.

〈별리〉 김수철

정 주고 떠나시는 님 나를 두고 어데 가나
너울 빛 그 세월도 님 싣고 흐르는 물이로다
마지못해 가라시면 아니 가지는 못하여도
말없이 바라보다 님을 잃고 나도 운다
둘 곳 없는 마음에 가눌 수 없는 눈물이며
가시려는 내 님이야 짝 잃은 외기러기로세
님을 향해 피는 꽃도 못내 서러워 떨어지면
지는 서산을 바라보며 님 부르다 내가 운다

하늘이시여 하늘이시여 구구만리 떨어진 곳
내 못 가도 내 못 가도 님을 살펴주소서
하늘이시여 하늘이시여 구구만리 떨어진 곳
내 못 가도 내 못 가도 님을 살펴주소서

부산의 국제신문은 박정희 시대까지 전국에서 다섯 번째로 큰 규모를 자랑했다. 그러나 야당 색채가 강해서 부산일보에 통합되고 말았다. 당시 국제신문 발행 부수는 30만 부였다. 그 후 전두환 시절 내내 부산 지역 유일 신문이 됐던 부산일보는 독점 수익을 발판으로 전국에서 순이익 3, 4위권의 거대 신문으로 성장했다. 전두환 시절 부산일보 종업원 수는 500명을 넘었다.[64)]

(2) 기자 해직

1980년 1월부터 10월까지 전국 기자 30%가 해직됐다. 당시 해직된 기자 수는 총 711명에 이른다. 해직 방법은 신군부가 각 언론사 사주들에게 해직 기자 인원수를 할당해서 수시로 내려보내는 식이었다. 신군부가 기자 이름을 명시해서 언론사에 보내는 일도 있었다. 신군부에서 언론사로 내려온 해직 기자 명단은 '살생부(殺生簿)'로 불렸다. 신군부가 맘만 먹으면 재벌도 한순간에 공중분해하는 공포 상황에서, 신문사 측은 마지못해 한두 명의 해직자 명단을 신문사 게시판에 게시했다. 그러면 원래 지시한 대로 더 자르라고 신군부가 신문사를 협박했고, 그러면 사측은 다시 다음 날 한두 명의 추가 해직자 명단을 게시했다. 이런 식으로 해직 기자 명단이 날마다 조금씩 발표되자, 언제 자기 이름이 해직자 명단에 게시될지 모르는 암울하고 불안한 상황이 편집국 기자들 사이에서 몇 달간 지속됐다고 원로 언론인들이 전하고 있다. 해직 기자들은 해직을 통보받을 당시 가장 억울했던 점은 자기가 왜 떠나야 하는지 그 이유를 아무도 설명해주지 않는 것이었다고 증언했다.[65)]

해직 기자들은 박정희 시대에 이미 형성된 조선투위, 동아투위와 함께 민언협(현재의 민언련)을 만들었다. 이 중에는 박권상(당시 동아일보 편집국장, 노무현 정부 때 KBS 사장), 김중배(당시 동아일보 정치부장, 노무현 정부 때 MBC 사장), 김태홍(당시 기자협회장, 후에 국회의원) 등이 있었다.

(3) 언론기본법

전두환 정부는 '언론기본법'을 공표했다. 이는 여기저기 산재해 있던 신문, 방송, 기타 정기간행물에 관련된 법 조항을 언론기본법이라는 하나의 법으로 통합시킨 것이다. 언론기본법은 국내 역사상 언론에 관한 최고 악법으로 평가받고 있다. 여기에는 신문 허가제, 윤리강령 강요, 언론 책임 강조, 기자의 형사책임 등을 규정하고 있었다.[66] 특히 언론이 오보 등으로 잘못했을 경우, 기사로부터 피해를 당한 시민은 법원에 소송을 제기하기 전에 언론중재위원회에 언론사의 정정보도를 간결하게 요구할 수 있는 조항이 있었다. 수시로 날아오는 정정보도 언론 중재 신청은 언론사에 상당한 중압감으로 작용했다. 언론기본법은 노태우 정부 때 폐지됐으나, 언론중재위원회는 아직도 그 기능을 수행하고 있다. 수용자(독자, 시청자) 입장에서 언론중재위원회는 언론의 잘못을 수정하도록 언론에 쉽고 간편하게 요청할 수 있는 제도이나, 언론 입장에서는 외부와 잦은 시비로 인해서 언론자유를 위협받는 제도이기도 하다.[67] 실제로 정권에 따라서는 언론 중재 제도를 활용해서 언론 보도를 간접적으로 억압하는 홍보 정책을 실행하기도 했다.[68]

전두환 정부부터는 민간 광고대행사가 수행하던 방송 광고 업무를 한국방송광고공사(코바코, Kobaco)라는 준국가기관이 대행하게 됐다. 일반 광고대행사가 영상 광고를 제작해서 광고공사에 납본하면, 광고공사는 이를 KBS와 MBC 등 각 방송국에 배분하고, 중간에서 수수료를 받았다. 결과적으로 광고공사는 방송계 수익에 관여하는 권력기관으로 부상했다. 2008년 한국방송광고공사의 방송 광고 배분 사업 독점이 위헌 결정을 받았고,[69] 현재는 민간 '미디어렙(media representative의 준말)' 회사들이 이 일을 맡고 있으며, 광고공사는 한국방송광고진흥공사가 되어 광고산업 진흥 업무만 담당하고 있다.

(4) 보도지침 폭로 사건

전두환 정부 시절, 언론정화계획에 따라서 일부 언론은 통폐합되고 다수 기자가 해고되자, 모든 언론은 이후 '공포 효과(chilling effect)'에 따라서 정부 요구에 순응할 수밖에 없었다. 그러자 청와대, 국방부, 보안사(현 기무사), 안기부(중앙정보부의 후속 기구, 지금은 국정원), 국방부 등 정부 부서들이 언론에 이것저것을 보도해 달라고 노골적으로 신문사 편집국장과 방송국 보도국장에게 요구하는 일이 날마다 벌어졌다. 이에 언론사들은 정부의 여러 부서의 보도 협조 요청을 한 부서로 일원화해서 수집, 언론사에 일괄 전달해달라고 요청하기에 이르렀다. 이에 정부는 홍보조정실이란 부서를 만들고, 여기서 정부 각 부서 요구를 일괄 접수해서 언론사에 전달했다. 당시 언론들은 이를 정부의 '보도지침'이라고 불렀다.[70]

한국일보 김주언 기자는 자기 신문 편집국장이 날마다 홍보조정실에서 전화로 정부 측이 지시하는 보도 내용을 받아 적은 뒤, 당일 지면에 반영하고, 그날그날의 보도지침을 자신의 책상 서랍에 차곡차곡 모아 놓는다는 사실을 알게 됐다. 어느 야간 당직 날, 김주언 기자는 편집국장 서랍에 쌓여 있는 보도지침을 몰래 복사해서 민언협에 전달했다. 보도지침들에는 "대통령의 동정을 사회면 톱으로 실을 것", "대통령의 해외 순방 기사를 정치면 톱기사로 실을 것" 등과 같은 지시 내용들이 들어 있었다. 민언협은 1986년 9월 9일 자 자신들이 발행하고 있던 잡지 '말'의 특집호로 보도지침을 해설과 함께 실어서 배포했다. 같은 날 천주교정의구현사제단과 민언협은 정부의 보도지침 사례를 합동 기자회견을 통해서 세상에 알렸다. 김주언 기자 등 관련자들은 모두 실형을 선고받고 복역했으나, 1996년 대법원은 재심을 통해서 관련자 모두에게 무죄를 선고했다. 김주언 기자는 후에 기자협회장을 지냈으며 언론개혁 시민단체 활동에 전념했다.[71] 한 연구에 의하면, 전두환 시절 보도지침 내용이 실제 언론에 반영된 비율은 약 70% 정도였다.[72] 이를 '보도지침 폭로 사건'이라 부른다.

[그림10-12]보도지침 폭로 사건을 집대성한 민주운동협의회의 단행본.

(5) ISA의 국가 장악

박정희 정부와 전두환 정부는 군사 쿠데타로 잡은 정권의 정통성을 국민으로부터 인정받기 위해서 ISA를 활용해서 적극적으로 지배 이데올로기(군부 통치

합리화, 경제 발전 성과 등)를 전파하려고 노력했다.

교육은 국가 지배 이데올로기를 전파하는 데 매우 유용한 ISA다. 박정희 정부부터 우리나라 국가는 국정 교과서, 국민교육헌장, 새마을운동 등을 통해서 학생들에게 지배 이데올로기를 전파했다. 전교조(전국교육자노동조합)는 전두환 시대에 조직됐다. 그 이유는 국가가 학교 교육을 통해서 학생들에게 지배 이데올로기를 강요하는 것에 일부 교사들이 반발했기 때문이다.[73]

문화도 중요한 국가 지배 이데올로기 전파 ISA다. 이를 위해서, 특정 가요, 영화, 시, 그림, 책 등의 제작이나 배포를 금지하는 일이 흔히 생겼다. 일본풍 가요(이미자의 <동백 아가씨> 등), 퇴폐적 가요(김추자의 <거짓말이야>, <댄서의 순정>),[74] 월북자 작품(정지용의 시 <향수>, 홍명희의 소설 <임꺽정> 등),[75] 불온서적(마르크스의 <자본론> <공산당선언> 등) 등이 박정희 시대, 혹은 전두환 시대에 금지된 문화 콘텐츠였다.

전두환 시절 배우 박용식은 전두환을 닮았다는 이유로 TV 출연이 금지됐다. 그러나 박용식은 민주화 이후 5공화국을 그린 드라마에서 전두환 역으로 출연해서 국민 인기를 한 몸에 받았다가 고인이 됐다. 인생사 새옹지마였다.[76]

(6) 현실 왜곡

권위주의 정부들은 비민주적인 현실이 사실대로 국민에게 전달되는 것을 원치 않았다. 역대 권위주의 정부는 그래서 현실을 왜곡하려고 노력했다. 이승만은 독재정치를 교조적(敎條的) 민주주의(guided democracy: 국민을 가르치면서 민주주의를 수행해야 한다는 논리)라고 합리화했다. 박정희는 정치적 자유 억압, 공해, 재벌 특혜, 국가 채무 등을 왜곡했다. 전두환 시대에는 군부 독재, 군부와 기업과의 정경유착 등을 왜곡했고, 특히 쿠데타 리더라는 전두환의 부정적 이미지를 부드럽고 지적인 이미지로 바꾸려고 노력했다.

전두환 시대에는 '금강산댐 사건'이 있었다. 북한이 북한강 상류 북한 지역인 강원도 창도군 임남면(금강산 인근)에 임남댐을 만들고 있는데, 여기에 물을 가두었다가 일시에 방출하면 12시간 후에 서울의 반이 물에 잠기는 수공(水攻)을 당한다고 정부가 발표했다. 정부는 TV 뉴스를 통해서 서울 63빌딩의 반이 물에 잠기는 예상 그림을 공개하기도 했다. 이에 정부는 임남댐 수공에 대비한 대응댐을 건설하자며 국민 성금을 모금했다. 다량의 성금이 모여 1987년 전두환 정부는 '평화의 댐'이라고 명명된 북한 수공 대응댐 건설에 착수했고, 1989년 1단계 공사가 완공됐다. 2006년과 2012년에는 각각 2단계와 3단계 공사가 완공됐다. 임남댐 수공 가능성은 북한이 간혹 우리 정부에 통보 없이 장마철에 물을 방류해서 한강 하류에 갑작스러운 물난리를 일으킨 일이 몇 차례 있었던 것으로 일부 증명됐다. 그러나 당시 엄포처럼 서울의 반이 물에 잠기는 정도는 아니었다. 그래서 평화의 댐은 전두환 정부 현실 왜곡의 실존하는 거대한 물증이 됐다.[77)]

전두환 정부의 현실 왜곡 사례가 방송을 통해서 계속되자, 국민은 공영방송인 KBS를 불신하기 시작했다. 특히 9시에 "땡" 하는 시보와 함께 "전두환 대통령은..."으로 시작되는 KBS '9시 뉴스'를 '땡전 뉴스'라고 부르며, 국민은 KBS 편파방송을 조롱했다.[78)] 전두환의 인신공격적 조크도 시중에서 난무했다. 전두환 머리에 새가 두 마리 앉으면 '일석이조(一石二鳥)'라고 한다든지, '이심전심(以心傳心)'은 이순자가 심심하면 전두환도 심심하다는 뜻이라는 등의 조롱 섞인 유머가 성행했다.[79)] 전두환에 대한 국민적 반감이 이런 수위에 이르는 상황 속에서, 1985년 국민은 대대적인 KBS 시청료 거부 운동을 벌였다. 당시는 KBS 시청료 징수 요원이 가가호호를 돌아다니며 시청료를 징수했다. 이에 국민은 KBS를 보지 않기 때문에 시청료를 낼 이유가 없다는 논리로 시청료를 내지 않는 일이 벌어졌다. 시청료 거부 운동에 많은 사람이 동참했으며, 1987년 6월 항쟁 직전까지 계속됐다.[80)] 시청료 거부 운동 이후, KBS 시청료는 전기료 고지서에 합산 징수되는 제도로 바뀌었다. 전기료를 내는 모든 국민은 거부할 수 없이 KBS 시청료 2500원을 자동으로 내고 있다. 이 제도는 바로 시청료 거부 운동 여파로 만들어졌다. 현재 KBS 시청료는 'KBS 수신료'로 이름이 변경됐다.

(7) 수혜자로서의 미디어

국가-기업-언론 3자 동맹은 언론에 많은 특혜를 주었다. 언론통폐합으로 인해서 언론사들은 독과점 상태가 되어 담합 내지는 무경쟁으로 광고를 수주하고 광고 이익을 나눠 가졌다. 박정희 정부에 이어서 전두환 정부도 신문사에 잡지 발행을 다수 허가해 주었다. 당시 동아, 조선, 중앙, 한국일보 등 전국지가 발행한 잡지는 33개에 이르렀다. 지금도 그 수는 거의 줄지 않았다. 기자들은 싼 이자로 주택자금을 정부로부터 융자받을 수 있었고, 각종 기업이 제공하는 장학금으로 해외에서 1년간 연수할 수도 있었다. 1981년에서 1985년 사이에 전두환 정부가 기자들에게 장학금이나 주택 지원금으로 지원한 총액은 728억 원에 이른다는 통계가 있다. 신문사들은 전두환 정부 시절에 매출액이 약 300% 증가했다. 박정희 정부부터 비로소 기업적 성장을 시작한 신문사들은 전두환 시대에는 대기업 규모로 커졌다.[81)]

주석

1) 김삼웅, "군부의 암세포 사조직 하나회", 『오마이뉴스』, 2019. 9. 27.
2) Ibid.
3) 송수경, "역사 속으로 사라진 비운의 대통령 최규하", 『한겨레』, 2006. 10. 22.
4) 한국민족문화대백과사전, "12.12군사반란", 2019. 12. 23., http://bitly.kr/FP35bn4N
5) 정태철, "지금은 말할 수 있다...내가 겪은 1212사태", 『시빅뉴스』, 2016. 12. 11.
6) Ibid.
7) 노가원, 『264일의 쿠데타, 1』, 시아, 2017.
8) 민주화운동기념사업회, "함께 쓰는 6월 항쟁-서울의 봄", 2019. 12. 22., https://c11.kr/cati
9) 대통령기록관, "학생을 부추긴 것은 안개정국", 2019. 12. 22., https://c11.kr/cath
10) 한국민족문화대백과사전, "오일오서울역시위", 2019. 12. 22., https://c11.kr/catp
11) Ibid., "5.18광주민주화운동", https://c11.kr/cbap
12) 박병수, "국방부 5.18특조위 '군, 광주 시민 향해 헬기 사격했다'", 『한겨레』, 2018. 2. 7.
13) 박유미, "5.18 때 헬기 사격 있었다, 전투기는 폭탄 장착 대기", 『중앙일보』, 2018. 2. 7.
14) 이승현, "광주사태와 사망자 통계의 변천", 『조갑제 닷컴』, 2011. 11. 15., https://c11.kr/catx
15) 김대령, 『역사로서의 5.18. (1): 광주사태의 발단과 유언비어』, 비봉출판사, 2013.
16) 이기동, "대구광주고속도로 명칭 달빛고속도로 변경", 『경북일보』, 2017. 9. 19.
17) 다나카 메이, 윤학준 역, 『한국정치를 투시한다』, 길안사, 1995, 55쪽.
18) 허재현, "전두환 노태우, 구속 2년 뒤 특별사면됐다", 『한겨레』, 2017. 3. 10.
19) 한예슬, "검찰, 故 전두환 전 대통령 추징금 20억 5000만 원 추가 환수", 『중앙일보』, 2022. 10. 31.
20) Michael Breen, *The New Koreans*, 장영재 역, 『한국, 한국인』, 실레북스, 2018, 360-361쪽.

21) 배재성, "전두환 신군부, 최규하 체포하려고 했다", 『중앙일보』, 2017. 9. 20.
22) 한국민족문화대백과사전, "삼청교육대", 2019. 12. 22., https://c11.kr/caum
23) 권재현, "[어제의 오늘] 1980년 신군부, 과외 전면 금지", 『경향신문』, 2010. 7. 29.
24) 손동우, "[어제의 오늘] 1982년 야간통금 전면해제", 『경향신문』, 2009. 1. 5.
25) 손민호/최승표, "자유화 25년...해외여행 어제와 오늘", 『중앙일보』, 2014. 1. 3.
26) 임수연, "전두환의 3S시대 vs 박근혜의 검열시대", 『IZE』, 2015. 4. 7., https://c11.kr/cav3
27) 한국민족문화대백과사전, "이산가족찾기특별생방송", 2020. 1. 1., https://c11.kr/cfg9
28) 조갑제, "면담기록 입수-아웅산 테러 범인 강민철, 한국에 오고 싶어 했으나 거절당했다", 『월간조선』, 2010, 1월호.
29) Don Oberdorfer & Robert Carlin, *The Two Koreas*, 이종길/양은미 역, 『두 개의 한국』, 길산, 2014, 226–228쪽.
30) 김인선, "미얀마와 북한", 『자유아시아방송』, 2021. 4. 20.
31) 정대연, "김대중 김영삼의 민추협...과거와 현재", 『경향신문』, 2015. 12. 1.
32) 국가기록원, "86아시안 게임", 2019. 12. 22., https://c11.kr/cavi
33) 박재일, "한국이 반납한 아시안 게임", 『영남일보』, 2018. 8. 29.
34) 고정애, "1987년 대통령 직선제 개헌...시작은 85년 홍진기의 제안", 『중앙일보』, 2017. 4. 8.
35) 이민정, "영화 '1987'...'탁치니 억하고 죽었다' 장면 본 경찰관 반응", 『중앙일보』, 2018. 1. 5.
36) 강원택, 『한국 정치의 결정적 순간들』, 북이십일, 2021, 286쪽.
37) Breen, *op. cit.*, 371쪽.
38) 한국민족문화대백과사전, "사일삼호헌조치", 2019. 12. 22., https://c11.kr/cavq
39) 김태완, "6.29선언은 남편 전 씨 작품...이순자 씨 회고록", 『한국경제』, 1996. 12. 18.
40) 남시욱, 『한국 보수세력 연구』, 청미디어, 2020-a, 515–520쪽.
41) Breen, *op. cit.*, 373쪽.
42) 한국민족문화대백과사전, "6.29민주화선언", 2019. 12. 22., https://c11.kr/cavs
43) 남시욱, *op. cit.*, 2020-a, 523쪽.
44) *Ibid.*, 529–530쪽.
45) 강원택, *op. cit.*, 288–290쪽.
46) Oberdorfer, et al., *op. cit.*, 258–273쪽.
47) 남시욱, *op. cit.*, 2020-a, 523–525쪽.
48) 고정애, "87년 YS-DJ 실패...노태우 어부지리", 『중앙일보』, 2002. 11. 18.
49) 김진호, "여론조사는 만능이 아니다", 『한국일보』, 2010. 6. 10.
50) 박보균, "전두환 노태우씨 전격 화해하기까지", 『중앙일보』, 1994. 6. 25.
51) 남시욱, 『한국 진보세력 연구』, 청미디어, 2020-b, 280쪽.
52) *Ibid.*, 290–292쪽.
53) *Ibid.*, 278쪽.
54) Ted Benton, *The Rise and Fall of Structural Marxism: Althusser and His influence*, New York: St. Martin Press, 1984, p. 6.
55) Louis Althusser, *Lenin and Philosophy and Other Essays*, New York: Monthly Review Press, 1971, pp. 128–143.
56) *Ibid.* pp. 162–174.
57) 향토문화전자대사전, "국제그룹 해체사건", 2019. 12. 22., https://c11.kr/caw4
58) Tae Chul Jung, "The Media, Social Conflict and Change in South Korea: A Critical Analysis",

Unpublished doctoral dissertation, University of Missouri, Columbia, MO., 1989, pp. 109–115.
59) Ibid.
60) 조현호, "전두환 노태우, 허문도 이상재 역할 밝혀야", 『미디어 오늘』, 2007. 6. 21.
61) 김세옥, "전두환 신군부, 정권장악 위해 언론통폐합", 『PD Journal』, 2010. 1. 7.
62) 김덕련, "이병철조차 울며 겨자 먹기로 포기각서 쓴 사연", 『프레시안』, 2016. 11. 10.
63) 오광수, "[노래의 탄생] 김수철 '별리'", 『경향비즈』, 2019. 4. 28.
64) 김영호, 『한국언론의 사회사(하)』, 지식산업사, 2004, 182–231쪽.
65) *Ibid.*, 302–318쪽.
66) 한국민족문화대백과사전, "언론기본법", 2019. 12. 22., https://c11.kr/cawy
67) 국가기록원, "언론중재 및 피해구제제도", 2019. 12. 22., https://c11.kr/cax1
68) 김종혁, "언론중재법은 누굴 위해 존재하는가?" 『관훈저널』, 여름호, 2008, 16–20쪽.
69) 엄자현, "코바코만 지상파방송광고 판매대행은 헌법불합치", 『법률신문』, 2008. 11. 28.
70) 김영호, *op. cit.*, 393–409쪽.
71) 민주언론운동협의회, 『보도지침』, 두레, 1988.
72) 중앙일보, "기사크기 취급방법까지 간섭, 국회 언론청문회 지상중계", 『중앙일보』, 1988. 12. 12.
73) Jung, op. cit., 99–100쪽.
74) 국가기록원, "1987년 금지곡 및 해제곡 목록", 2019. 12. 22., https://c11.kr/caxg
75) 기형도, "월북작가 작품 해금에 담긴 뜻", 『중앙일보』, 1988. 7. 19.
76) 구가인/이샘물, "전두환 역 단골 탤런트 박용식 씨, 별세", 『동아일보』, 2013. 8. 3
77) 강민진, "13년 전 오늘, '대국민 사기' 전두환 표 평화의 댐이 완공됐다", 『한겨레』, 2018. 10. 19.
78) nozzang, 2008. 8. 12., https://vo.la/lFO7sP
79) 네이버 블로그, 2019. 12. 24., https://c11.kr/cbe2
80) 민주화기념사업회, "KBS 시청료 납부 거부 운동 전개", 2019. 12. 22., https://c11.kr/caxn
81) Jung, op. cit., 106–109쪽.

Chapter 11 노태우 정부의 헤게모니 쟁탈 공간으로서의 미디어

1. 노태우 정부의 사회갈등과 사회변화

(1) 6공화국 헌법 개정

전두환 정부의 마지막 해인 1987년은 새해 벽두(劈頭)부터 소란스러웠다. 이미 앞 장에서 설명된 것처럼, 1987년 1월 15일 동아일보가 박종철 고문치사 사건을 폭로했고, 이에 분노한 학생과 시민들이 직선제 개헌을 골자로 하는 민주적 헌법 개정을 요구했다. 여야가 국회에서 가까스로 개헌위원회를 만들고 가동중이던 4월 13일, 전두환 정부는 5공화국 헌법을 유지하고 헌법 개정 논의를 중단한다는 '4.13호헌(護憲)' 조치를 발표했다. 이에, 수백만 국민이 전국 거리로 쏟아져 나와 더욱 격렬하게 전두환 정부의 호헌 조치에 항의하는 데모를 벌였다. 이렇게 '6월 민주화운동'은 날마다 강경해져만 갔다. 이에, 국민 저항이 심상치 않고 정권 초기 광주에서 빚은 무리수를 우려한 전두환 정부는 직선제 개헌과 민주화 조치 수용을 골자로 하는 '6.29선언'을 발표했다.

6.29선언에 근거해서 국회는 9월 12일 여야 합의로 대통령 직선제, 대통령 5년 단임제(單任制), 국회 국정감사권, 헌법재판소 신설 등을 골자로 하는 새 헌법 개정안을 발의했다. 여야가 합의로 헌법 개정안을 국회에서 발의한 것은 1948년 정부 수립 이후 최초였다. 바야흐로 여야가 합의로 민주적 헌법을 발의해서 평화적으로 정권이 군정(軍政)에서 민정(民政)으로 이양되는 세계적 민주화 모범 사례가 탄생한 것이다.[1] 이 헌법 개정안은 10월 27일 국민투표로 확정됐다. 헌법 전면 개정을 기준으로 우리나라의 공화국 변천을 정리하면, 이승만

의 1공화국, 민주당 장면의 2공화국, 박정희의 3공화국과 유신 공화국(4공화국), 전두환의 5공화국에 이어, 노태우 정부부터 6공화국이 성립됐다. 윤석열 정부도 대통령 5년 단임의 현 헌법에 따른 6공화국의 지속이다. 만약 대통령 4년 연임제라든지, 내각제, 양원제 등을 규정한 새로운 헌법이 탄생한다면, 이는 제7공화국이 된다.

구분	날짜	내용	공화국
제헌헌법 제정	1948년 7월 17일	대한민국 헌법 제정	제1공화국
1차개헌	1952년 7월 7일	발췌개헌 -대통령, 부통령 직선제 -양원제 등	
2차개헌	1954년 11월 29일	사사오입 개헌 -초대 대통령 연임제한 철폐등	
3차개헌	1960년 6월 15일	의원내각제 개헌 -4.19직후 기본권 강화 -지방자치단체장 선거 등	제2공화국
4차개헌	1960년 11월 29일	소급법 개헌 -반민주행위자처벌 부칙 개정	
5차개헌	1962년 12월 26일	군정 이양 개헌 -단원제 -대통령제 복귀 등	제3공화국
6차개헌	1969년 10월 21일	3선개헌	
7차개헌	1972년 12월 27일	유신헌법 -대통령 간선제 -대통령 6년 연임 등	유신공화국 (제4공화국)
8차개헌	1980년 10월 27일	전두환 국보위 개헌 -대통령 7년 단임제 등	제5공화국
9차개헌	1987년 10월 29일	여야합의 개헌 -5년 단임 대통령 직선제 -지방자치제 등	제6공화국

[그림11-1] 우리나라 헌법 개정과 공화국 변천 일람표.

(2) 1노 3김 선거전

새 헌법이 1987년 10월 29일 확정되자, 정국은 곧 그해 12월 16일 실시되는 대통령 선거전으로 돌입했다. 민정당에서는 노태우 후보가 일찌감치 대통령 후보로 선출되어 선거전에 뛰어들었다. 야당에서는 박정희 시대부터 신민당이란 강력한 야당을 구축해서 민주화운동에 헌신했던 김대중과 김영삼이 있었다. 전두환 정부가 들어서면서, 김대중은 광주민주화운동을 선동했다는 누명을 쓰고 사형을 선고받았다가 특별사면으로 미국 망명길에 올랐고, 김영삼은 국내에서 가택연금 상태로 정치활동이 묶여 있었다. 1984년, 양김은 정치활동이 풀리면서 그해 5월 18일 '민주화추진협의회(민추협)'를 결성하고 공동의장에 취임했다. 민추협은 1985년 1월 국회의원 선거에서 신한민주당(약칭은 신민당으로 박정희 시대 야당 이름과 동일)을 결성해서 참여했으며, 선거 결과 제1야당으로 떠올랐다. 그 여세를 몰아, 양김의 신민당은 전두환의 민정당에 직선제 개헌을 요구했고, 마침내 1987년 6공화국 헌법 개정을 성취했다. 당시 신민당 중추였던 민추협이란 조직은 일종의 민주화운동 동지회 모임 성격으로 김대중, 김영삼 두 정치적 거목(巨木)이 서거한 이후에도 그들의 정치적 지지자들에 의해 지금도 존속되고 있다.[2)]

한편, 민정당 노태우 후보가 선거전에 나선 상태에서, 신민당의 김영삼과 김대중은 서로 자신이 야당 단일 후보로 나서야 필승한다는 아집에 빠져 있었다. 재야에서는 사전 여론조사 결과를 바탕으로, 양김이 별도로 출마하면 노태우가 당선되고 민주화 세력이 필패한다면서, '양김 단일화'를 목청 높이 외쳤다. 양김 진영 실무자들은 한쪽이 대통령이 되어 통일, 외교, 안보를 책임지고, 다른 한쪽이 정당과 정부 내치를 책임지는 형태로 양김 단일화를 추진했지만, 영호남 지역감정, 차기 정국에 대한 불확실성, 양김의 개인적인 욕심 등으로 단일화는 끝내 결렬되고 말았다.[3)]

결국, 김영삼은 통일민주당을, 김대중은 평화민주당(평민당)을 각각 창당해서 대통령 후보로 나서면서 신민당은 분당하고 말았다. 후에 박정희 정부 2인자였던 김종필이 신민주공화당을 창당해서 대통령 후보로 나서면서, 1987년 선거는 소위 '1노 3김' 대결이 됐다. 선거 결과, 노태우 후보가 득표율 36.6%, 김영삼 후보가 28%, 김대중 후보가 27%, 김종필 후보가 8%를 얻어, 노태우 후보가 13대 대통령으로 당선됐으며, 1988년 2월 25일 대통령에 취임, 6공화국이 공식 출범했다. 이 결과는 투표 전 여론조사 결과와 오차 범위 내에서 같았다. 결국, 양김이 개인적 욕심으로 적전(敵前) 분열해서 충분히 가능했던 '군정종식(軍政終熄:

군사정부 끝내기)'을 눈앞에서 놓쳤고, 그게 국민을 안타깝게 했다.

1987년 선거에서는 모든 후보가 지역감정에 호소하는 극심한 지역 대결 양상이 등장했다. 불행히도, 김영삼은 부산 경남을, 김대중은 호남을, 김종필은 충청을, 하물며 노태우는 대구 경북을 각각 지역 지지 기반으로 삼으면서 선거의 지역 구도, 지역감정이 자리 잡았다. 전문가들은 지방색 앞에서 민주주의라는 대의(大義)는 없었다고 한탄했다.[4] 정치학자 강원택 교수는 다수 득표한 사람이 무조건 대통령이 되는 단순다수제 선거에서는 지역적 몰표를 얻는 정당이 전국적으로 고른 득표를 얻는 정당보다 유리하므로 우리나라와 같은 단순다수제 선거가 지역주의를 부추긴다고 보았다.[5]

이로써 군부에서 시민 정부로의 이양은 차기 정부로 미뤄지게 됐다. 김대중은 박정희에 이어 노태우에게 패하면서 두 번째 대통령 도전에 실패하게 됐다. 6.29 선언은 전두환 측이 양김 단일화가 되지 않을 것이라는 고도의 계산에 따라서 추진됐다는 설이 오늘날 설득력을 얻고 있다.[6]

朝鮮日報

오늘 13代대통령 選擧

전국 13,657곳서 投票

내일 오전중 當落판명

有權者 95% 投票한다

마유미 어제 서울도착

[그림11-2] 김현희의 서울 압송을 보도한 조선일보 1987년 12월 16일자 지면.

당시 선거를 2주 앞둔 11월 29일, 버마(지금의 미얀마) 근해 상공에서 대한항공 여행기가 북한 테러범이 설치한 폭발물에 의해 폭파되어, 대부분 한국인인 승객과 승무원 115명 전원이 사망했다. 이것은 엄청나게 끔찍한 테러였다. 선거 하루 전인 12월 15일 체포된 북한 테러범 김현희가 서울로 압송됐다. 김현희 압송은 무언가 안보에 불안을 느낀 국민이 보수적인 민정당 노태우 후보를 찍도록 유인하자는 민정당 측 의도가 있었던 것으로 의심해 볼 수 있다. 선거 전에 민정당과 북한이 음모해서 여객기 테러를 저질렀는지 확인할 길은 없다. 다만, 북한의 안보 위협을 남한 측 정당들이 선거에 이용하는 것을 '북풍(北風)'이라고 한다.[7] 북한이 총격을 가해서 도발했다면, 이때는 북풍 대신 '총풍'이라고 부른다. 실제 인물이었던 암호명

'흑금성'이 야당 김대중 후보를 낙선시키려고 안기부(현 국정원) 기획으로 자행한 1997년 북풍 사건을 그린 것이 영화 <공작>이다.

김현희는 조사 후 재판에 넘겨져 1990년 3월 사형을 선고받았으나, 공산주의를 청산하고 전향(轉向)했으며, 한 달 뒤인 4월 정부의 정치적 의도로 사면됐다. 김현희는 미모가 뛰어나 국민적 인기가 상당했고, 1991년 <이제 여자가 되고 싶어요>란 베스트셀러를 출간하기도 했다. 1997년 자신을 경호하던 전직 안기부 직원과 결혼해서 국내에서 살고 있다. 1990년 김현희 스토리는 신상옥 감독 김서라 주연의 <마유미>로 영화화됐다. 2013년, MBC는 김현희가 대한항공 여객기 폭파 사건 진범이 아닐 수도 있다는 의혹을 제기했으나, 그 의혹은 사실무근으로 드러났다.[8)]

(3) 여소야대 국회와 5공 청문회

1988년은 2월 노태우 대통령 취임에 이어서 바로 4월 26일은 13대 국회의원 선거가 있었다. 그 결과, 민정당 125석, 김대중의 평화민주당이 70석, 김영삼의 통일민주당이 59석, 김종필의 신민주공화당이 35석을 각각 차지했다. 집권당인 민정당이 의석수의 45%를 차지해서 과반에 미치지 못했다. 이는 야당이 힘을 합치면 의석의 55%를 차지하게 돼 다수결로 결정되는 국회의장부터 각 상임위원회 위원장(국회는 정부 행정부처를 담당하는 상임위원회별로 활동한다. 여기에는 국회운영위원회, 법제사법위원회, 기획재정위원회, 교육위원회, 외교통일위원회, 국방위원회 등 20개 상임위원회가 있으며, 여야 합의로 상임위원회는 임기마다 개편될 수 있다)을 장악할 수 있는 '여소야대(與小野大)' 상황을 의미했다. 당시의 여소야대 국회는 헌정 사상 최초였다. 이승만 정부, 박정희 정부, 전두환 정부에서는 단 한 번도 여당이 국회의원 정수의 50%에 미달한 적이 없었다.[9)] 여소야대란 말은 한 신문 제목이었으며, 이후로는 야당이 선거에서 승리할 때마다 이 단어가 자주 사용됐다.

야당은 국회의장직을 여당인 민정당에 양보했지만, 상임위원장 일부를 여당에 준 것을 제외하고, 나머지 대부분 상임위원장은 야당 의원들이 차지했다. 특히 여소야대 국회의 힘이 발휘된 것은 1988년 6월 27일 구성된 국회 내 '5공비리 특별위원회'였다. 위원장은 야당 김영삼계의 이기택 의원이 맡았다. 5공특위는 광주민주화운동 진상, 일해(日海)재단 비리, 전두환 일가 해외재산 도피, 국제그룹 해체 비리, 삼청교육대 비리, 외국 전투기 도입 스캔들, 부인 이순자 심장재단 비리, 전두환 동생 전경환 새마을 운동 비리, 경호실 재벌 기금 조성 의혹 등을 대상으로 전방위적 조사에 나섰다.[10] 특히, 일해재단은 전두환 아호를 딴 연구재단으로서 대기업 출연금으로 설립됐으며, 전두환은 퇴임 후 여기서 국정을 원격 조종하려고 했다. 일해재단은 현재는 국책 연구소 성격의 세종연구소가 됐다.

88올림픽 기간인 9월 17일부터 10월 2일까지 5공 특위 조사와 정쟁(政爭)이 잠시 중단됐다가 올림픽 후 다시 속개됐다. 전두환 5공 정부의 각종 비리와 이에 따른 책임과 처벌을 요구하는 조사위원회 활동, 언론의 사실적 보도, 그리고 국민의 거리 데모가 연이어 벌어졌다. 특히 올림픽 직후인 10월과 11월에는 서울과 부산 등 전국에서 '전두환, 이순자 구속 범국민 총궐기대회'가 열렸다.

전두환 단죄와 체포 목소리가 드높은 가운데, 드디어 11월 2일부터 5공 청문회가 국회에서 열렸다. 약 한 달간 계속된 5공 청문회는 전국에 생중계됐다. 아침부터 새벽 1, 2시까지 계속된 청문회 생중계는 전 국민을 텔레비전 앞에 모이게 했다. 서슬 퍼런 5공 때 권력 핵심 인물들인 장세동 안기부장 등 당시 청와대, 정부, 군 고위직, 피해자인 정주영 현대 회장, 언론사 사장들이 증인으로 청문회에 출석했고, 국회의원이 증인에게 질문의 맹공을 퍼부었다. 5공 청문회를 통해서 국민은 비로소 한국의 민주화를 실감했고, 성토당하는 5공 핵심 권력자들을 비추는 TV 화면을 보면서, 통렬한 카타르시스를 느꼈다. 뉴욕타임스는 한국의 5공 청문회를 "한 편의 드라마"라고 기사화했다.[11]

그중 노무현 초선의원의 날카로운 질문에 쩔쩔매는 증인들 모습은 5공 청문회의 하이라이트였다. 정치 신인이었던 노무현은 5공 청문회를 통해서 전국구 스타로 발돋움했다. 당시 사람들은 그를 '청문회 스타'라 불렀다.[12] 5공 청문회 마지막은 전두환의 증인출석이었다. 그러나 전두환은 형식적이고 의례적인 답변으로 일관했고, 이에 화가 난 국회의원 이철용은 "살인마 전두환"이라고 외쳤

고,[13] 노무현 의원은 의원 명패를 전두환을 향해 집어 던졌다.[14]

증언이 끝난 전두환은 11월 23일 "물러난 대통령이 퇴임하자마자 비리의 주인공으로 국민적 비판의 표적이 되고 만 것은 자업자득이라고 하겠으며, 국민 여러분의 어떠한 비난과 추궁도 모면할 길이 없어 속죄하는 뜻에서 재산 모두를 밝혀 국가 관리에 맡기고 연희동을 떠나겠다"고 발표하고 노태우 정부의 요구대로 강원도 인제의 백담사로 향했다. 일종의 귀양살이였다. 환원한 재산은 139억 원 정도였다.[15] 국민의 거리 데모와 야당에 끌려다니고 있는 여소야대의 다급한 정치 상황에서, 노태우 정부는 전두환에게 대국민 사과, 재산 환원, 백담사 자숙을 요구했던 것이다. 여기서부터 12.12사태 주역인 전두환과 노태우가 대립하기 시작했다. 전두환은 1988년 11월 23일부터 백담사에 머물다 1990년 12월 30일 하산했다. 2년 1개월 만이었다. 5공 특위의 비리 수사를 통해서, 전두환의 장인 이규동, 동생 전경환, 사위 이창석 등 전두환 친인척, 안기부장 장세동 등 권력 핵심 47명이 구속 기소, 29명이 불구속 입건됐다.[16]

(4) 88올림픽

[그림11-3] 88올림픽 포스터
(Ben Sutherland 촬영, flicker, 무료 이미지).

한국은 1981년 전두환 정부 시절 IOC에 올림픽 개최 신청서를 접수했다. 그해 9월 30일 독일 바덴바덴에서 열린 총회에서 경쟁도시인 일본의 나고야를 52 대 27로 누르고 서울이 개최도시로 선정됐다.[17] 원래 올림픽 개최는 국가 발전과 국력의 상징이었다. 1896년 1회 그리스부터 23회 1984년 LA올림픽까지 선진국만이 올림픽을 개최했다. 유일한 예외는 1968년 멕시코 올림픽이었다. 특히 히틀러는 1936년 베를린 올림픽을 독일 국력의 전시장으로 활용했으며, 전후 폐허가 된 일본이 1964년 동경올림픽을 계기로 선진국으로 도약했다. 한국도 일본처럼 1988년 올림픽을 개최해서 선진국으로 도약하려는 국가적 열망을 가졌다. 그리고 한국은 기적처럼 2019년 세계 5대 무역 강국으로 진입, 선진국이 됐다. 2008년 베이징올림픽도 한국처럼 선진국이 되겠다는 중국 굴기의 열망을 담고 있었다. 한국은 88서울올림픽에서 금메달 12개로 금메달 기준 세계 4위에 오르는 기염을 토했다. 한국은 올림픽을 통해서 한국인의 가능성을 전 세계에 과시했으며, 그 뒤 성공적 민주화, 산업화, 그리고 정보화로 승승장구해서 한국인의 저력을 전 세계에 증명했다.

(5) 북방외교와 남북 UN동시 가입

1980년 8월 14일, 노동자 천국이라는 공산국가 폴란드 그단스크 지역 조선소에서 노동자 파업이 일어났다. 수만 노동자들이 생활고를 이유로 파업에 참여했다. 파업을 주도한 노조 '솔리데리티(solidarity)' 지도자는 '레흐 바웬사(Lech Walesa)'였다. 폴란드 공산정권은 바웬사를 투옥했으나 세계가 주목한 상태에서 그를 더 이상 가둬두지 못하고 1982년 석방했다. 바웬사는 1983년 노벨평화상을 수상했다. 1989년 바웬사가 주도한 민주화운동으로 폴란드 공산당이 몰락했으며, 바웬사는 1990년 폴란드 대통령으로 당선됐다. 그는 2019년 우리나라에서 개최된 평창 평화포럼에 참석해 특별연설을 했다.[18)]

공산국가 폴란드의 노조 파업은 노동자 천국이라는 공산국가 모순 표출의 신호탄이었다. 1985년 소련 대통령 고르바초프는 나라 경제 침체를 타개하기 위해 '페레스트로이카(perestroika: 개혁이라고 번역되며, 사적 이윤 추구를 허용하는 정책을 말한다)'를 실시했다. 이에 힘입어, 1989년 헝가리, 폴란드, 체코, 슬로바키아, 1990년에는 불가리아, 루마니아, 유고연방(지금은 연방이 해체되어 보스니아, 크로아티아, 세르비아, 몬테그로로 분리됨)의 공산정권이 차례로 몰락했다. 이어서 독일통일과 소련 붕괴가 연달아 일어났다. 1945년 2차 세계대전 이후, 전 세계를 지배했던 미소 냉전체제가 붕괴하는 역사적 사건이 1989년, 1990년에 영화처럼 벌어진 것이다.

한국의 한 대학교수가 구 공산국이던 에스토니아 관광 중 만난 한 현지 청년은 88서울올림픽이 동유럽 민주화에 이바지했다는 뜻밖의 주장을 했다고 한다.

에스토니아 청년의 의견에 따르면, 84년 LA올림픽에 공산국가가 단체로 불참해서 모처럼 88서울올림픽에 참가한 동유럽 공산국가 선수들은 물론, TV 중계를 지켜본 동유럽 공산국가 국민은 한국이 동유럽 공산국가들보다 더 잘사는 모습을 직접 확인하고 놀랐다고 한다. 왜냐하면, 동유럽 국민은 한국이 미국의 식민지로서 세계에서 가장 가난한 나라라고 같은 공산국가인 북한으로부터 들어왔기 때문이다. 88올림픽을 통해서 받아들인 한국의 발전상에 대한 동유럽 국민이 눈으로 확인한 정보가 소련 붕괴 조짐과 맞물려 1989년부터 시작된 동유럽 공산정권의 몰락, 소련 해체, 에스토니아의 독립을 재촉한 원인 중 하나였다는 것이다.

에스토니아 청년의 증언은 실제 88올림픽 이후 공산권의 변동으로 일부 사실로 드러났다. 88올림픽으로 자신감을 가진 동시에 동유럽 민주화 분위기를 감지한 노태우 대통령은 중국, 소련과의 관계 개선, 공산권과의 무역 확대, 한반도 평화 정착 등을 이유로 공산국가와의 교류 확대와 외교 관계 개선을 외교 정책으로 설정했다. 이를 '북방외교'라 불렀다. 노태우 정부는 한국이 북한의 동맹국인 소련과 중국과 수교하면, 북한의 입지를 좁히고 남한의 안보를 강화하기 때문에, 당시 소련과 중국과의 수교는 대한민국 최우선의 외교 목표였다.[19)]

1989년과 1990년 동유럽 공산국가 붕괴와 북방외교로 탄력을 받아, 한국은 1989년부터 헝가리, 유고, 폴란드, 소련, 불가리아 등에 한국 무역사무소를 설치했고, 특히 헝가리와는 공산권 국가 중 처음으로 수교했다. 소련과의 수교 시, 경제가 어려운 소련 고르바초프는 미소 핵 감축 협정에 조인하는 등 미국과 서방 세계와 협력하자는 신사고(新思考) 정책을 실행했다. 이런 소련의 정책 전환이 결국 한국과 소련의 수교로 이어지게 됐다. 88올림픽 때 한국을 방문한 소련 기자들은 에스토니아 청년의 증언처럼 소련보다 잘사는 대한민국을 보고 충격을 받았다고 하며, 소련은 북한의 반발을 무시하고 1988년 말부터 여행, 우편, 전신, 전화 서비스 개통, 1989년 양국 무역사무소 개설, 1990년 6월 한소 정상회담(노태우-고르바초프)을 거쳐 1990년 9월 30일 공식 수교에 도달했다. 북한은 소련을 한국과의 경제협력 때문에 사회주의의 맹주 자존심을 팔았다고 비난했다.[20)]

88올림픽 이후, 중국과도 기업 교류를 시작한 한국은 1989년 중국의 천안문 사태로 주춤했다가 1990년부터 수교를 위한 외교 접촉을 시작했고, 1991년 소련이 붕괴하자 한중은 급속도로 수교를 진행해 1992년 8월 수교에 이르렀다. 한국이 소련과 중국과 수교하기에 이르자, 북한은 겉으로는 조용했지만 속으로는 위기감에 쌓여 핵 개발을 추진하기 시작한 것으로 보인다.[21] 다시 말하면, 북한의 핵 개발 추진은 북한이 핵 말고는 생존을 위한 다른 선택이 없었다는 것을 의미한다고 미국 기자 오버도퍼 등은 말했다. (북한은 84년부터 영변에 원자로 시설을 짓기 시작했고, NPT에 가입해서 IAEA의 사찰 대상이 됐으나, 그 당시는 북한 핵 문제가 세계적 관심사는 아니었다.)[22]

북방외교는 노태우 대통령 치적 중 대표적 업적이 됐다.[23] 영국 기자 마이클 브린도 88올림픽으로 한국의 역량이 세계인들에게 생생하게 전달된 계기가 됐으며, 이를 발판으로 추진된 북방외교로 남한은 북한에 외교적으로 완승했다고 평가했다.[24]

이런 국제정세의 변화를 바탕으로, 그동안 UN 회원국이 되지 못했던 남한과 북한은 1991년 소련, 중국, 미국의 후원으로 남북한이 동시에 유엔에 가입, 회원국이 됐다. 지금 우리는 중국, 러시아, 체코 등 동유럽 국가를 자유롭게 여행하고 있지만, 1990년 이전에는 감히 꿈도 꾸지 못한 일이었다.[25]

(6) 3당 합당

1990년 2월 9일, 노태우 정부는 온 국민이 깜짝 놀랄 만한 뉴스를 발표했다. 노태우의 민정당, 김영삼의 통일민주당, 김종필의 신민주공화당이 합당해서 민주자유당(민자당)을 새롭게 창당한다는 것이었다. 이는 여소야대 정국으로 3김이 이끄는 야당에 질질 끌려다니면서 5공 비리 수사 등으로 온갖 수모를 겪은 노태우 대통령의 승부수였다. 이들의 명분은 보수 대연합이었다. 노태우는 민주화운동 지도자 중 보수적이었던 김영삼에게 차기 대통령 후보를 비공개로 약속했고, 원래 보수인 김종필에게는 차기 내각제 개헌에 따른 책임총리제(대통령은 외교, 총리는 내치 담당) 등을 역시 비공개로 약속했으며, 김영삼과 김종필이 이를 수락했다. 이렇게 '3당 합당'이 성사됐다.[26] 민주 투사였던 김영삼은 군부 출신 노태우와 손을 잡으면서 "호랑이를 잡으려면 호랑이굴에 들어가야 한다"는 말을 남겼다.[27]

그 결과, 민자당은 안정적인 여당 중심 정치를 펼 수 있게 됐고, 진보적 민주화 세력인 김대중은 고립되는 상태에 빠졌다. 민주화 동지인 김영삼과 김대중은 이 사건으로 1987년 1노 3김 선거전에서 양김 단일화 실패로 멀어진 사이가 더욱 틀어졌다. 노무현, 이기택 등은 원래 김영삼의 권유로 정치에 입문했으나, 3당 합당 시 '야합(野合)'이라고 김영삼을 비난하고 그와 결별을 선언한 뒤, 나중에 김대중의 새천년민주당으로 합류했다. 노무현은 그 후 새천년민주당에서 대통령 후보로 선출됐다.

일본학자 다나카 메이 교수는 한국 정치를 양반 중심의 '통상의 정치'(이승만 시대의 자유당과 한민당, 그리고 4.19 이후의 민주당 모두 문인 중심의 유교적 전통과 양반 기득권에 뿌리를 둠)와, 군부 중심의 '예외의 정치'(박정희, 전두환의 능률과 실용 중심의 신종 무인 세력)으로 구분한 바 있다. 다나카 메이 교수는 그런 한국의 정치 판도가 3당 합당으로 군부의 예외의 시대에서 다시 과거 한민당과 민주당 전통을 이어받은 김영삼과 김대중의 기득권 '통상의 시대'로 회귀했다고 평가했다. 그 이유는 김대중 김영삼이란 민주화 세력이 폭력적으로 선거 대결을 벌였고, 군정 이양 목전에서 언어적 모순(민주화, 군부 독재 타도를 말로 외치면서 양김 단일화를 이루지 못한 것을 지칭하는 듯)을 보이면서 분열하는 양상이 과거 양반 기득권 야당(한민당과 민주당의 내부분열)의 통상의 시대로 복귀한 것과 같다는 논리였다.[28] 특히 다나카 메이 교수는 구한말 양반의 위정척사 기개가 현대 한국 정치에서 야당의 민주화 저항 정신으로 이어진 것은 긍정적이나, 망국의 책임이나 독재의 원인을 일본이나 미국 등 외세 악당에게만 묻고 자기반성은 소홀히 하는 사고방식을 지닌 것이 문제라고 지적했다.[29] 임진왜란, 병자호란, 일제강점기, 이승만 시대와 박정희 시대의 독재에 대한 통렬한 반성 없이 민주화 이후에도 적과 동지를 구분하는 진영 싸움만 하는 게 한국 야당의 통상적 모습이라고 다나카 메이 교수는 주장했다.[30]

한편, 3당 합당으로 위기를 느낀 김대중의 평민당은 지역 한계를 극복하기 위해 본격적으로 재야인사 영입에 나섰다. 결국 재야, 혹은 진보세력은 서서히 제도권 정당에 진입하거나 제도권 정당을 창당하는 양상을 보였다. 비제도권 진보세력이 확장된 자유와 인권에 힘입어 헤게모니 쟁탈전을 벌이기 위해 제도권으로 진출하기 시작한 것이다. 한국 정치에서 보수와 진보라는 이념적 차별화의 시작은 해방 공간이었다면, 여당의 보수 대연합과 야당의 재야인사 영입은 이념적 대결의 본격화, 첨예화였다.[31)]

재야인사 중, 이해찬, 문동환, 임채정, 이부영, 유인태, 박계동, 원혜영 등은 김대중의 평민당에 입당했으며, 강구철, 권인숙 등은 1988년 민중의 당을 창설했고, 예춘호, 장을병 등은 1988년 한겨레 민주당을 창당했으며, 백기완, 이우재, 장기표, 이재오, 정태윤, 김문수 등은 1990년 민중당을 창당했다. 전대협의 NL 계열은 PD 계열과 연합하면서, 3당 합당으로 보수가 결집하자, 노태우 정부를 친미 식민지 파쇼 통치의 연장으로 보고 타도 대상으로 삼았다. 이에 전대협 출신인 송영길, 이인영, 우상호, 임종석 등도 2000년에 김대중 정당에 합류했다.[32)] 이들 진보 인사 중 나중에 이우재, 이재오, 김문수는 김영삼 신한국당에, 정태윤, 박형준 등은 한나라당에 입당해서 제도권 정치인이 됐다.[33)]

진보 정당 민중당 대표인 김낙중은 북한의 장관급 공작원 이선실과 접촉하고 자진 월북, 간첩 교육을 받고 남파되어 36년간 간첩 활동을 한 혐의로 체포됐으며, 실형을 선고받고 1998년 광복절 특사로 석방됐다. 김낙중 사건은 노무현 정부 때 재조사했으나 간첩 혐의는 사실로 재확인됐다.[34)] 전대협은 1989년 6월 30일 외대 학생 임수경을 평양에서 열린 세계청년학생축전에 정부 몰래 참여시켰으며, 전대협 의장 임종석은 이 사건으로 5년 실형을 선고받았다.[35)]

다음은 박정희부터 노태우 시대까지 우리나라 각종 정치세력의 연관성을 나타낸 도표다.

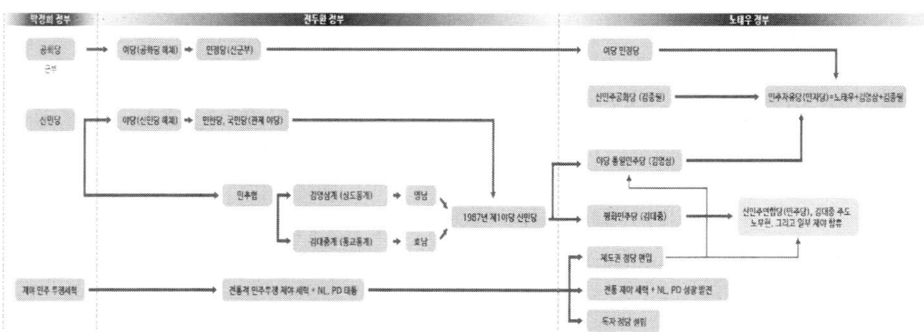

[그림11-4] 박정희부터 노태우 정부까지 우리나라 정치세력 변천.

2. 노태우 정부의 사회과학 이론적 이해

(1) 그람시의 헤게모니 이론

안토니오 그람시(Antonio Gramsci, 1891～1937)는 이탈리아 공산주의자였다. 그는 1911년 대학생 때부터 사회당 활동을 하는 친구들과 교우하면서 사회주의에 관심을 가졌고, 1913년부터 사회당원이 됐다. 1917년 농업국가인 러시아에서 레닌의 공산주의 혁명이 일어나자, 러시아 혁명이 과연 마르크스가 주장한 대로 프롤레타리아(자본 없는 집단인 노동자)에 의한 혁명인가를 의심하기 시작했다. 1919년 그람시는 '신질서'라는 잡지를 창간하고 "혁명적 소수가 폭력적으로 권력을 장악하는 데 성공할지라도 노동자들의 의식적인 투쟁이 선행되지 않고 구체적인 실천 및 조직 역량이 부족하면, 혁명은 오래 지속되지 못하고 자본주의의 용병 세력들에 의해 파괴될 것"이라고 주장했다. 이는 '억지 공산 혁명'의 문제를 지적한 것이다. 즉, 소련의 공산주의 혁명은 노동자들이 스스로 궐기해서 자본가를 타도한 혁명이 아니라 소수의 공산주의자(레닌, 트로츠키 등)가 다수의 노동자, 농민들을 선동해서 억지로 나라 전체를 공산주의 국가를 만들었다는 문제를 제기한 것이었다.[36)]

1926년 이탈리아 무솔리니의 파시즘 정부는 그람시를 무솔리니 암살 모의 혐의로 체포했다. 그는 감옥 안에서 엄청난 독서량을 바탕으로 자신의 사회주의 이론을 책으로 남겼다. 그는 폐결핵과 척추질환으로 건강이 나빠져 교도소 병원으로 이송됐으나, 1945년, 19년 형기를 마치고 고향으로 돌아가려는 날, 병이 심해져 사망하고 말았다. 당시 그의 나이는 46세였다. 감옥에서 적은 그의 글은 그가 죽은 후 <옥중수기(Prisoner's Notebook)>라는 제목으로 출간됐다.[37)]

그람시는 이 책에서 억지 공산 혁명 문제를 체계화했다. 그는 사회를 '정치사회'와 '시민사회' 두 가지로 나눴다.[38)] 정치사회는 권력의 물리적 억압으로 통치되는 사회고, 시민사회는 시민들이 권력 통치에 자발적으로 동의해서 따라가는 사회라고 했다. 그람시는 공산주의도 정치사회처럼 물리적 억압으로 시민을 통치하면 실패한다고 지적했다. 공산주의(공산당)가 시민들을 통치하도록 시민이 스스로 받아들이는(자발적 동의) 시민사회가 될 때, 비로소 공산주의 혁명이 성공한다고 그람시는 주장했다.[39] 여기서 시민들이 자발적으로 통치받겠다고 동의해줄 때 발생하는 권력, 또는 지도력을 그람시는 '헤게모니(패권)'라고 정의했다. 그람시는 시민들이 통치받겠다고 자발적으로 동의해서 얻는 지도력, 즉 진정한 헤게모니를 획득해야 사회주의가 성공한다고 보았다.[40]

그람시의 이런 '헤게모니 이론(시민사회 이론이라고도 함)'은 원래 공산주의 운동에서 비롯되었음에도 1990년대 노태우 정부 시절에 한국에서 여러 시민운동의 방법을 제시하는 용도로 많이 언급되고 인용됐다. 한국의 환경운동, 여권운동, 소비자운동 등 시민운동이나 NGO 단체들은 한국 사회 개혁을 시민들의 자발적 참여로 성취하자는 취지에서 그람시 이론을 언급했다.

그람시는 한 사회의 헤게모니(시민들의 자발적 동의로 얻은 권력)를 장악하기 위해서는 사회가 필요로 하는 이념에 충실한 사람들이 각자 자신이 속한 직장이나 지역에서 다른 사람들을 적극적으로 설득해야 한다고 주장했다. 이때 이념에 충실한 사람을 '유기적 지식인(organic intelligentsia)'[41] 또는 '전위대(vanguard)'라 했고, 이들이 각 직장이나 지역에서 설득에 나서는 것(일종의 이념 설득 작업)을 '진지전(陣地戰, position war)'이라고 했다. 사회를 개혁시키기 위해서는, 가정, 학교, 회사, 종교, 문화, 언론, 정당, 법원 등에서 유기적 지식인들이 설득의 진지전을 벌여, 해당 지역이나 직장 구성원들이 개혁 이데올로기에 자발적으로 따라오게 만들어야 한다는 게 그람시의 헤게모니 이론이다.[42]

노태우 시대가 들어서자, 국내 진보 정치인들은 그람시 이론처럼 사회 각계에서 진지전을 연상케 하는 활동을 전개했다. 학교는 전교조(노태우 시대인 1989년 5월 결성됨), 회사는 노동조합(노태우 시대부터 노동3권이 보장됨), 종교는 진보 종교단체(박정희 시대인 1974년에 천주교정의구현사제단이 결성됨), 언론은 노동조합 내지는 진보 언론인(한겨레, 민언협 등), 정당은 진보 정당(NL과 PD 계열이 서서히 제도권 정당을 창당하거나 기성 제도권 정당에 합류하기 시작함), 법원은 진보 판사들 모임(우리법연구회는 1988년 결성됨)이 유기적 지식인이 되어, 각자 진지전(사회 각계각층에서의 설득작업)을 벌이고, 헤게모니를 장악하는(자발적으로 사회 구성원들이 따라오도록 하는) 행동에 나섰다. 보수 진영은 학교, 언론, 종교, 법원 등에서 기득권 또는 주류에 속해 있으므로 헤게모니를 이미 얻고 있다고 보고 진보 진영의 진지전에 소극적으로 방어했고, 진보 진영은 보수가 장악한 시민들의 헤게모니를 빼앗으려고 적극적이고 공격적으로 설득작업에 나서는 양상이 펼쳐졌다.[43)]

그람시의 헤게모니 이론에 의하면, 특히 언론은 시민들의 헤게모니를 얻는 데 가장 중요한 수단이다. 한국에서 민주화와 동시에 신문이 등록제로 바뀌고, 한겨레신문 등 진보 매체가 등장하면서, 보수와 진보 진영 간 기존 미디어를 장악하거나 새로운 미디어를 신설해서 결국 국민으로부터 헤게모니를 쥐려는 설득 싸움이 그때부터 지금까지 계속되고 있다. 이런 식으로 유튜브 등 소셜 미디어, 공중파 방송, 인터넷신문 등 미디어는 당시나 지금이나 국민으로부터 자발적인 동의를 얻으려는 헤게모니 쟁탈 공간, 쟁탈 장(場)이 되고 있다.[44)]

2022년 문재인 좌파 정부 이후 윤석열 우파 정부가 들어섰지만, 민주화 이후 성장에 성장을 거듭한 민노총, 전교조, 참여연대, 민변이란 유기적 지식인의 헤게모니 진지전이 꾸준히 전개된 까닭에, 시민단체나 노동계가 정치권력을 위협하는 사회권력(사회 각계각층에서 영향력이 큰 상황을 지칭함)이 됐다는 진단도 있다.[45)]

(2) 하버마스의 공론장 이론

위르겐 하버마스(Jürgen Habermas, 1926～생존)는 독일 철학자다. 하버마스는 프랑크푸르트학파로 분류된다. 프랑크푸르트학파는 1920년대부터 대중사회의 상업성과 물질화(인간의 가치가 상품화되고 물질이나 돈으로 환산되는 경향), 사람들의 정치적 무관심(권력에 대해서 이성적 비판력을 상실하는 경향), 몰개성(지적 판단력이 부족해서 우르르 군중심리로 몰려다니는 경향)을 근거로 자본주의 사회의 비이성적 성격을 비판했다. 프랑크푸르트학파는 자본주의 대안으로 탄생한 소련 공산주의도 비판했다. 그들의 비판 근거는 공산주의가 고도의 억압적 관리 사회이며, 따라서 비인간적이고 비이성적인 통치체제라는 것이었다. 자본주의와 공산주의를 모두 이성이 상실된 비이성적 사회라고 동시에 비판한 프랑크푸르트학파 이론을 '비판이론(Critical Theory)'이라고 부른다. 비판이론은 인간 사회에 대한 일종의 비관적 이론이다. 자본주의든, 공산주의든, 어느 사회도 서로 대안이 되지 못한다는 비관적 세계관이 비판이론에 내포되어 있다.[46)]

하버마스는 후기 프랑크푸르트학파 학자다. 프랑크푸르트학파가 모두 문제가 있다고 비판한 자본주의 사회나 공산주의 사회의 대안은 이 지구상에 없는 것일까? 하버마스는 자본주의나 공산주의 모두 사람들의 합리적 비판 능력을 키워서 자유롭게 토론하는 공간을 늘려 가는 것이 제3의 대안이라고 했다. 여기서 하버마스는 사람들의 합리적 비판 능력을 '의사소통 경쟁력(communicative competence)'이라고 했고, 자유롭게 토론할 수 있는 공간을 '공적장(公的場, 또는 공개장, 公開場, 영어로는 public sphere)'라고 했다.[47)]

6공화국 노태우 정부부터는 한국의 언론과 표현 자유가 신장하고 확대됐다. 따라서 하버마스 이론에 의하면, 한국의 의사소통 경쟁력이 확장됐으며 더불어 공개장도 커졌다. 물론 오늘날은 소셜 미디어까지 의사소통 공개장이 되면서 사람들의 의사소통 경쟁력은 더욱 높아졌고, 따라서 공개장도 무한정으로 확대되고 있다. 문제는 소셜 미디어와 같은 방대해진 의사소통 경쟁력과 공개장도 그람시의 이론처럼 헤게모니 쟁탈 공간으로 변질해서 조작의 대상이 됐고(댓글 조작 사건 등), 의사소통 경쟁력이 양적으로만 커졌지 질적으로는 합리적, 이성적, 민주적이지 않다는 데 있다. 우리는 이것을 '헤게모니 위기'라고 진단할 수 있다.[48)] 헤게모니 위기란 보수와 진보, 신세대와 구세대, 기업과 노조, 남성과 여성, 심지어 종교계나 학계 등 어느 집단도 국민에 대해서 도덕적, 합리적 지도력(헤게모니, 즉 자발적 협조나 동의)을 얻지 못한 상황을 가리킨다.[49)]

3. 미디어의 민주화

(1) ISA 민주화

노태우 정부 들어서 군대, 경찰, 검찰, 법원 등 RSA(국가 억압기구)는 여전히 국가 지배를 받고 있었지만, ISA(국가 이념기구)는 민주화가 급속하게 진행됐다. 실제로는 1987년 6.29선언 직후 전두환 정부는 12월 실시되는 대통령 선거에서 노태우 후보의 득표를 돕기 위한 차원에서 민주화 약속이 이행되고 있음을 보여줄 필요가 있었다. 이에 이미 1987년 전두환 정부 말기부터 ISA의 민주화를 시작했다. 그 안에는 방송 시나리오 사전 심의제 폐지, 문공부 홍보조정실 폐지, 노동관계법 개정 등이 포함됐다.[50]

이어서 전두환 정부는 이승만 정부 시절, 또는 박정희 정부 시절부터 금지된 공연금지곡 186곡, 방송금지곡 500곡, 판매금지 서적 650종 중 431종을 1987년 8월 18일 해금했다.[51] 이때, 왜색조(일본풍)라는 이유로 금지됐던 이미자의 <동백아가씨>, 퇴폐적이라고 금지됐던 신중현의 <미인> 등이 해금됐다. 송창식의 <왜불러>는 반말 투의 가사, <고래사냥>은 불순한 내용 연상(포경 수술로 짐작됨), 한대수의 <물 좀 주소>는 물고문을 연상, 김추자의 <거짓말이야>는 건전치 못하다는 이유, 이장희의 <그건 너>는 남에게 책임을 전가한다는 이유, 양희은의 <아침이슬> <임을 향한 행진곡> 등은 운동권 노래라는 이유 등으로 금지됐다가 이날 모두 해금됐다.[52]

특히 언론을 옥죄던 언론기본법이 6.29 선언의 언론자유 보장 약속에 따라서 전두환 정부 말기인 1987년 11월 폐지됐다. 그리고 방송법과 정기간행물의 등록에 관한 법률로 대체됐다.[53] 이에 따라서, 신문이 허가제에서 등록제로 바뀌었다.

노태우 정부가 1988년 들어서면서 ISA의 민주화는 가속됐다. 노조 설립이 자유화됨에 따라서 언론사마다 노조를 결성하기 시작했다. 1989년에는 전국언론노조연합(언노련)이 설립됐다. 정부 지시에 의한 권위주의적 교육을 참교육으로 바꾸자는 전교조가 결성된 것은 1989년 5월 28일이었다. 교수들도 1987년 민주화를 위한 전국교수협의회(민교협)를 조직했다. 민교협도 전교조처럼 현재까지 존속하고 있으며, 민교협과는 별도로 대학마다 교수회, 교수협의회, 교수노조 등의 교수 자치단체가 활동하고 있다.

1989년에는 합리적인 중도시민단체를 표방하는 경제정의실천시민연합(경실련)이 창립됐다. 변형윤 경제학자를 비롯해서 박홍 서강대 총장, 서경석 목사 등이 경실련 설립을 주도했다.[54] 경실련은 참여연대, 환경연합과 더불어 우리나라 3대 시민단체 중 하나로 합리적인 NGO 시민운동의 상징으로 자리 잡았다.

대중가요 심의는 1990년대에도 일부 존속됐다가, 1996년 10월, 음반과 비디오물에 대한 사전심의가 위헌이란 헌법재판소 판결에 따라서, 현재 음반과 비디오물은 법적 사전 검열제도는 없고, 방송국이 자체 심의해서 연령 등급을 표시하면 된다. 단지, 청소년보호법에 따라서 여성가족부가 음란물, 성적인 묘사, 살인, 범죄 미화 등으로 청소년에게 유해하다고 판정을 내리면, 노래나 비디오물은 '19금' 표시가 붙는다.

전두환 정부의 방송금지곡 해금에 이어, 1988년 7월 19일, 노태우 정부는 월북한 문인들의 작품을 일부 해금시켰다. 시인 백석의 <나와 나타샤와 흰 당나귀>, 시인 정지용의 <향수> 등 월북 문인 100여 명의 작품이 해금됐다.[55] 가수 이동원과 테너 박인수가 부른 노래, 정지용 시인의 <향수>는 1989년 김희갑의 작곡으로 발표돼 대중의 사랑을 받았다. 정지용의 고향 충북 옥천에서는 지용문학제가 개

[그림11-5] 정지용 향수 문학관 내부(Jocelyndurrey 촬영, wikimedia, 무료 이미지).

최되고 지용문학관도 건립됐다. 하지만 작가 겸 언론인이었던 홍명희는 북한 김일성 밑에서 부수상까지 오른 전력이 문제가 돼 그의 소설 <임꺽정>은 1996년 김영삼 정권 때에 가서 해금돼 책으로 출간됐고 SBS에서 드라마화했다.

(2) 신문과 방송의 민주화

노태우 정부가 들어서자, 언론자유가 과거보다는 대폭 확대되면서, 전국언론노동조합(언노련)이 1988년 결성됐다. 각 언론사에는 언노련 지부가 조직되고, 언론사 노조는 공정보도위원회(방송국) 내지는 공정편집위원회(신문사) 등을 구성하고 정부 간섭에 의한 신문과 방송 보도를 감시하기 시작했다.[56]

전두환 정부 때 사장이나 편집국장을 수행한 간부들은 노조에 의해 자리에서 쫓겨나는 수모를 당했다. 이 중에서 KBS, MBC, 경향신문, 서울신문, 부산일보 등은 심각한 내홍을 겪었다. 예를 들어, 1990년 3000여 명의 KBS 사원들은 전두환 정부 때 임명된 서기원 사장을 어용이라 칭하며, 총궐기해서 사장 퇴진을 외쳤고, 방송 제작을 거부했다.[57] MBC 기자들도 사장 퇴진을 외치며 동맹파업에 돌입하자, 정부는 경찰력을 동원해서 물리적으로 사태를 해결하려고 해서 커다란 반발을 샀다. 1988년 부산일보는 사장과 편집국장 퇴진을 외치고 파업에 돌입했으며, 그 결과 이들이 퇴진하고, 그 대가로 얻은 편집국장 기자 선출제를 지금까지 유지하고 있다.[58]

1988년 언론 민주화 과정에서 대부분 언론사는 편집국장 직선제를 요구했다. 대학 총장직선제와 언론사 편집국장 직선제는 당시 민주화의 상징이었다. 그러나 좁은 편집국 안에서 재임을 노리는 현 편집국장과 차기 국장을 노리는 부장들 간에 후배 기자를 상대로 상시 선거 운동이 벌어지는 등 직선제 부작용이 일자, 신문사들은 하나둘 편집국장 직선제를 폐지했으며, 한겨레도 2005년에 이를 폐지했다.[59] 그러나 부산의 부산일보와 국제신문은 아직도 편집국장 직선제(또는 회사가 지명한 편집국장에 대한 기자 동의제)를 유지하고 있다. 대학 총장직선제도 처음에는 민주화의 상징으로 그 효용성을 인정받았으나, 차차 교수 사회의 정치화라는 문제점에 직면했다. 현재는 사립대학 대부분이 총장직선제를 폐지했으며, 국립대학은 대부분이 총장직선제를 유지하고 있다.

언론 민주화는 곧 콘텐츠 민주화로 연결됐다. 5공 청문회가 전국에 생중계돼 과거 권력자들이 정치적 탄압을 받았던 국회의원들로부터 호된 질책을 받는 장면이 TV 화면으로 전국에 생중계된 것은 그야말로 언론 민주화의 화려한 전리품이었다. 노태우 정부 때부터는 광주민주화운동을 다룬 다큐멘터리 작품들이 제작돼 제한적이기는 했으나 방영되기 시작했다. 광주민주화운동을 다룬 드라마 내지 영화 중 1995년 김영삼 정부 때 김종학 PD의 <모래시계>가 첫 작품이었다. 1991년부터 방영된 드라마 <땅>은 본격적으로 박정희, 전두환 시대의 정치와 경제 불평등 문제를 다룬 드라마였으나, 외압에 의해 16부작을 끝으로 조기에 종영되고 말았다. 노태우 시대 방송 민주화는 이처럼 부분적이고 제한적이었다.[60] 민주화는 아직도 잡힐 듯 잡히지 않은 채 시간이 가고 있었다. 이때를 지적한 한시(漢詩) 시구가 '춘래불사춘(春來不似春)'이었다. 그 뜻은 '봄은 왔으나 봄 같지 않다'는 것으로 1980년 '서울의 봄' 때도 이 시구가 유행했다.

(3) 언론기본법 폐지

최악의 언론 통제법인 전두환의 언론기본법이 폐지됐다. 폐지된 시점은 전두환 말기인 1987년 11월이었다. 이를 대체한 새로운 신문 관련법(정기간행물 등록에 관한 법률)은 신문과 잡지 허가제를 폐지하고 등록제를 보장했다. 등록제란 정부가 정한 일정한 요건을 갖추면 누구나 신문을 발행할 수 있게 하는 제도다. 1988년 노태우 정부가 들어서자, 등록제 시행의 여파로 전국지가 6개(경향, 동아, 서울, 조선, 중앙, 한국)에서 21개로 늘었다. 지방지는 10개에서 40개로 급증했다. 당시 새로 창간된 신문에는 국민일보(순복음 교회), 세계일보(통일교), 문화일보(현대가 이때 창간했으나 손을 떼고 우리 사주 중심으로 운영하다가 다시 현대가 운영함), 평화일보(카톨릭 교회), 한겨레(민언협 중심 국민주) 등이 있다.

특히 한겨레는 우리나라 정부 수립 후 최초 진보 언론이며, 한겨레의 등장으로 우리나라는 보수와 진보 양 진영 목소리를 모두 들을 수 있는 언론 생태계가 조성됐다. 원래 한겨레는 박정희, 전두환 시대의 해직 기자 모임인 민언협(현재의 민언련)이 창간을 주도했다. 이들은 국민주 모집 형태로 신문사 창간 자금을 조성했는데, 약 100일간 2700명의 국민 주주들이 50억 원의 주식을 출자해주어, 1988년 5월 15일 무사히 창간에 성공했다. 창간 당시 공식 명칭은 '한겨레신문'이었지만, 1996년 '한겨레'로 명칭을 바꾸었다. 신문 사상 최초로 편집국장을 직선제로 선출했고, 파격적으로 전 지면을 가로쓰기와 순 한글로 제작했다. 당시만 해도 조중동 등 모든 신문은 세로쓰기, 세로짜기, 국한문 혼용이 기본이었다. 한겨레의 등장은 다른 언론사에 커다란 충격과 긴장 그 자체였다. 조중동 기자들이 박정희, 전두환 시절 보신(保身) 차원에서 언론 탄압에 숨죽이고 있을 때 밖으로 나가 투쟁하던 자신들의 동료들이 바로 한겨레 기자들이었기 때문이다.[61)]

부산에서는 전두환 시대에 부산일보에 통합됐던 국제신문의 과거 주주들이 힘을 모아 국제신문을 1989년 2월 복간했다. 부산을 대표하던 국제신문은 복간 후 과거 영광을 되찾으려 노력했지만, 부산일보가 선점한 신문 시장을 탈환하지 못하고 경영난에 고전하던 중, 롯데가 매입해서 현재의 국제신문 사옥을 신축하고 입주했다. 그 후 앞장에서 언급된 것처럼 롯데가 손을 떼고 현재는 서울 지역 대형 사찰인 능인선원이 국제신문 소유주다.

같은 시기인 1989년에는 '항도일보'도 창간되어, 부산에서는 부산일보, 국제신문, 항도일보의 3개 일간지 시대가 구축됐다. 항도일보는 지역 상공인들이 자금을 보아 창간했으나, 곧바로 경영난에 봉착했으며, 이에 대우가 인수하고 제호를 '부산매일신문'으로 바꿨다. 그러나 노조와 대우와의 갈등으로 고전하다가, 대우가 무너지면서 1998년 부산매일신문도 문을 닫을 수밖에 없었다. 현재 부산 일간지는 부산, 국제 양대 일간지에 일부 군소 일간지가 공존하고 있다.

(4) 언론사 담합의 붕괴

언론기본법이 폐지되고 신문사 등록제가 실행되면서 전두환 시대에 형성된 독과점 카르텔이 붕괴하자, 신문계에 지각변동이 일어났다. 6개에 불과했던 전국지들은 전두환 시대 내내 신문 구독료, 광고단가, 하루 발행 면수 등에서 똑같이 보조를 맞추었고, 심지어 논조도 신문사 간 유사하게 펼쳤다. 이런 안일한 신문 간 독과점 경영 형태가 한겨레의 등장으로 깨졌다. 1991년 한겨레는 정부 부처, 기업체 등 모든 출입처에서 명절 때가 되면 관례대로 출입처 모든 기자에게 일괄 지급하던 촌지를 거절했다. 그리고 그때까지 존재했던 기자들의 촌지 수수 관행을 폭로했다. 이에 모든 일간지는 그동안의 출입처 촌지 수수를 독자들에게 사과해야 했다.[62] 조중동이나 KBS, MBC 등 대형 언론사들은 법인카드 제도를 도입해서 기자들이 취재에 사용하는 경비를 회사가 부담했다. 그래도 존재했던 일부 언론인들의 촌지 수수 관행은 2015년 제정된 김영란법으로 더욱 설 자리가 없어졌다.

이런 상황에서 당시 발행 부수가 가장 적었던 전국지인 한국일보는 과거 이승만, 박정희 시대의 선두 자리를 되찾기 위해서 공격적인 경영 전략을 추진했다. 앞장에서 한국일보의 분투를 대략 소개한 바 있지만, 그 내막은 더욱 처절했다. 한국일보는 조석간제로 하루에 신문을 두 번 발행했고, 월요일 휴간 날(과거에는 월요일이 신문 휴간 일이었음)에는 한국일보 자매지인 일간스포츠를 구독 가정에 서비스로 배달했다. 무엇보다도 한국일보는 지방 시장을 공략하기 위해서 영남 지역에 인쇄공장을 따로 차려 다른 중앙지보다 신속하게 뉴스를 영남 지역에 배달하기 시작했다.[63] 한국일보가 이렇게 치고 나오자, 그동안 담합했던 신문사 간 카르텔 체제가 일시에 무너지고, 신문사 간 극심한 취재 경쟁, 특종 경쟁이 벌어졌다. 이는 바람직했지만, 결국 구독자 유치를 위한 신문사 지국 간 지나친 경품 제공 경쟁이 벌어졌고, 지국 직원들이 아파트 이삿짐을 날라주고 신문 구독을 권하는 사태까지 나타났다. 결국, 신문 간 극심한 독자 확보 경쟁은 지국 배달원 간 칼부림이 나는 사태까지 발생했다.[64] 한국일보는 이런 공격적 경영에도 불구하고, 1위 탈환에 실패했으며, 동화그룹이라는 새로운 사주를 맞게 됐다.

신문들은 경쟁적으로 발행 지면을 늘리기 시작했다. 다양하고 풍부한 읽을거리를 제공한다는 강점을 경쟁 전략으로 삼았기 때문이다. 1960년대 신문들은 하루 8면 발행이 고작이었는데, 1980년대는 하루 12면을 발행하다가, 경쟁이 시작된 1988년에는 하루 16면, 1989년에는 하루 20면으로 발행 지면을 늘렸다. 요즘 신문들은 하루 40면 전후를 발행할 정도로 하루 발행 지면이 확대됐다, 지면 발행이 많아지자, 신문들은 그 많은 지면을 채울 광고를 기업에 구걸하는 상황으로 변해갔다. 신문 구독자 수입과 광고비 수입은 원래 5 대 5 정도가 이상적이나, 구독자 수익보다는 광고 수익이 점차 커지더니, 최근에는 3 대 7 내지는 2 대 8로 광고 수익 의존도가 증가했다. 결과적으로 노태우 정부 이후, 정부의 언론 간섭은 많이 줄었지만, 기업의 언론 간섭은 전두환 시대보다 더 증가했다.

노태우 정부는 KBS1, KBS2, MBC 3개 공중파 공영방송 체제에서 1개의 민간 상업 방송 설립을 허가해주기로 했다. 전두환 정부는 민영 방송을 없애고 유럽식 공영방송 체제를 추구했기 때문에 KBS와 MBC는 모두 공영방송 체제를 유지하고 있었다. 그런데 1980년대 이후 전통적으로 공영방송 체제를 가지고 있던 유럽도 상업 방송을 인가해 주면서 공민영 혼합체제로 전환 중이었다. 이에 경제 규모가 커진 우리나라 상황에서 이제는 우리도 상업 방송이 있어야 한다는 여론이 강했으며, 이를 근간으로 1990년 민간상업 방송을 허용하자는 새로운 방송법이 국회를 통과했다. 이에 따라서 민간상업 방송 공개 신청을 통해서 대구 지역의 건설 업체였던 태영이 선정돼, SBS가 출범했다. 노태우 대통령이 대구 출신이어서 대구 지역 건설사인 태영이 사업자로 선정된 데 대해 뒷말이 많았다.[65] 1980년 전두환의 언론통폐합 정책에 따라서 민간 방송인 TBC(동양방송), DBS(동아방송)가 사라진 이후, SBS라는 민간상업 방송의 출현은 11년 만의 일이었다. SBS는 수도권, 강원과 충청 일부 지역을 가시청권으로 했으며, 1995년 김영삼 정부 때 부산, 대전, 대구, 광주에서, 1997년에는 청주, 전주, 울산에서, 2001년에는 제주에서 지역별 민간상업 방송이 허가되고, 이들과 제휴하면서 전국 네트워크화가 가능해졌다.

4. 한국 사회변화의 변증법

헤겔은 역사란 하나의 목적(이성과 자유 실현이라는 철학적이고 추상적인 목적)을 위해 항상 발전한다고 봤다. 사람의 이성이 진보하는 과정에서 역사도 발전한다는 거였다. 이런 헤겔의 역사 발전 원리를 마르크스의 유물론적 변증법과 대비해 '관념론적 변증법'이라고 부른다. 변증법은 하나의 주장이 나올 때마다 그 주장에 맞서는(부정하는) 주장이 나오고, 두 주장이 대립하다가, 두 주장을 통합한 제3의 주장이 형성된다는 철학적 논리다. 이를 철학적 용어로는 '정립(定立, thesis)' → '반정립(反定立, anti-thesis)' → '종합(綜合, synthesis)'이라고 한다. 그런데 변증법을 역사에 도입하면, 역사는 계속해서 변해야 하므로, 현재 상태가 정립이 되고, 현재 상태는 반정립이란 새로운 도전을 받으며, 결국 새로운 상태인 종합 단계로 발전한다고 볼 수 있다. 그러면 종합 단계는 다시 정립 단계가 되면서, 또 다른 반정립의 도전을 받게 되고, 그 결과로 새로운 종합 단계가 다시 생성된다. 그 종합은 다시 또 새로운 정립이 되어 변증법은 영원히 순환한다고 헤겔은 설명했다.[66)]

마르크스는 헤겔의 관념론적인 변증법을 인류 역사의 생산양식이라는 유물론적 변화로 설명했다. 원시 공산 경제 → 고대 노예 경제 → 봉건 경제 → 자본주의 경제 → 사회주의 경제 → 공산주의 경제 등의 인류 생산양식 변화는 단계마다 정립 → 반정립 → 종합의 순환 구조에 의해 변증법적으로 발전했다고 주장했다. 이것이 바로 마르크스의 '유물사관' 내지는 유물론적 변증법이다.

헤겔의 변증법을 한국 근현대사에 적용해 보자.[67)] 한국 사회는 고대부터 사람을 억압하는 사회구조가 있었다. 이게 한국 역사의 '정립'이었다. 여기에는 조선시대의 신분 세습제, 전제군주제, 일본의 식민 지배, 그 후의 권위주의 독재, 군부 독재, 국가 중심 지배 구조(군부-기업-언론 3자 동맹) 등이 있었다. 이것들이 곧 지배계급들의 지배 구조였으며, 시대가 변해도 지배계급은 계속 지배 구조를 재생산해서 민중을 지배했다.

그러나 한국 역사는 민초가 시대별 지배계급이 만든 지배 구조에 꾸준히 저항했음을 보여주고 있다. 한국 민중들은 지배 구조(정립)를 부정하는 저항 행동(반정립)을 실천했다. 그것들이 곧 구한말 동학, 농민전쟁, 일제강점기 독립운동, 정부 수립 후 4월 혁명, 광주민주화운동, 언론자유 투쟁, 6월 민주화운동이었다. 그 어떤 지배 구조도 한국 민중의 저항 의식을 잠재우는 데 성공하지 못했다. 영국 기자 마이클 브린은 한국인은 동양적 권위주의, 집단의식, 가족 기반 유교적 특성을 물리치고 민주화를 이룬 나라이기 때문에 아시아에서 가장 흥미로운 민주국가라고 평가했다.[68] 이는 한국 역사 속의 지배 구조와 민중의 저항 행동이란 변증법적 역동성에 대한 외부인의 긍정적 평가로 보인다. 구조(정립)와 저항(반정립)의 내용이 약간 다르기는 하지만, 한국 현대사를 "산업화 세력과 민주화 세력 간의 팽팽한 긴장 속에서 위기를 뚫고 제도를 개선해 간 변증법적 과정"이라고 본 역사학자도 있다.[69]

'지배 구조(정립)'에 대한 '저항 의식(반정립)'의 결과가 곧 '산업화와 민주화(종합)'였다. 다시 정리하면, 산업화와 민주화는 곧 구조적 억압(정립) → 저항 의식(반정립) → 종합의 산물이었다. 한국 근현대사의 산업화와 민주화는 다시 정립이 돼서 또 다른 반정립의 저항(부정)을 맞고 있을 것이다. 그것이 무엇일까? 그리고 그 후에 탄생할 종합은 또 어떤 사회일까? 그것이 역사 발전의 역동성 속에서 우리가 직면하고 극복해야 할 역사적 과제다.

주석

1) 민주화운동기념사업회, "함께 쓰는 6월 항쟁", 2019. 12. 24., https://c11.kr/cbg4
2) 한국민족문화대백과사전, "민주화추진협의회", 2019. 12. 24., https://c11.kr/cbg7
3) 고정애, "87년 YS-DJ 실패...노태우 어부지리", 『중앙일보』, 2002. 11. 18.
4) 남시욱, 『한국 보수세력 연구』, 청미디어, 2020-a, 532쪽.
5) 강원택, 『한국 정치의 결정적 순간들』, 21세기북스, 2021, 169-171쪽.
6) 조갑제, "노태우가 말한 6.29 선언의 진실", 『조갑제닷컴』, 2006. 2. 3.
7) 성한용, "'우리가 해봐서 아는데...' 북풍의 추억", 『한겨레』, 2019. 6. 2.
8) 조한대, "KAL기 폭파는 조작사건...전두환, 김현희 모두 고소할 것", 『중앙일보』, 2018. 6. 27.
9) 정관용, "특별기획1: 역대총선 통해서 본 민주화의 가능성 1988년 4.26총선-한국 최초의 여소야대", 『역사비평』, 봄호(통권 18호), 1992, 75-83쪽.
10) 두산백과, "5공비리특별위원회", 2019. 12. 24., https://c11.kr/cbiq
11) Susan Chira, "Seoul Scandal: Day and Night Drama", *The New York Times*, 1988. 11. 10.
12) 강민진, "29년전 오늘, 노무현을 세상에 알린 헌정사 첫 청문회가 열렸다", 『한겨레』, 2017. 11. 2.

13) 손용석, "'당신은 살인마야' 전두환 국회증언", 『한국일보』, 2016. 12. 31.
14) 차형석, "초선의원 노무현, 명패를 투척하다", 『시사저널』, 2004. 10. 19.
15) 부산역사문화대전, "5공비리청문회", 2019. 12. 24., https://c11.kr/cbjm
16) 신성호, "검찰, 5공 비리 수사 11개월 마무리", 『중앙일보』, 1989. 1. 31.
17) 한국민족문화대백과사전, "서울올림픽대회", 2019. 12. 24., https://c11.kr/cbjq
18) 한덕동, "바웬사 전 폴란드 대통령 '난 한국의 친구, 통일 보고 싶어'", 『한국일보』, 2019. 2. 10.
19) Don Oberdorfer & Robert Carlin, *The Two Koreas*, 이종길/양은미 역, 『두 개의 한국』, 길산, 2014, 294쪽.
20) *Ibid.*, 307-334쪽.
21) *Ibid.*, 369-377쪽.
22) *Ibid.*, 379쪽.
23) 한국민족문화대백과사전, "북방외교", 2019. 12. 24., https://c11.kr/cbjw
24) Michael Breen, *The New Koreans*, 장영재 역, 『한국, 한국인』, 실레북스, 2018, 266쪽.
25) 국가기록원, "남북한 UN 동시 가입", 2019. 12. 24., https://c11.kr/cbk3
26) 김재한, "1990년 3당 합당의 비밀...승리연합 이론 따른 지분 결합", 『중앙일보』, 2016. 1. 24.
27) 우경임 외, "대도무문...호랑이를 잡으려면 호랑이굴로 들어가야", 『동아일보』, 2015. 11. 23.
28) 다나카 메이, 윤학준 역, 『한국정치를 투시한다』, 길안사, 1995, 28-29쪽.
29) *Ibid.*, 31-34쪽.
30) *Ibid.*, 71-72쪽.
31) 강원택, *op. cit.*, 235쪽.
32) 남시욱, 『한국 진보세력 연구』, 청미디어, 2020-b, 310-321쪽.
33) *Ibid.*, 323쪽.
34) *Ibid.*, 386-388쪽.
35) *Ibid.*, 342-344쪽.
36) 그람시에 관한 서술은 [인물세계사, "안토니오 그람시", 2019. 12. 24., https://c11.kr/cbko], [문화연구자, "안토니오 그람시", 2019. 12. 24., https://c11.kr/cbkq] 등을 참조해서 작성했다.
37) Ibids.
38) Antonio Gramsci, *Prison Notebooks*, New York: International Publishers, 1971, pp. 114-120.
39) *Ibid.*, p. 12.
40) *Ibid.*, p. 198.
41) Thomas Bates, "Gramsci and the Theory of Hegemony", *Journal of History of Ideas*, 34, 1975, p. 353.
42) 조갑제, "안토니오 그람시란 유령이 배회하고 있다", 『월간조선』, 2003. 7. 2.
43) Ibid.
44) Tae Chul Jung, "The Media, Social Conflict and Change in South Korea", Unpublished Dissertation, University of Missouri-Columbia, MO., 1989, pp. 155-160.
45) 김대중, "선거에 이겨도 사회권력을 못 얻으면", 『조선일보』, 2021. 4. 6.
46) Robert Antonio, "Immanent Critique as the Core of Critical Theory: Its Origins and Development in Hegel, Marx and Contemporary Thought", *British Journal of Sociology*, 32, 1981, pp. 330-341.
47) Jürgen Habermas, *Communication and the Evolution of Society*, Boston: Beacon Press, 1976, p. xii-xiii.
48) Nestor Garcia Canclini, "Culture and Power: The State of Research", *Media, Culture and*

Society, 10, 1988, pp. 467–497.
49) Gramsci, *op. cit.*, 198쪽.
50) 남시욱, *op. cit.*, 2020–a, 534쪽.
51) 정광용, "[이 주일의 역사]금지곡 186곡 해금(1987.8.18.)", 『부산일보』, 2008. 8. 18.
52) 왕성상, "광복 70주년 기록으로 본 '금지곡들'", 『기록인』, 32호, 2015, 76–83쪽.
53) Ibid.
54) Ibid., 540쪽.
55) 김지영, "[책갈피 속의 오늘] 1988년 월북문인 120여명 해금", 『동아일보』, 2007. 7. 19
56) 정철운, "언론노조 30년 30개의 시선(1)", 『미디어 오늘』, 2018. 11. 21.
57) KBS뉴스, "KBS 사태 서기원 사장 출근 저지", 『KBS』, 1990. 4. 13.
58) 한국언론진흥재단 자료, "언론사상 최초의 전면파업 확대일지 부산일보 사태", 2019. 12. 24., https://c11.kr/cbly
59) 이영환, "정태기 한겨레 새 사장, '창간정신으로 돌아가겠다'", 『프레시안』, 2005. 2. 19.
60) 정재헌, "28일 도중하차 드라마 '땅' 연출/고석만 PD", 『중앙일보』, 1991. 4. 27.
61) 김영호, 『한국언론의 사회사(하)』, 지식산업사, 2004, 410–430쪽.
62) 한겨레 30년사 편찬팀, "언론계 촌지 문화를 고발하다", 『한겨레』, 2018. 7. 3.
63) 한국일보 사고, "한국일보, 전국동시인쇄시대 개막, 창원 영남본부 21일 본격가동", 『한국일보』, 1991. 8. 16.
64) 미디어오늘 사설, "살인사건 부른 신문의 과당 경쟁", 『미디어 오늘』, 1996. 7. 24.
65) 한국경제 기사, "새 민방지배주주 태영으로 선정", 『한국경제』, 1990. 10. 31.
66) 네이버 학생백과, "현대 철학의 원천, 헤겔", 2019. 12. 24., https://c11.kr/cbmk
67) 한국 미디어, 사회갈등, 사회변화를 변증법적으로 보려는 아이디어는 다음 논문을 참조했다. Dallas Smythe, "New Direction for Critical Communication Research", *Media, Culture and Society*, 6, 1984, p. 206.
68) Breen, *op. cit.*, 379쪽.
69) 송재윤, "진보가 변해야 나라가 산다", 『조선일보』, 2022. 11. 15.

Chapter 12

김영삼, 김대중, 노무현 정부의 후기 권위주의 언론

1. 김영삼 정부와 미디어

(1) 사회갈등과 사회변화

13대 노태우 대통령 임기가 끝나가는 1992년 12월 18일, 6공화국 2기 14대 대통령 선거가 치러졌다.

거대 여당 민자당은 1990년 3당 합당 당시 노태우, 김영삼, 김종필 간 내각제로 개헌하자는 합의각서가 있었다. 내각제는 국회의원에서 다수를 차지하는 당이나 계파에서 총리가 나와서 국방과 행정을 담당하고, 별도 선거로 선출된 대통령은 국가를 대표해서 외교를 책임지는 제도다. 그런데 1992년 선거를 앞두고, 1991년부터 노태우 정부 실세였던 박철언 장관과 김영삼의 불협화음이 일었다. 박철언은 노태우 정부 시절 정무장관, 체육부 장관을 역임하고, 북방외교 실무를 담당했으며, 3당 합당 추진 주역이었다. 이런 화려한 경력으로 6공의 황태자라 불렸다. 박철언은 원래 합당 당시 합의대로 내각제 개헌을 김영삼, 김종필에게 촉구했다. 김종필은 동의했으나, 김영삼은 "내각제를 백지화하지 않으면 탈당하겠다. 김영삼 아니면 정권을 재창출할 사람이 없다"고 내각제 합의 파기를 주장했다. 박철언과 노태우는 김영삼 없이 정권 재창출을 모색했지만, 당시 막강한 김영삼의 정치적 영향력을 무시할 수 없었다. 결국 내각제 개헌은 물 건너가고, 김영삼은 당내 대통령 후보 경선에서 박태준(포스코 설립자)과 대결하여 승리하면서, 천신만고 끝에 민자당 대통령 후보가 됐다.[1] 일본 역사학자 다나카 메이는 당시 김대중을 이길 자는 김영삼밖에 없었기 때문에 민자당은 김영삼을 대통령 후보로 선택한 것이라고 이 상황을 평가하면서, 양김은 대립하면서도 동시에 교묘한 협력관계에 있었다고 진단했다.[2)]

이때 내각제 합의가 깨지자, 김종필은 민자당을 탈당해서 충청도 기반의 자민련을 만들었다. 그 후 박철언 역시 민자당을 탈당하고 정주영이 만든 신당(국민당), 김종필이 만든 자민련 등으로 전전하다가 정계를 은퇴했다. 1993년에는 슬롯머신 뇌물 사건으로 복역하기도 했다. 화무십일홍(花無十日紅)이었다.[3)]

한편, 1987년 13대 대통령 선거에서 양김 단일화에 실패하고 1노 3김 대결에서 노태우는 물론 정치적 라이벌인 김영삼에게 뒤지고 3위를 차지한 김대중은 평민당을 계속 이끌다가 1991년 군소 야당을 통합해서 민주당을 창당했다. 경쟁자가 없던 민주당에서 김대중이 대통령 후보로 선출돼, 김대중은 김영삼과 14대 대통령을 놓고 재대결을 벌였다. 개인적으로 김대중은 당시 14대 대통령 선거전이 대선 도전 세 번째(첫 번째가 박정희와 대결, 두 번째가 1노 3김 대결)였다.

[그림12-1] 1998년 판문점에서 촬영된 정주영 현대 명예회장(wikipedia, 무료 이미지).

그런데 1992년 14대 대선에 변수가 돌출했다. 우리나라 최대 재벌 중 하나인 현대 정주영이, 전두환, 노태우 시절 막대한 정치자금을 뜯긴 나쁜 경험 때문에 기성 정치인들을 극도로 혐오한 나머지, 본인이 직접 대통령이 되겠다고 결심했다.[4)] 그는 통일국민당(국민당)을 만들고, 학자 출신 거물 정치인 김동길[5)]을 총재로 영입, 본인이 직접 대통령 후보로 14대 대선 경쟁에 뛰어들었다. 그는 수십만 현대 직원을 선거 운동원으로 동원했고, 경제 대통령론을 내세웠으며, 김영삼을 후원한 조선일보에 현대 광고를 중단하는 등 공격적인 선거전을 펼쳤다.

선거전이 한창일 때, 김기춘 당시 법무부 장관, 부산시장, 부산경찰청장, 안기부 부산지부장, 교육감, 검사장, 상공회의소장 등 부산 유지들이 부산 대연동 초원복국집에 모였다. 이들은 "우리가 남이가. 이번에 김영삼이 대통령 안되면 영도다리에 다 빠져 죽자"를 외치면서 지역감정을 이용해 김영삼 후보 당선에 총력을 기울이자고 결의했다. 이 회합을 정주영의 국민당 사람이 도청, 녹음해서 언론에 공개했다. 이를 계기로 호남지역은 반(反)영남 견제 의식으로 결집했고, 영남 지역은 초원복국집 사건에 따른 선거법 위반 논쟁으로부터 위기감을 느껴 더욱 결집했다. 마침내 김영삼 후보가 김대중 후보를 따돌리고 대통령으로 당선됐다. 이를 '초원복국집 사건'이라 한다. "우리가 남이가"란 말이 한동안 유행했다.

김기춘은 선거법 위반으로 기소됐으나 나중에 무혐의 처분을 받았다.[6] 김기춘은 박근혜 정부 때 비서실장이 됐다가 문화계 블랙리스트 사건 등의 배후로 지목돼 수감과 석방을 되풀이하는 곤욕을 치렀다.

초원복국집 사건은 정치인들이 선거 때 지역감정을 악용한 대표적 사례로 꼽힌다. 지역감정은 한국 사회갈등의 지렛대였다. 김대중의 대선 호남 득표율은 매번 90%를 넘었다.[7] 영남 지역의 보수정당 몰표도 역시 선거 때마다 반복됐다. 지역감정은 한국 정치의 고질이었다.

[그림12-2] 부산 남구 대연동에 자리 잡은 초원복국(개인 촬영).

14대 대선 득표율은 김영삼 42.0%, 김대중 33.8%, 정주영 16%, 박찬종 6%로, 김영삼이 14대 대통령으로 당선됐다. 특히 정치적 라이벌 김영삼에게 대통령 도전 세 번째마저 패한 김대중은 1987년 양김 단일화 실패의 책임까지 지라는 여론에 떠밀려 정계 은퇴를 선언하고 런던으로 떠나 장기간 체류했다. 김대중은 나중에 다시 정계 복귀를 선언하고 대선 후보로 네 번째 출마해서 1997년 15대 대통령에 당선됐다.

1993년 2월 25일 취임한 김영삼 대통령은 박정희, 전두환, 노태우로 이어지는 군부 출신 대통령에서 처음으로 민간인 출신이 대통령이 된 사실을 강조하기 위해 자신의 정부를 '문민(文民)정부(civil government라는 의미로 군부 정부의 반대말)'라 칭했다.8) 민주화운동의 기수였던 김영삼은 비록 3당 합당이란 보수 기반 민정당과의 통합을 통해 대통령에 당선됐지만, 개혁 정책을 시행했다.

김영삼 대통령은 취임 2일 후인 1993년 2월 27일 자기 재산 17여억 원을 공개했고, 고위 공직자들에게도 자발적으로 재산을 공개토록 지시했다. 부정 축재의 오욕을 씻자는 의미였다. 이후 공직자윤리법을 만들어 그해 9월부터는 입법, 사법, 행정부 1급 이상, 국영기업체 상근 임원 등 1000여 명의 고위 공직자 재산공개 제도를 역사상 처음으로 실시했다.9) 이 제도는 지금은 당연하다고 생각되지만, 당시로는 획기적인 사건이었다. 이 과정에서, 일부 공직자는 재산 고의 누락, 은닉, 투기 등으로 자진해서 사퇴했다.

[그림12-3]2011년에 촬영된 김영삼 전 대통령(Soonhee88 촬영, wikipedia, 무료 이미지).

김영삼 대통령은 모든 정치자금을 받지 않기로 하고 상징적으로 청와대 점심 메뉴는 날마다 칼국수라고 홍보했다. 실제로 김영삼 대통령은 물론 청와대로 초청된 외부 귀빈도 점심 식사는 무조건 칼국수를 먹었다. 청와대 칼국수는 유명해졌다.10) 그러나 본인은 청렴하게 칼국수를 먹는 동안, 아들을 포함한 측근들은 뇌물 수수로 감옥에 가야 했다.

뒤이어, 12.12사태 주동 세력이었던 군내 사조직 하나회 척결이 이어졌다.

그다음, 김영삼 정부는 구 조선총독부 청사였던 중앙청 건물을 철거했다. 일제 총독부는 한일합방 후 조선의 정기를 차단한다는 명목으로 1916년부터 경복궁 근정전 앞 건물들을 허물고 1926년 총독부 청사를 지었다. 총독부 청사는 해방 후 미군정청, 중앙청이란 이름의 한국 정부 청사, 국립박물관 등으로 사용됐다. 김영삼 정부는 일제 잔재 건물 철거를 결정, 1995년 8.15 광복절 때 중앙청 건물을 완전하게 해체했으며, 지붕 첨탑만 현재 천안 독립기념관에 전시돼 있다. 이를 계기로 조선 태조 때부터 390여 칸의 규모를 자랑하던 조선 대표 궁궐을 완전히 복구하는 경복궁 복원 사업이 시작돼, 2030년 완공을 목표로 공사가 진행 중이다.

[그림12-4] 사진 제일 앞 광화문 뒤뜰이 중앙청 건물이 철거된 자리다(이상곤 촬영, 위키백과, 무료 이미지).

김영삼 정부 때 시행된 획기적 제도 중에는 '금융실명제'가 있다. 과거 우리나라는 은행 통장을 개설할 때 본인 확인을 하지 않았다. 부정한 돈을 가진 사람일수록 통장 주인 이름을 본인 이름이 아닌 가명(假名)으로 개설했다. 은행은 예금주 신분증을 검사하지도 않았다. 과거 정부는 실명(實名) 은행 거래를 한두 차례 논의만 했을 뿐 제도화하지 못했다. 그만큼 기득권층의 정경유착, 뇌물 등으로 모은 검은돈이 흐르는 지하경제가 본인 명의가 아니라 가명이나 차명(借名) 통장 등으로 거래됐기 때문이다. 김영삼 대통령은 1993년 8월 12일 긴급 TV 생방송을 통해서 금융실명제를 전격으로 발표했다. 미리 공개적으로 발표하면, 검은 통장들이 사전에 손을 쓸까 염려하여 취해진 조치였다. 정부는 몇 달간 비밀 작업을 통해서 금융실명제를 준비했다. 이 제도 발표 후, 모든 기존 통장은 실명을 확인받아야 입출금할 수 있게 됐다. 수조 원의 가명(예를 들면 '홍길동' 이런 식의 이름), 혹은 차명계좌는 본인인지 확인받아야 실명으로 전환됐다.[11] 특히 차명계좌는 실제 존재하는 사람 이름으로 개설된 통장이지만, 그 이름은 빌린 것이고, 실제 주인은 따로 있는 통장이다. 이를 대포통장이라고도 하며, 아직도 검은돈을 가진 사람이 차명계좌를 불법적으로 이용하기도 한다.

東亞日報

"'93년 1월 비자금 4千億 市銀 40개계좌 분산예치'"

李源祚씨지시 百億씩 쪼개

盧前대통령 4千億중 일부

통장 역추적하면 확인가능

신한銀 92~93년 3百億 차명예금

韓日협정 자료 공개검토

모든 맛그린 제품은 화학조미료(MSG)를 넣지 않았습니다

[그림12-5] 박계동 의원의 노태우 비자금 폭로를 보도한 동아일보 1995년 10월 20일자 지면.

이때 수천억 원의 비자금을 가차명계좌로 가지고 있던 노태우 전 대통령이 측근을 통해서 김영삼 정부 핵심 인사에게 비자금 실명 전환을 암암리에 타진했다는 정보가 민주당 박계동 의원에 의해 폭로됐다. 1993년 금융실명제 실시 2년 후인 1995년 10월 19일의 일이었다. 이 폭로에 대한 검찰 수사가 착수되고, 3일 후인 10월 22일, 노태우 전 대통령 측근이 검찰에 자진 출두해, 그 돈은 노태우 대통령이 재임 중 사용하고 남은 '통치자금'이라고 이실직고했다. 이에, 노태우는 대국민 사과를 발표하고, 구속, 기소되어, 징역 17년에 2628억 원을 추징당했다. 이 밖에도 노태우에게 뇌물을 공여한 재벌 총수들, 뇌물 수수에 관여한 당시 경호실장, 청와대 수석들이 실형을 선고받았으나, 차기 김영삼 정부 때 국민화합 차원에서 사면 복권됐다.12)

원래 김영삼 대통령은 1993년 취임 직후 신군부 쿠데타 처벌 문제는 훗날 역사 판단에 맡기자는 입장을 가지고 있었다. 이에 반발한 시민단체들이 1995년 전두환, 노태우를 검찰에 고발했으나, 검찰은 '성공한 쿠데타는 처벌할 수 없다'는 논리로 불기소 처분했다. 이미 대통령이 되어 통치행위를 한 사람을 사법부가 범죄 여부를 판단한다는 것은 삼권분립에 어긋난다는 법학 이론에 따랐기 때문이다. 이게 1995년 7월의 일이었다.

그런데 그해 10월 노태우 비자금 사건이 터지자, 12.12 군사 쿠데타와 5.18광주민주화운동 강경 진압에 대한 국민의 진상 규명과 책임자 처벌 여론이 더욱

강해졌다. 김영삼 대통령은 이들 처벌을 '역사 바로 세우기'로 명명하고, 검찰에 전두환 체포를 명령했다. 이에 1995년 12월 2일 전두환은 연희동 집 앞에서 "본인은 국가와 민족을 위해서 최선을 다했으며 이왕 나 잡아갈 거면 야합에 협력한 김영삼 당신도 마땅히 같이 체포되어야 한다"는 일명 '골목 성명'을 발표하고 고향인 합천으로 향했다. 바로 뒤를 쫓은 검찰에 의해 전두환은 서울로 압송됐다. 1995년 12월 19일 성공한 쿠데타도 처벌할 수 있게 한 소급입법인 '5.18특별법'을 국회가 여야 합의로 만들었고, 이를 근거로 검찰은 전두환, 노태우 등 신군부 11명을 군형법상 반란수괴죄를 적용, 구속했다. 이들은 1996년 4월 17일 대법원에서 전두환 무기, 노태우 징역 17년형을 선고받았다. 전두환, 노태우 두 전직 대통령은 1997년 12월 22일 김영삼 정부의 특별사면으로 풀려났으며, 두 사람 모두 2021년 고인이 됐다.[13)]

김영삼 정부의 여당 민자당은 3당 합당으로 전두환의 민정계, 김영삼의 민주계, 그리고 김종필계가 그 내부에 복잡하게 혼재해 있었다. 그런데 전두환, 노태우 등 신군부를 처벌하는 과정에서 민정계가 와해했고, 김종필계는 이미 탈당해서 충청도를 기반으로 하는 '자민련'을 창당했다. 이에 김영삼 대통령은 민자당 당명을 1996년 2월 '신한국당'으로 변경했다.

1996년 12월 12일, 김영삼 정부는 국회의 동의를 받아 OECD(Organization for Economic Cooperation and Development)에 29번째 회원국으로 가입했다.[14)] OECD는 선진국들의 모임으로 국제적 위상은 높아지지만, 그만큼 시장을 개방해야 하고, 개도국을 지원하는 등의 의무가 따른다. OECD 회원국은 2022년 현재 38개국으로 늘었다.

1997년은 14대 김영삼 대통령 임기 마지막 해이면서 12월에는 15대 대통령 선거가 기다리고 있었다. 그런데 1997년 초기부터 한보, 삼미, 한신공영, 기아, 진로, 대농 등이 방만한 경영으로 연쇄 부도가 나면서 이들에게 대출이 많았던 국내 금융기관들이 부실해지기 시작했다.

한편, 동남아시아 국가들이 수출로 경제성장을 추진했고, 수출에 유리하도록 자국 화폐의 가치를 떨어트리고 달러 환율을 계속 높여왔다. 환율을 높이면, 같은 1달러어치 물건을 팔아도 높아진 환율만큼 자국 수출 수익은 자연 증가하기 때문이다. 그런데 아시아 물건의 주요 수입국인 미국 경기가 어려워지면서, 아시아 국가들의 수출길이 막혔다. 이때, 미국이 경기 회복을 위해 금리를 인상하자, 아시아 국가들이 미국에 갚을 이자가 늘어났고, 동시에 각국 화폐 가치가 떨어지면서 달러 환율이 오르기 시작했다.[15] 1996년 12월, 1달러에 844원이었던 한국의 달러당 환율이 1997년 3월에 879원, 그해 10월에 965원, 12월에는 무려 1415원까지 치솟았다.[16]

상황이 이렇게 전개되자, 한국에 투자했던 외국 자본들이 투자금을 회수하고 국내 시장에서 빠져나가기 시작하면서, 국내 은행의 기업 지원 자금이 부족했고, 오른 환율을 방어하려던 한국 정부가 외환보유고에 손을 대기 시작하면서 외환보유고가 급감하기 시작했다. 1997년 10월의 외환보유고는 223억 달러였던 것이 그해 11월에 73억 달러, 12월에는 30억 달러로 쪼그라들면서 국가 부도 사태 직전으로 추락했다.[17] 1997년 한국의 최고치 환율은 달러 당 1700원이었고, 금리는 25%, 주가지수는 400, 부도난 대기업은 12개에 이르렀다.[18] 국가 부도를 막기 위해, 한국 정부는 1997년 11월 21일 IMF(International Monetary Fund: 국제통화기금으로 국가에 돈을 대여해주는 일종의 나라 상대 은행)에 구제금융을 신청했으며, IMF, IBRD 등에서 약 580억 달러(약 60조 원)의 차관을 받았다. 그 대가로, 한국 정부는 부실 금융기관 정리, 재벌 개혁, 긴축 재정, 통화 정책 정비, 고금리 유지 등을 이행해야 했다.[19]

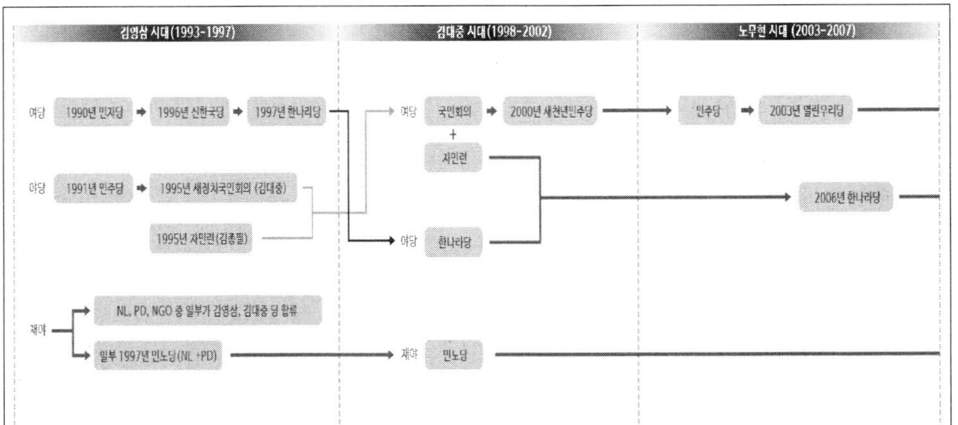

[그림12-6] 전두환부터 노무현 정부까지 정치 세력 변화.

이 과정에서 기업마다 대형 해고 사태가 일어나면서 경기가 악화하자, 12월 18일 치러진 선거에서 야당인 김대중 후보가 승리하고 정권을 인수하게 됐다. 4.19 이후 정상적인 선거로 우리나라 역사상 여야가 교체된 최초의 사건이었다.

1998년 은퇴한 김영삼 대통령은 2015년 88세를 일기로 서거했다. 그동안 김 대통령은 아들이 부정 수뢰 혐의로 감옥 가는 것을 지켜봤으며, 민주화의 화신이었고, 군부 잔재를 없애는 등 많은 정치적 개혁을 성공시킨 대통령이라는 업적을 가지고 있었다. 그러나 IMF 사태를 막지 못했다는 오명으로 그 업적이 일부 퇴색했다.

1990년 구소련과 동유럽 공산국가의 몰락은 국내 재야 급진 세력에 변화를 촉진했다. 우선 마르크스-레닌주의에 입각한 소련 사회주의에 결함이 있었다는 인식이 퍼지면서 PD계가 큰 타격을 입었으며, 북한과의 자주 통일과 반미에 치중했던 NL계열 내지는 주사파가 득세하기 시작했다.[20] 1993년에는 전대협이 한총련(한국대학총학생회연합)으로 개편되어 친북/반미 활동을 지속했고, 1994년 김일성 사망 당시 한총련은 전국 대학에 김일성 사망에 조의를 표하는 분향소를 설치하고 대자보를 게시했다. 그런 연유로 주사파로 몰린 대학생 36명이 구속됐다.[21] 1995년 전교조를 포함한 각종 노동단체가 규합하여 민노총이 결성됐다. 김영삼 정부는 민노총을 불법단체로 규정했으나, 1999년 김대중 정부 때 민노총이 합법화됐다.[22] 김영삼 정부 시절부터 대체로 재야는 김영삼 정당 혹은 김대중 정당 등 제도권으로 편입하기 시작했으며, 그 외의 재야 세력은 독자 정당인 민노당에 가담했다.

(2) 김영삼 정부의 미디어

김영삼 정부 때 언론자유는 건국 이래 최대로 상승했다. 노태우 정부 때부터 상승하기 시작한 우리나라 언론자유 지수는 세계적 언론자유 측정 단체인 '프리덤하우스'[23]나 '국경 없는 기자회'[24] 기준으로 김영삼 정부 때 30위 권 선진국 수준이 됐다. 김대중 정부 때는 다소 하락했으며, 이는 조중동과 김대중 정부가 대립했기 때문이다.

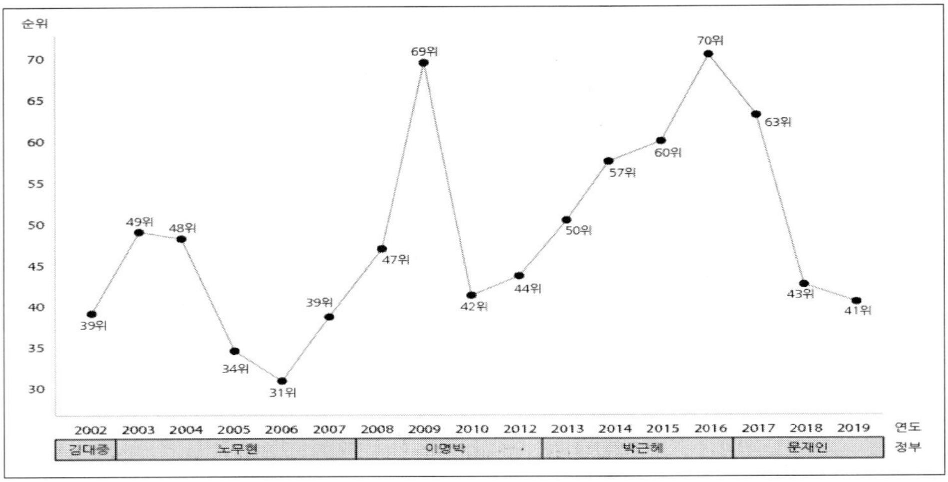

[그림12-7] 2002-2019 국경 없는 기자회의 언론자유 지수 연도별 한국 순위(자료를 바탕으로 자체 제작).

노태우 시대에 이어서 김영삼 시대에도 언론사 간 경쟁은 더욱 심화됐다. 신문들은 일일 발행 지면 수를 날로 확대했으며, 특히 '섹션 신문 시대'를 열었다. 종전까지 신문은 한 묶음(16면이든, 20면이든, 24면이든 한 묶음으로 접는 것), 즉 한 개 섹션이었다. 그러나 중앙일보가 스포츠 섹션, 경제 섹션을 별도 묶음으로 발행하면서 하루에 신문이 두세 섹션(묶음)으로 발행되기 시작했다. 요새는 주말 섹션, 여행 섹션, 패션 섹션 등 다양한 특별 섹션이 날마다 배달되어 신문 읽을거리가 풍부하다.[25]

가로 편집은 1990년대에 모든 신문으로 번졌다. 1970년대에는 스포츠면 등 일부 지면만 가로 편집이 등장하더니, 1985년에 스포츠서울 신문이 전면 가로 편집을 시도했다가 접은 적이 있었다. 1988년 한겨레가 전면 가로 편집을 시행하자, 1995년 중앙일보를 시작으로 동아, 조선 등도 곧 뒤를 이어 가로 편집을 실행했다. 1999년 세계일보를 마지막으로 모든 신문이 가로쓰기 형태가 됐다. 고조선 이후 세로쓰기 문자 문화를 가졌던 우리나라에서 이제 세로쓰기 문헌은 사라졌다.[26]

'독자 중심 신문'도 김영삼 정부 시대에 새롭게 등장한 개념이었다. '독자란', '독자의 소리' 등 독자 투고를 실어주는 지면이 속속 등장했고, 독자들의 불만을 들어주는 제도인 옴부즈맨 제도(ombudsman)가 시행됐다. 옴부즈맨 제도는 스웨덴의 민원 처리 제도에서 유래했다.[27] 지금은 방송국도 방송법에 따라서 의무적으로 시청자위원회를 두어야 하고 옴부즈맨 프로그램을 운영해야 한다. 시청자들의 권익을 도와주는 공익재단인 지역별 시청자미디어센터도 있다.

1995년 석간이던 중앙일보와 동아일보가 조간으로 전환했다. 부산일보는 2015년 석간에서 조간으로 전환했다. TV 때문에 독자들이 저녁 신문을 읽지 않는 경향이 지속되고, 광고 효과가 아침이 훨씬 좋다는 상식이 확대되자, 동아와 중앙이 이미 조간인 조선일보와 경쟁을 피할 수 없어 조간으로 갈아탄 것이다.[28]

국내에서 인터넷신문을 만든 것은 1995년 중앙일보가 처음이었다.[29] 뒤를 이어서 조선, 동아 등 모든 신문이 인터넷판 신문을 개설했다. 인터넷신문은 그때부터 성장하기 시작해서 지금은 종이신문의 인터넷판, 오마이뉴스나 프레시안처럼 종이신문 없는 독립형 인터넷신문 등이 생겼다. 대학 최초의 인터넷신문은 1998년에 설립된 경성대학교의 '디지털경성'이다. 경성대 미디어 커뮤니케이션학과는 대학의 언론 관련 학과 최초로 2013년에 상업적 인터넷신문, '시빅뉴스'를 설립하고, 마치 의대의 부속병원처럼, '학교 기업' 겸 '학과의 부속 언론사'로서 교수와 학생이 함께 만들고 있다. 시빅뉴스는 2017년 네이버와 카카오 뉴스 검색제휴사로 선정됐다.

1991년 노태우 정부 때 생긴 SBS에 이어, 김영삼 정부는 1995년 지방마다 민간상업방송국을 하나씩 허가해 주었다. 1995년 당시에는 부산의 PSB(현 KNN의 전신), 대전의 TJB, 대구의 TBC, 광주의 KBC 등 4개가 허가돼 SBS와 제휴(affiliation)를 맺었고, 그 후 1997년 청주의 CJB, 전주의 JTV, 울산의 UBC 등이 생겨 SBS와 제휴 관계를 맺었다.

1997년에 생긴 경기와 인천 지역 TV 방송국인 경인방송은 후에 TV를 접고 2007년부터는 SunnyFM으로 라디오만 송출하고 있다. 2001년에는 제주의 민방 JIBS가 생겨 SBS와 제휴를 맺었고, 2012년에는 경기/인천의 OBS가 새로 허가됐다.

TV는 공영인 KBS와 MBC, 그리고 민간상업 방송인 SBS의 3대 전국 네트워크 경쟁 시대가 열려 지금까지 유지되고 있다.[30] 김영삼 정부부터 TV 방송국 사이에 본격적인 시청률 경쟁이 일어나서 막장 드라마 등 방송 프로그램의 질적

하향 논란이 일고 있다.

1995년 3월부터는 전국에 케이블 방송이 시작됐다. 그 이전까지는 공중파인 KBS, MBC, SBS를 수신하기 위해 단독주택은 가정별로 TV 수상기에 안테나를 설치했고 아파트는 공청 안테나를 설치했다. 1995년에 케이블 TV가 생기면서, 각 가정은 셋업박스를 통해서 케이블로 기존 공중파 방송은 물론 수십 개의 케이블 방송을 시청할 수 있게 됐다. 우리나라 위성방송은 2002년 개국한 Skylife가 유일하다. BTV, 올레TV(쿡), U+ 등의 IPTV는 2007년부터 개시됐다.

김영삼 정부의 언론자유는 과거 권위주의 정부보다 많이 개선됐다. 동시에 다수의 종이신문, 인터넷신문, 공중파 방송, 케이블 방송, 지역별 민영방송 등의 '다채널 다매체 시대'가 열리면서 미디어 간 수용자 확보와 광고 수주를 두고 경쟁이 더욱 치열해졌다.

여기서 우리는 미디어가 확대된 언론자유를 국민의 알권리를 위해 사용했는지 자신들의 상업적 이윤을 추구하는 데 사용했는지에 대한 의문을 제기할 필요가 있다. 미디어가 상업적 이윤을 확대하는 과정에서 전문직업인(professionalism)답지 못한 사례들이 발생했기 때문이다. 언론사들은 명예훼손 등 많은 법적 소송에 직면했으며, IMF 사태와 같은 국가적 위기 상황을 사전에 예측해서 보도해 주지 못했다. 이는 한국 미디어의 전문직업인적 태도와 업무 수행 능력이 부족함을 의미한다. 또한 한국 미디어가 과거 군사정부의 체포와 구금 같은 물리적 정부 통제에서는 벗어났지만, 사주, 편집국 간부, 이익단체, 광고주, 구독률이나 시청률, 뉴스원의 PR에 영향을 받는 선진국형 언론통제, 즉 '사회적 통제(social control)'에 놓이게 됐음을 의미한다.[31)]

2. 김대중 정부와 미디어

(1) 사회갈등과 사회변화

김영삼 정부 시절, 민자당은 1996년 전두환의 신군부를 숙청하면서 신한국당으로 당명을 바꿔 5공 이미지, 3당 합당의 부정적 평판을 개선하려고 했다. 1997년, 신한국당은 대법관, 감사원장, 총리 출신의 이회창을 대통령 후보로 내세웠다. 이때 신한국당 대통령 후보 경선에서 이회창에게 밀려 탈락한 이인제[32]가 자신이 만든 신당 대통령 후보로 독자 출마하자, 위기를 느낀 신한국당은 선거 직전인 1997년 12월 '한나라당'으로 당명을 다시 바꿔 정권 지키기에 나섰다. 결국 보수 여당은 1980년 민정당 → 1990년 민자당 → 1996년 신한국당 → 1997년 한나라당으로 변모했다. 이게 다시 이명박 시절인 2012년에는 '새누리당'이 됐다. 새누리당은 2016년 박근혜 파면 이후 2017년 '자유한국당'으로 당명을 또 변경했다. 그 후로도 2020년 2월 '미래통합당'을 거쳐, 2020년 9월부터는 '국민의힘'이 됐다.

김대중은 1992년 12월 14대 대통령 선거전에서 김영삼에게 패해 대권 3회 도전에 실패, 정계 은퇴를 선언하고 런던에 체류했다. 그 후 1993년 귀국해서 정치활동 재개를 꿈꾸다가 1995년 9월 5일 과거 민추협 동교동계와 일부 재야인사(NL, PD 포함)를 영입해서 새정치국민회의(약칭 '국민회의')를 창당했다. 1997년 국민회의 대통령 후보가 된 김대중은 4회째 대통령에 도전하게 됐다. 같은 시기에 김종필도 충청도 기반의 자민련 대통령 후보로 선출됐다. 이렇게 해서, 한나라당 이회창, 국민회의 김대중, 자민련 김종필, 그리고 이인제의 4파전으로 15대 대선이 진행됐다.

그런데 김대중은 한나라당 기반인 영남과 김종필 기반인 충청을 제외하고 자신의 기반인 호남지역 지지만으로는 도저히 대통령 당선이 불가능하다는 선거공학적 표 계산 열세의 문제를 파악하게 되자, 충청 맹주 김종필에게 연합을 제안했다. 이게 'DJP(호남 김대중의 DJ+충청 김종필의 JP)연합'이었다. 김대중은 자신이 대통령이 되면 김종필을 총리로 임명하고, 추후 내각제 개헌을 통해서

[그림12-8]1999년에 촬영된 김종필 (wikimedia, 무료 이미지).

김종필이 총리가 되면서 권력을 장악하게 도와준다고 밀약했다. 나중에 김대중이 대통령에 당선된 후 김종필은 총리로 임명됐으나, 김대중이 내각제 개헌을 해주지 않아 김종필은 얼굴마담 총리에 그치면서 그에게 속았다고 했다.[33] 김종필은 3당 합당 때는 노태우와 김영삼에게, DJP연합 때는 김대중에게 각각 속은 모양새가 됐다. 한국 정치는 속고 속이는 게임의 연속이었다. 후에 김종필은 정계를 은퇴하면서 "정치는 허업(虛業)"이란 어록을 남겼다.[34] 허업은 겉만 번지르르하고 실속은 없으니 허무한 일이란 뜻이다.

15대 대선의 DJP연합은 성공적이었다. 투표 결과, 김대중 40.3%, 이회창 38.7%, 이인제 19.2%로 김대중 대통령이 당선됐다. 김대중과 이회창 표 차이가 근소했다. DJP연합에 의해 충청표가 없었으면, 김대중은 이번에도 고배를 마실 뻔했다. 민주화운동, 사형 선고, 납치, 망명 등 죽음의 고비를 넘나드는 고난의 세월과 대통령 도전 4수 끝에 드디어 김대중은 15대 대통령에 당선됐다. 그래서 사람들은 김대중 대통령을 '인동초(忍冬草: 혹독한 겨울을 이겨내고 꽃을 피우는 식물의 대명사)'라 불렀다.[35]

15대 대선은 여야가 평화적으로 정권을 교체한 사상 최초의 사건이었다. 노태우, 김영삼 정부의 보수 정권(공화당-민정당-민자당 등)이 최초로 진보적이면서 정통 야당인 김대중 정권으로 이전된 것은 세계적으로도 역사적인 사건이었다.[36] 이로써 한국은 전 세계로부터 산업화에 이어 민주화가 완성된 나라로 인정받게 됐다.

15대 대선부터는 대통령 방송 토론회가 실시됐다. 이회창 후보는 아들 둘이 모두 고의로 병역의무를 피했다는 악성 흑백선전에 고전했다. 나중에 이 사실을 터트린 병무청 직원 김대업은 허위사실 유포로 실형을 선고받았으나, 이미 선거는 끝난 뒤였다. 언론은 이를 '병풍(兵風)' 사건(병역 비리로 선거 바람을 일으켰다는 의미)이라고 불렀다.[37] 모든 선거에서 등장하는 '아니면 말고' 식 흑색선전, 허위사실 유포전은 지금도 계속되고 있다.

김대중 정부는 '국민의 정부'라 칭했다. 김대중 대통령은 임기가 시작되자마자 IMF 사태를 해결해야 했다. IMF는 우리나라 은행에 예금이자를 30% 가까이 높이도록 요구했다. 은행 예금이자가 1990년대 초기에 통상 8~9%에 불과한 것을 보면 이는 대단한 조치였다. 높은 예금금리로 은행이 국민으로부터 예금을 유치해서 기업에 자금을 지원하겠다는 의도였다. 그러나 대출 금리도 따라서 올라서, 기업의 부채 상환금이 늘었고, 기업 줄도산이 이어졌다. 한국통신, 한국전력, 담배인삼공사 등이 국가적 구조조정의 일환으로 민영화됐다. 이 과정에서 직원 수십만 명이 해고됐다. 잘나가던 제일은행에서 구조조정당한 직원이 찍은 비디오가 국민의 심금을 울렸다. 이는 나중에 '눈물의 비디오'라는 이름으로 국민 사이에 회자했다.[38]

사실, 젊은이들의 취업난, N포세대, 헬조선 등의 별칭은 1997년 IMF 사태부터 비롯됐다.[39] 어려운 경제 속에서 인터넷 붐과 함께 일확천금을 꿈꾸는 벤처기업가들이 생기면서 황금만능주의가 기승을 부렸다. 미래 불확실성으로 출산율이 낮아지기 시작했으며, 부부 겹벌이여야 삶이 꾸려지는 상황에서 아이들이 방치되고 청소년 문제가 증가했다. 경제난은 부부 이혼을 부추겼다. 노숙자가 늘어나고 조직폭력배가 증가한 것도 IMF 영향이 컸다.[40]

구한말 1907년, 일본으로부터 진 국가 빚을 국민 성금으로 갚자는 캠페인을 국채보상운동이라 했다. 이를 떠올린 정부 내 한 관료가 각 가정 장롱 속에 간직해온 금붙이를 국가가 싼값에 매입해서 이를 국외에 팔면 상당 금액의 외국 부채를 상환할 수 있다는 아이디어를 냈다. 국내 은행들이 금 매입에 나섰고, 이에 호응한 국민이 351만 명이었으며, 이때 모인 금이 227톤이었다. 시세로는 21억 달러어치(약 2조 원 상당)로 국가 부채의 일부 상환(IMF 구제금융 총액은 60조 원가량)이 가능한 금액이었다. 당시 국가가 사들인 금은 실제로 외국에 팔아서 부채 상환에 쓰였으며, 결과적으로 '금 모으기'는 외환위기 극복에 중요한 역할을 했다.

금 모으기는 애국심으로 국민을 단합하게 만든 효과도 있었다. 국가 부도가

난 그리스나 남미 등에서는 국민이 서로 싸우고 데모하는 등 난리를 부렸는데, 국가 부도 사태에서 한국 국민이 보여준 애국심은 세계가 한국을 주목하는 이유가 됐다. 금 모으기와 동시에 김대중 정부는 외국인 투자자를 끌어들이고, 수출을 늘려 무역수지를 개선했으며, 국내 산업의 구조조정 등 뼈아픈 노력을 기울였다. 김대중 정부는 1999년 9월 외환위기 극복을 공식 선언했고, 2001년에는 IMF 빚을 모두 갚았다고 발표했다. 1997년부터 시작된 IMF 사태는 이렇게 4년 만에 종결됐다. 그 과정에서 김대중의 리더십이 돋보였다.[41)]

[그림12-9] 다저스 시절의 박찬호
(shgmom56 촬영, flicker, 무료 이미지).

국가가 어려운 시절, 미국 메이저 리그에 한국인으로는 최초로 진출한 박찬호 선수는 1997년에서 2001년 사이에 LA 다저스 1선발로 평균 15승, 최고 18승을 올렸다. 1998년부터 LPGA에 참가한 박세리 선수는 그해 US 오픈 등 4개 대회에서 우승, 2016년 은퇴 때까지 통산 25승을 기록하며, 당시 IMF로 시름에 빠진 온 국민에게 용기를 주었다. 김대중 정부 시절 개최된 2002년 한일 월드컵 4강 신화는 IMF 위기를 극복하고 선진국으로 가는 한국의 출항을 알리는 신호탄이었다. IMF 사태를 극복하고 월드컵 4강 신화를 쓴 우리나라의 국력이 날로 상승했다.

원래 남북정상회담은 김영삼 정부 때 시작됐다. 1994년에 김영삼-김일성 남북정상회담이 날짜까지 합의돼 실무회담이 진행 중이었다. 그러나 정상 회담을 한 달 앞두고 김일성이 그해 7월 9일 심근경색으로 사망하는 바람에 역사상 최초의 남북정상회담이 무산됐다. 그해 1994년 연초에 '1994년 김일성 사망'을 예언한 무당은 유명세를 치렀고, 그녀의 점집은 문전성시를 이뤘다.[42)]

1998년 김대중 정부의 북한 방문 승인을 받고 현대그룹 정주영 명예회장이 6월과 10월 두 차례에 걸쳐 소 떼 1000마리와 트럭 100대를 몰고 북한으로 가서 김정일을 만난 일이 있었다. 정주영은 북측 지역인 강원도 통천군 아산리(현대 아산병원에 사용된 정주영 회장 호 아산은 여기서 따온 것) 출신으로 17세 때 고향에서 부친이 소 판 돈을 훔쳐 가출했다. 당시 소 떼 방북은 그가 훔친 부친의 소 한 마리 판 돈을 소 1000 마리로 갚았다는 의미가 있었다.

[그림 12-10] 1998년 10월 27일 정주영 현대 명예회장의 소떼 방북 사진. 1000마리의 소가 100개 트럭에 실려 북으로 향하고 있다(wikipedia, 무료 이미지).

이를 계기로 현대는 11월부터는 해상로를 이용한 '금강산 관광'을 독점 운영했다. 현대는 그 대가로 북한에 매월 1200만(120억 원) 달러를 지불했다. 그러나 2001년부터 관광객이 감소하자, 김대중 정부가 일정액을 현대에 지원했으며, 현대는 2003년부터 버스로 금강산 육로 관광길을 열어 수익 증대를 기대했다. 그러나 2008년 이명박 정부 때 해변을 산책하다가 북한군 철조망에 접근한 남한 여자 관광객을 북한 초병이 총으로 사살한 사건이 발생했고, 이후 금강산 관광이 중단됐다.43)

[그림12-11] 현대가 공사비를 도와준 북한의 류경정주영체육관(Uri Tours, flicker, 무료 이미지).

김대중 대통령은 원래 통일에 관심이 많은 정치인이었다. 70년대부터 미/중/소/일이 같이 모여서 한반도 불가침조약을 맺자는 4대국 안전보장론을 주장했고, 대결보다는 대화에 의한 점진적 통일 방안의 전 단계로 1민족 2국가 형태인 '남북연합제'를 평소에 주장해왔다(북한의 연방제는 1국가 2정부 형태). 보수 진영에서는 김대중 연합제 통일 방안이 용공(容共) 가능성이 있다고 비판해 왔다. 1998년, 대통령에 당선된 김대중은 남북정상회담을 추진했다. 대결보다는 대화라는 그의 통일 정책은 나그네의 옷을 벗긴 것은 강한 바람(강경 정책)이 아니라 따뜻한 햇볕(유화 정책)이었다는 이솝 우화에서 따온 '햇볕정책'이라 불렸다.[44)]

김대중-김정일 간 역사적 남북정상회담은 2000년 6월 13일부터 15일까지 열렸으며, '6.15남북공동선언문'이 발표됐다. 여기에는 ①남의 연합제 안과 북의 연방제 안을 바탕으로 통일을 지향하자, ②남북이산가족 상봉행사하자, ③남북은 경제, 문화, 체육, 보건 등에서 협력하자는 사항이 들어 있다.[45)] 이에 따라서, 남북 간 체육, 문화, 경제 교류가 활발해졌고, 남한의 비료와 쌀이 북한에 지원됐으며, 금강산 관광사업이 활기를 띠게 됐다. 문제는 교류 때마다 북한이 요구하는 현금을 김대중 정부가 북한에 주었다는 것이다. 개성공단 시작은 김대중 정부 때였으나, 착공은 2003년, 완공 및 입주는 2004년 노무현 정부 때였다. 개성공단은 남북 관계 악화에 따라서 2013년 중단됐다가 재개됐는데, 박근혜 정부 시절인 2016년 4차 핵실험에 따른 대북 제재 조치로 전면 가동이 중단됐다. 북한은 미북 정상회담 결렬 이후 2020년 6월 개성공단 내 남북공동연락사무소 건물을 폭파했다.

2002년 2월에는 경의선 복원 사업의 하나로 임진강에서 도라산 역까지 4km의 철도가 복원되기도 했다.

김대중 대통령은 남북정상회담을 이끈 공로로 2000년에 노벨평화상을 수상했다. 그는 한국인 최초 노벨상 수상자가 됐다. 노벨상 위원회는 김대중 대통령이 민주화에 헌신했고 남북 평화에 공헌했다고 수상 이유를 밝혔다. 이후 김대중 대통령은 '아시아의 넬슨 만델라'로 불렸다.[46)]

그러나 남북정상 회담 후유증이 터졌다. 2002년, 야당은 김대중 정부가 무리하게 남북정상회담을 추진하기 위해서 북한에 막대한 자금을 지급했다는 주장을 제기했다. 북한이 거액을 정상 회담의 대가로 요구했고, 정부가 이에 응했다는 것인데, 야당 주장은 그 액수가 수억 달러(수천억 원 규모)였으며, 정부는 이를 현대에게 부담하라고 요청했다는 것이다. 정부는 그 대가로 현대에 금강산 사업 이상의 독점사업권을 보장했다는 게 야당의 주장 핵심이었다.

야당 주장과 여론에 밀려, 국회 특검 팀이 꾸려졌다. 특검 팀은 2002년 4월 17일부터 6월 25일까지 박지원 비서실장, 정몽헌 현대 회장 등을 상대로 수사를 벌였다. 그 결과, 현대가 북한에 4억 5000만 달러(약 4500억 원)를 송금했고, 정부가 여기에 1억 달러(1000억 원)를 보탠 것으로 결론이 났다. 현대는 정부 요청 때문에 은행에서 돈을 대출받아 이를 북한으로 보낸 것인데, 은행이 나중에 현대에 대출금을 갚으라고 요구했고, 현대는 은행에 그 돈은 정부에 청구하라고 맞서는 과정에서, 현대 정몽헌 회장이 8월 4일 현대 사옥에서 투신자살했다.[47)]

영국 기자 마이클 브린은 남북정상회담이 돈을 주고 성사됐다는 사실이 국제적으로 미리 알려졌다면 김대중 대통령의 노벨상 수상은 불가능했을 거란 의견을 제시하기도 했다.[48)]

그런데 한국과 튀르키예의 월드컵 축구 3, 4위전이 열리던 날인 2002년 6월 29일, 남북정상회담의 6.15선언이 채 2년도 지나기 전에, 북한 경비정 2척이 서해 연평도 앞 NLL 구역을 침범해서 우리 경비정에 포격을 가했고, 양측이 교전을 벌였다. 이를 제2연평해전(제1연평해전은 남북정상회담 전인 1999년 발생)이라 부른다. 또한, 2002년 임기를 마친 김대중 대통령에게 2006년 북한 핵실험은 충격적이었다. 햇볕정책 과정에서 북한에 지급된 막대한 현금이 결국 북한 핵 개발로 돌아왔다는 비난에 휩싸인 김대중 대통령은 조용히 칩거하다 2009년 8월 18일 85세를 일기로 폐렴으로 서거했다.

남북정상회담이 김대중 정부 때 실현되고 6.15공동선언까지 발표되자, 김대중 정부는 친북 전력이 있는 공안 사범과 한총련 구속자를 대거 석방했다. 민노총, 한총련, 범민련(조국통일범민족연합, 1991년 김영삼 정부 때 출범한 친북 단체) 등은 통일대축전, 통일맞이 대동제, 장기수 송환 운동, 남북노동자체육대회, 한반도기 달기 범국민운동 등 통일 운동을 전개했고, 좌파 인사들의 북한 방문과 북한 찬양 고무 행동, 북한 간첩 검거 급감 등의 현상이 생기면서 보수 대 진

보의 이념 대결이 심해졌다.[49)]

(2) 김대중 정부의 미디어

15대 대선 당시, 조선일보와 중앙일보, 그리고 김영삼 정부의 영향 안에 있던 KBS와 MBC는 한나라당 이회창 후보를 지지했고, 호남 출신 김성수가 설립자인 동아일보만 민주당 김대중 후보를 지지했다. 대통령에 당선된 이후, 김대중 정부는 조선, 중앙일보와 극심한 대결 상태에 처했다. 특히 김대중 대통령이 심혈을 기울여 추진 중인 햇볕정책이 북한 퍼주기이며, 결국 북한의 무력 도발로 되돌아올 것이라고 보수 신문들은 햇볕정책을 노골적으로 반대했다. 군사정부 때와는 차원이 다르게 언론자유가 신장한 상태에서, 김대중 정부는 반대 언론에 '사회적 통제'(인적 관계, 법 제정 등에 의한 언론통제)를 시도할 수밖에 없었다.[50)]

이때 등장한 것이 '언론사 세무사찰'이었다. 2000년 남북정상회담 이후 북한 지원에 대한 보수 언론의 비난이 계속되자, 정부는 2001년 1월에 23개 일간신문에 대한 대대적인 세무사찰에 돌입, 탈세 여부를 조사했다. 물론 주 표적은 조중동이었다. 그 결과, 중앙일보가 850억, 조선일보가 864억, 동아일보가 827억 원을 각각 탈세한 혐의로 사장들이 구속되고, 탈세액을 추징당했다.[51)] 과연 세무사찰이 언론자유 위협인가, 정부의 정당한 탈세 조사인가에 대한 논란이 많았다. 미국의 한 연구는, 정부가 기업을 상대로 실행하는 일반적인 세무조사가 언론사에 가해진다면 언론 탄압이 아니지만, 정부가 특정 언론사, 특정 언론인을 상대로 특정 목적을 위해 세무조사를 하는 것은 언론자유 탄압이 될 수 있다고 했다.[52)]

범진보 진영의 안티 조선 운동은 김대중 시대부터 노무현 시대에 이르기까지 격렬하게 벌어졌다. <안티조선운동사>란 책도 나왔다. 소설가 이문열 씨 역시 조선일보에 보수적 시각의 글을 실었다는 이유로 진보 진영의 타도 대상이 됐다. 진보 단체는 이문열 씨 '책 장례식'을 치르기도 했다.[53)]

김대중 정부 시절부터 우리나라 언론에 대한 사회적 통제 문제가 대두되기 시작했다. 과거 이승만, 박정희, 전두환 시대 언론 탄압은 허가제, 사전검열, 기사압수, 언론인 체포와 구금이 주를 이뤘다. 이는 기자 신체에 물리적인 탄압을 가하는 방식이었다. 언론학에서는 이를 '정부 통제'라고 한다. 그러나 선진국가에도 언론통제는 있다. 국가 지도자는 누구나 우호적인 언론을 갖고 싶어 하기 때문이다. 선진국에서 나타나는 언론통제가 바로 사회적 통제다. 사회적 통제 종류는 ①기자 가치관 개입, ②편집국 간부나 사주의 통제, ③법적, 제도적 통제, ④뉴스원의 억압 내지는 언론플레이, ⑤광고주 압력, ⑥시민단체의 항의 및 불매운동, ⑦독자의 각종 항의 등이다. 이러한 사회적 통제 역시 서슬 퍼런 독재 정부의 검열이나 구금 못지않게 정신적, 금전적으로 국내 언론을 괴롭히는 주요 통제요인이다.[54] 국내 언론인들은 언론에 대한 사회적 통제를 언론통제로 여기지 않는 경향을 지니고 있다.

3. 노무현 정부와 미디어

(1) 사회갈등과 사회변화

박정희와 전두환 시절, 민주화 투쟁에 앞장선 그룹에는 크게 세 개의 흐름이 있었다.

첫 번째는 '보수적'(conservative) 민주화 집단이 있었다. 이들은 제도권에서 정당 활동을 하면서 민주화 투쟁을 벌였다. 김영삼 대통령이 대표적 인물이었다. 상교동계라고도 불렸다.

두 번째는 '진보적'(liberal) 민주화 집단이 있었다. 이들은 제도권 정당 활동을 하면서 비제도권 재야와 교류했다. 이들은 때로는 재야에 합류하는 등 제도권과 재야를 오갔다. 동교동계라 불렸다. 이들 대표가 김대중 대통령이었다. 재야에서는 김대중 대통령을 비판적으로 보면서 민주화를 위해서는 지지한다는 태도를 보였다. 이런 재야 세력을 '비판적 지지파(비지파)'라 불렀다. 재야의 비지파는 김대중 정부 시절에 일부가 제도권 정당에 합류하면서 국회의원이 됐다.[55)]

세 번째 민주화 세력은 '급진적'(radical) 민주화 집단이었다. 이들은 이승만 시대의 김구처럼 박정희 시대나 전두환 시대에 제도권 정당 활동에 참여하지 않았다. 이미 앞 장에서 간략히 언급됐지만, 여기서는 상세하게 급진적 재야 민주화 집단을 알아보기로 한다.

이 그룹에는 'PD'(People's Democracy, 민중민주주의, 평등파) 계열이 있다. PD는 자본주의 모순(재벌 문제, 노동자 권익)에 관심이 많다. 다른 하나는 'NL'(National Liberation, 민족해방주의, 주사파) 계열이 있다. NL은 분단된 조국의 모순(통일, 자주, 반미 등)에 중점을 둔다. PD와 NL은 각종 노동운동, 농민운동, 참교육 운동, 빈민 운동, 통일 운동 등에 참여한 사람들을 포함했다. NL과 PD는 지향점이 상호 겹치는 부분이 있으면서 다른 면이 있다.[56)]

김영삼 정부 때부터 재야의 NL과 PD는 서서히 제도권에 진입했다. 일부는 김영삼 정당에, 다른 일부는 김대중 정당에 진입했고, 노무현 정부의 열린우리당은 이들 급진적 민주화 세력이면서 NL과 PD라는 재야가 주축이 된 정권이었다. NL과 PD 일부는 독자적 급진 정당을 창당해서 제도적 정치에 참여했다. 1990년에서 1992년 사이에 존재했던 진보 정당인 민중당이 있었고, 1997년에 조직된 '민노당'은 민언협 출신 권영길을 대통령 후보로 내세워 96만 표를 얻을 정도로 선전했으며, 민노당은 2004년에 10명의 국회의원을 배출했다.

민노당이 북한 핵실험과 천안함 도발이 계속되는 데도 친북 성향을 보이자, 2011년 심상정, 노회찬 등이 민노당에서 나와 '진보신당'을 만들었다. 그 후 급진 세력은 진보신당과, 민노당이 변신한 '통합진보당(통진당)'으로 양대 세력을 형성했다. 통진당은 2014년 반국가 활동으로 헌법재판소에 의해 강제 해산됐다.[57] 진보신당은 현재의 '정의당'으로 변신했다.

김대중 대통령은 대통령 임기 중인 2000년 1월 20일 국민회의를 확대 개편하여 새천년민주당(약칭 민주당)을 창당했다. 2002년 12월 그 새천년민주당 16대 대통령 후보 경쟁은 ①한화갑(중도적, 동교동계, 나중에 박근혜에 협조), ②노무현(김영삼 당에서 김대중의 국민회의로 이적, 급진적), ③김근태(재야 출신, 급진적), ③정동영(진보적, MBC 앵커 출신)의 4파전으로 시작됐다. 민주당 대선 후보 선거전에서 재야 출신의 김근태는 노무현 후보 지지를 선언하고 사퇴했다. 결국 재야파와 진보 진영의 지지를 받은 노무현이 동교동계의 한화갑을 물리치고 민주당 대통령 후보가 됐다.

김대중 정부 시절, 야당으로 전락한 신한국당은 1997년 한나라당으로 당명을 바꿨다. 이미 한나라당 대통령 후보로 김대중 대통령과 직전 15대 대선에서 패한 바 있는 이회창은 2002년 12월 19일 치러진 16대 대통령 당내 경선에서 역시 한나라당 후보로 선출되어 노무현 민주당 후보와 대결했다.

16대 대통령 선거의 변수는 2002년 한일 월드컵 열기로 인한 국민적 인기를 바탕으로 대통령에 도전한 FIFA 부회장 겸 대한축구협회장 출신 정몽준(현대중공업 회장)의 부상(浮上)이었다. 그래서 대선은 이회창, 노무현, 정몽준의 3파전으로 진행됐다. 지지도는 이회창, 노무현, 정몽준 순이었다. 노무현은 선거 막판에 노무현-정몽준 단일화와 정몽준 후보 사퇴, 충청권 수도이전 공약으로 선거에 임했다. 이회창은 귀족 이미지, 아들 병역 면제 비리 의혹, 미군 장갑차 여중생 압사 사건 등의 반미 감정이 보수 측 악재로 작용해서 결국 노무현 후보에 패했다. 투표 결과는 노무현 48.6%, 이회창 46.6%, 권영길 3.9%였다. 선거 결과는

박빙이었으며, 충청권 수도이전 공약 등이 호재로 작용해 근소하게 이겼던 것으로 평가됐다.[58)]

경기고와 서울법대 출신, 대법관, 감사원장, 총리 경력의 이회창은 공교롭게도 목포상고 출신 김대중과 부산상고 출신 노무현 등 상고 출신에게 두 번 패하고 정계를 은퇴하고 말았다.[59)]

노무현 대통령은 취임 후 김대중 전 대통령의 동교동계 중심 새천년민주당을 정리하고 자신의 정치적 노선과 같이 할 수 있는 재야 출신 중심 '열린우리당(약칭 우리당)'을 2003년 창당했다. 열린우리당의 후신인 새정치민주연합에 몸담았던 박지원, 정동영, 나중의 안철수 등이 분파하여 2017년 민주평화당, 바른미래당 등을 만든 것은 결국 동교동계(호남지역 기반)나 덜 진보적인 인사들이 노무현의 적통인 급진(내지는 진보와 급진의 중간) 재야 세력들(현 더불어민주당)과의 결별이었고, 일명 친노와 비노의 분리였다.[60)] 노무현 대통령은 새천년민주당 후보 경선에서 김근태 재야 세력 후보의 지지를 받았으며, 대통령이 된 후에 당을 자기 영향력 중심으로 재구성하기 위해 열린우리당을 만든 것이다. 3당 합당으로 인한 보수 대통합, 김대중의 재야인사 영입으로 비롯된 보수와 진보 이념 대결 구도는 노무현 정부에 들어서 첨예화하기 시작했다.

노무현은 교조적 진보보다는 유연한 진보를 지향한다고 언급했으며, 스스로 중도좌파 혹은 진보적 시장주의자라고 자칭했다. 그래서 한미 FTA를 찬성한 바 있다. 그러나 노무현은 근현대사 중에서 특히 이승만과 한민당에 부정적인 시각을 가지고 있었고, 북한의 남북연방제(1국가 2정부)에 긍정적이었으며, 미국의 이라크 파병 요청을 수락했지만, 미국으로부터 전작권 회수를 놓고 강한 반미 감정을 표출했다.[61)] 실제로 노무현 정부의 실세는 이광재, 안희정 등 당시 386그룹과, 유인태, 이해찬,

[그림12-12] 2004년 촬영된 노무현 대통령 (위키백과, 무료 이미지).

김근태 등 재야 그룹이었다. 노무현 정부 시절인 2004년 총선에서는 노무현 열린우리당의 재야인사, 전대협, PD 계열 영입 인사 100여 명(김근태, 이인영, 우상호, 우원식, 김원웅, 유시민, 강기정, 김태년, 이광재, 신계륜, 송영길, 임종석, 백원우, 최재성, 정청래 등)이 국회에 입성했다.[62)]

그래서 노무현 대통령 집권의 의미는 진보에서 급진 그룹으로의 권력 이동을 의미했다. 우리나라는 군부에서 시민 정부로(김영삼), 여당에서 야당으로(김대중), 그리고 진보 이념에서 급진 이념으로(노무현) 차례대로 정권이 평화적으로 교체되어 세계적으로 유례없는 민주화를 완성했다.

노무현 정부의 정책도 급진적 이념을 바탕으로 획기적인 것이 많았다. 2001년 국가인권위원회 설립, 반미, 반기득권, 반서울, 반강남에 해당하는 2003년 종합부동산세 신설, 국토 균형 발전(100여 개 공기업 본사의 지방 이전), 2002년 친일파 708명 명단 공개, 2005년 친일반민족행위자 재산의 국가귀속에 관한 특별법 제정, 2005년 과거사 정리 위원회 설립, 2005년 국민고충처리위원회 설립 등이 이어졌다. 이들은 모두 이념적으로 급진적인 정부가 들어섰다는 것을 보여주는 상징적인 정책들이었다.

노무현 대통령은 집권 기간 내내(2003～2007년) 국토 균형 발전을 추진했다. 서울 중심, 강남 중심의 국토 불균형 상태를 바로 잡고 지방도 나라 중심이 될 수 있다는 희망을 주자는 정책이었다. 노 대통령은 수도를 세종시로 이전하고, 지방에 '혁신도시', '행복 도시'라는 이름의 신도시를 건설하여, 국가부처, 공기업 본부를 대부분 지방으로 이전시키는 계획을 추진했다. 그 결과, 세종시가 건설되고, 국무총리실, 교육부, 과기부 등이 세종시로 이전했으며, 영상위원회는 부산, LH공사는 진주, 학술진흥재단은 대전, 인터넷진흥원은 나주, 석유공사는 울산, 도로교통공단은 강원 등 수십 개 공기업이 이전 중이거나 이전 완료했다. 이는 해당 공기업 직원들이 지방에 상주해야 하는 상황을 만든 것이며, 이전한 공기업이 지방 인재를 채용할 수 있고, 공기업 관련 기업체가 공기업을 따라서 지방으로 이전해서 지역 경제 활성화에 이바지하게 하자는 의도였다. 이전한 공기업 간부들은 나이가 있고 자택이 서울이어서 서울과 지방을 오가지만, 젊은 직원들은 아예 지방에 상주하는 등 지역 균형 발전 효과가 나타나고 있다.[63)]

노무현은 선거 공약이기도 했던 충청권 수도이전을 실행하기 위해서 신행정수도건설법을 제정했으나, 2004년 서울시가 위헌 심판을 청구했고, 헌법재판소가 이를 위헌으로 판정했다. 그 후 세종시는 행정수도란 명칭을 쓸 수 없게 됐고, 현재는 행정중심도시란 이름으로 존재하며, 청와대나 국회 등을 제외한 일부 행정부서만 그곳에 옮긴 상태다.

김대중과 노무현의 계속되는 대북 유화 정책과 급진적인 개혁 정책에 따라서, 친북 단체가 우후죽순처럼 생겨나고, 자주 통일과 주한 미군 철수, 연방제와 연합제 관련 논의 등이 체제 논쟁으로 번졌다. 두 차례의 남북정상회담에서 한국전쟁 당시의 국군 포로와 전후 납북자에 대한 언급이 전혀 없었고, 북한 퍼주기식 경제 협력은 상호주의가 부족했다는 보수 우익의 반발을 가져왔다. 이에 뉴라이트 운동, 자유시민연대, 한변 등 자유민주주의와 시장경제를 강조하는 우익 단체들이 등장했다.[64)]

이런 분위기를 타고 보수 야당들은 2004년 3월 노무현 대통령이 선거 중립 의무를 위반했다며 국회에 탄핵소추안을 발의했다. 야당이 다수인 국회에서 탄핵소추안이 가결되어 탄핵이 발의됐고, 헌법재판소는 심의 후 일부 위반 사항이 있지만 대통령을 탄핵할 정도로 심각한 것은 아니라는 결정을 내렸다.

노무현은 임기 마지막 해인 2007년 남북정상회담을 갖고 김대중 정부 때 맺은 6.15 공동선언을 계승 구현하고, 이산가족 상봉과 남북 경제 협력 등을 활성화하기 위한 2007 남북정상회담 선언문을 채택했다. 2000년 김대중의 1차 남북정상회담에 이은 2차 남북정상회담이었다. 이번 회담에서 노무현 대통령은 육로로 걸어서 판문점을 넘었다. 이번 선언문에는 ①군사적 적대관계를 종식하도록 노력하자, ②정전체제를 평화 체제로 바꾸도록 노력하자, ③개성공단을 더욱 확대하자, ④서해특별평화구역을 만들자, ⑤백두산 관광을 실행하자, ⑥이산가족 상봉하자, ⑦남북정상들이 수시로 만나자는 내용이 들어 있었다.[65)]

열린우리당은 노무현 정부 말기로 갈수록 사회주의 그룹인 평등파 PD계열(민노총, 생태환경주의 등)과, 민족주의 그룹인 자주파 NL계열(민노총 일부, 한총련 등)의 분열이 심했으며, 주한미군 철수, 북한 연방제 옹호, 국보법 폐지 주장, 전교조의 친북 반미 교육 등 친북 저자세, 북핵에 대한 불분명한 태도, 이승만/박정희에 대한 부정적 역사관 등으로 국민 지지율이 추락하면서 2007년 17대 대선에서 열린우리당이 당명을 바꾼 대통합민주당의 정동영 후보가 한나라당의 이명박 후보에 뒤지면서 정권을 내주게 됐다.[66]

퇴임 후 고향인 김해 봉하마을에 정착한 노무현은 차기 이명박 정부가 들어서면서 가족이 측근 기업인 박연차로부터 뇌물을 받았다는 혐의로 검찰 조사를 받게 됐다. 2009년 5월 23일, 이런 상황에서 노무현은 집 뒤 바위에서 투신자살했고, 혐의는 모두 공소권 없음으로 종결됐다.

(2) 노무현 정부와 북핵 문제

북한이 언제부터 핵 개발에 착수했는지는 불분명하다. 다만, 1970년대 후반부터 북한이 원자력발전소 건립에 관심을 가졌고 언젠가는 핵기술을 가지려 할 것이라는 첩보가 평양을 방문한 동유럽 외교관들에게서 나왔다.[67] 1981년, 김일성이 모스크바를 방문하고 체르넨코 소련 공산당 서기장에게 원자력발전소 도입을 요청했다는 첩보에 접한 미국이 소련에 북한을 핵확산금지조약(NPT, Nuclear Non-Proliferation Treaty)에 가입하도록 설득해 달라고 촉구했다. 이때 북한은 소련에 NPT에 가입하는 조건으로 경수로 원자력발전소 건설을 요구했으며, 소련이 긍정적 답변을 보내자, 1985년 12월 북한이 NPT에 서명했다.[68]

미국은 1982년부터 북한 영변 지역에서 유사 원자로가 건설되고 있다는 위성사진을 확보했으며, 그 후 영변 지역의 위성 사진이 계속 변화를 보이고 있었다. 이는 북한의 핵 개발 움직임이 지속되었다는 의미였다. 한국과 소련, 한국과 중국이 수교하고, 소련과 동유럽 공산국가가 하나둘 사라지자, 1980년대부터 북한의 생존전략은 핵밖에 다른 선택이 없다는 것을 북한 스스로가 깨달아서 핵 개발에 모든 것을 걸고 있었다.[69]

1990년경부터 북한 핵 개발에 대한 정보가 하나둘 서방 언론에 나타나기 시작하자, NPT에 이미 가입한 북한도 IAEA(International Atomic Energy Agency, 국제원자력기구)의 핵시설 사찰을 받으라는 요구가 강해졌다. 그러자 북한은 남한에 미국의 전술핵무기가 있는 한 IAEA의 사찰을 받을 수 없다고 버텼다. 사실,

남한에는 1957년부터 전술핵무기가 배치되기 시작해서 월남전이 한창일 때인 1972년에 남한의 공산화를 막기 위해 763개의 핵무기가 남한 내에 연차적으로 배치됐다. 그 후 카터의 주한미군 철수 방침에 따라 250개로, 1989년 부시 행정부 때 100개로 축소 배치되어 있었다.[70] 1991년 소련 공산 정권이 몰락하자, 미국은 소련 주변 지역에 배치됐던 핵무기를 철수시켰고, 1991년 12월 노태우 대통령은 남한에 핵무기가 제로라고 공식으로 발표했다.[71]

남한 핵무기가 철수하자, 북한은 일부 시설을 감춘 상태로 IAEA의 사찰을 받았으며, IAEA는 북한이 일정량의 플루토늄을 재처리한 것으로 의심했다. 1994년 카터 전 대통령이 특사로 북한을 방문해서 경수로를 지어 줄 테니 핵 개발을 멈추라고 종용했다. 1994년 김일성 사후, 남북은 제네바 합의를 통해서 KEDO (Korean Peninsular Energy Development Organization: 한반도에너지개발기구로, 북한 주민들에게 한국이 비용을 대고 경수로를 지어준다는 것을 감추기 위해 형식적으로 미국, 일본 등이 참여해서 만든 국제기구)를 설립하고 북한에 경수로를 지어주고 북한 핵시설 해체에 합의했다.[72]

그러나 1994년부터 북한의 경제는 최악의 상태가 되고 250만 명이 굶어 죽는 상황이 전개될 때(고난의 행군으로 알려졌으며, 통상 94년부터 98년까지를 가리킴), 김대중 정부가 1998년 등장하고, 햇볕정책으로 경제 협력이 진행되면서 현금이 북한으로 유입되자, 북한은 한숨을 돌리게 됐다. 이렇게 국가적 경제위기를 극복한 북한은 1998년 8월 31일 3단계 고체연료 추진 로켓 발사 실험을 강행했고, 이것이 핵탄두를 미사일에 실어 나를 수 있는 핵폭탄 개발의 진척이라는 우려가 발생했다. UN의 제재가 시작된 것은 이때부터였다.[73]

2001년 김대중-김정일 남북정상회담이 열렸지만, 북핵에 대해서는 단 한마디 언급도 없었다. 2001년 9월 11일, 미국에서 9.11테러가 발생하자, 미국은 이란, 북한, 이라크를 '악의 축'으로 명명하고 북한을 미국을 위협하는 테러리스트에 무기를 제공할 가능성이 있는 국가로 간주했다.[74]

미국의 핵 프로그램 중단 요구에도 불구하고, 북한은 2002년 6월 연평해전 도발, 2002년 IAEA 봉인 제거, IAEA 사찰단 축출, 제네바 합의 파기, KEDO 중단의 강수로 미국의 요구에 맞섰다. 이때 한/미/일과 중/러/북이 참여하는 6자회담이 클린턴 행정부 때 시작됐으나, 북한은 계속 핵 개발을 멈추지 않았고, 2004년 2월 10일 북한은 6자회담 무기 연기 및 핵 개발 성공을 공식 발표했다. 그리고 2006년 10월 9일 풍계리에서 소규모 핵실험을 강행하면서 핵 개발에 성공했음을 증명했다. 그리고 대북 안보리 제재가 강화됐다.[75]

북한의 핵무기 개발을 중단시키지 못한 상태에서 미국과 한국은 다음 정권으로 북핵 숙제를 넘기게 됐다.

(3) 노무현 정부의 미디어

노무현 정부는 인터넷을 중요한 정치 수단으로 활용했다. 대통령 취임 직전 당선인 시절에 첫 번째 인터뷰할 언론사로 조중동이나 KBS 등 메이저 언론사가 아니고 '오마이뉴스'라는 인터넷신문을 택한 것은 노무현 정부의 성격을 보여주는 상징적인 사건이었다.[76] 노무현 정부는 각종 정부부서의 인터넷 사이트를 활성화했다. 청와대 홈페이지도 운영했고, 대통령 개인 홈페이지도 처음으로 개설했다. 이런 인터넷 중심 정부 홍보 전략은 진보적인 젊은 세대와 소통하는 데 효과를 발휘했다.

노무현 정부 시절에는 여야를 막론하고 소위 언론을 활용한 PR이 성행했다. 미국 역사학자 다니엘 부어스틴은 미국에서 시작된 정치인들의 언론플레이를 유사(類似)사건, 또는 '의사(疑似, 가짜라는 뜻) 사건(pseudo-event)'이라 불렀다.[77] 의사 사건은 미디어에 보도되려는 의도로 기획해서 벌이는 사건을 말한다. 일종의 만들어진 사건이라는 의미다. 흔한 말로 '언론플레이'라고 하며, 언론학에서는 뉴스원(정치인, 기업, 연예인 등)의 '뉴스 관리(news management)'라고 한다. 각종 기자회견, 시상식, 이벤트 등이 여기에 속한다. 여야를 막론하고, 현대 정치는 어디까지가 순수한 정치적 행위인지, 아니면 보여주기 위해 기획된 '리얼리티 쇼'인지 구분하기가 어려워졌다.

의사 사건의 원조는 미국의 매카시 상원의원이었다. 매카시 의원은 냉전이 한참이던 1950년대 미국 육군, 국회, 정치계에 '빨갱이' 205명이 우글거린다고 발표했다. 매카시는 수시로 기자회견을 열고 조금씩 명단을 발표했고, 그때마다 언론은 기자회견 내용을 크게 보도했다. 이런 일이 몇 년간 지속됐다. 그러나 실제 공산주의자로 수사를 받은 사람은 단 한 사람도 없었다. 그런데도 미국 언론은 매카시에게 놀아났고, 미국인은 매카시 기자회견 보도를 보고 반공산주의 여론을 형성했다. 가짜 뉴스는 사실 자체가 거짓이고 조작된 뉴스지만, 가짜 사건은 언론에 보도되어 국민에게 보여주기 위해 기획된 사건일 뿐, 사건 자체가 벌어진 것은 사실이다. 따라서 그 가짜 사건을 보도한 뉴스가 가짜 뉴스는 아니다. 그래서 가짜 뉴스보다 더 위험한 것은 가짜 사건이며, 그런 가짜 사건을 일으킨 사람의 숨은 의도다.[78] 이 문제는 다음 장 결론 부분에서 상세히 언급할 예정이다.

노무현 정부 때는 KBS 대표에 전 한겨레 논설위원 정연주를 임명하는 등 KBS와 MBC 등 공영방송이 정부와 입장을 같이 했고, 이들 공영방송이 노 정부에 반기를 든 조중동과 대립하는 양상을 보였다. 크게 보면, 메이저 방송과 메이저 신문이 대립하는 형태가 됐다. 수도이전, 국토 균형 발전, 과거사 정리, 종부세 부과 등 정책마다 조중동의 공격을 받았던 노무현 정부는, 2005년 ①1개 신문이 시장의 30%를 점유하면 안되고, ②3개 신문이 시장의 60%를 점유하면 안된다는 신문시장 독과점 금지법(일명 신문사 구독률 상한제)을 제정, 국회에서 통과시켰다. 그러나 이 법은 2006년 헌법재판소의 위헌 결정을 받아 없어졌다.[79]

2007년 노무현 정부는 '취재 선진화 방안'을 추진하기도 했다. 여기에는 기자들의 정부부서 출입을 제한하고, 브리핑룸, 송고실, 접견실에서만 기자 취재를 허용하겠다는 내용이 들어 있었다. 그러나 이것도 정부의 취재 제한, 혹은 언론자유 억압이란 기자들의 반대로 무산됐다.[80]

국내 통신사는 1980년 신군부의 언론통폐합 정책에 따라서 연합통신 하나로 통합됐다. 연합통신은 민간통신사지만 구독료 형태로 매년 일정액의 국고를 지원받는 일종의 준공영 형태로 운영되고 있다. 이러한 연합통신의 통신사 독점이 문제가 되자, 경제지 머니투데이는 2002년에 '뉴시스'를, 2012년에는 '뉴스1'을 각각 새로운 민간통신사로 설립해서 현재 운영 중이다.

4. 한국의 '후기 권위주의'

1980년대에 남미에 민주화 바람이 불었다. 장기적인 군부 쿠데타와 군부 통치의 악순환이 사라지고, 하나둘씩 시민 정부가 들어서면서, 남미가 민주화되기 시작했다. 그러나 남미 민주화의 문제는 법과 제도만 민주적이었을 뿐, 사람들 의식은 여전히 구시대적이고 권위주의적이라는 것이었다. 과거 독재 정부로부터 이득을 취했던 기득권층은 구시대 권력의 향수를 못 잊었고, 부정부패는 멈출 줄 몰랐으며, 민주 정부를 구성한 정치인의 자질이 모자랐다. 게다가, 정치적 분쟁을 해결할 적절한 방법을 몰라, 민주화 후 남미 정계는 항상 혼란스러웠으며, 국민은 민주화의 이익을 얻으려고 너도나도 비합리적인 방법으로 데모하고 항의하는 일이 잦았다. 2019년 베네주엘라, 칠레, 콜롬비아, 볼리비아, 페루, 에콰도르 등 남미 빈국의 복지 포퓰리즘에 의한 인플레와 소요 사태는 결국 민주화 이후 성숙하지 못한 정치인과 국민 의식의 합작품 같았다.[81)]

국제정치학자 로버트 게이(Robert Gay)는 이런 현상을 '후기 권위주의(post-authoritarianism)'라고 불렀다. 후기 권위주의는 비록 한 나라의 법과 제도는 민주화했지만, 국민 의식과 정치인들의 능력이 민주화된 시스템을 운영할 수준에 미치지 못한 상태를 일컫는다. 결국, 권위주의와 민주주의의 과도기이기도 한 후기 권위주의는 곧 민주화된 제도와 이를 운영할 사람들 능력의 갭(gap)이다.[82)]

1987년 6월 민주항쟁 이후 한국은 급속한 민주화를 이뤄냈다. 군부에서 문민정부로의 평화적 전환, 여야의 평화적 정권교체는 물론, 2003년 진보에서 급진으로의 정권교체까지 포함하면, 대한민국 민주화는 전 세계 정치학 교과서에 전례가 없는 획기적인 모범 사례로 꼽힌다.

그러나 한국도 후기 권위주의의 덫에 빠진 듯하다. 한국 역시 정치적 갈등을 해결하는 방법과 정치적 반대 세력을 대하는 정부의 방식이 서툴다. 한국 민주주의 역시 햇병아리 같은 처지에 놓였다. 한국 미디어도 언론자유를 국민의 알 권리보다는 상업적 이윤을 취하고 정치적 주장을 펴는 데 사용해 왔다. 한국이 권위주의와 민주주의의 과도기에 처해 있는 상황을 어떻게 극복할지는 여전히 풀리지 않는 숙제다.[83)]

BTS, K팝, K드라마, K무비로 한국의 국격이 높아진 줄 알았다가, 2022년 2월에 한창 치열해진 윤석열과 이재명 간의 한국 대통령 선거를 보고 영국의 더 타임스 일요판인 선데이타임즈는 "이번 한국 대선은 한국 민주화 이후 35년 역사상 가장 역겨운 선거"라는 평을 내놓았다. 한국의 민주화 이후 나타나고 있는 후기 권위주의의 덫은 아직도 현재진행형이다.[84]

한국의 정치 세력을 유교적 양반 세력이라고 지적한 일본 역사학자 다나카 메이는 민주화 이후에도 한국은 개개인의 근대화와 민주화가 부족하다고 지적했다. 예를 들면, 여야, 진보와 보수를 불문하고 한국 정치 세력 내의 학벌, 기수(期數), 국회의원 선수(選數, 당선 횟수) 등의 서열 의식이 극복되지 못하는 것 등이 민주화 이후 비민주적인 요소라는 것이다.[85]

민주화 이후, 한국이 독재 정권의 일방적 선거가 아니라 여론몰이와 헤게모니 선전 선동에 의한 표 계산으로 정권을 잡을 수 있는 선거가 되면서, 복지 포퓰리즘 등 '버는 사람이 아니라 쓰는 사람이 먼저'인 정책으로 국민의 표를 유인하고, 결과적으로 한국은 "민주화 이후 몸에는 좋지만, 입에는 쓴 약 대신 설탕물만 먹어 왔다"고 민주화의 부작용을 평가한 의견도 있다.[86]

주석

1) 박병석, "정치/각서파동에 민자당 '두 동강' 위기", 『중앙일보』, 1990. 11. 4.
2) 다나카 메이, 윤학준 역, 『한국 정치를 투시한다』, 길안사, 1995, 96쪽.
3) 서명숙, "대법원 판결 앞둔 박철언 의원", 『시사저널』, 1994. 5. 12.
4) 오병상, "정주영 국민후보(3당 대선후보 집중 인터뷰, 하)", 『중앙일보』, 1992. 9. 25.
5) 김동길은 연대 부총장 출신이며, 박정희 정권 민주화 투쟁으로 투옥됐던 민주화 인사였다. 1985년 전두환 정부 시절에 김대중, 김영삼, 김종필 3김은 민주주의 기수에서 은퇴하고 낚시나 가라는 '3김 낚시론'을 제기해 유명세를 누렸다. 그 후 구수한 언변으로 방송에서 국민적 인기를 얻었으며, 우리 정치를 비판할 때 그가 사용한 '이게 뭡니까'란 유행어를 만들기도 했다.
6) 강병한, "김기춘 '초원복집사건' 때 정홍원이 수사 책임, 김진태가 구형", 『경향신문』, 2013. 10. 29.
7) 김창호 외, "[신지역주의] 5. 지역감정 주범은 정치", 『중앙일보』, 1999. 8. 3.
김종철, 『지역감정연구』, 학민사, 1991.
8) 황인회, "문민정부, 국민의 정부, 왜 이렇게 부르지?", 『한국경제』, 2017. 2. 3.
9) 유정인, "[어제의 오늘] 1993년 공직자 재산 첫 공개", 『경향신문』, 2010. 9. 6.
10) 송원형, "김영삼 대통령의 칼국수 사랑", 『조선일보』, 2015. 11. 22.
11) 국가기록원, "금융실명제", 2019. 12. 25., https://c11.kr/cbtk
12) 문병주, "노태우 씨 비자금 사건은...", 『중앙일보』, 2005. 3. 30.

13) 권영철, "[Why뉴스]YS의 역사바로세우기 왜 다시 주목받나?", 『노컷뉴스』, 2015. 11. 24.
14) 국가기록원, "OECD 가입", 2020. 1. 2., https://c11.kr/cfx6
15) Ibid., "IMF 외환위기 극복", 2019. 12. 25., https://c11.kr/cbu0
한정석, "IMF 사태 20주년, 이제는 말할 수 있다", 『미래한국』, 2016. 12. 1.
16) 남시욱, 『한국 보수세력 연구』, 청미디어, 2020-a, 559-560쪽.
17) *Ibid.*
18) *Ibid.*
19) *Ibid.*
20) 남시욱, 『한국 진보세력 연구』, 청미디어, 2020-b, 48쪽.
21) *Ibid.*, 399-403쪽.
22) *Ibid.*, 415-417쪽.
23) 프리덤하우스, https://freedomhouse.org/
24) 국경없는 기자회, https://rsf.org/en
25) 정태철, "신문환경의 변화에 따른 신문제목의 문제점 연구", 『경성대학교 논문집』, 16집 1권, 1995, 247쪽.
26) 정태철, "국내 신문편집의 개선 가능성에 대한 연구", 『멀티미디어 연구』, 2집, 1호, 2004, 276-277쪽.
27) 정태철, op. cit., 1995, 248쪽.
28) 주동황, "동아일보 조간 전환과 일간지 시장의 전면전", 『월간 말』, 3월호, 1993, 162-167쪽.
29) 곽성규, "뉴스 소통시대 연 인터넷 뉴스, 21세기 정보 르네상스 혁명 주역인가", 『사례뉴스』, 2019. 2. 12.
30) 나무위키, "지역민영방송", 2019. 12. 25., https://c11.kr/cbuu
31) 정태철, "언론 전문직업인주의(professionalism)의 필요성", 『언론과학연구』, 5권 2호, 2005, 417-454쪽.
32) 이인제는 전 경기도지사 출신이었다. 한나라당을 나와 신당을 만들고 대선에 출마했다가 낙선한 후 이당 저당을 전전했고, 한국당 소속으로 2018년 충남지사로 나섰다가 또 패배했다.
33) 강윤주, "DJP연합 정권교체 기여했으나 지역주의 조장은 한계", 『한국일보』, 2018. 6. 23.
34) 김정곤, "허업의 정치", 『한국일보』, 2018. 6. 25.
35) 신승철, 『인동초 김대중』, 작은 책방, 2009.
36) 김삼웅, "김대중, 헌정 50년만의 수평적 정권교체", 『오마이뉴스』, 2019. 4. 30.
37) 권세진, "병풍 조작 후 해외 도피하다 체포된 김대업, 병풍의 진실은", 『월간조선』, 2019. 7. 2.
38) 유튜브 비디오, https://c11.kr/cbvw
황수현, "IMF 눈물의 비디오 현장...행원들 절규 맴돈다", 『한국일보』, 2014. 11. 21.
39) 정정훈, "헬조선의 N포세대와 노력의 정의론", 『문화과학』, 86호, 2016, 132-154쪽.
40) 방성수, "[조직폭력배 전국시대] IMF가 밤의 세계 전쟁 부른다", 『조선일보』, 1998. 12. 9.
41) 김성희/맹대환, "위기의 대한민국호 구한 불굴의 의지", 『무등일보』, 2019. 12. 4.
42) 조갑제TV, "김일성의 죽음을 날짜까지 예언했던 무속인", 2018. 6. 4., https://c11.kr/cbw3
43) 홍형, "금강산 총격사건 후 북한의 적반하장은 이명박 길들이기", 『월간조선』, 8월호, 2008.
44) 국가기록원, "햇볕정책", 2019. 12. 25., https://c11.kr/cbw6
45) Ibid., "6.15남북공동선언", https://c11.kr/cbw7
46) 김순배, "'아시아의 넬슨 만델라' '위대한 지도자'", 『한겨레』, 2009. 8. 18.
47) 안용현, "정몽헌 회장이 보여준 5장의 유서", 『월간조선』, 2월호, 2006.
48) Michael Breen, *The New Koreans*, 장영재 역, 『한국, 한국인』, 실레북스, 2018, 402쪽.
49) 남시욱, *op. cit.*, 2020-b, 464-493쪽.
50) 정태철, op. cit., 2005, 426-431쪽.

51) 김영호, 『한국언론의 사회사(하)』, 지식산업사, 2004, 507–542쪽.
52) Todd Simon, "Newspaper Regulation, Policy, and Taxation", *Newspaper Research Journal*, 14(2), 1993, pp. 41–54.
53) 김영호, *op. cit.*, 582–602쪽.
54) 정태철/박시현, "언론통제의 역동성에 대한 한국 언론인들의 태도유형 Q연구", 『주관성연구』, 23호, 2011, 5–22쪽.
55) 정우상, "보수, 비판적 지지의 향배", 『조선일보』, 2017. 4. 12.
56) 송홍근, "NL–PD 운동권 뿌리로 본 청–민노총 갈등", 『신동아』, 2018. 12. 26.
57) 김선식, "헌법재판소 통합진보당 정당 해산 판결 결정문 요지", 『한겨레』, 2014. 12. 19.
58) 유성운, "이회창이 분석한 노무현에게 패한 이유 3가지", 『중앙일보』, 2017. 8. 22.
59) 박태견, "서울대가 상고한테 두 번 밀릴 수는 없다?", 『프레시안』, 2002. 4. 12.
60) 김범준, "민주당, 계파청산 드라이브 거는 속사정", 『주간현대』, 2014. 1. 24.
61) 남시욱, *op. cit.*, 2020–b, 500–510쪽.
62) *Ibid.*, 500–518쪽.
63) 국가기록원, "지역균형발전", 2019. 12. 25., https://c11.kr/cbxs
64) 남시욱, *op. cit.*, 2020–b, 594–610쪽.
65) 국가기록원, "2007남북정상회담 개최 합의", 2019. 12. 25., https://c11.kr/cbxv
66) 남시욱, *op. cit.*, 2020–b, 548–575쪽.
67) Don Oberdorfer & Robert Carlin, *The Two Koreas*, 이종길/양은미 역, 『두 개의 한국』, 길산, 2014, 384쪽.
68) *Ibid.*, 385쪽.
69) *Ibid.*, 379쪽.
70) *Ibid.*, 389–391쪽.
71) *Ibid.*, 393–394쪽.
72) *Ibid.*, 527–538쪽.
73) *Ibid.*, 598–600쪽.
74) *Ibid.*, 662–664쪽.
75) *Ibid.*, 747–751쪽.
76) 오연호, "[노무현인터뷰(5)]'노무현독트린 하면 행동제약'", 『오마이뉴스』, 2003. 2. 23.
77) Daniel Boorstin, *The Image: A Guide to Pseudo–Events In America*, 정태철 역, 『이미지와 환상』, 사계절, 2004.
78) *Ibid.*, 46–48쪽.
79) 홍진환, "신문시장 점유율 인위적 제한 세계에 유례 없어", 『동아일보』, 2006. 6. 30.
80) 이재경, "취재 선진화 방안 성공 못하는 이유", 『중앙일보』, 2007. 9. 2.
81) 고미혜, "라틴의 봄?...베네수엘라부터 칠레, 콜롬비아까지 저항의 2019년", 『연합뉴스』, 2019. 11. 25.
82) Robert Gay, "Popular Incorporation and Prospects for Democracy: Some Implications of the Brazilian Case", *Theory and Society*, 19(4), 1990, pp. 447–463.
83) 신진욱, "촛불집회와 한국 민주주의의 진자운동, 1987–2017: 포스트 권위주의와 포스트 민주주의 문제의 동시성을 중심으로", 『기억과 전망』, 39호, 2018, 55–100쪽.
84) 김성민, "국격이 높아진 줄 알았다", 『조선일보』, 2022. 2. 18.
85) 다나카 메이, *op. cit.*, 69–89쪽.
86) 양상훈, "19년 만에 한국을 재추월한다는 대만을 보며", 『조선일보』, 2022. 4. 28.

Chapter 13 한국의 미디어, 사회갈등, 사회변화의 결론: 신대중사회의 출현과 사회의 미디어화

1. 이명박, 박근혜, 문재인, 윤석열 정부와 미디어

(1) 이명박 정부

노무현 정부 다음으로 등장한 새누리당의 이명박, 박근혜 정부는 다시 여야의 교체이면서 동시에 진보에서 보수로의 정권 교체였다. 그리고 다시 문재인 진보 정부가 정권을 잡았다가, 2022년에는 윤석열 보수 정부가 다시 집권하니, 한국에서는 보수 대 진보 정권이 정치 선진국처럼 주기적으로 교체되고 있다.

17대 대통령 선거는 2007년 12월 19일에 실시됐다. 당시 부동산 정책 실패에 따른 노무현의 열린우리당에 대한 10%대의 낮은 지지율 때문에 의원들의 탈당이 이어졌고, 이들이 이합집산을 통해서 '대통합민주신당'을 창당하고 대통령 후보로 당내 경선에서 손학규와 이해찬을 물리친 MBC 간판 앵커 출신 정동영을 내세웠다. 한나라당은 당내 경선을 통해서 박근혜를 물리친 이명박을 대통령 후보로 선출했다. 그 밖에도 권영길, 이인제, 문국현, 이회창 등도 대통령 후보로 참여했으나 득표율은 저조했다. 결국, 48.67%를 얻은 이명박이 26.14%를 얻은 차점자 정동영을 역대 대통령 선거 중 가장 큰 530여만 표 차이로 승리했다. 미국 기자 오버도퍼는 이명박의 당선은 김대중과 노무현의 햇볕정책에 한국인이 환멸을 느낀 게 가장 큰 이유였다고 말했다. 그래서 이명박 정부는 이런 국민 정서를 기반으로 햇볕정책과는 반대로 북한 비방과 무교류로 지속했다는 것이다.[1)]

이명박 정부에서도 좌우 진영의 사회갈등은 여전했다. 2008년 5월부터 약 3개월간 미국산 소고기 수입에 반대하는 전국적 집회가 국정을 위협하는 가운데 힘겹게 대통령 임기를 시작한 이명박은 2009년 5월 노무현이 가족 비리로 수사받던 중 투신 사망한 사건으로 좌파 진영의 거센 반발에 시달렸다. 수질 개선과 물관리 목적으로 시행된 4대강 사업에 대해 환경 파괴 논란이 임기 내내 지속됐으며, 북한과의 긴장 상태는 2008년 7월 금강산 관광객 피격 사망 사건, 2010년 3월 천안함 폭침 사건, 2010년 11월 연평도 포격 사건, 2009년과 2013년의 북한 핵실험으로 격화됐고, 남한 내에서 북한을 보는 시각 차이로 남남갈등이 깊어졌다. 노무현 대통령의 비서실장 출신인 문재인 대통령 시절에 이명박 대통령은 뇌물수수, 횡령 등의 혐의로 2018년 구속되어 2020년 10월 대법원에서 징역 17년, 벌금 130억 원, 추징금 58억 원을 선고받고 복역 중, 윤석열 정부에 의해 2022년 12월에 사면 복권됐다.

2007년 대선 직후부터 진보 세력의 중심이던 민노당 내부에서 NL과 PD 계열의 대결이 깊어졌다. 결국 평등파(PD계열)의 노회찬, 심상정, 진중권 등이 민노당을 탈당해서 2008년 진보신당을 만들었다. 그 후 2011년 다시 통합진보당으로 합당해서 이정희, 유시민, 심상정, 노회찬이 힘을 모았으나, 2012년 다시 심상정 등의 PD 계열이 정의당을 만들어 나갔고, 통합진보당은 2013년 이석기 의원이 내란음모죄로 구속되면서 박근혜 정부의 제소에 따라서 2014년 헌법재판소가 위헌 정당으로 판결해서 해산됐다.[2)]

(2) 박근혜 정부

2012년 12월 19일에 치른 18대 대선에서, 새누리당은 김문수 전 경기지사를 물리친 박근혜를 대통령 후보로 선출했으며, 대통합민주신당의 후신, 민주통합당은 손학규, 김두관, 정세균 후보를 물리친 문재인을 최종 대통령 후보로 선출했다. 그 결과, 박근혜는 51.55%, 문재인은 48.02%를 득표해서 가까스로 박근혜가 대통령에 당선됐다. 박근혜는 한국 최초의 여성 대통령이면서 아버지 박정희를 이은 최초의 부녀 대통령이 됐다.

박근혜 정부는 2013년 2월 집권 초기부터 국정원이 조직적으로 대선에 인터넷 댓글로 개입했다는 의혹으로 검찰 수사를 받는 등 힘겹게 임기를 시작하더니, 2014년 4월에 발생한 세월호 참사에 대통령과 정부가 부적절하게 대처해서 304명의 학생과 일반인이 수장됐다는 원한 가득한 비난에 시달렸다. 참사 당시 7시간 동안 대통령 행방이 묘연했다는 소문도 꼬리를 물고 박근혜를 괴롭혔다. 2015년 5월 20일 첫 환자가 발생한 메르스 사태는 그해 11월 25일까지 186명의 감염자와 38명의 사망자를 남기고 전국을 공포로 몰아넣었다. 2016년 말에는 최순실 게이트가 터졌다. 민간인 최순실이 박근혜를 조종해서 국정에 개입했다는 소위 민간인 국정농단 사건이었다. 2016년 12월 9일 국회가 대통령 탄핵소추안을 가결했고, 이어서 전국적인 탄핵 촉구 촛불집회가 들불처럼 수개월 동안 번진 가운데, 2017년 3월 10일 헌법재판소에서 만장일치로 탄핵이 결정돼, 박근혜는 임기 만료 11개월을 남겨두고 청와대에서 쫓겨나는 신세가 됐다.

박근혜는 이어서 2017년 3월 31일 검찰에 구속돼 문화계 블랙리스트 작성(정부가 지원을 금지하는 좌파 성향의 문화 예술인들 리스트를 말함), 국정원 특별활동비 전용(국정원이 자유롭게 사용할 수 있는 특별활동비를 대통령에게 뇌물 성격으로 지급했다며 과거 국정원장들이 구속됨), 대통령의 정당 공천 개입 등의 혐의로 재판을 받았다. 그리고 모든 혐의의 형벌을 합쳐 22년형과 벌금 180억 원, 추징금 35억 원을 선고받고 수감 중, 후임 문재인 대통령에 의해 2021년 12월 사면, 복권되어 대구의 사저에 거주하고 있다.

프랑스 철학자 자크 랑시에르(Jacques Ranciere)는 현대사회에서 선거에 의한 대의제 민주주의가 민의를 제대로 대변하지 못하기 때문에 대규모 집회에 의한 직접 민주주의가 성행한다고 지적한 바 있는데, 박근혜 탄핵/세월호 등의 한국 촛불집회가 현대사회에서 직접 민주주의의 사례로 종종 지적되고 있다.[3] 영국 기자 마이클 브린은 영국에서 브렉시트(EU에서 영국이 탈퇴하자는 것) 논란이 분분할 때 왜 영국 사람들은 한국의 대통령 탄핵 때처럼 평화적이고 품위 있는 시위로 해결하지 못 했느냐고 묻는 영국인들이 있었다는 일화를 소개했다. 그러나 브린은 탄핵 촛불집회의 이런 일부 긍정적 평가에도 불구하고, 미국의 워터게이트 조사에 2년이 걸렸는데, 한국의 대통령 탄핵 결정에 불과 몇 개월밖에 안 걸린 게 이해가 가지 않는다고 말했다.[4]

박근혜 대통령은 김영란법 제정, 공무원 연금 개혁, 친북 통진당 해산, 사드 배치, 한중 FTA 타결 등의 공적이 있으나, 비박계와 친박계의 여권 내 갈등이 심화하면서, 결국 비박계가 더불어민주당과 협력해서(탄핵안 가결 정족수인 국회의원 재적 ⅔를 넘기게 되어) 박근혜 탄핵소추안을 국회에서 통과시키는 결과를 낳았다.[5)]

(3) 문재인 정부

19대 대통령 선거는 박근혜의 탄핵으로 2017년 5월 9일(원래는 12월) 조기에 실시하게 됐다. 박근혜-최순실의 국정농단 사건 여파로 야당의 승리가 확실시된 가운데, 더불어민주당은 당내 경선에서 안희정, 이재명을 물리친 문재인을 후보로 선출했고, 자유한국당은 홍준표를 대통령 후보로 결정했으며, 그 과정에서 친박과 비박으로 분열했던 유승민, 조원진, 이재오 등은 독자 출마하는 등 사분오열했다. 더불어민주당을 탈당하고 국민의당을 만든 안철수가 제3 후보로 부상한 가운데, 더불어민주당의 문재인은 41.08%를 얻어서 24.03%를 얻은 자유한국당 홍준표와 21.41%를 얻은 국민의당 안철수 후보를 물리치고 박근혜 탄핵 정국과 촛불집회 후원의 이점을 살려 2017년 5월 9일 대통령에 당선됐다.

문재인은 학생 운동권 출신이 대통령에 당선된 경우였다. 그는 1975년 유신반대 데모로 구속되어 집행유예 1년을 선고받은 후 군에 입대했다. 문재인은, 북한과 직접 연결된 통혁당(통일혁명당)에 가입해서 활동한 전력으로 무기징역을 선고받고 20년 복역 후 전향서를 쓰고 가석방됐다가 2016년 별세한 종북 사범 신영복을 존경한다고 했고, 전대협 의장 출신인 임종석을 비서실장으로 임명했으며, 주로 학생 운동권 출신들로서 전대협, 민청학련, 사노맹 관련자들인 윤건영, 한병도, 탁현민, 박수현, 노영민, 백원우, 조국, 이호철, 양정철, 전해철 등을 중용했다.[6)]

문재인은 소득주도성장, 최저임금 인상, 주 52시간 근무제, 원전 중단 등의 진보적 정책을 공약한 대로 실행했다.

한반도 비핵화(북한이 비핵화하면 미국과 한국이 북한을 적극적으로 지원하겠다는 정책)를 위해 2018년 4월 27일, 5월 26일, 9월 18일 3회에 걸쳐 남북정상회담이 열렸고, 2019년 2월에는 싱가포르에서, 6월에는 베트남에서 미북 정상회담도 개최됐다. 그러나 북한의 비핵화는 진척이 없었고, 오히려 북한은 2022년 9월 '핵 무력 법제화'를 선언했다. 이는 핵 무력을 어떤 경우 어떻게 사용할지를 북한이 법령으로 구체화한 것이다. 이제까지 북의 핵 개발은 핵무기 소형화를 위한 핵실험, 그리고 소형화된 핵무기를 멀리 보낼 수 있는 미사일 실험의 두 방향으로 전개됐다. 2022년 말 7차 핵실험이 임박했다는 정보가 나도는 가운데, 북한은 2022년 11월 18일 화성17호로 추정되는 사정거리 1만 5000km에 달하는 ICBM을 시험 발사했다. 북핵 문제는 이제 한국, 일본, 그리고 미국에 돌이킬 수 없는 위협이 되고 있으며, 그 대비책으로 남한의 전술핵 개발, 내지는 미국의 전술핵 재배치 등 '한국의 핵무장론'이 공공연히 제기되고 있다.

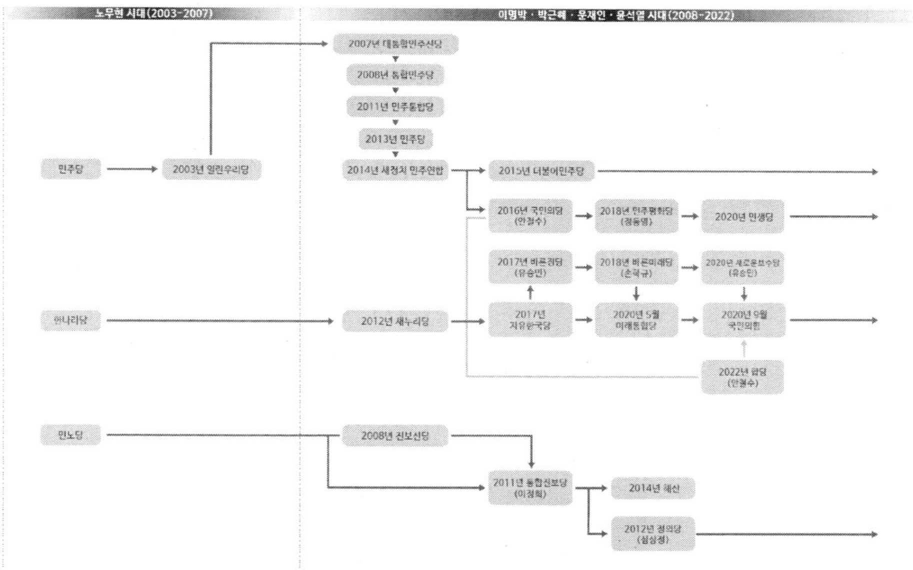

[그림13-1] 노무현 정부부터 2019년까지의 정치세력 변천.

한편, 문재인 정부는 이명박, 박근혜 정부의 실정을 뿌리 뽑겠다는 기조로 19개 행정 부처에 39개의 적폐 청산 테스크포스를 구성하고 검사와 조사관 589명을 투입해서 전 정권 비리를 수사했다. 그 결과, 2017년에 박근혜, 2018년에 이명박 두 대통령을 구속했으며, 기타 장관 등 관련자들도 구속되어 법적 처벌을

받았다. 소위 문재인 정부의 '적폐 청산'이었다.[7)]

사법부의 법관들도 적폐 청산을 피해 가지 못했는데, 13명의 전·현직 법관이 재판에 넘겨졌다. 특히, 대법원이 2018년 10월 일제강점기 징용 피해자들에게 일본기업이 피해자 1인당 1억 원씩을 배상하라고 판결하자, 일본 정부가 특정 물품 한국 수출을 금지하는 등 경제 보복에 나섰고, 문재인 정부는 일본 제품 불매 운동으로 맞섰다. 이 과정에서 문재인 정부는 양승태 대법원장이 박근혜 청와대와 외교부의 요청에 따라서 징용 관련 재판을 지연시키고 일부 사항을 재판에 반영시키려 했다는 등의 직권남용 혐의로 구속, 재판받게 했다.[8)]

2019년은 조국 민정수석을 법무부 장관에 임명한 대통령, 그리고 조국 개인 비리를 수사한 검찰과의 대결이 첨예화했다. 일명 조국 사태와 검찰 개혁을 놓고 광화문과 서초동에서는 찬반 정치세력들의 집회가 상시 열리는 상태가 됐다. 이는 대한민국 사회갈등의 거대한 집합체 같았다. 조국의 배우자 혐의에 대한 재판은 대부분 유죄로 판명됐고, 조국 본인의 혐의에 대한 재판은 진행 중이다. 뒤이어, 청와대 민정수석실의 유재수 감찰 무마 의혹 사건, 청와대의 송철호 울산시장 선거 개입 의혹 사건이 잇달아 터졌다. 준연동형 비례대표제(국회의원 선거에서 정당 득표율과 지역구 투표 결과를 연동해서 최종적인 정당 간 국회의석수를 조절하는 제도)를 근간으로 한 선거법 개정, 그리고 고위 공직자 비리 수사를 위한 공수처 설치 법안이 국회에서 다수 여당이 강행 처리하는 바람에 정국은 얼어붙었고, 보수와 진보로 나뉜 대한민국 사회갈등은 점점 더 골이 깊어졌다.

그런데 조국 전 장관 관련 보도에서 주류 보수 언론이 더불어민주당을 집중적으로 공략했기 때문에 2021년 재보궐 선거, 지방자치 선거 등에서 연속 패배했다고 보고, 더불어민주당은 언론개혁이란 이름으로 '언론중재법 개정안'을 통해서 허위 사실, 또는 사실로 오인하도록 조작한 정보를 보도한 언론사에 전년도 매출액과 연계해서 최대 5배의 징벌적 손해 배상을 물리는 법안을 법제화하려 했다. 그러자 관훈클럽, 대한언론인회, 한국기자협회, 국제기자연맹, 외신기자클럽, 한국언론학회는 물론 해외 언론 단체들까지 나서서 한국 정치인들이 자신들에게 불리한 보도를 원천 봉쇄하려는 목적으로 언론중재법을 바꾸려 한다고 주장했다. 또한, 이 법안은 언론의 허위 보도 정의 자체가 부정확하고 모호하며, 징벌적 손해배상법으로 불릴 정도로 허위 보도 논란이 생길 때마다 언론사가 엄청난 재정적 피해를 볼 수 있다는 공포를 조장한다는 비판을 받았다. 결국, 더불어민주당은 한국은 물론 국제적으로 언론 탄압법이란 논란을 받은 언론중재법 개정안의 국회 총회 상정을 중단했다.

(4) 윤석열 정부

20대 대선은 더불어민주당에서 이낙연을 누른 이재명, 자유한국당의 후신인 국민의힘에서 홍준표, 원희룡 등을 누른 윤석열, 그리고 국민의당 안철수 후보 간의 대결로 2022년 3월 9일 실시됐다. 선거 운동 종반에 안철수 후보가 윤석열 후보 지지로 돌아선 결과, 윤석열은 48.56%를 얻어 47.93%를 얻은 이재명 후보를 24만 7077표라는 역대 대통령 선거 사상 두 번째 근소한 차이로 승리했다. 대선에서 가장 근소한 표 차이 당선은 5.16 군사 정변 이후 민정 이양을 위한 공화당의 박정희 대 민정당의 윤보선 간에 실시된 1963년 선거의 15만 표 차이였다.

윤석열이 20대 대통령으로 당선되고 임기 시작이 임박할 무렵인 문재인 정부 말기에는, 검찰의 수사권을 축소하고 일부를 경찰에 일임하는 소위 '검수완박법'으로서 검찰청법 개정안과 형사소송법 개정안이 여야 충돌이 거세진 상황에서 2022년 5월 9일 국회를 통과했다. 이를 두고, 검찰 출신 윤석열 대통령이 검찰을 동원해서 문재인 정권 인사들을 보복 단죄하려는 것을 막으려는 시도라고 국민의힘이 주장했다.

윤석열 정부는 취임과 동시에 청와대를 국민에게 반환하여 개방하고, 대통령실을 용산 국방부 청사로 옮겼으며, 대통령 후보였던 이재명 더불어민주당 대표의 대장동 의혹 등 비리 혐의에 대한 수사를 시작해서 이재명 대표의 측근들을 구속하기에 이르렀다. 이 밖에도 윤석열 정부는 한미 관계를 복원하고 한미 동맹을 강화하는 한미 합동 군사훈련을 실시했다. 그러나 이태원에서 핼러윈 축제를 즐기려고 수만 명의 인파가 몰려든 상황에서 159명이 압사하는 사고가 발생했다. 이 과정에서 일부 경찰, 소방, 행정 당국의 안일한 대처가 문제가 되어 경찰청 국가수사본부가 수사에 나섰는데, 야당은 총리, 해당 장관, 경찰청장 등의 사퇴를 외치더니, 나중에는 대통령 퇴진을 국회의원들까지 합류해서 외치는 사태로 번졌다. 여야, 보수와 진보, 좌파와 우파는 한 치의 양보도 없이 해방 후 공간에서 폭발했던 좌우익 갈등을 여전히 지금까지 이어가고 있다. 한국 현대사는 사회갈등을 푸는 방향이 아니라 더욱 꼬여가는 방향으로 악화하면서 그 누구라도 사회변화의 미래를 진단하기 어렵게 하고 있다.

윤석열 대통령은 2022년 5월 10일 취임 직후부터 대통령이 출근길에 기자들과 간단히 질문과 답변을 주고받는 '출근길 약식 기자회견', 혹은 '도어스테핑(doorstepping)'을 실시해서 구중궁궐 같았던 청와대를 떠나 용산으로 대통령실을 옮긴 정부답게 대통령과 출입 기자 간의 새로운 소통 방법을 제시했다. 그런데 윤 대통령 방미 중 MBC가 불확실한 대통령 발언을 '바이든'이라는 자막을 달아서 한국 대통령이 미국 대통령을 비난하는 듯하게 보도했고, 김건희 여사의 과거 위법 논란 건을 방송하면서 대역을 썼으나 이를 방송에서 알리지 않는 등의 악의적 방송을 했다는 이유로, 대통령 외국 순방 중 MBC 기자의 전용기 탑승을 불허했다. 그리고 외국 순방에서 귀국 후 윤석열 대통령이 도어스테핑에서 MBC 기자의 전용기 탑승 불허는 악의적 보도를 한 언론사에 대한 배제 조치라고 설명하자, 해당 언론사 기자가 집무실로 향하는 대통령 뒤를 향해 "무엇이 악의적 보도냐"고 큰소리로 항의하는 상황이 발생했고, 이에 대통령실은 당분간 도어스테핑을 중단한다고 발표했다. 언론들은 이 사태를 대통령실의 감정적 대응이라고 자제를 당부함과 동시에 MBC의 부적절한 보도 태도는 수용자들의 비판을 받을 것이라는 양비론적 태도를 보였다.

2022년 12월에는 방송법 개정안을 두고 국회에서 여야가 대치했다. 민주당이 주도한 개정안은 현행 9~11명인 공영방송 이사회를 25명 규모의 운영위원회로 확대하고 KBS와 MBC 등 공영방송 사장을 선임할 때 25인 운영위원회의 ⅔(14명) 이상 찬성을 얻게 하는 게 골자다. 운영위원 숫자와 사장 선임 정족수를 대폭 늘리면 어느 특정 정파의 영향력이 감소한다는 게 개정 취지였다. 그런데 개정안에는 25명 운영위원의 추천권을 국회, 시청자(주로 시민단체), 언론학계, 방송 종사자 단체(한국PD연합회, 방송기자협회, 방송기술인연합회) 등이 갖게 되어 있는데, 이들이 지금까지 보여준 성향상 대부분 민주당을 지지할 가능성이 크다며 국민의힘이 반대하고 있다. 공영방송의 정치적 중립을 법으로 보장하는 것은 옳지만 법안에서 제시한 내용 자체가 편파적이면 역시 공영방송은 정권이 바뀔 때마다 친정권적인 성향을 보일 것이다.

2. 비이성적 헤게모니 위기 상황과 '신대중사회' 현상

(1) 비이성적 헤게모니 위기 상황

이제까지 이 책에서 개괄한 한국 사회변화는 곧 지배계급과 피지배계급이 벌인 사회갈등의 역사였다. 조선시대의 양반, 일제강점기의 일본과 친일파, 그리고 건국 후 정권을 장악한 권위주의 정부들이 신분제도, 식민지 정책, 그리고 권위주의 체제로 지배 구조를 굳게 형성했으며, 그 시기마다 민중들은 동학, 농민반란, 3.1운동, 독립운동, 4.19혁명, 광주민주화운동, 6월 항쟁, 촛불집회로 지배계급의 지배 구조에 저항했다. 지배 세력의 구조적 억압과 민중의 문화적(자발적) 저항이란 충돌은 전 세계적으로 유례없는 한국의 산업화와 민주화를 변증법적 결과물로 잉태시켰다.

1988년부터 시작된 노태우 정부는 언론, 교육, 문화와 같은 ISA(국가이념기구)를 활짝 민주화했다. 신문사 등록제, 문화 콘텐츠 검열 완화 및 해금, 언론노동조합 탄생, 언론의 편집국장 직선제, 전교조 탄생 등은 우리 사회에서 정치적 주장을 펴는 데 표현 자유 억압이라는 제약을 없앴고, 소통 공간(공론장)을 폭발적으로 확대했다. 민주화되고 확대된 각종 미디어 소통 공간에서 정치인, 학자, 종교인, 예술인, 노동자, NGO, 학생들이 할 말을 주저하지 않고 토론하기 시작했다. 어느덧 우리 사회에서 미디어는 다양한 정치적 이익집단이 국민으로부터 자발적인 지지와 동의, 즉 헤게모니(패권)를 얻으려는 쟁탈 대상이 됐다.

그 후 한국 현대사 최초로 군부에서 시민 정부(김영삼 정부)로, 여당에서 야당(김대중 정부)으로, 그리고 중도적 진보에서 급진적 진보로(노무현 정부)의 정권교체가 이어지고, 다시 보수 정권(이명박, 박근혜, 윤석열)과 진보 정권(문재인)이 대략 10년 주기로 교체되고 있으니, 한국은 정치적으로 민주주의 선진국임이 분명해졌다.

그런데 한국이 민주적 선진국이 된 20세기 말과 21세기 초 사이에 미디어 테크놀로지가 폭발적으로 발전했다. 전통적 신문방송 미디어, 인터넷신문 등 인터넷 미디어, 그리고 블로그, 유튜브, 트위터, 페이스북, 인스타그램, 카카오톡, 밴드 등 소셜 미디어, 또한 넷플릭스, 디즈니 플러스, WAVVE 등 OTT 플랫폼이 사람들 소통 방법을 혁명적으로 바꾸고 있다. 이렇게 헤게모니 쟁탈 공간이 된 미디어가 폭발하자, 헤게모니 싸움은 더욱 치열해졌다. 정책이 결정되고 실행될 때마다, 보수와 진보, 성장과 분배, 자유와 평등, 권리와 의무, 개인과 집단, 대북 견제와 남북대화, 선택적 복지와 보편적 기본소득이라는 의견이 양극화됐다.

그런데 자발적 지지를 얻으려는 정치세력 간 논리적 설득 싸움이 진행되고 있음에도 불구하고, 논리의 진정성이 부족하든지, 아니면 주장의 설득력이 부족하든지, 어느 진영도 국민의 마음을 사는 데 실패한다면, 그람시는 그런 사회에서 '헤게모니의 위기' 현상이 나타난다고 했다. 그러나 대한민국은 양쪽 집단 모두 각자 국민의 충성스러운 지지는 받고 있으나, 그게 정상적인 설득의 결과가 아니라 마치 좋아하는 연예인 팬클럽처럼 형광봉 흔들고 댓글로 환호하는 '낭만적 대중주의' 내지는 '정치 유희' 같다는 게 문제다. 이것은 어느 진영이든 헤게모니를 잡고 있지 못한 상황을 지칭하는 헤게모니 위기가 아니고, 비이성적인 형태로 헤게모니를 잡고 있는 '비이성적 헤게모니의 위기' 현상으로 보인다.

비이성적 헤게모니 위기 상황은 '대중사회' 현상과 흡사하다. 19세기 산업혁명이 일어나고 20세기를 거치면서 자본주의가 발달하고, 이에 따라서 교통과 통신이 폭증하면서, '대량생산(mass production)', '대량소비(mass consumption)', '대량 전달(mass communication)' 시대가 됐다. 그리고 학자들은 새로운 시대, 새로운 사회 조류, 새로운 인간상이 탄생하고 있음을 알렸다. 바로 '대중(大衆, mass)'과 '대중사회'의 출현이었다. 대중사회는 과거에는 부자나 귀족 등 지배계급에나 가능했던 풍요로운 소비생활과 여유로운 여가 활동을 중산층도 즐기게 됐다는 점에서 세상이 좀 더 평등해졌다는 긍정적 측면이 있다. 그런데 대중이란 단어는 점차 자본주의의 부정적이고 음습한 속성을 가진 것으로 학자들이 파악하기 시작했다. 왜냐하면, 대중은 자본주의의 풍요 속에서 서로 비슷한 옷을 입고, 비슷한 상품을 소비하며, 비슷한 드라마를 즐기고, 비슷한 노래를 부르며, 그 결과로 개성이 사라지고, 획일적이며, 물질화된 삶을 영위하는 속물로 변해갔기 때문이다.

또한, 대중은 축구장이나 대규모 집회와 같이 한군데 몰려 있으면서 남을 따라서 몰려다니며 집단행동하는 '군중(群衆, mob)'과 차이가 별로 없고, 자발적으로 사회 문제 해결에 나서고 적극적으로 투표에 참여하는 '공중(公衆, public)'과는 달리 분별력이 턱없이 부족하다고 학자들이 지적하기에 이르렀다.

1923년, 호르크하이머(Horkheimer)가 독일 프랑크푸르트에 사회연구소를 설립하면서 대중사회의 문제점을 본격적으로 연구하기 시작했으며, 아도르노(Adorno), 프롬(Erich Fromm), 마르쿠제(Marcuse) 등이 대중사회의 문제점 연구에 동참하면서 프랑크푸르트학파가 형성됐다. 이들의 대중사회 이론은 '비판이론(Critical Theory)'이라 불린다.

프랑크푸르트학파의 비판이론은 '경제적 측면'에서 청바지, 생맥주, 영화, 노래와 같은 소품종 대량생산에 익숙해진 대중의 물질화, '물상화 현상(reification)'과 이어진다. 인간의 가치를 소득, 자동차 배기량, 사는 집 평수로 따지는 경향이 바로 물질화 현상이며, 일종의 비인간화다.

'문화적 측면'에서, 대중은 대량소비와 대량 전달 수단인 팝뮤직, 영화, 미디어 등의 '문화산업(culture industry, 프랑크푸르트학파의 아도르노가 사용한 말로 대중문화가 상업화하는 현상을 말함)'을 소비하면서 같은 사고, 욕구, 행동을 하는 경향을 보인다. BTS나 <기생충>과 <오징어게임> 등의 K컬처도 결국 비즈니스 상술로 상품화된 것에 불과하므로 진정한 한국 문화는 아니라는 주장도 있다. 또한, 대중문화는 엘리트 지배계층의 고급문화가 아니라 서민 대중이 즐기는 보편적 문화라는 점에서 긍정적으로 평가되기도 하지만, 대중문화는 쾌락적이고 상품화되어서 부정적인 면이 더 강하다는 의견이 지배적이다.

'철학적인 측면'에서, 대중은 '비판적 사고(critical thinking)'를 하지 못하고 대상이 무엇인지를 인식하는 정도를 뜻하는 '구분적 사고(identical thinking)'에 그치며, 그래서 대중은 다차원적 인간이 아니라 '1차원적 인간(one dimensional man)'이라고 마르쿠제가 지적한 바 있다.[9] 이는 인간이 자신을 주체적으로 지배하지 못하고 외부의 물질화된 미디어, 상품, 사고방식에 지배당하는 상태가 되며, 비판이론은 이를 '인간 소외 현상(alienation)'이라고 진단했다.

대중사회의 '정치적 측면' 문제점은 '정치적 무관심'이다. 대중은 퇴폐적 문화와 풍요로운 소비에 빠져 정치에 무관심하다. 권리의식과 비판력이 부족한 이런 대중을 정치 엘리트들이 정치적으로 조작하기 시작한다. 엘리트들은 대중매체를 이용해서 이데올로기를 퍼트리고, 대중들은 비판력을 상실해서 엘리트의 정치 조작에 쉽게 동조한다. 그 결과, 대중사회는 새로운 관료사회와 새로운 권위주의를 받아들이게 된다는 것이다. 프롬은 <자유로부터의 도피>라는 저서에서 20세기에 접어들면서 자본주의의 결실로 독일 국민이 갑자기 얻은 자유와 풍요로운 삶을 즐길 방법을 모르고 방황한 나머지 독재자에게 자신의 자유를 맡기게 된 것(이게 자유로부터의 도피라는 의미)이 히틀러의 출현이라고 지적했다.[10)]

프랑크푸르트학파는 자본주의의 물질화, 획일화, 정치적 조작에 실망한 나머지 자본주의의 대안인 사회주의 소련 사회도 연구했다. 그러나 연구 결과, 소련도 선전, 선동, 계획, 통제, 감시라는 거대한 대중 조작 관리 사회였다. 그래서 소련도 비인간적이고 비이성적이기는 자본주의 사회와 마찬가지라는 것이다. 결과적으로, 프랑크푸르트학파의 비판이론은 자본주의 사회와 공산주의 사회 모두를 비이성적 사회로 진단하는 비관적 이론이 됐다.

이렇게 대중사회는 1차 산업혁명인 '동력의 발달'을 거쳐 2차 산업혁명인 '대량생산 시대'를 암울하게 지배했다. 그런데 21세기 3차 산업혁명인 '인터넷 시대'를 거쳐 4차 산업혁명인 'AI 시대'를 맞으면서, 대중사회적인 인간의 몰개성, 고도 관리 사회, 비이성적 사고와 행동이 다시 개성적이고, 다양하며, 인간적이고, 이성적인 사회로 변모할 거라는 기대감이 학자들 사이에 팽배했다. 그러나 마케팅 전문가 마크 얼스(Mark Earls)는 4차 산업혁명 시대의 마케팅을 연구한 결과, 소비자들은 스마트한 소셜 미디어가 판을 치는 현대사회에서도 여전히 과거 대중사회의 획일적인 대중과 유사하게 소셜 미디어의 위력에 휩쓸려 우르르 이리저리 몰려다닌다고 개탄했다. 얼스는 이를 "평범한 '우리'가 똑똑한 '나'를 이긴다"고 질타했다.[11)] 대중사회의 몰개성적이고 비이성적인 소비자처럼, AI 시대에 사는 사람들도 여전히 소셜 미디어의 폭발적 영향력에 속수무책으로 지배당해서 무분별한 집단행동을 한다는 것이다.

이게 바로 대중사회의 재현, 즉 '신(新)대중사회'의 도래다. 한국 사회도 4차 산업혁명 AI 시대가 와도 여전히 대중사회의 부정적 진흙탕에서 벗어나지 못하고 있다. 한국 사회의 신대중사회 현상을 구체적으로 살펴보자.

(2) 신대중사회: 편 가르기

첫 번째 한국 신대중사회 현상은 '편 가르기'다. 이데올로기를 기준으로 좌파와 우파로 나뉜 대한민국의 사회갈등은 일제강점기 독립운동 시기부터 시작해서 해방정국을 거쳐 조국이 분단되고 남북이 전쟁을 치르는 원인이 됐다. 산업화와 민주화 시대를 거쳐 지금도 좌우 이데올로기 대결은 멈추지 않았다.

예일대 로스쿨 교수인 에이미 추아(Amy Chua)의 저서 <정치적 부족주의>는 현대사회의 집단 내 존재하는 이념 대결 현상을 이론적으로 설명하고 있다. 추아 교수는 민주주의가 개인의 자유를 신장시키지만 한 사회에 존재하는 원초적 집단(예를 들면, 인종, 민족, 지역, 종교, 이념 분파 등)의 불평등을 해소하지는 못한다고 지적했다.[12] 추아 교수는 그래서 민주 선진국 미국에서도 흑백, 남녀, 종교, 이념적 각종 집단 간 '우리 대 그들'이라는 정치적 부족이 등장해서, 각자 "우리가 받는 박해와 억울함이 너희들보다 크다"는 정치적 부족주의 입장에서 갈등을 야기하고 있다는 것이다.[13]

초아 교수는 구소련 붕괴 이후 미국과 같은 선진 민주 국가에서는 가난한 사람들에게도 공정하게 분배해달라는 '분배의 정치(distribution politics)'가 아니라 자기 집단(부족)이 인간으로서 무시당했으므로 자기 부족의 존재와 권리를 알아달라는 '인정의 정치(recognition politics)'가 등장했다고 주장했다. 초아 교수는 이를 내가 누구인지에 대한 정체성을 강조해서 '나'와 '남'을 편 가르는 '정체성 정치(identitarian politics)'라고 했다.[14]

초아 교수의 정치적 부족주의는 2016년 미국 대선에서 저소득층 백인들이 왜 트럼프를 지지했는지를 설명해주고 있다. 초아 교수는 흑인 인권 운동에 가려져서 상대적으로 불이익을 받는 저소득 백인층의 욕구 불만을 트럼프가 잘 이용했다고 지적했다. <힐빌리의 노래>라는 영화는 바로 백인 저소득층의 문제를 적나라하게 그리고 있다. 초아 교수의 정치적 부족주의 이론은 트럼프가 2020년 대선에서 패하자 일부 지지층이 국회의사당을 점거하고 무력 난동을 부린 비이성적이고 비민주적인 현상 역시 명쾌하게 설명하고 있다.

초아 교수는 정치적 부족주의가 세계 여러 지역에서 두루 나타난 현상이라고 말했다. 예를 들어, 베트남 사람들이 1%의 부유한 화교와의 갈등 때문에 공산주의와 싸웠던 미국을 지지하지 않아서 미국이 베트남전에서 패배했다고 했다. 또한, 베네수엘라에서 차베스는 원주민과 백인 지배층과의 갈등의 덕택으로 다수인 원주민 지지를 얻어서 집권했으며, 차베스 좌파 정권의 등장도 결국은 베네수엘라의 정치적 부족주의 때문이라는 것이다.

21세기 한국 정치의 이데올로기 갈등은 끊임없이 우리와 그들로 편을 갈라왔다. 재벌과 노동자, 남성과 여성, 친북과 반북, 반미와 친미, 극일와 반일, 서울과 지방, 강북과 강남, 20대와 60대, 1번(이재명 지지)과 2번(윤석열 지지)의 갈등이 좀처럼 수렴되지 않고 있다. 소셜 미디어를 비롯한 모든 미디어는 더욱 격렬한 헤게모니 쟁탈 공간이 됐다. 그리고 그 헤게모니 쟁탈전 양상이 이성적이지 못했다. 대한민국 정치의 헤게모니 싸움은 정책의 본질을 두고 숙의하는 게 아니라 '우리'에게 유리하고 '그들'에게 불리하다는 결론만 주입하는 싸움이 되고 있다. 그리고 신대중사회의 신대중이 된 한국 유권자들은 그런 정치인들에게 잘도 휘둘린다.

한국에서는 대선이 끝나면 곧바로 정권 퇴진 운동이 벌어진다. 정치 컨설턴트 박성민의 분석에 따르면, 가장 강력한 편 가르기의 실상이 이명박 대통령 임기 시작 직후부터 벌어진 소고기 파동 집회이며, 박근혜 정부 때는 탄핵 촛불집회가 있었고, 윤석열 정부 때도 임기 개시 직후 이태원 핼러윈 참사가 벌어지자마자 바로 윤석열 퇴진 집회가 벌어졌다.[15)]

2019년은 연동형 비례대표제, 공수처 설치, 검찰 개혁, 검경 수사권 조정 등의 용어가 언론에 난무했고, 관련된 사건들이 연일 미디어에 보도됐다. 그러나 연동형비례대표제의 정당별 의석수를 정확하게 계산할 수 있는 국민은 그리 많아 보이지 않는다. 계산식은 몰라도 새로운 선거법이 자기 지지 정당에 유리하다는 이미지를 미디어를 통해서 확인했으면, 그다음은 그냥 선거법 통과를 '닥치고' 지지하면 그만이다.

정치인의 팬덤 정치도 비이성적 편 가르기의 전형이다. 이재명을 지지하는 모임의 이름은 '개혁의 딸'인데 줄여서 개딸이라고 한다. 가부장제를 혐오하는 20대 여성 페미니스트들이 결집했다고 하는데 하도 공격적이라 한 언론은 이들을 "한국 정치의 탈레반"이라고 불렀다.[16)]

미국 국립과학아카데미의 빅테이터 분석 연구에 따르면, 지난 100년 동안 합리적이고 이성적인 언어가 지배적이었는데 소셜 미디어가 활성화된 2007년부터는 팩트에 관한 언어 사용이 급감하고 감정적 언어 사용이 급증했다고 한다.[17] 이처럼, 20세기 대중사회가 지나고 4차 산업혁명 시대가 한창인 21세기에 나타난 이런 현상은 비이성적 헤게모니 싸움이며, 곧 신대중사회의 출현을 증명하는 것이다.

(3) 신대중사회: 정치의 이미지화

두 번째 한국 사회의 신대중사회 현상은 '정치의 이미지화', 혹은 '이미지 만능화'다. 헤게모니 장악을 위해 각 정치집단이 미디어를 이용해서 좋은 이미지를 국민에게 심어주려고 할 뿐, 자기주장의 본질로 사람들을 설득하고 동의를 구하려 하지 않는다. 헤게모니 싸움이 정책 설득이 아니고 이미지 전술에 지나지 않는다는 의미다. 이미지는 본질이 아니고 본질의 그림자인 겉모습이나 영상에 지나지 않는다. 그러나 이미지는 사람의 감정을 움직여 판단 능력을 흐리게 하고 방해한다. 정치의 이미지화는 그래서 시민 개개인의 이성을 파괴해서 비이성적이며, 자신의 판단을 버리고 남과 유사한 생각을 하게 해서 획일적이고, 비판 없이 남을 따라 유행에 편승해서 몰개성적이다.

정치의 이미지화와 관계 깊은 게 '가짜뉴스'다. 사람들은 가짜뉴스가 위험하다고 한다. 가짜뉴스는 실제 일어나지도 않은 사건이 진짜 일어난 사건처럼 보도되는 뉴스를 말한다. 요새는 영상도 안면합성 기술(deep fake 기술)로 조작될 수 있다. 한국 여배우들이 유럽 포르노에 출연했다는 충격적 뉴스는 알고 봤더니 안면합성 기술로 조작된 가짜 영상이었다.[18] 가짜뉴스나 가짜 영상은 선정적이고 자극적이다.

그런데 가짜뉴스보다 더 위험한 게 있다. 그것은 '가짜사건'이다. 가짜사건은 12장에서 설명된 것처럼 미디어에 보도되기 위해 기획되고 연출된 사건을 말한다. 소위 언론플레이, 미디어 이벤트라고 불리는 행사들이 가짜사건이다. '가짜사건(의사 사건, 疑似 사건, pseudo-event)'이란 용어를 처음으로 사용한 미국 역사학자 부어스틴은 진짜 사건을 자연발생적 사건, 즉 교통사고나 살인사건이라고 했으며, 미디어를 불러 모아 놓고 미디어가 보도하도록 의도적으로 누군가가 연출한 사건을 인공적 사건, 즉 가짜사건이라고 불렀다.[19)]

남북정상 도보다리 회담, 광화문과 서초동 집회, 조국의 기자회견, 청문회, 대통령의 국민과의 대화, 정치인의 단식, 삭발식, 집회 구호들은 가짜뉴스가 아니다. 실제 일어난 이벤트가 정상적으로 취재되어 뉴스로 보도된 것이기 때문이다. 그러나 이벤트 자체는 인공적이다. 고도의 계산에 따라서 의도적으로 연출된 것이며, 100% 자연발생적 사건이 아니다. 가짜사건은 무엇이 진실이고 참모습인지, 그 의도가 무엇인지, 모호하고 알쏭달쏭해서 일반인은 그 본질을 파악하기 어렵다. 워싱턴포스트의 마틴 배런 편집국장은 "정부가 진실을 지어내고 믿으라고 요구한다"고 말한 바 있다.[20)] 이는 정부가 벌이는 가짜사건의 위험성을 지적한 말이다.

2016년 옥스퍼드 사전은 올해의 단어로 '탈진실(post-truth)'을 골랐다. 탈진실은 객관적 사실보다 이데올로기적 편견인 개인적 신념이나 감정에 여론이 휩쓸리는 현상을 가리킨다. 정치학자 김영수 교수는 언론의 칼럼을 통해서 한국 정치가 '민주 대 반민주 시대'를 지나서 '진실 대 탈진실의 시대'로 접어들었다고 진단했다. 여기서 진실은 확고한 사실이며, 탈진실은 진실이라고 속이고 이미지를 조작하는 행태를 일컫는 말이라고 했다. 예를 들면, 조국 전 장관 가족의 비리나 이재명 대표에 대한 진실 공방이 중요한 게 아니라 누가 더 진실처럼 보이게 이미지를 미디어를 통해서 잘 포장하느냐의 싸움이라는 것이다.[21)]

정치학자 강원택 교수는 한국 정치 풍토에서 오래 정치권에서 활동한 사람은 대개는 국민으로부터 호감을 얻기보다는 비호감 이미지로 불만의 대상이 되기 쉬워서 정치권 밖에서 이미지가 좋은 유명 인사가 갑자기 인기를 얻는 경우가 많다고 했다.[22)] 과거의 반기문, 안철수, 윤석열, 최근의 한동훈 같은 사람이 여기에 속한다. 강원택 교수는 또한 이미지 위주의 한국 정치는 대중의 인기에 영합하는 포퓰리즘에 취약하다고 지적했다. 그래서 막강한 대중 선동의 공간인 촛불집회라는 직접 민주주의 형태를 벌이면 박근혜 대통령처럼 회복하기 힘든 이미지 타격을 입게 된다고 했다.[23)] 한국은 이미지로 정치하기가 쉽기도 하고, 한번 이미지에 손상을 얻으면 동시에 회복하기도 어려운 포퓰리즘적 환경이 조성되어 있다.

한국에서는 모두 본질과 내용의 진지한 토론이 아니라 이미지 끌기 연출 싸움이 우선한다. 한국 사람들은 왜 이념과 정책의 본질은 안 보고 그럴듯한 겉모습인 정치인의 이미지에 더 환호하는 것일까? 영국 기자 마이클 브린은 한국인은 집단지향성이 강해서 타인의 시선이나 타인의 견해에 신경을 많이 쓰는 편이기 때문에 정치인도 타인이 보는 자신의 이미지 관리에 신경을 많이 쓴다고 했다.[24] 그러나 정치의 이미지화는 남의 시선을 의식하는 것 이상의 원인이 있을 것이다.

2013년 우리나라 1인당 연간 평균 영화관람 횟수는 4.12편으로 미국을 제치고 세계 1위였고, 2016년은 4.22회로 아이슬란드에 이어 세계 2위였다. 그런데 2004년 우리나라 국민의 연평균 독서 권수는 13.9권, 2009년은 10.9권, 2015년은 9.3권으로 줄고 있다. 2004년 미국인은 한 달에 6.6권을 읽었고, 일본인은 6.1권, 프랑스인은 5.9권, 중국인은 2.6권을 읽었다. 한국은 2004년 한 달에 1.3권을 읽었다. 이는 세계 192개국 가운데 166위에 해당한다. 그리고 19년이 지났다. 대한민국 독서인구가 늘어났다는 얘기는 그 어디에서도 들어 본 적이 없다.

국제미용성형협회의 통계에 따르면, 2010년 인구 1000명당 연간 성형 건수는 한국이 16건으로 세계 1위, 그리스가 14건으로 2위, 이탈리아가 13건으로 3위를 차지했다.[25] 또한 모건 스탠리의 발표에 따르면, 2022년 한국인이 세계 명품 소비 1위에 등극했다. 어느새 한국이 '지구상 허세 1위'가 된 것이다.

책 안 읽고, 영화 많이 보고, 성형 많이 하고, 명품에 혹하는 나라의 특징은 바로 인성보다는 외모, 내용보다는 형식, 이상보다는 현실, 본질보다는 이미지를 선호하는 국민성 트렌드를 보여준다. 정치인들은 정책과 이념으로 국민을 설득해서 표를 얻을 필요가 없다. 한국인들이 좋아하는 이미지 '코디'를 통해서 열성팬을 관리하면, 선거에서 승리할 수 있다. 지성적 리더십, 자발적 존경심 같은 개성 있고 지적인 요소는 선거에서 의미가 없다. 미디어를 타고 흐르는 이미지가 대한민국의 사회변화를 주도하고 있다. 한국 사회는 정치 지지자들이 비이성적이고 유행에 편승하는 신대중사회적 이미지 선도국가가 됐다.

(4) 신대중사회: 고도 관리 사회

세 번째 한국 사회의 신대중사회 현상은 '고도 관리 사회' 가능성이다.

우리는 일본의 한국학자 다나카 메이의 이론을 앞에서 검토한 바 있다. 다나카 메이의 이론을 다시 정리하면, 고려 시대의 무인 정권 이후 조선에서는 선비정신과 유교문화적인 문인들이 정권을 잡은 '통상의 시대'가 지속됐고, 이승만 정권 때도 여당은 물론 야당(한민당과 민주당)도 양반 세력이 주류를 이룬 통상의 시대 연장이었다. 그러나 박정희와 전두환 시대는 이들과 다른 부류인 무인, 즉 군부가 집권했으니 '예외의 시대'가 됐다가, 김영삼, 노태우, 김종필의 3당 합당으로 다시 양반문화적인 문인 주도의 '통상의 시대'가 됐다는 것이다.

한국 지배 세력의 흐름을 이러한 양반 문화에 두고 유사한 진단을 한 사람이 인류학자 김은희 박사다. 그는 86세대(586과 동일)인 문재인 좌파 정부 주류 세력은 조선시대 성리학적 인식체계와 흡사한 정신세계를 지녔다고 주장했다. 이는 자기 이익을 취하는 기득권은 적폐 세력이고 소인배들이지만, 86 개혁 세력은 사회정의를 위해 민주화 운동을 벌인 군자라는 것이다. 그래서 소인배 기득권 적폐 세력은 86세대에게 부채 의식을 가져야 한다는 주장을 편다고 김은희 박사가 설명했다.[26] 김은희 박사는 그래서 윤미향 사태(위안부 단체 대표가 일부 공금을 횡령했다는 혐의에 따른 문제)가 나왔을 때 86 세력은 "회계상 문제가 있어도 위안부와 싸운 시민운동가에 예의가 있어야 한다"는 말로 윤미향을 변호했고,[27] 조국 전 장관 가족의 비리가 유죄로 판결이 나왔어도 조국 전 장관이 적폐 청산과 검찰 개혁의 적임자이므로 지지한다는 논리를 86세대들이 내세웠다고 지적했다.[28] 또한 양반의 자손이 부귀영화를 대물림하듯 86세대 민주화 투사들과 독립운동가 자손은 불법보다 도덕적 우월성이 우선하므로, 민주화유공자법을 만들어주어야 하고, 한명숙 전 총리의 뇌물수뢰도 죄를 묻지 말아야 하며, 박원순 서울시장의 성 비리도 덮어야 한다는 특권적 생각을 지니고 있다고 했다.[29] 김은희 박사는 도덕적 우월성과 특권의식에 사로잡힌 좌파 세력을 현대판 '신양반사회'라 불렀다.

정치학자 박명림 교수는 언론과의 인터뷰에서 민주화 세대와 86세대의 집합적 부도덕이 청년 세대를 분노하게 했다고 진단했다.[30] 또한 정치학자 김영수

교수는 86 운동권 세대는 민주주의에서 출발하지 않았다고 지적했다. 이들은 자유 민주주의를 부르주아 민주주의(부자들이 지배하고 부자들의 이익을 보호하는 민주주의)로 경멸했으며, PD계는 마르크스주의에 경도됐고, NL계는 김일성주의, 혹은 주체사상에 심취해서 상명하복이 엄격한 전체주의적이고 사이비 종교적이었다고 비판했다. 그래서 윤미향, 박원순, 남인순, 김상조 등 문재인 정부 때 요직을 맡았거나 국회의원이 된 사람들의 탐욕과 위선이 드러나도 비판하지 말라는 태도를 가진 것이라고 지적했다.[31] 이런 사례들은 좌파 진영이 도덕적 우월성과 특권의식을 기반으로 사회 전체를 자기 이념 방식대로 '관리'하려는 성향을 보여준다.

최근 중국은 자본주의를 유지하면서 국가가 기업이나 개인의 사유재산을 관리하는 일명 '국가 자본주의', 혹은 '사유재산을 허용하는 사회주의' 내지는 '붉은 자본주의'를 지향하고 있다는 평가가 나오고 있다. 이게 바로 세계의 민주적 가치에 위협적인 중국식 '고도 관리 국가 체제'를 말한다. 한국 '신양반 세력'의 특권의식과 친북, 친중 지향점이 여기서 겹친다. 칼럼리스트 박정훈은 "한국 좌파가 중국식 국가 모델에 동경심을 갖고 있다는 것은 비밀이 아니다"라고 언급한 바 있다.[32]

중국은 시진핑이 국가 주석의 10년 주기 교체 관례를 뒤집고 3연임함으로써 장기 집권의 길로 접어들었다. 시진핑은 대국굴기를 내세우면서 필리핀, 일본, 베트남 등과 영토 분쟁을 일으키고, 미국과 대립각을 세우고 있으며, 러시아의 우크라이나 침공과 북한 핵 개발을 지지하고 있다. 시진핑은 마윈과 같은 거대 자본가를 지배하고 있으며, 중국은 개인의 사유재산을 인정하면서도 공산당이 시장과 자본을 지배하는 국가 자본주의를 지향하고 있다.

고도 관리 사회로 달려가고 있는 현대국가 중에는 러시아도 있다. 러시아는 푸틴이 강한 러시아를 내세우며 천연가스와 석유를 이용해서 국부를 키워 국민의 마음을 사로잡고 장기 집권 체제를 갖추었다. 러시아의 푸틴은 입법권, 행정권, 사법권을 장악한 러시아의 짜르(슬라브 민족의 군주 칭호)가 됐다. 그러더니 2022년에는 전 세계의 여론을 개의치 않고 우크라이나를 침공해서 나토와 유럽 국가들을 무력으로 위협하고 있다. 그 과정에서 푸틴은 전쟁을 반대하는 러시아 젊은이들을 구속하는가 하면, 전쟁 참여를 두려워하는 러시아인들이 해외로 탈출하는 일도 벌어졌다.

이 밖에도 튀르키예의 에르도안, 북한의 김정은도 1당 지배 체제를 갖춘 나라 그룹에 속한다. 여자의 히잡 착용을 강제하고 이를 반대하는 사람들을 사형시키거나 학대하는 이란도 여기에 속한다. 이런 국가들의 특징은 종교든, 공산당이든, 비밀경찰이든, 특정 집단이 특권 지배 세력으로 권력과 부를 독점하고 있으며, 반민주적이면서 동시에 시대착오적인 고도의 관리 사회를 형성하고 있다는 것이다. 이는 마치 구소련의 특권 계층인 '노멘클라투라(nomenklatira)'를 중심으로 공산당 1당 독재를 형성한 것과 유사하다.[33)]

현재 한국 정치에서도 20세기 대중사회의 망령이 다시 번지듯 확증편향적 편가르기라는 비이성적 헤게모니 쟁탈전이 계속되고 있으며, 정책의 본질보다는 정치적 지지 부족(집단)의 이미지를 보고 환호하는 몰개성적인 이미지화 현상도 지속되고 있다. 여기에, 중국과 같은 고도 관리 사회를 동경하는 정치세력이 헤게모니를 상당 부분 장악하고 있으니, 한국 사회는 신대중사회 현상에 갇혀 있는 상태가 됐다. 그리고 한국의 신대중사회화 내막에는 소셜 미디어라는 '신대중전달' 수단이 종횡무진 활약하고 있다.

트럼프 대선 결과에 불복하는 사람들이 미국 국회의사당을 무단 점령하는 것에서 전 세계 지성인들이 민주주의 선도국가 미국에 실망했지만, 다행히 2022년 미국 중간 선거에서 트럼프 지지 세력의 후퇴가 역력했다. 하지만, 전 세계적으로는 복고형 권위주의 지도자들이 복귀하는 등 일부 국가들에서 민주주의가 후퇴하고 있으며, 무솔리니의 파시스트를 승계한다는 이탈리아 극우 정당 출신이 총리로 당선됐고, 브라질에서 룰라가 복귀했으며, 필리핀의 독재자 마르코스의 아들이 대통령에 당선되는가 하면, 앞에서 소개된 것처럼, 중국의 시진핑은 황제의 위치에 올라섰고, 푸틴은 우크라이나 맹공을 멈추지 않고 있다.[34)]

비민주적 지도자가 속출하고 그들이 다수 국가를 비민주적 방향으로 통솔하는 것은 바람직한 지구의 미래가 아니다. 2022년 11월 언론에 실린 중국의 사진 한 장이 반민주적 고도 관리 사회의 민낯을 적나라하게 보여줬다. 그 사진은 마스크를 안 썼다고 손발이 묶인 채 무릎을 꿇고 잡혀있는 한 여성의 모습을 찍은 것이었다.[35] 중국은 국가의 관리에 의해서 사람의 통행을 봉쇄하는 방법으로 코로나 전염을 원천적으로 막겠다는 제로 코로나 정책을 시행했다. 지구 한 편에서는 수만 관중이 마스크를 안 쓰고 목청 높여 선수들을 열렬히 응원하는 카타르 월드컵이 진행되고 있는데, 같은 지구 다른 한 편에서는 수억 명의 국민을 한 발자국 집 밖으로 나가지 못하게 하는 중국도 있었다. 2022 카타르 월드컵을 시청한 중국 국민은 "중국과 카타르가 같은 행성에 있는 게 맞나요?"라는 댓글을 인터넷에 올렸고, 그후 중국에서는 월드컵 중계가 중단됐다.

최근 '차이나 런(China run)'이란 말이 유행하고 있다. 차이나 런은 차이나와 뱅크런의 합성어로, 미중 갈등, 중국 당국의 각종 외국 기업 규제, 중국 소비자의 국수주의에 질려 중국에 투자한 서구 기업들이 중국을 탈출하고 있는 현상을 일컫는 말이다. 구글, 나이키, 에어비앤비, 아마존 등이 여기에 속한다. 중국 내의 자국 부유층도 중국을 벗어나고 있다.[36] 2022년 12월부터 시작된 중국의 반공산당, 반시진핑 시위, 또는 '백지 시위'(표현의 자유를 억압하는 중국 당국에 저항한다는 의미로 백지를 들고 시위하는 것)는 그래서 고도 관리 사회의 한계를 증명해주고 있다. 실제로 중국 당국은 백지 시위가 전국적으로 확산하자, 방역 봉쇄 정책을 완화해서 위드 코로나 정책으로 전환했다. 고도 관리 사회의 허점을 중국 정부가 실토한 셈이다.

한국 사회의 신대중사회화는 인간의 비이성적 판단에 의한 편 가르기, 정치의 몰개성적 이미지화, 그리고 집단과 평등 이데올로기에 집착하는 고도의 관리 사회 지향으로 요약되며, 신대중사회의 문제는 그 지향점이 인간의 본성을 외면하고 세계적 민주화, 자유시장경제 흐름에 역행한다는 점에 있다.

3. 한국 정치와 사회의 '미디어화'

과연 한국 근현대사에서 미디어는 무슨 역할을 했을까? 이 책 서론에서 제기한 문제에 답하기 위해, 맥루한의 '미디어 결정론'을 다시 논의해보자. 그리고 미디어와 사회갈등, 또 사회변화와의 관계에 대한 결론을 모색해 보자.

우선 한국 근현대사에서 미디어는 시기마다 주된 역할이 달랐다. 구한말 미디어는 '애국계몽'이 키워드였으며, 일제강점기 미디어는 '저항'이 주된 역할이었다. 미군정기에는 '정파언론'이, 박정희 시대에는 '개발언론'이 미디어의 주제였다. 전두환 시대의 미디어는 '군부(국가)-기업-언론이란 독점적 국가 지배 구조'의 일원이었으며, 비로소 노태우 시대부터 자유를 얻은 미디어가 각 정치 진영의 '헤게모니 쟁탈 공간'이 됐다. 그리고 2020년에는 미디어 테크놀로지 발달로 미디어는 더욱 강력한 헤게모니 쟁탈 수단이 됐고, 어느 정치적 진영이든 국민의 지지는 얻고 있으나, 그 지지 양상이 비이성적이어서 한국은 '비이성적 헤게모니 위기'를 맞이하고 있다.

미디어 테크놀로지가 폭발적으로 발전하면서, 미디어와 사회변화와의 관계에 무슨 변화가 생긴 것일까? 몇 가지 세계적 사회 변혁 사례와 미디어의 관계를 살펴보자.

필리핀 독재자 마르코스에 대항하던 야당 지도자 베니그노 아키노 상원의원이 의문의 암살을 당하자, 1986년 2월, 필리핀 국민은 야당 지도자 암살과 부정선거에 항의하는 대규모 시위를 벌였다. 영어가 공용어인 필리핀 사람들은 대규모 시위 중 영어로 쓰인 플래카드를 손에 들었으며, 미국 TV 카메라가 오면, 유창한 영어로 마르코스의 폭정을 폭로했다. 미국 사람들은 언어가 같은 필리핀 민주화 시위 영상을 국내 사건처럼 시청하면서 반(反)마르코스 여론을 형성했다. 이게 미국 정부를 움직여 마르코스는 군부를 동원해서 시위대를 진압할 계획을 포기하고 미국이 주선해준 하와이 망명길에 올랐다. 미국 언론들은 필리핀 민주화를 '국민의 힘(People Power)'이라고 불렀다. 마르코스를 자진해서 하야하게 한 배후에는 미국이 있었고, 결과적으로 학자들은 필리핀 민주화에 미국 TV가 결정적 역할을 했다고 말하고 있다.[37] 독재자 마르코스의 아들인 페르디

난드 마르코스 주니어는 2022년 5월 대선에서 필리핀의 새 대통령으로 당선됐다. 마르코스 주니어는, 1970~80년대 독재 시대의 경험이 전무하고, 미화되거나 왜곡된 과거 얘기에 현혹된 30대 이하의 젊은 층을 미디어로 공략해서 지지를 얻었다는 평가가 나왔다.[38] 이런 사례는 미디어가 사회변화에 조력자의 역할을 실행했음을 보여준다.

1990년 동독 붕괴와 독일 통일 과정에서 미디어는 더욱 주도적인 사회변화의 동력이 됐다. 1970년대부터 동독 주민들은 3~4개의 서독 TV 방송과 15~20개의 서유럽 라디오 방송을 애청해서 동독 공산당 정부의 실정을 잘 알고 있었다.[39] 통일 직전, 동독 주민 80%가 서독 TV를 시청했고, 그 반대로 동독 TV 시청률은 5% 미만이었다.[40] 통일 직전, 동독 주민은 서독 TV에 의해서 이미 동독 탈출을 준비하고 있었다. 실제로 1989년 독일 인근 헝가리와 폴란드 공산당 정부가 무너졌다는 소식을 서독 TV로 접하자마자, 동독 주민의 대규모 탈출이 이어져 동독이 붕괴했다는 것이다. 독일 미디어 학자 브루넨(Brunnen)은 미디어를 "독일 통일 혁명의 촉매"였다고 지적했다.[41]

1990년 구소련이 해체된 배경에는 당시 침체한 소련 공산주의 경제를 부흥시키기 위해 사적 이윤 추구를 허용한 고르바초프 대통령의 페레스트로이카(perestroika, 개혁) 정책이 있었다.[42] 아울러, 고르바초프는 페레스트로이카의 보조 수단으로서 글라스노스트(glasnost, 정보 개방) 정책을 시행했다. 글라스노스트는 공산당 간부들의 특권의식을 깨고 인민들의 불만을 수용하기 위해 체르노빌 원전 폭발 사고의 진실을 보도하게 하고 공산당 관료도 비판받도록 언론자유를 허용하는 게 골자였다. 그 결과, 소련 공산당이 제어할 수 없을 정도로 반공산주의 민중 여론이 미디어에 의해 확대돼 구소련 붕괴의 초석이 됐다.[43]

2010년 12월, 아프리카 이슬람 국가인 튀니지 민주화 혁명을 기점으로, 2011년에는 알제리, 리비아, 요르단, 수단, 예멘, 사우디아라비아, 이집트, 시리아 등지에서 동시다발적으로 민주화 시민혁명이 일어났다. 이게 아랍의 봄, 또는 '재스민 혁명'이라 불리는 민중 궐기였다. 그런데 이들 아랍 시민들은 서로 휴대폰으로 메시지를 주고받으며 혁명에 참여했고, 혁명의 자초지종에 관한 메시지, 사진, 동영상을 트위터나 페이스북 등 소셜 미디어로 해외 친지에게 전송했으며,

이게 다시 서방 언론에 뉴스로 소개되면서 전 세계의 지지를 받았다. 시민혁명이 곧 '소셜 미디어 혁명'이 된 것이다.

2019년 6월에 시작되어 2020년까지 지속된 홍콩의 반중국 시위도 '소셜 미디어 혁명'이라고 불린다. 홍콩 혁명은 시민들의 소셜 미디어 소통으로 이어지고, 조직되고, 구호가 만들어졌다. 모든 장면이 폰카, 페이스북, 유튜브로 생중계되는 상황에서 중국 당국의 유혈 진압이 자제되고 군부 투입이 늦춰졌다. 전 세계가 홍콩 민주화 시위를 동시에 보고 있는 상황은 정치와 미디어가 한 몸이 된 것과 다름없었다.[44] 그러나 홍콩은 민주화 운동에도 불구하고 2020년 코로나 창궐과 홍콩 경찰의 강제 진압으로 중국 공산당에 홍콩이 예속되는 결과를 낳았다.

한국의 2017년 촛불집회와 2019년 광화문과 서초동 집회도 이제는 소셜 미디어가 집회의 중심에 있음을 보여줬다. 집회가 미디어에 어떻게 보일지를 의식해서 집회 주최자들은 집회 규모를 과시하는 측면도 생기고 있다. 주최 측이 물리적으로 불가능한 100만 내지 200만 인파가 모였다고 주장하는 이유도 미디어에 자기들 세가 크게 보이도록 하기 위해서다.

매주 여러 언론사와 여론조사 회사들이 여론조사를 실행하고 있다. 여론조사 목적은 여론 동향을 조사하는 것이지만, 더 중요한 목적은 조사 결과가 미디어에 보도되어 향후 여론을 자기 쪽으로 유리하게 움직이는 데 있다. 거리 집회 목적이 TV 화면이나 신문 와이드 샷 사진을 통해서 자기들 세를 전 국민에게 과시하는 것처럼, 여론조사 목적도 여론 지지율(%)이 곧 미디어 보도로 알려져 자기들 정치세력의 우월한 이미지를 과시하는 데 있다. 한국에서는 일부 중앙선거관리위원회에 등록되지 않은 여론조사 회사들이 난립하고 있으며, 이들의 여론조사 결과를 마치 공신력 있는 등록 여론조사 업체 조사 결과인 것처럼 여러 언론사가 보도하는 일도 벌어지고 있다.[45]

부어스틴은 여론조사는 "준비가 안 돼 있는데 포효하라고 시달리는 거대한 동물처럼, 이 장치(여론조사)는 어떤 사물에 대한 의견을 가지지도 않았는데 의견을 말하라고 사람들을 시달리게 하는 것"이라고 말했다.[46] 실제 선거라는 투표행위가 존재하는 한, 여론조사는 보조 소품이어야 하나, 현대 여론조사는 실제 투표행위보다 더 중시되고 있다. 그 이유는 여론조사 결과가 미디어에 널리 보도돼서 결국 승자 편승 효과로 선거에서 이기게 하는 효능이 있기 때문이다.

이처럼, 현대 사회갈등과 사회변화는 미디어와 끈끈하게 연동되어 있고, 이런 추세는 날이 갈수록 강화되고 있다. 이게 바로 한국 사회와 정치의 '미디어화(mediatization)'다.[47] 미디어가 사회변화의 보조 역할에 그치던 20세기와는 달리, 21세기에는 미디어 속에서 사회 현상이 재구성되고 있다.[48] 사회갈등의 주체들이 헤게모니를 장악하기 위해 미디어 의존도를 높이면서 사회변화의 조역이던 미디어가 사회변화의 주요 동력으로 전환됐다.

맥루한은 "미디어는 메시지"라는 말로 미디어 결정론을 정의했다. 보내는 내용인 메시지보다 보내는 수단인 미디어가 더 중요하다는 말이다. 1960년대 맥루한이 이 주장을 한 이유는 인간이 미디어를 만들었지만 결국은 미디어가 인간을 지배할 것으로 봤기 때문이다. 당시 첨단 미디어는 TV였다. 같은 뉴스를 신문으로 보든 TV로 보든, 같은 소설을 책으로 읽든 영화로 보든, 이용한 미디어의 차이는 미미했다. 그리고 결국 미디어라는 기계보다는 미디어를 만들고 메시지를 창조한 인간이 더 위대하다는 생각이 지배적이었다. 그래서 맥루한의 미디어 결정론은 소수 의견으로 묻히고 있었다. 그러나 인터넷 미디어, 소셜 미디어가 모바일 플랫폼과 함께 세상을 바꾸고 있는 요즘, 메시지보다 메시지를 전 세계에 전달하는 미디어가 더 위대해지고 있다. 그래서 인간 사회의 미디어화 현상은 '미디어가 메시지'라는 맥루한의 생각에 더 접근하고 있다. 맥루한의 미디어 결정론이 요즘은 힘을 얻고 있다.

영국의 미디어 마케팅 분석 기관인 뉴스웍스가 2019년 12월부터 2020년 8월까지 사람들이 뉴스를 어떻게 소비하는지를 조사한 결과에 따르면, 35세 이하 젊은 층 조사 대상의 77%가 '코로나 이전보다 기자의 일을 중요하게 생각하게 됐다'고 응답했다. 또한 이들 중 73%는 '이름 있는 (미디어) 브랜드의 검증된 뉴스라면 불안감을 덜 느낀다'고 응답했다. 이 결과는 젊은 층이 펜데믹 시대에 소셜 미디어에서 쏟아지는 검증 안된 뉴스를 접하면서 '믿을 만한 정보'의 중요성을 깨닫게 됐으며, 시민들은 믿을 만한 주류 미디어의 필요성을 절감하게 됐다는 것을 의미한다.[49] 이런 시민들의 변화를 반영하듯, 저널리즘 신뢰의 상징인 뉴욕타임스는 2020년 한해에 온라인 구독자가 230만 명 늘었고, 워싱턴 포스트는 "젊은 층이 소셜 미디어를 보듯 매일 워싱턴 포스트 뉴스를 습관처럼 보게 하는 것이 마케팅 전략"이라고 했다.[50)]

또한 미국 퓨리서치센터가 미국 정치에 관한 질문 29개를 만들어 설문 조사한 결과, 소셜 미디어로 뉴스를 접하는 조사 대상 그룹의 정답률은 43%이고, 기존 TV 방송으로 뉴스를 본 그룹은 56%, 신문 온라인 앱 등을 이용한 그룹의 정답률은 63%로 나타났다. 이 결과는 소셜 미디어로 뉴스를 접하는 사람들이 뉴스를 정확하게 인식하지 못하며 왜곡된 뉴스 등의 음모론에 쉽게 빠질 수 있음을 보여준다.[51)]

신중한 MZ세대들은 종이신문으로 다시 몰리는 현상도 나타났다. 국내 8개 일간지의 1면 헤드라인을 모아 올리는 한 인스타그램에 2만 7000명(이중에 18～34세가 80.4%)의 팔로워가 몰린다는 뉴스가 있었다. 이를 본 국내 한 언론학자는 미디어 홍수 속에서 "가짜뉴스에...피로감을 느낀 사람들이 정제된 정보를 주는 정통 미디어로 이동하는 현상"이라고 평가했다.[52)]

이런 결과들은 4차 산업혁명 시대를 위협하는 한국적 신대중사회 속에서 미디어는 진실하고 신뢰를 얻을 수 있는 미디어여야 하며, 그런 미디어가 결국은 수용자를 바른길로 이끌 수 있다는 사실을 증명하고 있다. 한국의 사회갈등과 사회변화에 미디어가 지배하는 영역이 점차 커지고 있는 상황에서 미디어가 신뢰를 얻는 방법은 무엇일까?

가짜뉴스, 가짜사건이 사회를 지배하고 있을수록 '진짜 저널리즘'이 필요하다. 한 미디어 비평가는 "인터넷이 기자에게 산 위에서 십계명을 들고 서 있는 모세 같은 자세를 중단시켰다"고 말한 바 있다.[53)] 인터넷과 소셜 미디어 때문에 누구나 저널리스트 역할을 실행하게 되니 기자만이 독보적으로 저널리스트가 되는 시대는 지나갔다는 의미다. 지금은 인터넷을 넘어 소셜 미디어가 진일보하면서 누구나 언론인 되기가 쉬워졌다. 그러나 가짜사건이 춤을 출수록, 그 이면을 알려주는 진짜 저널리스트가 더 소중해졌다. 해설 기사, 분석 기사를 제대로 국민에게 제공해서 가짜사건 뒤의 숨은 정치적 의도를 파헤쳐주는 '길고 깊은 저널리즘(longform and deep background journalism)'을 수행하는 진짜 저널리스트가 절실하다.[54)]

진짜 저널리스트는 현장에 가본 사람이다. 소셜 미디어에 뉴스가 넘치고 저널리스트 흉내 내는 사람은 많지만, 현장에 가본 사람은 드물다. 진짜 기자는 현장에 가서 사건 관계자들과 대화를 나눠 본 현장 증인(eyewitness)이 되어야 한다.[55)]

사실(fact)과 진실(truth)은 다르다. 사실은 범인이 "나는 사람을 죽이지 않았다"고 말했다는 것이고, 진실은 '그 범인이 사람을 실제로 죽였느냐의 여부'다. 그래서 가짜뉴스는 사실 검증, 즉 팩트체크만 하면 된다. 그러나 가짜사건은 진실검증(truth verification)을 해야 그 실체가 드러난다. 누구든 팩트체킹을 하기는 쉽다. 하지만, 진실을 파헤치는 진실검증은 하기 어렵다. 그래서 진짜 저널리스트는 드물다.

영국의 옥스퍼드대 로이터 저널리즘연구소의 라스무스 클레이스 닐슨 교수는 정치적 양극화가 심한 국가들은 국민의 신뢰도가 낮으며, 이런 정치 상황을 날마다 전달하는 뉴스 역시 신뢰도가 높을 수 없다고 말했다. 닐슨 교수는 좌파와 우파로 나뉜 국민은 서로 상대 미디어를 신뢰하지 않는 경향이 있으므로 미디어는 정치인들의 발언을 엄선해서 전달할 필요가 있다고 지적했다.[56)]

사회갈등과 사회변화의 미디어 의존도가 더 높아진 현대 한국 사회에서, 미디어의 뉴스 선택(news selection, 무엇을 뉴스로 고르는가?), 뉴스 표현(news presentation, 뉴스를 어떤 단어와 문장으로 적는가?), 뉴스 제시(news display, 뉴스를 어디에 어떤 크기나 시간으로 제시하는가?)는 뉴스 미디어가 진실을 말하고 신뢰를 얻는 기본 축이 될 것이다.

미디어가 신문, 라디오, TV, 인터넷, 소셜 미디어로 진화하면서 인간의 삶 자체가 미디어에 종속되는 미디어화 현상이 미디어 역사의 미래상으로 예측하는 사람들이 많다. 인간 사회의 미디어화에서 현명하게 사는 방법은 무엇일까? 아탈리는 ①정보를 비판적으로 습득해서 진리를 찾을 것, ②모든 사회는 가짜뉴스, 모욕, 음모론을 탐지할 법적, 제도적 장치를 갖출 것, ③저널리즘의 가치를 새롭게 정비할 것, ④플랫폼과 소셜 네트워크를 효율적으로 통제할 것, ④정보를 받지 않는 시간을 가질 것 등을 제안하고 있다.[57)]

주석

1) Don Oberdorfer & Robert Carlin, *The Two Koreas*, 이종길/양은미 역, 『두 개의 한국』, 길산, 2014, 784–785쪽.
2) 남시욱, 『한국 진보세력 연구』, 청미디어, 2020–b, 610–620쪽.
3) Jacques Ranciere, "민주주의 리부트 1강, 무늬만 민주주의", 『EBS, 위대한 수업』, https://vo.la/hg6hpV
4) Michael Breen, *The New Koreans*, 장영재 역, 『한국, 한국인』, 실레북스, 2018, 415쪽.
5) 남시욱, 『한국 보수세력 연구』, 청미디어, 2020–a, 627–630쪽.
6) 남시욱, *op. cit.*, 2020–b, 649–656쪽.
7) 남시욱, *op. cit.*, 2020–a, 637–638쪽.
8) *Ibid.*, 639쪽.
9) Herbert Marcuse, *One Dimensional Man*, Boston: Beacon, 1964.
10) Erich Fromm, *Escape From Freedom*, 김석희 역, 『자유로부터의 도피』, 휴머니스트, 2020.
11) Mark Earls, *Herd*, 강유리 역, 『허드』, 쌤앤파커스, 2009, 124–159쪽.
12) Amy Chua, *Political Tribes*, 김승진 역, 『정치적 부족주의』, 부키, 2020, 16–17쪽.
13) *Ibid.*, 18쪽.
14) *Ibid.*, 229–230쪽.
15) 박성민, "운명의 시간이 다가오고 있다", 『조선일보』, 2022. 2. 18.
16) 박은주, "언제까지 팬, 빠, 딸만 할 건가", 『조선일보』, 2022. 11. 3.
17) 신동흔, "너는 1번이냐, 2번이냐?", 『조선일보』, 2022. 4. 15.
18) 조윤화, "안면합성 음란 동영상 '딥페이크 포르노', 상당수가 한국 연예인...제재할 법도 없다", 『시빅뉴스』, 2019. 12. 11.
19) Daniel Boorstin, *The Image: A Guide to Pseudo–Events in America*, 정태철 역, 『이미지와 환상』, 사계절, 2004, 29–32쪽.
20) 김신영, "진실의 수호자들, 팩트는 모래 위에 구축된 모든 거짓을 무너뜨린다", 『조선일보』, 2020. 1. 1.
21) 김영수, "'민주 대 반민주' 아니라 '진실 대 탈진실'이다", 『조선일보』, 2022. 5. 30.
22) 강원택, 『한국 정치의 결정적 순간들』, 21세기북스, 2021, 97–98쪽.
23) *Ibid.*, 248쪽.
24) Breen, *op. cit.*, 109–110쪽.
25) 정태철, "부산국제영화제의 역설...우리에게는 천만 영화가 아니라 천만 베스트셀러가 필요하다", 『시빅뉴스』, 2017. 10. 13.
26) 김은희, 『신양반사회』, 생각의 힘, 2022, 8–10쪽.
27) *Ibid.*, 8쪽.
28) *Ibid.*, 11쪽.
29) *Ibid.*, 12쪽.
30) 유석재, "민주화 세대, 86세대의 집합적 부도덕과 윤리 파탄", 『조선일보』, 2021. 4. 7.
31) 김영수, "가짜 진보의 황혼", 『조선일보』, 2021. 5. 3.
32) 박종훈, "서(西)조선이 된 나라, 중국몽은 없다", 『조선일보』, 2022. 12. 9.
33) 정태철, "바이든의 민주주의 정상회의 제안 심상치 않을 것...'미국이냐 중국이냐' 한국호 선택의 순간이 다가온다", 『시빅뉴스』, 2020. 12. 6.
34) 김대중, "일대 쇄신이 답이다", 『조선일보』, 2022. 11. 8.

35) 장구슬, "'마스크 왜 안 써?'...20대 여성 손발 묶어 무릎 꿇린 중", 『중앙일보』, 2022. 10. 20.
36) 곽창렬, "'중국에 질렸다' 기업도 자본도 사람도 탈출하는 이유", 『조선일보』, 2022. 11. 17.
37) Mark Thompson, "Philippine 'People Power' Thirty Years On", *The Diplomat*, 2016. 2. 9.
38) 김범수, "독재자 가문의 귀환...마르코스, 필리핀 대통령 당선", 『연합뉴스』, 2022. 5. 10.
39) Helmut Hanke, "Media Culture in GDR: Characteristics, Processes and Problems", *Media, Culture and Society*, 12, 1990, pp. 185-186.
40) Kurt Hesse, "Cross-Border Mass Communication From West to East Germany", *European Journal of Communication*, 5, 1990, pp. 356-358.
41) A. Brunnen, "동구라파 민주화와 언론의 역할", 『독일 통일과 언론』, 한국언론연구원, 1990, 130쪽.
42) 김영희, 『페레스트로이카와 소련기행』, 나남, 1990, 265-267쪽.
43) Tomasz Goban-Klas, "Gorbachev's Glasnost: A Concept in Need of Theory and Research", *European Journal of Communication*, 4, 1989, p. 249.
44) 권재현, "홍콩 우산시위에서 돋보인 '소셜미디어 혁명' 그 제3의 길", 『주간동아』, 2019. 8. 23.
45) 홍영림, "여론몰이하려는 여론조사", 『조선일보』, 2022. 10. 28.
46) Boorstin, *op. cit.*, 319쪽.
47) 김은미 외, "미디어화 관점에서 본 스마트미디어 이용과 일상경험의 변화", 『한국언론학보』, 56권 4호, 2012, 133-159쪽.
48) 임종수, "미디어화: 일상의 미디어에서 미디어의 일상으로", 『2012년 가을철 한국언론학회 학술대회 발표논문집』, 2012, 21쪽.
49) 최보윤, "'팩트가 목숨 지켜줘'...사람들이 진짜 뉴스를 찾기 시작했다", 『조선일보』, 2021. 3. 5.
50) Ibid.
51) 신동흔, "미서 퀴즈 냈더니...소셜미디어 많이 볼수록 음모론에 잘 빠져", 『조선일보』, 2021. 3. 5.
52) 구아모, "'미니 역사책' 읽는 느낌? MZ들이 종이 신문에 빠진 까닭은...", 『조선일보』, 2022. 12. 3.
53) J. Wolff, "Online: What Happens When the Public Comes at You From Cyberspace", *Journalism Review*, November/December, 1994, pp. 62-65.
54) Brendan Fitzgerald, "What Does 'Longform' Journalism Really Mean?" *Literary Hub*, 2016. 11. 21.
55) Bill Kovach & Tom Rosenstiel, *The Elements of Journalism*, 이재경 역, 『저널리즘의 기본 원칙』, 한국언론재단, 2014, p. vi.
56) 이해인, "라스무스 닐슨 로이터 총괄 디렉터 인터뷰", 『조선일보』, 2021. 3. 5.
57) Jacques Attali, *Histoires des Medias*, 전경훈 역, 『미디어의 역사』, 책과함께, 2022, 393-421쪽.

참고문헌

A. 외국어 서적과 논문(번역본 포함)

Allport, Gorden & Leo Postman. "The Basic Psychology of Rumor". *Transactions of the New York Academy Science*. 8. 1945.

Althusser, Louis. *Lenin and Philosophy and Other Essays*. New York: Monthly Review Press. 1971.

Altschull, J. Herbert. *From Milton to McLuhan: The Ideas Behind American Journalism*. New York: Longman. 1990.

______. *Agents of Power: The Role of the Media in Human Affairs*. New York: Logman. 1984.

Antonio, Robert. "Immanent Critique as the Core of Critical Theory: Its Origins and Development in Hegel, Marx and Contemporary Thought". *British Journal of Sociology*. 32. 1981.

Attali, Jacques. *Histoires des Medias*. 전경훈 역. 『미디어의 역사』. 책과함께. 2022.

Bates, Thomas. "Gramsci and the Theory of Hegemony". *Journal of History of Ideas*. 34. 1975.

Benton, Ted. *The Rise and Fall of Structural Marxism: Althusser and His influence*. New York: St. Martin Press. 1984.

Boorstin, Daniel. *The Image: A Guide to Pseudo-Events in America*. 정태철 역. 『이미지와 환상』. 사계절. 2004.

Breen, Michael. *The New Koreans*. 장영재 역. 『한국, 한국인』. 실레북스. 2018.

Briggs, Asa & Peter Burke. *A Social History of the Media*. Cambridge, UK: Polity Press. 2009.

Brunnen, A. "동구라파 민주화와 언론의 역할". 『독일 통일과 언론』. 한국언론연구원. 1990.

Burke, Peter. *Sociology and History*. London: George Allen and Unwin. 1980.

Canclini, Nestor Garcia. "Culture and Power: The State of Research". *Media, Culture and Society*. 10. 1988.

Crowley, David & Paul Heyer, eds. *Communication in History*. 김영기 역. 『인간 커뮤니케이션의 역사』. 커뮤니케이션 북스. 2018.

Chua, Amy. *Political Tribes*. 김승진 역. 『정치적 부족주의』. 부키. 2020.

Diamond, Jeremy. *Guns, Germs, and Steel*. 김진준 역. 『총, 균, 쇠』. 문학사상사. 2013.

Earls, Mark. *Herd*. 강유리 역. 『허드』. 쌤앤파커스. 2009.

Fitzgerald, Brendan. "What Does 'Longform' Journalism Really Mean?". *Literary Hub*. 2016. 11. 21.

Fromm, Erich. *Escape From Freedom*. 김석희 역. 『자유로부터의 도피』. 휴머니스트. 2020.

Fukuyama, Francis. *The End of History*. 이상훈 역. 『역사의 종말』. 한마음사. 1992.

Gay, Robert. "Popular Incorporation and Prospects for Democracy: Some Implications of the Brazilian Case". *Theory and Society*. 19(4). 1990.

Goban-Klas, Tomasz. "Gorbachev's Glasnost: A Concept in Need of Theory and Research". *European Journal of Communication*. 4. 1989.

Gramsci, Antonio. *Prison Notebooks*. New York: International Publishers. 1971.

Kovach, Bill & Tom Rosenstiel. *The Elements of Journalism*. 이종욱 역. 『저널리즘의 기본 요소』. 한국언론재단. 2004.

Habermas, Jürgen. *Communication and the Evolution of Society*. Boston: Beacon Press. 1976.

Hanke, Helmut. "Media Culture in GDR: Characteristics, Processes and Problems". *Media, Culture and Society*, 12. 1990.

Harris, Marvin. *Cows, Pigs, Wars, and Witches*. 박종렬 역. 『문화의 수수께끼』. 한길사. 2017.

______. *Our Kind*. 김찬호 역. 『작은 인간』. 민음사. 1998.

Hegel, Georg Wilhelm Friedrich. 『역사철학강의』. 권기철 역. 동서문화사. 2016.

Hesse, Kurt. "Cross-Border Mass Communication From West to East Germany". *European Journal of Communication*, 5. 1990.

Marcuse, Herbert. *One Dimensional Man*. Boston: Beacon. 1964.

McLuhan, Marshall. *Understanding Media: The Extensions of Man*. New York: McGrow-Hill. 1964.

Nie, Kho Suet, et al. "Mediatization: A Grand Concept of Contemporary Approach?". *Procidia-Social and Behavior Science*, Vol. 155. 2014.

Nisbett, Richard. *The Geography of Thought*. 최인철 역. 『생각의 지도』. 김영사. 2004.

Oberdorfer, Don & Robert Carlin. *The Two Koreas*. 이종길/양은미 역. 『두 개의 한국』. 길산. 2014.

Ogburn, William. *Social Change With Respect to Culture and Original Nature*. New York: B. W. Huebsch, Inc. 1922.

Rosenblum, Mort. "Reporting From the Third World". *Crisis in International News: Politics and Prospects*. J. Richstad, et al., eds. New York: Columbia University Press. 1981.

Sandman, Peter, et al. *Media: An Introductory Analysis of American Mass Communication*. Englewood, NJ: Prentice-Hall. 1982.

Schudson, Michael. *Discovering the News: A Social History of American Newspapers*. New York: Basic Books. 1978.

Simon, Todd. "Newspaper Regulation, Policy, and Taxation". *Newspaper Research Journal*, 14(2). 1993.

Sloan, William David & James Startt. *The Media in America: A History*. New Port, AL: Vision Press. 1996.

Stephens, Mitchell. *A History of News*. News York: Harcourt & Company. 이광재/이인희 공역. 『뉴스의 역사』. 황금가지. 1999.

Smythe, Dallas. "New Direction for Critical Communication Research". *Media, Culture and Society*, 6. 1984.

Thompson, Mark. "Philippine 'People Power' Thirty Years On". *The Diplomat*. 2016. 2. 9.

Jung, Tae Chul. "The Media, Social Conflict and Change in South Korea: A Critical Analysis". Unpublished doctoral dissertation. University of Missouri, Columbia, MO. 1989.

Weisner-Hanks, Merry. *Gender in History*. 노영순 역. 『젠더의 역사』. 역사비평사. 2006.

Wolff, J. "Online: What Happens When the Public Comes at You From Cyberspace". *Journalism Review*, November/December. 1994.

다나카 메이. 윤학준 역. 『한국정치를 투시한다』. 길안사. 1995.

B. 한국어 서적과 논문

강원택. 『한국 정치의 결정적 순간들』. 21세기북스. 2019.

강헌. 『강헌의 한국대중문화사, 2』. 이봄. 2016.

김대령. 『역사로서의 5.18. (1): 광주사태의 발단과 유언비어』. 비봉출판사. 2013.
김동길. 『백년의 사람들』. 나남. 2020.
김명섭/김석원. "김구와 이승만의 지정인식-일제 강점기를 중심으로". 『한국정치학회보』. 43집 3호. 2009.
김민남 외. 『새로 쓰는 한국언론사』. 아침. 1993.
_____. "한국 농촌사회의 전통적 커뮤니케이션 마당에 관한 연구: 두레와 동제를 중심으로". 성균관대학교 대학원 박사학위 논문. 1989.
김상숙. 『10월항쟁』. 돌베개. 2016.
김영주. "조선시대 공론 연구: 여론 유사 용어와 관점, 유형과 형성주체, 그 용례를 중심으로". 『언론학연구』. 14권 1호. 2010.
김영호. 『한국 언론의 사회사(상)』. 지식산업사. 2004.
_____. 『한국언론의 사회사(하)』. 지식산업사. 2004.
김영희. 『페레스트로이카와 소련기행』. 나남. 1990.
김은미 외. "미디어화 관점에서 본 스마트미디어 이용과 일상경험의 변화". 『한국언론학보』. 56권 4호. 2012.
김은희. 『신양반사회』. 생각의힘. 2022.
김종철. 『지역감정연구』. 학민사. 1991.
김종혁. "언론중재법은 누굴 위해 존재하는가?". 『관훈저널』. 여름호. 2008.
남시욱. 『한국 보수세력 연구』. 청미디어. 2020-a.
_____. 『한국 진보세력 연구』. 청미디어. 2020-b.
노가원. 『264일의 쿠데타, 1』. 시아. 2017.
도진순. "1948년 남북연석회의와 남한 민족주의 정치세력의 동향". 『국사관논총』. 54집. 1994.
민주언론운동협의회. 『보도지침』. 두레. 1988.
서울특별시사편찬위원회. 『향토 서울』. 79-81호. 2011.
손경호. "한미동맹의 역사-동맹이론을 통해 본 한미동맹의 역할을 중심으로". 『통일연구』. 17권 2호. 2013.
송기호. 『강 넘고 바다 건너』. 송기호 교수의 우리역사읽기 7. 서울대학교출판문화원. 2016.
_____. 『임금되고 신하되고』. 송기호 교수의 우리역사읽기 6. 서울대학교출판문화원. 2014.
신승철. 『인동초 김대중』. 작은 책방. 2009.
신용하. 『초기 개화사상과 갑신정변』. 지식산업사. 2000.
신진욱. "촛불집회와 한국 민주주의의 진자운동, 1987-2017: 포스트 권위주의와 포스트 민주주의 문제의 동시성을 중심으로". 『기억과 전망』. 39호. 2018.
양동훈. 『군부와 민주화 정치』. 한국학술정보(주). 2012.
유재천. 『한국 언론과 이데올로기』. 문학과 지성사. 1990.
이경남. 『설산 장덕수』. 동아일보사. 1981.
이상우. 『대한민국을 만들고 지켜온 분들』. 기파랑. 2022.
이어령. 『흙 속에 저 바람 속에』. 문학사상. 2008.
이완범. "건국 기점 논쟁: 1919설과 1948설의 양립". 『현상과 인식』. 109호. 2009.
이정식. 『이정식 자서전』. 일조각. 2020.
임종수. "미디어화: 일상의 미디어에서 미디어의 일상으로". 『2012년 가을철 한국언론학회 학술대회 발표논문집』. 2012.

정관용. “특별기획1: 역대총선 통해서 본 민주화의 가능성 1988년 4.26총선-한국 최초의 여소야대”. 『역사비평』. 봄호(통권 18호). 1992.
정상수. 『제국주의』. 책세상. 2009.
정윤재. “정치엘리트, 정치개혁 그리고 한국 민주주의”. 『기억과 전망』. 봄호. 2004.
정진석. 『나는 죽을지라도 신보는 영생케 하여 한국 동포를 구하라』. 기파랑. 2013.
_____. 『한국언론사』. 나남. 1990.
정태철/박시현. “언론통제의 역동성에 대한 한국 언론인들의 태도유형 Q연구”. 『주관성연구』. 23호. 2011.
_____. “언론 전문직업인주의(professionalism)의 필요성”. 『언론과학연구』. 5권 2호. 2005.
_____. “국내 신문편집의 개선 가능성에 대한 연구”. 『멀티미디어 연구』. 2집 1호. 2004.
_____. 『미국신문연구』. 커뮤니케이션 북스. 1998.
_____. “신문환경의 변화에 따른 신문제목의 문제점 연구”. 『경성대학교 논문집』. 16집 1권. 1995.
정현채. 『이승만 건국 대통령 이야기』. 도담. 2021.
조갑제. 『박정희: 한 근대화 혁명가의 비장한 생애』. 2권. 조갑제닷컴. 2009.
_____. 『박정희: 한 근대화 혁명가의 비장한 생애』. 1권. 조갑제닷컴. 2009.
조맹기. 『한국 근대 언론 사상과 실학자들』. 커뮤니케이션북스. 2015.
좌승희. “박정희 산업혁명, 세계 최고의 동반성장: 경험과 교훈”. 『경제논집』. 55권 1호. 2016.
차배근 외. 『우리 신문 100년』. 현암사. 2001.
한국언론인연합회. 『한국언론 100년사』. 1권. 한국언론문화사. 2006.
한국역사연구회. 『한국사강의』. 한울아카데미. 1990.
한상권. 『조선후기 사회와 소원제도』. 일조각. 1996.

〈인터넷 자료〉

EBS 유튜브
국가기록원
국립한글박물관 소식지
국사편찬위원회 우리 역사넷
나무위키
네이버 두산백과
네이버 세계인물사
네이버 블로그
네이버 지식백과
네이버 포스트
대통령기록관
대한민국월남전참전자회
대한민국 정책브리핑
미국의 소리 방송
민주화운동기념사업회
백년전쟁 유튜브
부산역사문화대전
선사인 지식노트

서재필기념재단
위대한 문화유산
이승만 기념관
이승만TV
판소리학회
한국민족문화대백과사전
한국역사연구회
향토문화대사전

〈언론 자료〉

The New York Times, KBS, msn뉴스, PD Journal, 경남신문, 경북일보, 경향비즈, 교수신문, 기독신문, 노컷뉴스, 농민신문, 뉴데일리, 동아일보, 미디어 오늘, 법률신문, 부산일보, 슬로우 뉴스, 시빅뉴스, 시사저널, 신동아, 아시아경제, 아카이브뉴스, 연합뉴스, 영남일보, 오마이뉴스, 월간조선, 자유아시아방송, 자유일보, 제주일보, 조갑제닷컴, 조선일보, 주간경향, 주간조선, 주간현대, 중앙일보, 한국경제, 한국일보, 투데이신문, 프레시안, 한겨레

찾아보기

ㅣㄱㅣ

| ㄴ |

| ㄷ |

| ㄹ |

| ㅁ |

| ㅂ |

| ㅅ |

| ㅇ |

ㅣㅈㅣ

ㅣㅊㅣ

ㅣㅋㅣ

ㅍ

ㅎ

기타